权威专家为中国青少年精心打造的地理科普读物

地理知识大观

陈百明／张笑恒 编著

时事出版社

编委会名单

前言

地球是人类的家园。在漫长的岁月里，人类在这个星球上繁衍生息，不断用自己的双手建设着美好的家园。尽管人类生活在地球上，可是在过去很长一段历史时期里，人们对地球的认识却非常肤浅。

由于古代科学不够发达，人类对自己生存的空间产生了各种遐想，以致产生了很多美丽的传说，并一直流传至今。比如：在中国古代，关于地球的起源就有盘古开天辟地、女娲补天等传说。而在古希腊的神话中，宇宙也是在混沌之中诞生的，最先出现的神则是大地之神——该亚（Gaea）。天空、陆地、海洋都是由她而生的，因此她成为最有权势的诸神之一，人们都尊称她为“地母”。

随着文明时代的来临，关于地球的谜团一个个地被解开了，人们不再靠想象来解释地球的一些现象，而是开始用科学依据来给出合理的解释。比如：“天圆地方”说认为，天是圆形的，像一把张开的大伞覆盖在地上；地是方形的，像一个棋盘，日月星辰则像爬虫一样过往天空。

历史的车轮又滚动到了唐代，一行（俗名张遂）等天文学家通过精确的测量，彻底否定了这一学说。人类对地球的认识逐渐深入，哥白尼提出了地动说，也叫太阳中心说，认为地球绕太阳旋转。在这之前，人们对天体的研究都是以地球不动、众天体围绕地球旋转来解释各种天体现象的。但是哥白尼经过长期的观察发现，假定太阳的位置不变，地球和其他天体围绕太阳旋转，则更容易解释天体运动的现象。

经过几千年的摸索，人类终于弄明白了一些现在看来十分幼稚可笑的问题，诸如：大地有尽头吗？地球到底是方的、平的，还是圆的？为什么日、月、星辰总是东升西落？为什么会有四季变化？

当人类跨入航天时代后，人们得以进入浩瀚而陌生的太空遨游，由此才有机会真正从地球以外来俯视我们这颗星球的全貌。原来我们的家园是一颗蓝色的星球，蓝色的海洋与蜿蜒相接的大陆美景交辉，飘忽变幻的白云环绕其上，其美丽与壮观的景象让我们为之惊叹。

虽然我们对地球的认识越来越深入，但是至今仍然有很多现象是无法解释的，比如：地球的确切年龄、地球到底还能活多久、地震为何难以准确及时地预测、为什么地震多发生在夜间，以及雪崩的原因等等。

除了对地球本身的认识，人类对地球上海洋、陆地、山脉、沼泽、沙漠、草原等的探索和认识也从来没有停止过。比如海洋的变迁、陆地的演变、山脉的形成、沼泽的特点、各种地貌的形成等等地理知识，都需要我们更准确、更深入地去认识和探索。

《地理知识大观》全书共分八篇，分别向读者详细阐述关于地球、海洋、草原、高原与盆地、沙漠、山和山脉、江河湖泊、沼泽与湿地等地理知识，让我们了解在漫长的岁月里地球的起源、发展和演变，以及地球身上各个部位的形成、特点和分布。

本书力求帮助当代年青人以及学生对自然地理、对自己所在的星球有一个比较全面的、相对客观的认识和了解。只有更好地了解我们的家园，才能更好地建设我们的家园。

目录

第一篇　人类共同的家园——我们的地球

第三篇 风吹草低见牛羊——美丽的草原

第四篇　“大地的舞台，上帝的脸盆”——高原与盆地

第五篇　浩瀚无垠的沙海——沙漠

第八篇　地球之肺——沼泽与湿地

第 一 篇

人类共同的家园——我们的地球

第一章

地球的形成与演化

第一节　地球的诞生和演变

地球是人类生命的发源地，是人类赖以生存和发展的行星。正像世间万物一样，地球也有其本身的发展规律及周期系统，呈现明显的阶段性。地球从无到有，从无生命到最后创造了人类，并发展到今天的文明社会，经过了46亿年的漫长岁月。我们每一个生活在地球上的人都应该去认识、了解、保护这个属于人类的家园。科学家们根据各种类型的岩石、化石、岩层变形的迹象，岩层或岩体之间关系等地质记录，同时利用一些现代科技手段进行探测研究，把地球的形成发展史分为五个阶段，下面我们就对这五个阶段做一个详细的讲述。

地球的诞生和初期发展阶段

众所周知，地球是太阳系众多恒星中的一员，因此我们可以根据恒星演变的一般规律来推测地球的起源和早期演变史。

一颗恒星的演化大体上可以分成三个阶段：第一阶段为引力收缩阶段，即弥漫星云间的相互引力而集中成一团团星云，这是恒星形成的基础物质。第二阶段为核反应阶段，原始星云间相互碰撞发热，内部进行剧烈核反应，当这种反应产生的辐射压力达到与引力平衡时，恒星的体积和温度就不再明显变化，从而进入一个相对稳定的演化阶段。恒星在这一阶段停留的时间最长，占其生命的主要部分，可以称为“壮年期”。第三阶段是衰老阶段，即作为核聚变燃料的氢和氦等逐步耗尽。当恒星核心部分的氢全部聚变为氦以后，产能过程停止，辐射压力下降，星核将在引力作用下收缩。收缩产生的热将使温度再次升高，达到引发氦燃烧的程度，其结果是将 3 个氦核聚合成 1 个碳核。类似的过程继续下去，将合成氧、硅等越来越重的元素，直到合成最稳定的铁为止。这一阶段的恒星经历多次的膨胀收缩，光度也发生周期性的变化，可以说是恒星的“更年期”。

据此推测，地球最早可能是由大大小小的星云团集聚而成的。科学家认为，在 47 亿年前，它的质量已经与现在的地球质量相接近。不过，那时候的地球还只是许多微星的集合体，叫原地球。原地球在引力收缩和内部放射性元素衰变产生热的作用下，不断受热，当其内部的温度达到一定高度，可以熔化铁、镍等元素时，这些元素迅速向地心集中，于是形成了地核与地幔，地壳初步分异，这个时期距今大约 46 亿年。

由于原始地壳非常薄弱，而地球内部温度又很高，因此火山频繁喷发，喷出的气体构成了原始大气，如 CH_4、NH_3、H_2、H_2O（水蒸气）、H_2S、HCH 等，但无游离的氧（现在大气中的氧是光合生物蓝藻和绿色植物出现后长期积累起来的）。后来，在闪电、紫外线、冲击波、射线等能源的作用下，又开始形成了一系列如氨基酸、核苷酸等有机小分子化合物。

这些有机小分子化合物经过不同的方式汇集到原始海洋，在适当条件下进一步缩合成结构原始、功能不专一的蛋白质、核酸等生物大分子。这些生物大分子在原始海洋中长期积累，浓度不断增加，逐渐凝聚成小滴状，形成多分子体系。这些分子系统又经过长期的进化，大约在 35 亿年前终于形成了具有新陈代谢和自我繁殖能力的原始生命体。这一阶段为非细胞生命阶段，即实现了从非生命到生命转变的伟大过程。

地球的前古生代时期

从距今 30 亿年左右到 5.7 亿年的这段时间，是地球的前古生代时期，相当于地球的少年时期。这一时期最大的特点是，小块的陆核开始出现，后来逐渐扩大并形成陆地。距今 28 亿年前，非洲南部有小块稳定陆核形成。25 亿年前，各大陆内相继形成若干个小块稳定陆地。直到距今 17 亿年左右，稳定大陆的面积在相对比较短的历史阶段里大大增加，接近现在的陆地规模，但还没有真正地稳定。直到距今 14 亿年左右，稳定大陆最终形成，地球岩石圈的演变进入了一个新的阶段。

同时期，生物界的发展进入第二阶段，即原核细胞阶段。这一阶段生命已经有了细胞形态，形成了有真正的细胞膜，但是还没有真正的细胞核，蓝藻是其中最为典型的代表。其后进入到第三阶段的进化，出现了真核细胞，从原核细胞发展到真核细胞可谓生物界完成的最重要的一次进化。

地球的古生代时期

古生代大约从距今 6 亿至 2.3 亿年，历经了 3.7 亿年的漫长历史。这比起太古代和元古代，时间并不算很长，但从地球的发展来看，却是一个重要的时期，犹如人生的青年时代。

在这一时期，地壳发展日趋稳定，古地理发展的海陆配置发生较大变化，初步建立了现时的地貌轮廓，生物的演替也经过了几次飞跃。该时期的主要变化有：

第一，从海洋占绝对优势到陆地面积不断扩大。

早古生代时，地球仍然是汪洋泽土，海洋占有绝对优势。在早晚古生代之间有一次地壳运动，称为加里东运动。这次运动后，加里东地槽全部褶皱回返，另一些地槽也部分发生褶皱回返，使得世界陆地面积不断扩大。

第二，南升北降地壳发展形势到北方大陆联合南方大陆开始解体。

加里东运动使一些地槽回返褶皱上升为陆地，但到了晚古生代，有些地区又开始下沉，成为地台浅海，因此世界总体的形势仍然是南升北降。而到了晚古生代后期，由于海西运动，世界大部分地槽回返上升，世界范围内只有横亘东西的古地中海地槽和环太平洋地槽还是海洋外，其余均隆起为陆地，于是北方古陆联合为一体，称为劳亚古陆。但被古地中海所隔的南方冈瓦纳古陆却开始解体，成为印非大陆之间被海水所侵和中生代大陆全面漂移所发生的前奏。

第三，中国地壳处于北升南降，奠定现时轮廓。

晚古生代的中国与世界一样，陆地面积进一步扩大，北升南降，北方稳定南方活跃的形势空前发展，中国初步奠定了现时的地貌轮廓。

在中国北部、西北部，原来分布好几条大地槽，沉积了厚至一两万米的碎屑岩和火山岩。由于受晚古生代末海西运动的影响，天山、昆仑、祁连、秦岭、阿尔泰、蒙古——兴安岭等地槽都相继褶皱隆起。

从上述整个古生代地壳发展来看，仍处于明显的南北分异：北升南降或南海北陆、北方稳定、南方活跃的发展总形势。

第四，植物和动物分化，海洋无脊椎动物完成向陆地爬行类动物进化。

在前古生代末期，植物和动物已经分化。在植物界中，蓝藻和菌类繁盛。在动物界中，已经出现低等无脊椎动物，尤其是三叶虫突发性开始繁荣。

由于加里东运动，使大陆面积扩大，某些海洋消失，环境剧烈变化，那些适应性强的生物种类存活了下来。陆生植物得到很大的发展，许多种属已经长成大树，并且出现了昆虫和两栖类。后来的华力西运动使海水退去，大陆面积更加扩大，生物界向大陆进军的进程又大大推进了一步。总的来说，在古生代时期，植物界从低等的水生藻类进化成比较高等的陆生植物，动物界从比较低等的海洋无脊椎动物进化到鱼类和陆生爬行类动物，完成了向大陆进军。

地球的中生代时期

地球的中生代时期分为三叠、侏罗、白垩三纪，从距今 2.3 亿年起到 6700 万年前结束，延续时间大约 1.6 亿年。

中生代开始后，地球史发展出现了新的转折，潘加亚大陆逐步解体，各个陆块渐渐漂移到现代所处的位置，岩石圈又经历了一系列重要的变动。

中生代开始经过二三千万年的发展，到了三叠纪末期，在北美、南美之间和欧亚、非洲之间发生了分裂，在南部的几个陆块之间也发生了分裂，开始互相移开；到了侏罗纪晚期，各个陆块进一步分裂，在北美和欧亚大陆之间、南美和非洲之间产生了一条南北走向的巨大裂隙，陆块向两边移开，海水浸进去，这就是后来的大西洋。到了白垩纪晚期，情况又进一步变化，各大陆继续互相移开，最显著的是南美和非洲之间的距离加大，也就是说南大西洋有了明显的扩张。

中生代的气候条件总的说来是有利于动植物发展的，此时期的植物以裸子植物松柏、苏铁、银杏以及某些真蕨为主。到中生代晚期，出现了能够开花结果的植物——被子植物。被子植物是植物界中最高等的门类，它们在传播和繁殖后代方面具有显著优越性。在动物界里，中生代常常被称为爬行动物时代，其中有一种庞大的动物称霸世界，这就是后来一直引起地质学家兴趣的恐龙，但这一霸主却在白垩纪突然绝灭了，其原因至今仍是一个谜。从爬行动物发展而来的两类更高级脊椎动物——鸟类和哺乳类，也在中生代时出现。

地球的新生代时期

地球的新生代是地壳发展最近的一个时期，整个新生代时期大约为 6700 万年，相当于人类历史的近代史。这段时间虽然是距离现代社会最近和最短的，但在这一时期地球表面海陆分布、气候状况、生物界面貌逐渐演变到现代的样子。

新生代时期又分为第三纪和第四纪。第三纪时，发生了一次规模巨大的地壳运动——喜马拉雅运动，现在世界上的许多高山都是在这次运动中形成的。这时，地球上的面貌，如海陆分布、山岳的位置、江河的流向等，跟现代接近。

新生代早期的动物主要有两大类：古有蹄类和古食肉类。随着它们的进化，到了第三纪中、晚期，古有蹄类先后形成奇蹄类和偶蹄类，如马、犀牛、羊等；古食肉类也渐渐进化成各种猛兽，如狮、豹、虎等。

第四纪（距今二三百万年）出现了气候寒冷的时期，称为第四纪冰期。冰期来临时，气候变冷，陆地上冰川覆盖面积加大，海面下降一百多米，许多大陆架成了大陆间人和动物来往的通道。第四纪冰期又分为若干亚冰期。两个亚冰期之间是间冰期，这时气候转暖，海面上升，海水浸没了若干低洼的地方。

生物经过几十亿年的进化，走过了从无到有、从低级到高级的发展阶段，终于在新生时代的第四纪产生了生命之花——人类，这是生物发展史的重大飞跃。

地质年代划分表

地质年代是指地球上各种地质事件发生的时代。它的含义包括两方面：一是指各地质事件发生的先后顺序，称为相对地质年代；二是指各地质事件发生的距今年龄，称为同位素地质年龄。这两方面相结合才构成对地质事件及地球、地壳演变时代的完整认识，地质年代表正是在此基础上建立起来的。

地球有 46 亿年的历史，地壳中保留下来的各时期的地层就像是一部大自然史册，而地质年代的划分则是研究地球演化、了解各处地层所经历的时间和变化的前提。

地质年代包括地球初期发展阶段、太古代、元古代、古生代、中生代、新生代，“代”之下又分出次一级的地质时代，包括古生代的六个纪，中生代三个纪和新生代两个纪。

1881 年，国际地质学会通过了至今通用的地层划分表，后经过修订、完善，制定出了完整的地质年代表，使之成为划分地球自然历史的准确依据。

其表如下：

地质年代划分表

代	纪		距今年代（亿年）	生物发展阶段：动物界	生物发展阶段：植物界
新生代	第四纪		0.02—0.03	人类时代	被子植物时代
	第三纪	晚第三纪	0.25	哺乳动物时代	
		早第三纪	0.7		
中生代	白垩纪		1.4	爬行动物时代	裸子植物时代
	侏罗纪		1.95		
	三叠纪		2.5		
古生代	二叠纪		2.85	两栖动物时代	陆上孢子植物时代
	石炭纪		3.3		
	泥盆纪		4.0	鱼类时代	
	志留纪		4.4	海生无脊椎动物时代	海生藻类时代
	奥陶纪		5.2		
	寒武纪		6.0		
元古代	震旦纪		9	动物孕育、萌芽发展的初期阶段	
			25		
太古代			38.0	原始细菌（最低原始生命产生）	
地球初期发展阶段			46.0		

第二节　地球各个部分的形成与演变

地球整个空间的大气圈、水圈、岩石圈、大陆的演变与形成，以及大洋和古陆地的形成都是漫长而复杂的。科学界普遍认为：地球大气层的形成，一方面与地球和地壳的形成有关，另一方面又与动植物的出现有关；而地球表面相当一部分水来自地球以外，剩下的一部分水应该来自地球自身。关于大陆的起源问题，目前大部分地球科学家都认可大陆漂移学说的论点，地球上陆地的分布和变化与大陆漂移运动关系密切……总之，随着人类科技的发展，关于地球各部分的形成与演变的争议最终会尘埃落定。

大气圈的形成

在地球形成之后，大气圈是怎么样形成的呢？科学界普遍认为，地球大气层的形成，一方面与地球和地壳的形成有关，另一方面又与动植物的出现有关。

最初，大约在50亿年前，法国著名数学家和天文学家所说的星云开始凝聚时，地球周围就已经包围了大量的气体，其中氢气约占90%。后来，由于地心引力的作用，地球不断收缩变小，地壳逐渐凝固。这时，最后被挤出地壳的气体包围在地球表面，形成了最初的大气层。起初大气层非常稀薄，其成分也与现在的大不相同，主要是水气、氢、氦、氨和惰性气体。

地壳刚凝固时并不稳定，火山活动频繁，并从中排出大量气体，成分以甲烷和氢为主。又加上地球内部因放射性元素的作用而不断发热，加速了地壳和岩石中的气体涌出。除此之外，还有不少水蒸气也从地下涌出来。水蒸汽在阳光的作用下，分解成氢和氧，并经过组合又产生了二氧化碳和氮等气体。这样，大气层中的主要成分就变成为水汽、氮、二氧化碳和氧。有了氧，就为地球上生命的出现提供了极为有利的温床。经过几十亿年的分解、同化和演变，大约在距今18—19亿年前，水里面开始有生物生成，地球上终于有生命诞生了。7—8亿年前，陆地上开始出现了植物；5亿年前，地球上动物增加很快。植物、动物的大量出现和繁殖，也相应地改变了原始大气层的空气成分，并逐渐稳定下来，使得地面附近出现了与现今大气成分相同的大气构成。

水圈的形成

水圈是地球外圈中作用最为活跃的一个圈层。它与大气圈、生物圈和地球内圈的相互作用，直接关系到人类活动的表层系统的演化。水圈也是外动力地质作用的主要介质，是塑造地球表面最重要的角色。

科学家认为，地球表面相当一部分水来自地球以外，剩下的一部分水应该来自地球自身。

在地球刚刚诞生时，地球表面是没有水的。地球上原始的水有一部分可能是外来星球上的陨石冲击地球时释放出来的：巨大的碳质球粒陨石冲击时能够释放大量水蒸气，其中一部分残留在大气中，大部分凝缩为水而形成小溪、河流和湖泊，并最终形成为地球上的原始水。

那么来自地球内部的水是怎样形成的呢？在地球形成的初期，由于温度较高，地球内部物质运动剧烈，产生的地壳比较容易被对流带往地球深处。当时地球表面没有生命，地表也无液态水，绝大部分水都以结晶水的形式存在于地球内部。后来，频繁的火山活动带出了大量的地球内部的水蒸气。之后，随着时间的推移，地球的温度开始逐渐下降，水蒸气在大气中慢慢凝结成液态水，降到地表并汇集，在原始的陆地中形成了最早的江、河、湖、海。这就是原始的水圈。

岩石圈的演化

岩石圈是地球最外层平均厚度约 100 公里的带有弹性的坚硬岩石，由地壳和上地幔顶部组成。在漫长的地质历史年代中，岩石圈从最初的形成到现在为止，一直在不断地变化着。岩石圈的变化实际上就是地壳和地幔的变化。

根据科学家的推测，地球形成于 46 亿年前，由围绕太阳的金属、陨硫铁以及硅酸盐的尘云快速吸积而成。在地球形成的最初几百万年间，太阳系所有大的星体都遭受了剧烈的撞击，由于重力塌陷以及巨大陨石的轰撞，原始地球的物质被熔融。比重大的熔融态的铁镍、陨硫铁以及少量轻元素混在一起形成密度很大的液态金属聚合体，并在重力作用下朝地球的中心集中，从而形成地核；而较轻的硅酸盐熔体则被向外推移，形成硅酸盐地幔。地幔的结晶作用伴随着轻的长石质上浮和重的铁镁质矿物下沉。其中非挥发性衡量元素（铀、钍、钡、锶、钽、锆、铪和稀土元素）与硅酸盐熔体一起上移，在上地幔和最早的地壳中集中起来，形成了最初的地壳。

科学家们已知的最古老的地壳与上地幔形成于 38 亿年前，它们大都形成于海底，成分主要是海底沉积岩、海底玄武岩以及硅铁。这表明：至少在距今约 38 亿年以前，地球已经有了最初的岩石圈了。这最古老的岩石圈从距今约 25 亿年开始，地壳、海水以及沉积物的成分就变得与现代的岩石圈非常接近了。

大陆的起源

关于大陆的起源问题，目前大部分地球科学家都认可大陆漂移学说的论点，地球上陆地的分布和变化与大陆漂移运动关系密切。

大陆漂移学说认为：在 3 亿年前的古生代后期，地球上所有的大陆和岛屿是连在一起的，构成一个庞大的联合古陆，称为泛大陆，周围的海洋称为泛大洋。从中生代开始，这个泛大陆逐渐分裂、漂移，一直漂移到现在的位置。

由于原始大陆漂浮在一个流体的地球软流圈之上，所以原始大陆有了漂移的可能，岩石圈板块的相对运动导致了大陆漂移，形成了目前地球上陆地的分布。研究表明：地球漂移的部分其实是大陆岩石圈，它是大洋岩石圈的两倍厚。大洋岩石圈的厚度很不均匀，最厚处可达 80 公里。

另外，分布在大陆附近的大陆壳岛屿几乎全部位于大陆的东海岸一侧，还有一些大陆东部被许多大陆壳岛屿构成的岛群环绕，形成了明显的向东凸出的状态。专家认为，这种岛屿的分布特点，用岩石圈板块普遍向西运动和边缘海底的扩张理论可以解释通，这就更印证了大陆漂移学说。

有关大陆的起源问题，在大陆漂移学说之后，地质和地球物理学家杜托特提出了地球上曾存在两个原始大陆的模式。这两块大陆分别被称为劳亚古陆和冈瓦纳古陆。他认为，两个原始大陆原来是在地球两极处，后来它们开始分裂、漂移，逐渐形成了现在大陆的分布情况。

杜托特的观点其实是建立在大陆漂移学说的基础上的，所不同的是，他认为原始大陆是两个，而大陆漂移学说则认为只有一个联合大陆。然而根据现在科学家的观点，大陆漂移学说所提出的联合古陆决不是一个，因为人们现在所做出的古大陆复原图与大陆漂移所提出的复原图相比差别很大，所以现在有不少专家倾向于认可杜托特的两个古大陆的理论。

大洋的起源和演化

大洋的起源和演化过程是怎样的呢？其实，这方面的研究从 20 世纪初才开始，在此之前人们对大洋的了解只是停留在表面的现象和一般性的猜测中。对于大洋，人们一般认为它就像一个洗脸盆，从贮水形成以来，其位置和分布格局都没有变化。

随着地球科学的发展，尤其是大陆漂移学说和海底扩张学说的提出，人们对大洋的起源和演化有了突破性的认识。

1931 年，霍姆斯等人提出了地幔对流学说。这个假说认为：地幔中由于不同部位温度或物质成分的差异所造成的密度差，引起了轻者上升、重者下降的大规模对流和环流现象，它为岩石圈的运动提供了动力，解决了当时大陆漂移说缺乏动力机制的问题。

到了 20 世纪 60 年代初期，赫斯和迪茨把地幔对流说发展为海底扩张学说。根据这个理论，大陆和洋底是在对流的地幔上被动地漂移，而此后的一些洋底观测结果也给这个理论提供了有力证据。现在绝大多数的专家都认可了这个理论。

现代研究表明：大洋最初是在大陆内部产生的，并从大陆岩石圈中的裂缝处开始形成。大陆在地壳运动的作用下，使裂谷破裂并分离，大洋盆地就由此产生。如今我们看到的这些大洋盆地并不是一直就是这样，而是长期地球运动和演化的结果。大洋由狭窄海湾到宽阔盆地的发展，是通过持续发生的大规模海底扩张过程实现的。

劳亚古陆的起源和演变

劳亚古陆是地质和地球物理学家杜托特于 1937 年提出的。他认为，地球上现在的大陆分布是由两个原始大陆分裂漂移而形成的，而不是魏格纳认为的一个联合大陆。这两个原始古陆分别是劳亚古陆和冈瓦纳古陆。根据杜托特的理论，两个原始大陆是在靠近地球两极处形成的，其中劳亚古陆在北半球，冈瓦纳古陆在南半球。

“劳亚”是劳拉西亚的简称，也是加拿大地区及其周围地区的古地理名称“劳伦提亚”与欧亚大陆的合称。劳亚古陆包括今天的欧亚大陆的大部分、北美洲以及格陵兰。这个古陆在中生代期间由于北美大陆的西移和北大西洋的开启而分裂。

地质专家根据地质资料，推测出了劳亚古陆的演变过程：大约 3 亿年前，北半球形成了几个相对稳定的陆块，如北美陆块、东欧陆块、西伯利亚陆块和中国陆块等。早古生代晚期或末期，这些古陆块逐步靠拢并碰撞，乌拉尔地槽区和天山—兴安地槽区全部褶皱隆起，导致东欧陆块、西伯利亚陆块和塔里木—中朝陆块连接，大致在 2 亿至 2.7 亿年前完全闭合，从而在北半球形成劳亚古陆。在最近的 1—2 亿年间，劳亚古陆又开始逐步解体，从而使大西洋扩张，至第三纪时基本形成北大西洋。与此同时，北美大陆与欧洲大陆也再次分离，格陵兰岛也远离了欧洲大陆。经过漫长的历史变迁，在北半球，劳亚古陆逐渐演变成现代大陆分布。

冈瓦纳古陆的起源和演变

冈瓦纳古陆处在靠近南极的南半球，所以又称南方大陆，是大陆漂移说所设想的南半球超级大陆，因印度中部的冈瓦纳而得名。在印度半岛，从石炭纪到侏罗纪包括其下部的特征冰碛层到较上部的含煤地层，统称为“冈瓦纳系”。南半球各大陆都发现有这一时代的相似岩系和化石，根据这一相似性和其他证据，便给这个推论为统一的古大陆命名为冈瓦纳古陆。

“冈瓦纳古陆”是奥地利地质学家休斯于 1885 年提出的。他注意到南半球各大陆上的岩层非常一致，因而推断它们曾经是由拼合在一起的原始古大陆分解而成的。关于冈瓦纳古陆存在的年代，有人认为是古生代初或更早至中生代，另一些人则认为主要是晚古生代。

冈瓦纳古陆作为一个有特殊动植物发育的大陆块，包括现今的南美洲、非洲、马达加斯加岛、阿拉伯半岛、印度半岛、斯里兰卡岛、南极洲、澳大利亚和新西兰。它们均形成于相同的地质年代，岩层中都存在同种的植物化石，被称为冈瓦纳岩石。

地质专家们根据地质记录推测出了冈瓦纳古陆的发展演变历史：在元古代时，冈瓦纳古陆包括很多地区，如卡拉哈里、非洲西部、刚果，以及南极、印度、南美、澳大利亚等，那个时候，它们已经形成稳定的陆块。到了早古生代，它们分别聚集成东冈瓦纳和西冈瓦纳两部分。一直到了早石炭纪之后，这两块古陆才逐渐闭合而成一个冈瓦纳古陆。后来由于冈瓦纳古陆内部升降，且速度不一，于是在古陆内部形成裂谷。到了中生代三叠纪时，马达加斯加形成了狭窄的海沟，冈瓦纳古陆开始正式意义上的解体。在侏罗纪末至白垩纪期间，印度洋扩张，印度与澳洲和南极洲分开，并向北移动，南大西洋由此扩张。与此同时，北美洲与南美洲开始分离。到了新生代的时候，南极洲与澳大利亚分卅，向南移动。经过了漫长的时间之后，冈瓦纳古陆分裂成了现在的陆海状况。

第三节　地球与生命的起源学说

地球的起源、地球上生命的起源和人类的起源，被喻为地球科学的三大难题。尤其是关于地球的起源，人类长期以来都信奉上帝创造世界的宗教观念。后来，哥白尼、伽俐略、开普勒和牛顿等人的发现彻底地推翻了神创说，之后开始出现各种关于地球和太阳系起源的假说。例如：法国数学家兼天文学家拉普拉斯 1796 年提出了行星由围绕自己的轴旋转的气体状星云形成说。1977 年，肖梅克提出的宇宙撞击和爆炸的假说。随着科学的发展，我们有理由相信地球起源之谜一定会被解开。

地球低温起源学说

在科技知识缺乏的古代，人们就有了关于天地万物起源的探讨，逐渐形成了各种各样的“创世说”。在人类历史上，创世说曾在相当长的一段时期内占据了统治地位。随着科技的发展，人们才开始了对地球起源问题的科学探讨。

由于地球和太阳系的紧密关系，探讨地球的起源必须先解决太阳系的起源问题。到目前为止，关于太阳系的起源学说已有 40 多种。有康德—拉普拉斯星云说，有地球大爆炸说、星子说等等。大多数学说都是建立在原始地球高温的条件下。

至于原始的地球到底是高温的还是低温的，科学家们也有不同的说法。从古老的地球起源学说出发，大多数人曾相信地球起初是一个熔融体，经过几十亿年的地质演化历程，至今地球仍保持着它的热量。但现代研究的结果比较倾向地球低温起源的学说。

地球的早期状态究竟是高温的还是低温的，目前还存在着争论。然而无论是高温起源说还是低温起源说，地球总体上经历了一个由热变冷的阶段。由于地球内部含有热源，这种变冷过程是极其缓慢的，直到今天地球仍处于继续变冷的过程中。

盘古开天地说

有关盘古的神话，最早在我国南方少数民族中间广泛流传，是中国的创世说之一。

传说在没有天地之前，宇宙就像一个大鸡蛋一样混沌一团，里面漆黑一片，没有天地，没有日月星辰，更没有人类存在。有个叫做盘古的巨人在混沌中一直酣睡了约一万八千年。

盘古醒来后，发现周围混沌不堪，心里憋闷得慌。于是，他张开巨大的手掌向黑暗劈去，沉睡了千万年的混沌终于被搅动。其中，又轻又清的部分上升，变成了天空；而混浊沉重的部分则渐渐下沉，变成了大地。

盘古担心天地会又合拢起来，于是用手撑着青天，脚踏着大地。就这样，日复一日，年复一年，过去了一万八千年。天越来越高，地越来越厚，天地被他撑开了九万里，他也长成了一个高九万里的巨人。这个时候，天不再下沉，地也不再上升，天地终于定型，而英雄盘古却累得倒在大地上死去了。

盘古临死前，从他嘴里呼出的气化成了风和云雾；声音化成了雷；左眼化成了太阳，右眼化成了月亮；血液化成了江河；皮肤和汗毛化成了大地上的草木；汗水化成了雨露；头发和胡须化成了繁星；肌肉化成了农田；牙齿、骨骼和骨髓化成了地下的矿藏；身体化成了东、西、南、北四极和雄伟的三山五岳；筋脉化成了道路。而盘古的精灵魂魄也在他死后化成了人类。

人们当然不会相信有盘古开天地之说，但是这个美丽的传说已经融进了中华文化的血肉。在我们看来，盘古是自然大道的化身，在开天辟地的传说中也蕴含了丰富而深刻的文化、科学和哲学等内涵，是研究宇宙起源、创世说和人类起源的美丽故事。

康德—拉普拉斯学说

关于太阳系及地球的起源，历史上有很多不同的说法，其中康德—拉普拉斯学说最为著名。

1755年，德国著名古典哲学家康德提出“星云假说”。1796年，法国著名数学和天文学家拉普拉斯在他的《宇宙体系论》一书中，独立地提出了另一种太阳系起源的星云假说。由于拉普拉斯和康德的学说在基本论点上是一致的，所以后人称两者的学说为“康德—拉普拉斯学说”。

康德认为：原始星云是由大小不等的固体微粒组成，引力使微粒相互接近，形成越来越大的团块，引力最强的中心部分吸引的物质最多，最终形成太阳。其他的微粒在太阳吸引下向中心体下落时与其他微粒碰撞而改变方向，变成绕太阳作圆周运动，这些绕太阳运动的微粒又逐渐凝聚成朝同一方向转动的行星。地球就这样形成了。

而拉普拉斯认为：太阳系是由一团巨大的、灼热的、转动的气体云冷却收缩而形成。因为动量守恒，收缩使转动速度加快，在引力和离心力的作用下，星云逐渐变为扁平的盘状。在这个过程中，每当离心力等于引力时，就有部分物质演化为一个绕中心转动的环，后又形成若干个环。慢慢地，星云的中心部分凝聚成太阳，各个环则凝聚成各个行星。较大的行星在凝聚过程中同样能分离出一些气体物质来形成它的卫星系统。

在整个19世纪，他们的学说在天文学界一直占据统治地位。到20世纪初，由于康德—拉普拉斯学说不能对太阳系越来越多的观测事实作出令人满意的解释，慢慢地便被其他学说掩盖了。但是，目前仍有不少天文学家认为，星云说的基本思想还是正确的。

大爆炸理论

大爆炸理论是宇宙起源的又一个说法。大爆炸在狭义上是指宇宙形成最初一段时间，即距今大概137亿年前所经历的剧烈变化，但广义上的大爆炸则指当今流行的宇宙起源和膨胀的理论。

勒梅特在 1932 年首次提出了宇宙大爆炸理论。他认为：整个宇宙最初聚集在一个“原始原子”中，后来发生了大爆炸，碎片向四面八方散开，形成了我们的宇宙。这一理论产生于观测到的哈勃定律下星系远离的速度，同时根据广义相对论的弗里德曼模型，宇宙空间可能膨胀。在这个起始状态中，宇宙物质的温度和能量的密度极高。至于在此之前发生了什么，物理学家对此意见并不统一。

天体物理学家伽莫夫又提出了热大爆炸宇宙学模型：宇宙开始于高温、高密度的原始物质，最初的温度超过几十亿度，随着温度的持续下降，宇宙开始膨胀。1965 年，彭齐亚斯和威尔逊发现了宇宙背景辐射，后来他们证实宇宙背景辐射是宇宙大爆炸时留下的遗迹，从而为宇宙大爆炸理论提供了重要的依据。

之后，霍金又对宇宙爆炸之后 10—43 秒的宇宙演化作了清晰的阐释。至此，大爆炸宇宙模型成为最有说服力的宇宙图景理论。现在宇宙物理学的几乎所有研究都与宇宙大爆炸理论有关。20 世纪 90 年代后期和 21 世纪初，由于望远镜技术的发展和人造探测器收集到大量数据，大爆炸理论又有了新的巨大突破。大爆炸时期宇宙的情况和数据可以计算得更加精确。然而，至今宇宙大爆炸理论仍然缺乏大量实验的支持，而且我们还不知道宇宙开始爆炸和爆炸前的图景。

创世说

关于生命的起源，全世界各民族的早期神话有着极大的相似性，那就是生命是被创造的，而不是随着自然的变迁渐渐进化的，这就是所谓创世说。

西方的上帝创世说：原始世界毫无生机，光秃一片。全知全能的上帝用六天时间创造了气象万千的整个世界。第一天，上帝创造出光明与黑暗；第二天，上帝创造出空气；第三天，上帝创造出海洋、陆地和植物；第四天，上帝创造出太阳、月亮和星星；第五天，上帝创造出动物；第六天，上帝用泥捏塑出人类：亚当和夏娃。六天的时间，上帝创造了天地万物的一切。这就是《圣经》上所说的“上帝创世说”。

世界上还有其他各民族的创世说，但大都大同小异。创世说的产生是古代人民对不能理解的自然现象和社会生活所作的一种幼稚的主观幻想的解释。

尽管这些说法现在看来都是如此的幼稚，但也代表了我们祖先的智慧和愿望。这些不同的创世说已经嵌入了人们的精神世界，影响并渗透到了社会生活，是我们人类的宝贵遗产。

一元论

一元论是把世界万物归结为一种本原的哲学学说。“一元论”一词是德国唯心主义哲学家 C. 沃尔夫创造的。19 世纪末德国动物学家、哲学家 E. H. 海克尔开始将它作为哲学用语。他把基于物种保存原则和进化论的世界观称作一元论，并著有《作为宗教和科学之间纽带的一元论》一书。

一元论分为唯物主义一元论和唯心主义一元论。在世界统一性问题上，凡是认为世界上的事物有共同的本质或统一的观点，就可称为一元论。唯物主义和唯心主义都承认世界的统一性，认为世界只有一个本原，它们都是一元论哲学，但在世界统一于什么的问题上，存在着根本的对立。唯物主义主张物质是世界本原。物质不依赖于意识而存在，物质决定意识，它是第一性的；意识不能脱离物质而存在，是在物质发展的基础上产生的，是对物质的反映，是第二性的。所以唯物主义既是一元论的，又是可知论的。唯心主义一元论认为世界统一于精神，它们是两种根本不同的世界观。

在马克思主义产生以前，所有的唯物主义者的社会历史观实质上都是唯心主义的，因而他们的唯物主义一元论是不彻底的。只有马克思主义哲学才不仅在自然观，而且在社会历史观上坚持了完整的和彻底的唯物主义一元论。在唯物主义的一元论中，只有辩证唯物主义的一元论才科学地论证和全面地贯彻了物质是世界本原的观点。

二元论

二元论是主张世界有精神和物质两个独立本原的哲学学说。二元论是本体论的一支，意思是宇宙由两种主要元素组成，至于是哪两种元素，则不同的学说不尽相同。如琐罗亚斯德教的光明与黑暗二元论，笛卡儿的精神与物质二元论，摩尼教的上帝与魔鬼二元论等，它们之间各有不同，但根本上是一致的。

二元论是一种企图调和唯物主义和唯心主义的哲学观点，认为世界的本原是精神和物质两个实体。二元论实质上坚持精神离开物质而独立存在，归根结底还是唯心的。

哲学史上典型的二元论者是17世纪法国哲学家R. 笛卡尔。他认为：精神和物质是两种绝对不同的实体，精神的本质在于思想，物质的本质在于广袤。物质不能思想，精神没有广袤，二者彼此完全独立，不能由一个决定另一个。这样一来，二元论割裂了物质和精神的关系，不能科学地解决世界的本质问题，也无法将物质和精神绝对独立的原则贯彻到底，即使是笛卡尔，最终还是倒向唯心主义的一元论。

马克思主义哲学认为，哲学的最基本问题就是思维与存在，以及思维与存在何者为第一性的问题。唯物主义认为存在是第一性的，思维是第二性的，即这个世界都来源于物质。而唯心主义正好相反，认为思维是第一性的，物质是第二性的。而二元论的本质就是说这个世界起源于物质和思维这两个东西，二者同时是第一性的。唯物主义和唯心主义从本质上来说是对立的，物质与思维精神必然有先后，不能等同，二元论本身就存在着矛盾。

第四节 人类对地球的认知理论

随着人类科技的发展和人类认知地球程度的加深，从最初的天圆地方说发展到后来的地动说、地心说、大陆漂移学说，到地球板块构造理论以及地球物理反演理论，认知地球的理论和可信程度一步一步地提高。虽然期间一直争论不断，但是随着科技的进一步发展，人类最终能够揭开地球形成的神秘面纱。

天圆地方说

天圆地方说又叫“盖天说”，是中国古人在不了解宇宙结构的前提下，仅凭自己的观察而想象出来的一种说法。他们认为：地是方形的，像一个棋盘；天是圆形的，像一把张开的大伞覆盖在地上，日月星辰则像爬虫一样过往天空。不仅是中国人，居住在世界各处的人们最初都有过类似的错觉，因为他们都是凭直观感觉来认识周围事物的。

“天圆地方说”虽然符合当时人们粗浅的观察常识，但实际上却很难自圆其说。甚至这“圆”与“方”是否表示形象，也没有确定的说法，所以此学说漏洞百出。如果真如他们所说，天圆地方，那么方形的地和圆形的天如何连接起来呢？由于最初的说法不能解释，天圆地方说又被人们修改为：天与地并不相接，它像一把伞高悬在大地上空，中间有绳子与大地连接，天的四周还有八根柱子支撑。但是，即使如此，仍有很多问题存在：天盖的伞柄在哪里？八根柱子撑在什么地方？

战国末期，天圆地方说又被人改进了。新的天圆地方说认为，天像覆盖的斗笠，地像覆盖的盘子，天地相距8万里；盘子的最高点是在地的最北面的一个点，而太阳就围绕着这个点旋转；晚上，太阳落到了人看不见的地方，而不是进入到地下。这个说法尽管不正确，但在认识上比原来前进了一大步。

后来，唐代天文学家一行等人经过精确的测量和观察，用准确的数字彻底否定了天圆地方说的理论。从此以后，天圆地方的说法便不再被多数人认可了。

天圆地方说是一种原始的宇宙认识论，尽管它对许多宇宙现象不能作出正确的解释，但仍然对启迪后人认识宇宙作出了贡献。

地动说

地动说也叫太阳中心说，即日心说，是关于天体运动的、和地心说相对立的学说，认为太阳是宇宙的中心，而不是地球。

这个学说是由波兰著名的天文学家哥白尼提出的。

在哥白尼那个时代，人们对天体的研究，都是以地球不动，众天体围绕地球旋转来解释天体现象的。可是哥白尼经过自己的观察发现，如果假定太阳不动，地球和其他天体围绕太阳旋转的话，就更容易解释天体的现象。

于是他在1543年发表《论天体运转》一书，阐明了自己的观点，认为太阳是宇宙的中心，而不是地球。该学说一反千余年来教会和科学界的传统思想，遭到统治教会的反对。

在地动说里，他认为地球有三种运动：一种是环绕太阳的周年运动；一种是在地轴上的周日自转运动；一种是用以解释二分岁差的地轴回转运动。

哥白尼地动说的主要论点有七个：天体没有共同的中心；地球不是宇宙的中

心，只是引力中心和月球轨道的中心；宇宙的中心在太阳附近，所有天体都绕太阳运转；地球到太阳的距离与天穹高度相比显得非常渺小；在天空中看到的任何运动，都是地球运动引起的；我们所看到的太阳运动的一切现象，都是地球运动引起的，地球同时进行着几种运动；人们看到的行星向前和向后运动，是地球运动引起的。

他认为一个科学学说是从某些假说引伸出来的一组观念，真正的假说或者定理必须能够做到一下两点：假说必须能说明天体所观测到的所有运动；假说不能违背毕达哥拉斯关于天体运动是圆周的和均匀的论断。

事实上，哥白尼的理论中犯了一个错误，天体的运行并不像他所假说的在以圆形的轨道运行，而是以椭圆轨道运行。虽然如此，哥白尼的理论在天文学发展史中仍是最重要的里程碑！他的地动说是划时代的科学发现。这个学说的创立，从根本上纠正了地球中心说，揭穿了宗教神学伪造的谎言，对社会革命起了巨大的推动作用。

地心说

地心说是长期盛行于古代欧洲的宇宙学说，在 16 世纪日心说创立之前的 1000 多年中，它一直占统治地位。地心说最初由古希腊学者欧多克斯提出，后经亚里士多德、托勒密进一步发展而逐渐建立和完善起来。地心说认为地球静止不动，其他天体都围绕地球运动。

地心说以托勒密为主要代表，他认为地球处于宇宙中心静止不动。从地球向外，依次有月球、水星、金星、太阳、火星、木星和土星，它们在各自的圆轨道上绕地球运转。

地心说的观点主要包括四个方面：地球位于宇宙中心静止不动；每颗行星都在“本轮”的小圆形轨道上匀速转动，而本轮中心在均轮的大圆轨道上绕地球匀速转动，但地球不在“均轮圆心”；水星和金星的“本轮中心”位于地球与太阳的联线上，本轮中心在均轮上转一周的周期是一年；恒星都位于恒星天的固体壳层上。日、月、行星除上述运动外，还每天与“恒星天”一起绕地球转一圈。

托勒密的理论并不是宇宙实际结构的反映，但是在当时却较为完满地解释了观测到的行星运动情况，而且他的理论在航海上的实用价值极大，从而被人们广为信奉。

托勒密的天体模型之所以能够流行千年，是有历史原因的。地心说的理论恰好符合了当时占主导思想的柏拉图假设。另外，地球不动的说法也非常符合基督教的信仰。

地心说是世界上第一个行星体系模型。尽管它把地球当作宇宙中心是错误的，但它的历史功绩不应抹杀。

后来，随着人们观察到的天体运行现象逐渐复杂，地心说在解释这些现象的时候也越发显得力不从心。到了 16 世纪，哥白尼日心说的出现更好地解释了天体运行，地心说便被人们淘汰了。

地幔对流学说

地幔对流学说是一种关于地球内部物质运动和解释地壳或岩石圈运动机制的假说。它是由英国学者霍姆斯在 1929 年首先提出的。

这个假说认为，地幔中由于不同部位温度差异或物质成分差异所造成的密度差，引起了轻者上升、重者下降的大规模对流和环流现象，为岩石圈的运动提供了动力。

地幔对流的能量来自地球内部放射性物质蜕变产生的能量，以及地球内部物质重力分化而释放出来的重力能量。虽然地幔是固体，但在长期高温的作用下，可发生缓慢的移动。在地幔中心，温度非常高，处在周围的物质变轻，并在热力的推动下缓慢上升，等升到软流圈顶部被迫转为相反方向的平流运动，当平流运动一定距离后，碰到了另外一支相向的平流又被迫下降，在深处相背平流到上升流的底部，然后又补充到上升流之中，形成一个直立的环形对流体。

这样，在地球岩石圈下的软流圈中其实就有了一部分融熔体。岩石圈以下的固体地幔因高温高压而表现出像粘滞液体一样的韧性，又由于产生了对流，因此这个对流体的上部就为岩石圈板块的大规模水平运动提供了动力支持。

霍姆斯指出：地幔发散上升流可使大陆裂开，形成新的大洋盆地。在海底扩张和板块构造中，对流上升处形成新的大洋底地壳，岩石圈板在地幔对流体上发生大规模水平运动。板块分离边界，如大洋中脊和裂谷系，是由于发散上升流造成的；而板块汇聚边界，如俯冲带和碰撞带，则是下降流促成的。

地幔对流说的出现，让地壳的垂直运动及水平运动有了合理的解释。然而，由于还缺乏证明地幔对流的直接证据，地质学家们对对流的范围没有确定的看法，有人认为对流运动仅限于地幔软流圈，有的认为它涉及到整个地幔，还有些学者相信上地幔的对流与下地幔的对流是分隔开的。目前存在的这一争论，相信随着科学的发展会最终得出正确的答案。

大陆漂移学说

大陆漂移学说最早出现在19世纪初，但它的提出是为解释大西洋两岸的明显对应性，真正把它作为一个学说提出来的是德国气象学家阿尔弗雷德·魏格纳，他在其不朽著作《大陆和海洋的形成》中系统地阐述了自己的观点。魏格纳根据拟合大陆的外形、古气候学、古生物学、地质学、古地极迁移等作为自己理论的论据，认为全世界实际上只有一块大陆，称为泛大陆。构成地壳的硅铝层比它下面的硅镁层轻，就像大冰山浮在水面上一样，又因为地球由西向东自转，南、北美洲相对非洲大陆是后退的，而印度和澳大利亚则向东漂移了。泛大陆的解体始自石炭纪，经二叠纪、侏罗纪、白垩纪和第三纪的多次分裂漂移，形成现在的七大洲四大洋。

魏格纳的大陆漂移学说一经提出，便引起了很大的震动，这一学说对当时不少地质界难题给出了合理的解释。但许多人仍然对此学说感到怀疑。

大陆漂移思想是一种进步的学说，它的提出促进了地质科学的发展，对固定论者发出了强有力的挑战。固定论认为大陆形成于原来的位置，从未移动过，但大陆漂移说的提出对固定论发出了挑战。大陆漂移的活动论思想为海底扩张、板块构造说的兴起奠定了基础。

但是，由于此学说一直没有解决漂移机制问题，又加上后来板块构造学说的兴起，大陆漂移学说慢慢地被取代了。

地球板块构造理论

1967年，美国普林斯顿大学的摩根、英国剑桥大学的麦肯齐、法国的勒皮顺等人提出了板块构造学说。这个学说其实是海底扩张说的具体引伸。所谓板块指的是岩石圈板块，包括整个地壳和莫霍面以下的上地幔顶部。

1968年勒皮顺首先将全球岩石圈划分成六大板块，即太平洋板块、欧亚板块、印度洋板块、非洲板块、美洲板块和南极洲板块。

板块构造理论认为，大陆和大洋壳都发生过大规模水平运动，而且这种运动到现在还在进行。但它和大陆漂移说所设想的运动是有区别的，后者认为水平运动发生在硅铝层和硅镁层之间，而板块构造理论者则认为运动发生在整个地幔软流层上面。

板块构造的基本思想是这样的：地球表层的岩石圈相对于软流圈来说是刚性的，其下面是粘滞性很低的软流圈；岩石圈并非是整体一块，它被许多活动带分割成大大小小的板块；在板块内部，地壳相对比较稳定，而板块与板块交界处则是地壳活跃地带，这里火山、地震以及断裂、挤压褶皱、岩浆上升、地壳俯冲等活动频繁发生；岩石圈板块是活动的，并且以水平运动占主导地位，这个运动的动力则是地幔对流造成的。在这个作用力之下，岩石圈板块可以发生几千公里的大规模水平位移；在移动的过程中，板块张裂或碰撞，并产生各种各样的相应活动带。

海底扩张学说

海底扩张学说是关于海底地壳生长和运动扩张的学说。该学说认为，地幔物质从海岭上升向两侧缓慢流动，产生新的海底地壳并促使较老的地壳向两侧扩张，最后遇海沟俯冲到地幔。

很早以前人们以为海洋就像个脸盆，两侧浅而中间深，里面装满了海水。二战以后，科学家通过对世界各大洋的调查研究，有了许多新的发现，其中最为重大的发现是：在世界大洋底发现了一条纵贯中部、绵延8万公里长的大洋中脊。大洋中脊顶部的平均深度约为2500米，其两侧逐渐加深，在洋底形成坡度平缓的长形隆起区。在大洋中脊的脊部有一条断裂谷，谷宽约25～50公里。

另外一个重大发现就是，海底磁条带是对称排列的，与地质学家们在横穿洋脊方向所测得的磁力异常曲线相似，每一侧的正负异常都在另一侧同样的位置出现；当他们把所有横剖面上所测得的正负异常连接起来，可看出在洋脊两侧具有一系列与之平行的磁异常条带，正向和逆向交替出现，以洋脊为中心对称排列。

这两个重大的发现给海底扩张学说带来了理论基础。在1960—1962年，赫斯和迪茨首先提出了海底扩张说。

海底扩张学说主张地幔内的岩浆因对流作用，沿大洋中脊的裂谷上升到海底，在大洋中脊顶部形成新的海洋地壳，而原来在此处的大陆地壳或海洋地壳便随着热对流往两边远离，于是海洋不断扩大。而往两方远离的老海洋地壳，又因为地幔对流作用而下沉回到地幔中，在它的下沉之处就形成了海沟。

海底扩张学说提出来以后，在短短几年的时间里得到了大量事实的证明。它对于许多海底地形、地质和地球物理的特征，都能作出很好的解释。美国的威尔逊在《地球科学的革命》中高度评价大陆漂移和海底扩张学说，认为这是一次地质学的大变革，它的意义可以与原子论、进化论和相对论媲美。海底扩张学说为后来的板块构造学说提供了理论基础。

地球膨胀学说

地球膨胀说是以地球不断膨胀来解释大陆崩裂机制的一种大地构造假说，由B. 林德曼和O. C. 希尔根贝格在20世纪20～30年代分别提出。

该学说认为原始地球有一个封闭的硅铝圈，后来由于地球内部膨胀而使其破裂、分散，形成分离的大陆，而从地幔膨胀出来的物质则填充在裂开的大陆之间，并使大洋盆地不断扩大。

地球内部的温度是随深度而递增的，因此随着地球内部温度的升高，其中的岩石、矿物的结构、构造以及化学特性发生了变化，这就导致了强烈的地壳运动。正因为如此，上地幔结构的一些致密重物质开始了重新融化，侵入或者喷出地壳，形成地壳上较轻的气孔状玄武岩。这样就引起地球质量的向外扩散，导致体积增大，地球也因此发生膨胀。

地球膨胀对地球的影响非常大，最直接的就是地壳运动和对生物种类的影响。科学家相信，地球上曾出现过的六次大规模的生物灭绝，都与地球膨胀有密切的关系。

有数据表明：自元古代以来，地球的半径增加了9～12%。到了中生代，地球又逐渐发生了巨变，地球的膨胀率开始增大，使已分开的三块古陆迅速漂移，并开始分裂。近代一些学者也从不同的途径计算过地球膨胀的速率：在1956年，L. 埃基德根据古地理图上“显生宙”面积的扩大得出地球膨胀率为0.5毫米/年；1965年霍姆斯根据一天时间每过100年便增长1/50万秒的数据估算出膨胀速率为0.24～0.6毫米/年。

但是，现在有一些学者对地球膨胀学说提出了异议。他们发现，如果按照膨胀学说的理论，地球的半径在石炭纪以后要增长至少2000公里，而这在热力学理论上是不可能的。另外，地球膨胀学说也难以解释地质历史上很多事件。所以，当板块构造理论提出以后，这个学说便渐渐地被科学界所淡化了。

中微子地球演化说

中微子是组成自然界最基本的粒子之一，常用符号ν表示。中微子不带电，自旋为1/2，质量非常轻（小于电子的百万分之一），以接近光速运动。

中微子地球演化说是一种关于地球演化的科学假说，是我国青年学者张国文在1996年提出来的。该学说认为，地球演化的能量来源于太阳中微子。

太阳的能源问题一直是物理学家和天文学家关注的课题，英国天文物理学家爱丁顿提出太阳的能量来自核聚变。如果这个理论成立的话，太阳的核心在进行大规模的热核反应时，就会产生大量的中微子。

中微子是奥地利物理学家泡利提出的一种粒子，这种粒子质量极小，不带电、呈中性。后来在1956年，柯温和莱因斯通过核反应堆发出的反中微子与质子碰撞证明了中微子的存在。根据核聚变的理论，四个质子转变成一个氦原子核的过程中要释放两个中微子。据此可以推算，当太阳中微子抵达地球表面时，每平方厘米每秒钟约为660亿个。

据专家计算，一年内到达地球的太阳中微子的能量为9.48×10^{24}焦耳。这是地球每年以火山、地震和地表热流等形式消耗能量（约1.066×10^{21}焦耳）的数千倍。这么多的中微子能量，只要其中百分之零点几被地球吸收，就足以为地球的各种演化提供能量。

中微子地球演化说认为，来自太阳的中微子进入地球后，就被地球物质散射、减速而消耗能量，慢慢地就变成频率或速度与原子核中的中微子相近的慢中微子，最后被地球物质吸收，并释放能量。

地理学家认为，中微子地球演化说能较好地解释板块的运动、地磁的形成、磁极的漂移和地球内部圈层构造等一系列地球演化现象。除此之外，它还能够应用到其他行星和卫星，解释一些我们认为神秘的天体运动现象。

地球物理反演论

反演是一门指导人们正确逆向思维的学问。由于事件或过程发生在先，而结果或信息接收在后，所以我们一般对事件的描述总是遵循这个顺序，这在数学上被称为“正演”，而“反演”正好与此相反，它是根据结果反推事件发生的过程。

我们在研究地球时，很多时候都不能直接观察研究对象，只能根据现象来逆推原因。比如，由于地球表面为坚硬的岩石所覆盖，我们看不到地球内部的岩石到底是一个什么状态，只能在局限的时空内观察到这些不可及过程的一些信息。然后再根据这些信息推演相关过程发生的原因或机制。正是由于这个原因，使反演理论受到科学家的青睐。

反演论在地球物理上的优势显而易见。目前人类对自然事件发生、发展和演变的观察在时空上是非常局限的。人类社会的历史只有几百万年的时间，而地球已经有46亿岁的高龄，如果要对人类出现以前的历史做研究，反演似乎就是唯一的方法了。

但由于观测时空的局限性，反演的困难也相对较高。因为在地球物理反演问题中，答案在大多数情况下不具有唯一性，所以需要科学家们付出更多的调查和研究来排除干扰项。

在认识地球的过程中，地球物理反演起到了关键的作用。我们对史前的了解，对地球内部地幔、地核等等的知识，都是根据地球反演理论得来的。不能想象，如果没有了这种理论，我们对地球的了解会贫乏到什么程度。

随着地球物理处理技术的不断发展，反演方法在理论和运算方面的问题也将显得更为重要。可以预见，地球反演理论的应用在未来的时间将会更加繁荣。

第二章

地球的结构和物理性质

第一节　地球的圈层结构

目前科学界普遍认为，地球圈层分为地球外圈和地球内圈两大部分。地球外圈可进一步划分为四个基本圈层，即大气圈、水圈、生物圈和岩石圈；地球内圈可进一步划分为三个基本圈层，即地幔圈、外核液体圈和固体内核圈。此外在地球外圈和地球内圈之间还存在一个软流圈，它是地球外圈与地球内圈之间的一个过渡圈层，位于地面以下平均深度约150公里处。这样整个地球总共包括八个圈层，其中岩石圈、软流圈和地球内圈一起构成了所谓的固体地球。下面我们就详细地阐述地球各个圈层的结构。

地球的大气圈

大气圈也叫大气层，是地球外圈中最外部的气体圈层，它包围着海洋和陆地，是地球上存在生命的条件之一。大气圈没有确切的上界，在2000—16000公里高空仍有稀薄的气体和基本粒子。在地下，土壤和某些岩石中也会有少量空气。所以，它们也是大气圈的一个部分。

地球大气圈气体的总质量约为 5.136×10^{21} 克，相当于地球总质量的百万分之一。由于地心引力作用，几乎全部的气体集中在离地面100公里的高度范围内，其中75％的大气又集中在地面至10公里高度的对流层范围内。

大气圈的成分主要有氮气，占78.1％；氧气，占20.9％；氩气，占0.93％；

还有少量的二氧化碳、氦气、氖气、氪气、氙气和水蒸气。大气层的空气密度随高度而减小，越高空气越稀薄。大气层的厚度大约在1000公里以上，与地球半径相比，它显得很薄，但没有明显的界限。整个大气层随高度不同表现出不同的特点，分为对流层、平流层、中间层、暖层和逃逸层。

对流层处于地球大气圈的最低层，下界与地面相接，上界高度随纬度和季节的变化而有所不同，在两极地区的厚度约为8000米，到赤道则增加到17000—18000米。对流层集中了地球3/4的大气质量和几乎全部的水汽和固体杂质。对流层最显著的特点是有强烈的对流运动。

对流层以上是平流层，大约距地球表面20—50公里。平流层的空气比较稳定，大气是平稳流动的，故称为平流层。在平流层内水蒸气和尘埃很少，并且在30公里以下是同温层，其温度在－55℃左右。

中间层的高度范围在55—85公里之间。其主要特征是气温随高度递减，层顶部气温降到－113℃，几乎是大气圈中温度最低的区域。由于温度梯度的出现，又形成了自下而上的空气对流过程，因此中间层也可以被叫做上对流层。

中间层以上是暖层，大约距地球表面100—800公里。它最突出的特征是当太阳光照射时，太阳光中的紫外线被该层中的氧原子大量吸收，温度升高。

800公里以上的大气层称为逃逸层，其上界约在3000公里以上，是地球大气圈的最外层，也是从地球大气层进入宇宙太空的过渡区域。逃逸层的主要特征是气温随高度递增，空气密度极小，具有逃逸速度的粒子可以克服地球引力，不断地逃往太空。但是根据目前卫星观测资料分析，在2.2万公里的高度以上，离子密度仍可以达到10个/立方米。

地球的水圈

地球上的水以气态、液态和固态三种形式存在于空中、地表与地下，成为大气水、海水、陆地水（包括河水、湖水、沼泽水、冰雪、土壤水、地下水），以及存在于生物体内的生物水，这些水不停运动和相互联系着构成水圈。

地球上的水，其中海洋覆盖了地球表面积的71%。淡水仅占地球总水量的2.53%，而其中又大约有70%以上属固态水——冰，储存在极地和高山上，只有不到30%的淡水存在于地下、湖泊、土壤、河流、大气之中。由此可见，水圈是指地球上被水和冰雪所占有或覆盖而构成的圈层。考虑到大气水分与地下水，水圈的上限可为对流层顶，下限为深层地下水所及的深度。

水圈是地球外圈中最为活跃的一个圈层。它与大气圈、生物圈和地球内圈的相互作用，直接关系到地球表层系统的演化。从太空俯瞰地球，一片蓝色水域，这是地球不同于其他行星的主要特征之一。

地球水圈总质量为 1.66×10^{24} 克，约为地球总质量的 1/3600，但却在人类赖以生存的地理环境中起着重要的作用。

自然界的水在水圈、大气圈、岩石圈、生物圈四大圈层中通过各个环节连续运动的过程叫水循环。在太阳的照射下，海洋和陆地上的水受热蒸发形成水气，成为大气水；大气水在低温条件下又凝结为雨雪降到地面或海洋。地面上的水或汇入江河湖海，或渗入土壤成为地下水，或又直接蒸发进入大气，循环往复。正是地球上永不停息地进行着大规模的水循环，才使得地球万物生机盎然。

地球上的水资源，从广义上来说是指水圈内的水量总体。但由于海水是咸水，不能直接利用，所以通常说的水资源主要是指陆地上的淡水资源。而陆地上的淡水资源储量只占地球上水体总量的 2.53%。而在这其中，比较容易被人类利用的又只占了全球总储水量的 7/100000。因此，世界上 60%的地区面临供水不足的问题。

水是地球上人类和一切生物得以生存的物质基础，对人类意义重大。但随着人口的急剧增长及环境污染，许多本来可以利用的淡水资源也遭到破坏。合理利用和保护世界上的水资源，已成为人类普遍关心的重大问题。

地球的生物圈

由于地球适宜的温度条件以及良好的自然环境，使地球上产生了生物。所谓生物，是指有生命的物体，包括植物、动物和微生物。经过漫长的进化和选择，生物在地球上形成了一个独特的圈层——生物圈。这在太阳系的其他星球上是绝无仅有的。

生物圈的概念是奥地利地质学家休斯首先提出的，指地球上有生命活动的领域及其居住环境的整体。生物圈是一个复杂的、全球性的开放系统，它的形成是生物界与水圈、大气圈及岩石圈长期相互作用的结果。

生物圈包括地表上下 25～34 公里内的区域，包括大气圈的下层，岩石圈的上层，整个土壤圈和水圈。总之，地球上有生命存在的地方均属生物圈。但是，大部分生物都集中在地表以上 100 米到水下 100 米的范围，这里是生物圈的核心。

生物圈里各种各样的生命，为了获得足够的能量和营养物质维持生存，就出现了捕食与被捕食的关系，并由此衍生出了它们之间错综复杂的关系。生物圈中的各种生物，按其在物质和能量流动中的作用可分为生产者、消费者和分解者。生产者主要是绿色植物；消费者主要指动物；分解者主要指微生物，可将有机物分解为无机物。在消费者中，有的动物直接以植物为生，叫做一级消费者；有的动物则以植食动物为生，叫做二级消费者；还有的捕食小型肉食动物，被称为三级消费者。

生产者、消费者和分解者与其所生活的无机环境一起，构成了一个生态系统：生产者从无机环境中摄取能量，合成有机物；生产者被消费者吞食以后，将自身的能量传递给消费者；最后，当消费者死亡以后，分解者将它们再分解为无机物，将能量还给环境，供给生产者，又产生循环。这就是一个生态系统完整的物质和能量流动。

只有当生态系统内各种生物的种类、数量及其生产能力都达到相对稳定的状态时，系统才能达到平衡，如果它里面的任何一个程序出现问题，那就会打乱整个生态系统的秩序，给自然环境带来严重的后果。所以，人类应该小心地守护好这个生物圈的生态平衡，使其不受破坏。其实，人也是这个生态系统中的一员，人的生存和发展离不开整个生物圈，保护生物圈就是保护我们自己。

地球的岩石圈

岩石圈主要由地球的地壳和地幔圈中上地幔的顶部组成，从固体地球表面向下穿过地震波在近 33 公里处所显示的第一个不连续面（莫霍面），一直延伸到软流圈为止。

岩石圈可分为六大板块：欧亚板块、太平洋板块、美洲板块、非洲板块、印度—大洋洲板块、南极洲板块。除此之外，还有一些较小的板块夹在这六大板块之间。

由于地球岩石圈包括了地壳和地幔部分，所以大部分的岩石圈是无法直接观测到的。我们目前所能了解的岩石圈地下部分，是科学家们通过各种间接手段得来的。

岩石圈的最表层是地壳部分。地壳又有大陆地壳和大洋地壳之分。大陆地壳平均厚度为33—35公里，通常分为三层，由三种不同成分的岩石组成。最上面是沉积岩层，向下依次是花岗岩层和玄武岩层。大洋地壳的厚度平均仅为6—8公里，最上面是很薄的海底沉积物，往下是玄武岩层。深海钻探和地震研究发现，洋壳玄武岩下面还发育有岩墙状的辉长岩和辉绿岩，以及由超镁铁质岩石蚀变形成的蛇纹岩。

岩石圈中的地幔部分只包括其顶部。研究表明，上地幔顶部主要是由镁铁质和超镁铁质成分的岩石组成。

岩石圈厚度不一，通常认为在大洋中脊处岩石圈厚度接近于零，到大陆下部大约100—150公里处。岩石圈厚度和地球半径比较起来，只是薄薄的一层，几乎可以忽略不计。但由于它和人类生活密切相关，所以又被科学家们倍加重视，是现代地球科学中研究得最多、最详细、最彻底的部分。

地球的软流圈

在距地球表面以下约100公里的上地幔中，有一个明显的地震波低速层，这是由古登堡在1926年最早提出的，称之为软流圈。软流层顶底界面不十分确定，与岩石圈之间无明显界面，具有逐渐过渡的特点。

软流圈的分布具有明显的区域性差异，在洋底下面，它位于约60公里深度以下；在大陆地区，它位于约120公里深度以下，平均深度约位于60～250公里处。

软流层必须在高温的条件下才可以形成。据推测，这里温度约1300℃左右。大家知道，地球内部的温度随深度的增加而增高，一般至100公里深时，温度便接近于地幔开始熔融的温度，这时在水和挥发性物质的参与下，开始产生选择性熔融，逐渐形成固流体软流层。

软流圈的形成是一个漫长的地质过程。地质学家称，软流圈熔岩产生时所需的热能、水和挥发性物质，主要是由放射性元素衰变和地球圈层分化过程释放出来。释放出来的热能上升到低温、刚硬的岩石圈底部时，受到岩石圈的阻力渐渐积累，最终形成软流层。

地球的地幔圈

在软流圈之下，直至地球内部约 2900 公里深度的界面处，属于地球的地幔圈。由于地球外核为液态，在地幔中的地震波 S 波不能穿过此界面在外核中传播，P 波曲线在此界面处的速度也急剧减低。这个界面是古登堡在 1914 年发现的，所以也称为古登堡面，它构成了地幔圈与外核流体圈的分界面。整个地幔圈由上地幔和下地幔组成。上地幔主要由橄榄岩类组成，下地幔是由密度高的铁镁氧化物组成。

地球的外核液体圈

地幔圈之下就是所谓的外核液体圈，它位于地面以下约 2900—5120 公里深度。整个外核液体圈可能是由动力学粘度很小的液体构成的，其中 2900—4980 公里深度称为 E 层，完全由液体构成，4980—5120 公里深度层称为 F 层，是外核液体圈与固体内核圈之间一个很薄的过渡层。

地球的固体内核圈

地球八个圈层中最靠近地心的就是固体内核圈了。它位于 5120—6371 公里地心处，又称为 G 层。根据对地震波速的探测与研究，证明 G 层为固体结构。地球内层不是均质的，平均地球密度为 5.515 克/立方厘米，而地球岩石圈的密度仅为 2.6～3.0 克/立方厘米。由此可以推测，地球内部的密度必定要大得多，并随深度的增加，密度也在不断增加。地球内部的温度随深度而上升。根据最近的研究测算，在 100 公里深处温度为 1300℃，300 公里处温度为 2000℃；在地幔圈与外核液态圈边界处，温度约为 4000℃，地心处温度为 5500℃～6000℃。

第二节　地球的物理性质

地球的物理性质大致包括地球的形状和大小、赤道周长半径、赤道引力、地核半径以及地球表面积、磁场、质量、密度等几大块。随着科技的进一步发展，这些地球的物理特性都有更加精确的测量数据。

地球的形状和大小

地球的形状，顾名思义是“球”形的。不过，对于“球”形的认识曾经历了一个相当长的过程。地球的形状对现在的人们来说根本不是一个问题，但对我们的祖先来说却不是那么容易。早期，古人只能根据自己的想象，有了“天圆地方”之说。

公元前五六世纪，古希腊哲学家从球形最完美这一概念出发，认为地球是球形的。到了公元前 350 年前后，古希腊学者亚里士多德通过观察月食，根据月球上地影是一个圆形，第一次科学地论证了地球是个球体。我国战国时期哲学家惠施也提出地球呈现球形的看法。1519 年葡萄牙航海家麦哲伦率领 5 艘海船，用 3 年时间完成了第一次环绕地球的航行，从而直接证实了地球是球形的。从此，人们便一致把我们所在的世界称为“地球”。

最早算出地球大小的，应该说是公元前 3 世纪的希腊地理学家埃拉托斯特尼。他成功地用三角测量法测量了阿斯旺和亚历山大城之间的子午线长，算出地球的周长约为 25 万希腊里（3.96 万公里），与实际长度只差 340 公里，这在 2000 多年前实在是了不起的。

随着科学技术的发展，17 世纪末人们对地球是正圆球的主张开始有了怀疑。1672 年，法国天文学家李希通过测定，发现地球赤道的重力比其他地方都小，提出大地是扁球形的主张。

17 世纪末，英国大科学家牛顿研究了地球自转对地球形态的影响，从理论上推测地球不是一个很圆的球形，而是一个赤道处略为隆起、两极略为扁平的椭球体，赤道半径比极半径长 20 多公里。1735～1744 年法国巴黎科学院派出两个测量队分别赴北欧和南美进行弧度测量，测量结果证实地球确实为椭球体。

上世纪50年代后，科学技术发展非常迅速，为大地测量开辟了多种途径，高精度的微波测距、激光测距，特别是人造卫星上天，再加上电子计算机的运用和国际间的合作，使人们可以精确地测量地球的大小和形状了。通过实测和分析，终于得到确切的数据：地球的平均赤道半径为6378.14公里，极半径为6356.76公里，赤道周长和子午线方向的周长分别为40075公里和39941公里。测量还发现，北极地区约高出18.9米，南极地区则低下24～30米。

目前，国际通用的地球形状数字是1976年国际天文学联合会的天文常数，地球赤道的半径为6378140米，地球扁率因子为298.257。这个数据表明，地球并不是正球体，而是扁球体，它的形状更像一个梨子。

另外，根据卫星的观测结果，地球赤道也是个椭圆，而非正圆。所以，现在地球的形状确切地讲应该是个三轴椭球体。

地球的赤道周长和半径

赤道是通过地球中心垂直于地轴的平面和地球表面相交的大圆圈，它像一条金色的腰带，把地球拦腰缚住，并把地球平分为南北两个半球。赤道是南北纬度的起点（即零度纬线），也是地球上最长的纬线圈，全长40075.24公里（相当于8万多华里），所以住在赤道上的人能够“坐地日行八万里”。

最早计算出地球半径的是希腊天文学家厄拉多塞内斯。他应用了几何学中圆周上一段弧长、对应的圆周角和圆半径的关系，估算了地球半径的长度。

随着科技的不断进步，尤其是人造卫星的出现，使人们认识到地球并不是一个正球形。科学家利用人造卫星对地球进行测量发现，地球是一个不规则的扁球体：赤道略鼓，两极稍扁，南半球和北半球不对称，凹进去约20米。所以，地球的平均半径和赤道半径是不一样的，后者要比前者长一点。在卫星的帮助下，经过科学家们的精密计算，目前所得出的地球平均半径为6371公里，赤道半径则为6378公里，两极半径为6357公里。

总体而言，从两极到地球中心的距离为6356.8公里，比从赤道上到地球中心的距离短21.4公里，扁率为1/298。所以，真实的固体地球表面是高低不平的，像一个干皱了的苹果。而从太空中看，由于距离过远，所以看起来仍是一个圆球。

地球的赤道引力

在地球不同的地方，其引力是不一样的。同一个物体在不同的纬度上，所受到的地球引力不同。总体来说，两极的引力最强，赤道的引力最弱。这是地球自传造成的。

为什么会有这样的情况呢？我们知道，地球的引力是连续变化的。科学家告诉我们，地心处的引力为零，无穷远处引力为零，因此一定存在一个地球引力最大值的地方。万有引力等于物体重力跟物体随地球自转而做圆周运动所需的向心力的矢量和。所以，这个位置就在万有引力除去自转离心力作用最大的地方。因为两极的离心力为零，所以两极的引力最大。

而地球表面上引力最弱的地方，就应该是离心力最大的地方，也就是说线速度最快的地方，这个地方无疑就是赤道了。赤道上物体随地球转动的线速度最大，所需的向心力最大，而这个向心力是由万有引力的一个分力来提供的，万有引力减去这个向心力剩下的就是重力。

据此，我们不难得出一个地球引力变化的结论：随纬度的增大，物体做圆周运动的半径减小，所需向心力减小，重力增大；随高度的增大，轨道半径增大，同时万有引力减小，所以重力减小；而在赤道上，轨道半径最大，所需向心力最大，重力最小；在两极，轨道半径为零，所需向心力为零，重力等于万有引力。

所以，在地球表面，赤道的引力是最小的，这也是为什么卫星发射中心的纬度都很低的原因。

地球的地核半径

地核是从下地幔的底部一直延伸到地心的部分。经过科学家的测量，地核半径为3480公里。据科学观测分析，地核分为外地核、过渡层和内地核三个层次。外地核的厚度为1742公里，平均密度约10.5克/立方厘米，物质呈液态。过渡层的厚度只有515公里，物质处于由液态向固态过渡状态。内地核厚度1216公里，平均密度增至12.9克/立方厘米，主要成分是以铁、镍为主的重金属，所以又称铁镍核。

地核的总质量为 1.88×10^{21} 吨，占整个地球质量的 31.5%，体积占整个地球的 16.2%。地核的体积比太阳系中的火星还要大。由于地核处于地球的最深部位，受到的压力之大，超乎我们想象。地核内部不仅压力大，而且温度也很高，估计可高达 2000℃—5000℃。

地核内部的具体情况，人们对它了解的还很少。但可以肯定，地球内部是一个极不平静的世界，里面的各种物质始终处于运动之中，运动情况也异常复杂。

对于地心世界，目前我们只能通过钻探直接了解地球表面几公里深度的情况，通过地震、火山等间接了解地球表面几十公里深度的情况，而深达几千公里的地核是很难了解的。

地球的表面积

测量地球的表面积，在科技发达的今天是易如反掌，但第一个计算出地球表面积的人是怎么做到的呢？

最早计算出地球表面积的人就是那位最早算出地球半径的希腊天文学家厄拉多塞内斯。细心的厄拉多塞内斯发现，他所住的亚历山大城，每年从春季到冬季，太阳从来也没有在头顶的天空停留过。即使最接近正上空的时候，太阳光与直立地面的物体也存在着 7.2°的夹角。

这引起了厄拉多塞内斯的注意。他带着好奇心理，又在附近做了调查，发现亚历山大里亚城附近地方的情况都是如此。但是在该城以南 800 公里之外的赛伊城的情况却截然不同：那里在夏至正午的时候，太阳正挂在头顶。阳光可以笔直地射到井底。太阳光与地面的夹角各不相同，这恰好说明了地球是一个球体，厄拉多塞内斯得出了结论。然后他便开始了计算地球表面积的过程。正如前文所述，他利用了亚历山大城与赛伊城之间太阳的夹角，又测得两地之间的距离约为 5000 古希腊里。于是，他根据圆的几何原理，算出了地球的半径约为 4000 古希腊里，即 6340 公里。地球的半径已经知道，要求地球的表面积就不太难了。厄拉多塞内斯经过精心测量和计算，最后求得地球的表面积约为 5 亿平方公里。

随着科技的进步，现代的科学家又利用卫星得出了更为精确的地球表面积，大约是 5.1 亿平方公里。

地球的磁场

地球好像一块巨大的磁铁，具有磁性，并在它的周围形成永久性的磁场。地球的磁场具有正极（磁北极）和负极（磁南极），是一个偶极磁场。习惯上人们把位于北半球的地磁南极叫北磁极，位于南半球的地磁北极叫南磁极。

也许很多人并不知道，地球的磁场其实和我们的生活密切相关，人类对地球磁场最常见、最古老的利用就是利用罗盘来指示方向。

此外，地球磁场更重要的作用在于它时刻保护着地球生物免受宇宙射线的伤害。地球生物的能量都来自太阳，而太阳释放出来的巨大的放射性热能以及强大的带有电荷的粒子流如果直接到达地面，反而会对生物造成致命的伤害，例如会引发人类的皮肤癌、白内障等疾病。地球的磁场就如一把巨大的伞，阻挡着朝向地球的辐射，这道无形屏障迫使放射性的粒子远离地球。总之，正是因为有了强大的磁场，地球才变得生机勃勃、欣欣向荣。

那么地球的磁场是如何产生的呢？地球是由不同的层状结构组成的，最外面一层是薄薄的地壳，平均厚度约 17 公里，但分布极不均匀。地壳以下是厚厚的地幔，厚度约 2865 公里，这是地球内部体积最大、质量最大的一层。地幔下面是地核，地核是地球的核心，从下地幔的底部一直延伸到地心的部分。地核分为外地核、过渡层和内地核三个层次。外地核的厚度为 1742 公里，物质呈液态。过渡层的厚度只有 515 公里，物质处于由液态向固态过渡状态。内地核厚度 1216 公里，主要成分也是以铁、镍为主的重金属，所以又称铁镍核，是固态的。

地核是地球的最核心部分，也是地球的核动力工厂，那里发生着剧烈的化学反应，所产生的能量用于驱动外地核中数以兆吨液态的铁与镍不断循环流动，这些导电物质按照一定的规律运动，产生电磁感应，进而产生了地球的磁场。

有证据表明，地球的磁场也并非亘古不变，它的南北磁极曾经对换过位置，即地磁的北极变化成地磁的南极，而地磁的南极变成了地磁的北极，这就是所谓的磁极翻转现象。这又是怎么一回事呢？

专家认为，地球内部的电子的分布位置会在许多因素的影响下发生变化，再加上太阳和月亮的引力作用，地核的自转与地壳和地幔并不同步，这就使地球的磁场变成了一个不断变化的磁场，地球磁场的南北磁极因而发生一种低速运动，造成地球的南北磁极翻转。但这样的解释仍然没有得到具体证据的支持，只是一种假说。

相信随着科技的进步和发展，我们对地球磁场的了解会越来越多。

地球的质量和密度

地球究竟有多重呢？这可真是一个难题，因为地球太大了，没有办法像称其他东西一样称出它的重量。那么可不可以间接来测呢？

科学家们假设，如果在距地心一定远的地方测出某个常见物体的重力，并与该物体在距地心距离内所受到的引力比较，由于知道了该物体的重力，这样就很简单地算出地球的质量了。

想法很好，但是有一个问题需要解决：就是怎样测引力。常见物体对地球来说，地球所能产生的引力太小了，当地球面对一个类似铁块这样的物体时，它产生的引力几乎无法被测量到。

英国科学家亨瑞·卡文迪许在1798年解决了这一问题。他的做法是，用一条细线系在一个轻质木棒的中端，并将两个小铅球各系在木棒的两端，木棒是可以绕线扭动的。亨瑞·卡文迪许轻触小球，以改变它们的运动状态。利用这一方法，他测出了不同作用力产生的“扭矩”。然后，卡文迪许将两个更重的金属球分别放在两个小球的附近，它们之间的引力使细线发生扭动。卡文迪许根据扭臂的长度，计算出了两对球体之间的相互引力，又根据两对球体的中心距和球的质量，以及位于地表的相同球体所受的重力与两对球体间吸力的差值计算出了地球的质量。他的计算结果是5.98×10^{24}千克。这一数据被今天的科学界所认可。

地球的质量算出来了，那么地球的密度是多少呢？我们知道，测量一种物质密度的常用方法是先测出这种物质的质量 m 及体积 v，然后利用密度公式：$d=m/v$ 即可求出。

18世纪，英国皇家学会的米歇耳神父制作出了一台精密的仪器，利用它可以测出两个不大的物体间的引力。后来这台机器被英国科学家卡文迪许得到了，他经过更周密的修改使它测出了两个普通物体之间的引力。之后他测出了地球的质量，最后又在密封容器中测出地球的密度为5.24克/立方厘米。

后来，经科学家探测表明，地球的密度随着距地面越深而越大。目前，科学界公认的地球平均密度是5.518克/立方厘米。

地球的重力和重力加速度

地球表面附近的物体，在仅受重力作用时具有的加速度叫做重力加速度，也叫自由落体加速度。地面附近的物体，由于其他天体距离它很远，地球上其他物体对它的万有引力很小，所有该物体的重力皆指地球对它的万有引力。所以，重力加速度的方向也总是竖直向下的，指向地心。

在地面附近，任何物体的重力加速度在同一地点都相同，但在不同地点，物体的重力加速度稍有不同。重力加速度的数值随海拔高度增大而减小。当物体距地面高度远远小于地球半径时，重力加速度变化不大。而离地面高度较大时，重力加速度数值显著减小。

这种加速度用字母 g 表示。经测定，在赤道附近 g＝9.78 米/秒^2；在地球北极 g＝9.83 米/秒^2；在一般要求不需太精确的计算中，可近似地取 g＝9.8 米/秒^2。

第三章

地球的地形和地貌

第一节　地形地貌的基本类型

地貌也叫地形，指地表起伏的形态。按地貌形态分类，分为山地、高原、盆地、丘陵和平原五种基本类型。下面我们就这些地形地貌做一下详细的了解。

山地

山地是指陆地表面高度较大，坡度较陡，由山岭和山谷组合而成高地的统称。是在新构造抬升地区受外力的剥蚀、侵蚀作用，形成岭谷相间的地貌形态。山地，属地质学范畴，地表形态按高度和起伏特征定义为海拔 500 米以上，相对高差 200 米以上。山地以较小的峰顶面积区别于高原，又以较大的高度区别于丘陵。

山地的表面形态多样，规模也各异，按其成因可分为褶皱山、断层山、褶皱—断层山、火山、侵蚀山等。褶皱山是地壳中的岩层受到水平方向的力的挤压，向上弯曲拱起而形成的；断层山是岩层在受到垂直方向上的力，使岩层发生断裂，又被抬升而形成。江西的庐山是断层山，喜马拉雅山是典型的褶皱山，天山山脉属于褶皱—断层山。

山地按其高度分，又可分为高山、中山和低山。海拔在 3500 米以上的称为高山，海拔在 1000—3500 米的称为中山，海拔低于 1000 米的称为低山。

按起伏高度分，小于 500 米的称小起伏山地，500～1000 米的称中起伏山地，

1000～2500 米的称大起伏山地，超过 2500 米的称极大起伏山地。

通常将有成因联系并按一定方向延伸的一组山脉叫山系，如喜马拉雅山系等。沿一定构造线延伸的岭谷相间的山体叫山脉，如阴山山脉等。

山地是大陆的基本地形，分布广泛。尤其是亚欧大陆和南北美洲大陆分布最多。我国的山地大多分布在西部，喜马拉雅山、昆仑山、唐古拉山、天山、阿尔泰山都是著名的大山。

高原

高原指地势高而平坦的地形。形成年代较短的高原一般比较平坦，而年代较长的则因长期受风化侵蚀，比较低矮，看起来和山地一样。世界最高的高原是中国的青藏高原，面积最大的高原为巴西高原。

高原海拔高度一般在 1000 米以上，面积广大，地形开阔，周边以明显的陡坡为界，有比较完整的大面积隆起地区。高原和山地的区别在于，高原有较大的平坦而缺乏较大的起伏。根据分布状况，可分为大陆高原、山麓高原、海底高原、山间高原等。

大陆高原又称台地，是从低地或海边陡然升起的高原，如南非的高原或台地；山麓高原是介于山脉和平原之间，分布于山脉外缘的高原，如巴塔哥尼亚高原；海底高原又称海台，是海底具有较平坦宽阔顶面的海底高地，一般相对于邻近低地高差在 1000 米以上，顶面起伏不大；山间高原是与其周围山脉同时形成的高原，部分或全部被山脉包围，如中国的青藏高原。

高原按组成岩性不同，可以分为黄土高原、岩溶高原等。中国的高原面积约占全国面积的 26%，青藏高原和黄土高原是世界著名的高原，高原面上具有独特的自然景观。

高原海拔高，气压低，氧气含量少，接受太阳辐射多，日照时间长，太阳能资源非常丰富。

盆地

人们把四周高、中部低的盆状地形称为盆地。盆地中常有流域水系、湖泊及巨厚沉积物堆积。

盆地主要有两种类型：一种是由冰川、流水、风和岩溶侵蚀形成的盆地，称为侵蚀盆地，如我国云南西双版纳的景洪盆地，主要由澜沧江及其支流侵蚀扩展而成；另一种是地壳构造运动形成的盆地，称为构造盆地，如我国新疆的吐鲁番盆地、江汉平原盆地。构造盆地又可分为断层接触的对称盆地、不对称盆地和非断层形成的对称盆地与不对称盆地。

按盆地的位置可以分为内陆盆地、大陆边缘弧盆和深海盆地。按平面形态又可分为圆形、椭圆形或矩形盆地。还可按敞口或封闭形态进行分类。

地球上最大的盆地在东非大陆中部，叫刚果盆地或扎伊尔盆地，面积约相当于加拿大的 1/3。这是非洲重要的农业区，盆地边缘有着丰富的矿产资源。中国有五个十分有名的盆地，分别为四川、塔里木、吐鲁番、准噶尔、柴达木等盆地，面积都在 10 万平方公里以上。塔里木盆地、准噶尔盆地、柴达木盆地和四川盆地又被称为“中国四大盆地”。

丘陵

丘陵是地球表面形态起伏、绝对高度在 500 米以内、相对高度不超过 200 米、由各种岩类组成的坡面组合体。丘陵的坡度较缓，由连绵不断的低矮山丘组成，一般没有明显的脉络，顶部浑圆，是山地久经侵蚀的产物。

丘陵按不同岩性组成可分为：花岗岩丘陵、火山岩丘陵、各种沉积岩丘陵，如：红土丘陵、黄土梁峁丘陵等。丘陵按坡度可以分为：大于 25°以上的陡丘陵，小于 25°的缓丘陵。按相对高度分为：200 米以上的高丘陵，200 米以下的低丘陵。按成因又可以分为：构造丘陵、剥蚀—夷平丘陵、火山丘陵、风成沙丘丘陵、荒漠丘陵、岩溶丘陵及冻土丘陵等。按分布位置可分为：山间丘陵、山前丘陵、平原丘陵、海洋丘陵等。

我国的丘陵约有 100 万平方公里，占全国总面积的 1/10。自北至南主要有辽西丘陵、淮阳丘陵和江南丘陵等。

丘陵地区往往由于水量丰富而成为人类的重要栖息之地，也是果树林带丰产之地。

平原

平原地势平坦，海拔一般在200米以下，以较小的起伏区别于丘陵，以较小的高度来区别于高原。

平原按其成因一般可分为侵蚀平原、构造平原和堆积平原。侵蚀平原也叫剥蚀平原，是在地壳长期稳定的条件下，因重力、流水的作用而使地表逐渐被剥蚀后形成的石质平原。侵蚀平原一般略有起伏，如我国江苏徐州一带的平原。构造平原是因地壳抬升或海面下降而形成的平原，如俄罗斯平原。堆积平原是在地壳下降速度较小的过程中，沉积物补偿性堆积形成的平原。洪积平原、冲积平原、海积平原都属于堆积平原。

世界平原总面积约占全球陆地总面积的1/4。平原不但广大，而且土地肥沃、水网密布、交通发达，是经济文化发展较早较快的地方。我国的长江中下游平原就有“鱼米之乡”的美称。另外一些重要矿产资源，如煤、石油等也富集在平原地带。

第二节　地形地貌的其他特殊类型

除山地、高原、盆地、丘陵和平原五种基本地貌类型外，由于地势垂直起伏大，海陆位置差异明显引起的外营力的地区差别及地表组成物质不同等，还形成冰川、黄土、喀斯特、海岸等多种特殊地貌。

冰川地貌

冰川地貌是指由冰川作用塑造的地貌。冰川的运动包含内部的运动和底部的滑动两部分，是进行侵蚀、搬运、堆积并塑造各种冰川地貌的动力。但它不是塑造冰川地貌的唯一动力，而是与寒冻、雪蚀、雪崩、流水等各种应力共同作用，才形成了冰川地区的地貌景观。

冰川地貌主要包括冰蚀地貌、冰碛地貌和冰水堆积地貌三大类型。

冰蚀地貌是由冰川侵蚀作用所形成的各种地貌形态。如冰斗、冰川谷、刃脊和角峰等。

冰碛物堆积的各种地形总称冰碛地貌，主要由冰碛物组成，包括冰碛丘陵、侧碛堤、终碛垄和鼓丘等。

冰水堆积地貌是由冰川融水携带的碎屑物质，在冰川的外围或冰川的内部或底部堆积而成的地貌。冰水堆积地貌主要有蛇形丘、冰砾阜阶地和冰水扇等。

冰川地貌主要分布在极地、中低纬的高山和高原地区。第四纪冰期，欧洲、亚洲、北美洲的大陆冰盖连绵分布，给地表留下了大量冰川遗迹。

冰川地貌广泛分布于欧洲、北美洲和我国西部高原山地。又分现代冰川地貌和古代冰川地貌两种。前者仅限于约占陆地面积 10%的现代冰川分布区；后者主要指第四纪古冰川（最大覆盖范围占陆地面积的 32%）塑造的地貌。

喀斯特地貌

促使喀斯特发育的条件主要有三个：地表附近有节理发育的致密石灰岩、中等到较大的降雨量以及地下水循环通畅。

石灰岩（碳酸钙）在略有酸性的水中容易发生溶解，而这种水在自然界中广泛存在。雨水沿水平的和垂直的裂缝渗透到石灰岩中，将石灰岩溶解并带走。由于地表物质也被流水带走，还没有被溶解的石灰岩就形成了石灰岩喀斯特面。沿节理发育的垂直裂缝逐渐加宽、加深，形成石骨嶙峋的地形。当雨水沿地下裂缝流动时，就不断使裂缝加宽加深，直到终于形成洞穴系统或地下河道。

一般我们按发育演化来划分喀斯特地形的种类，大致可以分出以下 6 种。

（1）地表水沿石灰岩内的节理面或裂隙面等发生溶蚀，形成溶沟（或溶槽），原先成层分布的石灰岩被溶沟分开成石柱或石笋。

（2）地表水沿石灰岩裂缝向下渗流和溶蚀，超过 100 m 深后形成落水洞。

（3）从落水洞下落的地下水到含水层后发生横向流动，形成溶洞。

（4）随地下洞穴的形成地表发生塌陷，塌陷的深度大面积小，称坍陷漏斗，深度小面积大则称陷塘。

（5）地下水的溶蚀与塌陷长期相结合作用，形成坡立谷和天生桥。

（6）地面上升，原溶洞和地下河等被抬出地表成干谷和石林，地下水的溶蚀作用在旧日的溶洞和地下河之下继续进行。云南的石林是上述第一阶段（溶沟阶段）的产物，这里的自然风光因阿诗玛姑娘的动人传说而变得格外旖旎。桂林的象鼻山，则是原地下河道出露地表形成的。在广西境内，经常可看到这种抬升到地表以上的溶洞，俗称“神女镜”或“仙女镜”。

喀斯特地貌在全世界分布很广，主要分布区有：南斯拉夫的迪纳拉山区，法国中央高原，苏联的乌拉尔山区，澳大利亚大陆南部，美国肯塔基和印第安纳州，古巴、牙买加和越南北部地区等。我国的喀斯特地貌分布也很广泛，全国碳酸盐类岩石分布面积约125万平方公里，广西、贵州、云南等地广泛分布有喀斯特地貌，是世界上喀斯特地貌发育最典型的地区之一。

风成地貌

风成地貌的形成原因主要是由风力对地表的作用来决定的。风力是塑造风成地貌的主要动力。但由于地面各种条件的差异，风力所起的作用不同，从而形成了不同的风蚀地貌和风积地貌。地面的物质组成、植被和水分状态的差异，对风蚀地貌的形成和分布都会产生很大影响。

风成地貌包括风蚀和风积地貌。其中风积地貌占重要地位，主要表现为各种类型的沙丘。而风蚀地貌的主要类型有：风蚀石窝、风蚀蘑菇、风蚀城堡、风蚀垅岗、风蚀谷、风蚀洼地等。

世界上的风成地貌主要分布在干旱、半干旱的热带、温带荒漠区，所以风成地貌也称为干旱区（或干燥区）地貌。

黄土地貌

黄土地貌是黄土堆积过程中遭受强烈侵蚀的产物。风是黄土堆积的主要动力，侵蚀以流水作用为主。黄土地貌是西北季风从西伯利亚吹来大量沙子，经过漫长的地质沉积形成的。黄土塬、梁、峁等地貌类型就主要由堆积作用形成。而那里的各种沟谷则是水强烈侵蚀的结果。

黄土地貌一般有以下特征：(1) 沟谷众多、地面破碎。像我国的黄土高原就有“千沟万壑”之称。(2) 侵蚀方式独特、过程迅速。黄土地貌的侵蚀外营力有水力、风力、重力和人为作用。它们作用于黄土地面的方式有面状侵蚀、沟蚀、潜蚀、泥流、块体运动和挖掘、运移土体等。(3) 沟道流域内有多级地形面。一般有三级：各流域的最高分水岭为第一级，其顶面高程彼此相近，为黄土的最高堆积面；降低60～80 米为第二级；再降低 40～60 米为第三级。各级地形面的地层结构互不相同。

黄土地貌类型主要有黄土沟间地、黄土沟谷和独特的黄土潜蚀地貌三种。

黄土沟间地又称黄土谷间地，是指沟谷之间的地面。黄土沟间地地貌主要是塬、梁、峁。它们是黄土高原上平缓地面经流水切割侵蚀后的残留部分。

黄土沟谷是黄土地区发育的沟谷。黄土地区的一条沟谷可分为沟底、沟头和沟坡三个组成部分。沟谷的形成和发展主要是沟谷流水侵蚀和坡面黄土物质移动的结果。中国黄土高原的沟谷通常可分为三种，即沟间上的小沟（如细沟、浅沟、切沟)、沟间地之间的沟谷（如冲沟、干沟）和河沟。

黄土潜蚀地貌是地表水沿黄土中的裂隙或孔隙下渗，对黄土中的碳酸钙进行溶蚀，使其流失或迁移，形成土体空洞，加上流水的冲蚀作用，造成黄土塌陷而形成的各种地貌。

黄土地貌在世界上分布相当广泛，占全球陆地面积的 1/10，成东西向带状断续地分布在南北半球中纬度的森林草原、草原和荒漠草原地带。在欧洲和北美，其北界大致与更新世大陆冰川的南界相连，分布在美国、加拿大、德国、法国、比利时、荷兰、中欧和东欧各国、苏联白俄罗斯和乌克兰等地；在亚洲和南美则与沙漠和戈壁相邻，主要分布在中国、伊朗、苏联的中亚地区、阿根廷；在北非和南半球的新西兰、澳大利亚，黄土呈零星分布。

我国是世界上黄土分布最广、厚度最大的国家，其范围北起阴山山麓，东北至松辽平原和大、小兴安岭山前，西北至天山、昆仑山山麓，南达长江中、下游流域，面积约 63 万平方公里。其中以黄土高原地区最为集中，占中国黄土面积的72.4%，一般厚 50～200 米，发育了世界上最典型的黄土地貌。

冻土地貌

冻土是指 0 摄氏度以下，并含有冰的各种岩石和土壤。按其冻结时间的长短，可分为冬季冻结、夏季融化的季节冻土和常年不化（冻结持续三年以上）的多年冻土两类。冻土是一种对温度极为敏感的土体介质，含有丰富的地下冰。

冻土地貌是气候地貌的一部分。其分布受气候条件控制，主要分布在地球的高纬度和高海拔地区。在我国分布很广，包括东北北部和青藏高原，以及北部某些高山，如山西五台山、秦岭太白山等。

海岸地貌

海岸地貌的形成原因，主要是海水的侵蚀作用和海水的堆积作用。

海水的侵蚀作用常造成海崖、海蚀凹壁、海蚀洞等地形。海水的堆积作用，海水所侵蚀下来的物质或河流注入海水的泥沙随水搬运后，逐渐沉积于海底或海滨，形成沙洲、沙嘴或海滩等地形。

根据海岸地貌的基本特征，可分为海岸侵蚀地貌和海岸堆积地貌两大类。

由海水侵蚀作用造成的地形，称为海岸侵蚀地形。一般由冲蚀、空气压缩、磨蚀、溶蚀等作用形成。冲蚀指海水对陆地的直接冲击。空气压缩，是波浪对岩层空隙所产生的急压缩及急放松作用。磨蚀则是指波浪挟带沙砾磨蚀陆地或沙砾间的相互摩擦。溶蚀就是海水对岩石的溶蚀作用。

海岸侵蚀地形有：海崖、海蚀凹壁、海蚀洞等地形。

堆积地貌是近岸物质在波浪、潮流和风的搬运下，沉积形成的各种地貌。常见因堆积作用而产生的堆积地貌如下：

沙滩：主要是波浪作用的能量愈来愈小，使得细沙堆积在岸边形成沙岸。其次是河川上游冲积大量物质到下游，再经沿岸流搬运，形成沙滩。沙滩常是海水浴场的基本组成条件。

沙洲：沙洲是指海底沉积物慢慢高出海水面，形成小岛的地貌。

沙嘴：如果沙洲一侧连在岸边，便形成沙嘴。沙嘴的形态会受到海流的影响，形成不同的形状。沙嘴的形状常受到波浪绕射的作用而弯向内陆，形成钩状的沙嘴。沿岸流所挟带的泥沙，往往是沙嘴的组成物质，而塑造沙嘴的形状则决定于波浪的方向。沙嘴如果发育得太长，阻断了河流出海口，便形成了没口溪。溪流流至海口时，便慢慢入渗到海里。

海滩：海滨潮间带的堆积面，按其堆积物质颗粒大小分类，有沙滩及砾滩两类。粒径越小，则海滩坡度越小，反之则坡度越大。其颜色也随堆积物质有很大变异，石英沙多成黄白色，珊瑚或贝类碎屑则多呈浅黄色，板岩或含磁铁矿砂则多呈灰黑色。

丹霞地貌

丹霞地貌是上世纪30年代命名的一类地貌类型。丹霞地貌发育始于第三纪晚期的喜马拉雅造山运动，发育于中上、白垩系红色陆相砂砾岩地层中，是由流水侵蚀、溶蚀、重力崩塌作用形成的赤壁丹崖及方山、石柱、嶂谷、岩穴、石墙、石峰、石巷等造型地貌。以中国广东丹霞山为代表，是红层地貌的一种类型。所谓“红层”是指在中生代侏罗纪至新生代第三纪沉积形成的红色岩系，一般称为“红色砂砾岩”。

丹霞地貌主要分布在中国、美国西部、中欧和澳大利亚等地，以中国分布最广，其中又以广东丹霞山面积最大、发育最典型、类型最齐全、形态最丰富、风景最优美。还有福建泰宁风景区、福建武夷山等，都是中国丹霞地貌的典型地质地貌。

第三纪晚期的喜马拉雅造山运动是丹霞地貌发育的开始。这次运动使部分红色地层发生倾斜和舒缓褶曲，并使红色盆地抬升，形成外流区。流水向盆地中部低洼处集中，沿岩层垂直节理进行侵蚀，形成两壁直立的深沟，称为巷谷。巷谷崖麓的崩积物在流水不能全部搬走时，形成坡度较缓的崩积锥。随着沟壁的崩塌后退，崩积锥不断向上增长，覆盖基岩面的范围也不断扩大，崩积锥下部基岩形成一个和崩积锥倾斜方向一致的缓坡。崖面的崩塌后退还使山顶面范围逐渐缩小，形成堡状残峰、石墙或石柱等地貌。随着进一步的侵蚀，残峰、石墙和石柱也将消失，形成缓坡丘陵。在红色砂砾岩层中有不少石灰岩砾石和碳酸钙胶结物，碳酸钙被水溶解后常形成一些溶沟、石芽和溶洞，或者形成薄层的钙化沉积，甚至发育有石钟乳。总之，丹霞地貌由于各种外力的作用下，会形成多种多样的造型地貌。

雅丹地貌

雅丹是地理学名词，汉语译为雅尔当，是维吾尔语“险峻的土丘”意。现泛指干燥地区一种风蚀地貌。河湖相土状沉积物所形成的地面，经风化作用、间歇性流水冲刷和风蚀作用，形成与盛行风向平行、相间排列的风蚀土墩和风蚀凹地（沟槽）地貌组合。这种地质现象在新疆罗布泊东北方发育最典型。

作为“干旱王国”的新疆，风力对地貌的塑造具有特殊的意义。雅丹、龙城、魔鬼城等特殊地貌类型就是风神的杰作。雅丹地貌在罗布泊周围的雅丹地区发育得最典型，分布面积最广。这里尽是些形状奇异、大小不等、由东北向西南排列有序的土阜、土丘。土丘又干又硬、栉次鳞比，有的拔地而起，如柱、如树、如竹、如伞；有的匍匐在地，似狮、似虎；有的怪异，像神、像魔鬼；有的肃穆庄重，像城堡、像帐幔、像房屋；而在那“土丘林”的沟壑中，鹅黄色的沙堆蜿蜒起伏、金波粼粼，犹如匹匹锦缎。

雅丹地貌中最为壮观的是“龙城”。在罗布泊古湖盆地东北部有一片风蚀最强烈的地区，土丘高峻似城廓宫阙，其形似龙伏卧，古书《水经注》中形象地称之为“龙城”。这是一种最典型的雅丹地形。巨大的土墩台高达12—20米，侧壁陡立，极难攀登。从侧壁断面上可以清楚地看出沉积的层理：下部是厚厚的灰绿色砂层，最上面是一层淡红色的粉砂粘土层，这是由于碳酸钙胶结而形成一个保护层，非常坚硬，也使土丘顶面非常平坦。“龙城”的“建筑物”造型多姿多彩：有的俨然是“城堡”，端庄凝重；有的似“城廓”，龙蟠虎踞；有的像高楼大厦，顶天立地。分布在这些蹊跷地物之间的宽阔的条条风蚀凹地犹如条条大街小巷，显得深邃、幽静，别有意趣。置身“龙城”，颇觉眼前的“龙城”不是古城，胜似古城，更似大自然造就的迷宫，令你在感叹之余不免生出几分恐惧。

第三节　中国地形地貌的基本特征

我国境内地势自西北向东南逐渐倾斜，海拔高度在45—1480米之间，平均比降约2%。西北部为山岳区，东南部为丘陵区。山岳区层峦迭嶂，沟壑纵横；丘陵区山包起伏，地势较西北低平。我国地势西高东低，自西向东逐级下降，形成三个地形阶梯的形状，成为我国地貌总轮廓的显著特征。

第一阶梯

号称“世界屋脊”的青藏高原雄踞我国西部，海拔平均达4000—5000米，是我国最高的一级地形阶梯。

青藏高原内部分布着一系列近东西走向或北西—南东走向的山脉，海拔均在5000—6000米以上，主要有可可西里山、巴颜喀拉山、唐古拉山、冈底斯山、念青唐古拉山等。

青藏高原南侧是世界最高的喜马拉雅山，海拔平均在6000米以上，超过8000米的高峰有7座，其中海拔8848.13米的珠穆朗玛峰是世界最高峰。

青藏高原西与帕米尔高原相接，北以昆仑山脉、祁连山脉，东以横断山脉同第二阶梯区分，地势从海拔4000米以上急剧下降到海拔1000～2000米的下一级高原、盆地。

第二阶梯

青藏高原外缘以北、以东地势显著降低，东以大兴安岭、太行山、巫山、雪峰山一线为界，构成我国第二级地形阶梯，主要由广阔的高原和盆地组成，其中包括内蒙古高原、黄土高原、云贵高原和塔里木盆地、准噶尔盆地、四川盆地等地区，海拔一般为1000～2000米，只有四川盆地较低，海拔在500米以下。

其间也分布着一系列高大山地，比如在我国最大的盆地——塔里木盆地与准噶尔盆地耸立着东西走向的天山山脉，最高达7000多米，但在山顶部还保存着广阔的高原地面，表示它原为一片低平的平原。

第三阶梯

在第二级地形阶梯边缘的大兴安岭至雪峰山一线以东，是第三级地形阶梯，主要以平原、丘陵和低山地貌为主。

自北而南，有海拔200米以下的东北平原、华北平原和长江中下游平原；有江南广大地区海拔数百米的许多丘陵、盆地；还有海拔500～1500米的辽东半岛丘陵、山东半岛丘陵、浙闽丘陵（见东南沿海丘陵、江南丘陵）、两广丘陵和海拔达3000米以上的台湾山地。

第四节　各大洲地形地貌的基本特征

世界上七大洲的地貌地形都有各自的特点，如亚洲的地势起伏高差极大；欧洲地形总特点是以平原为主，是世界上地势最低的一洲；而非洲大陆基本上是一个大高原；南极洲是世界上最高的一洲，平均海拔2350米……总之，每个大洲都有其独特的地形地貌。

亚洲地形的基本特征

亚洲地形的特点主要有四个方面：

一、地形中南部比较高，多崇山峻岭和高原；四周低下，多中、低山地、丘陵和平原；山脉组合形式成群成带，山脉结构可分三条山带。这种山脉结构形成了亚洲地形的主要格架。第一条山带位于亚洲中东部，在蒙古高原、塔里木盆地与中西伯利亚高原之间，由一系列走向北西和北东的山脉组成向南凸出的弧形山群；第二条山带位于连接青藏高原、伊朗高原和安纳托利亚高原的东西隆起带，大致以帕米尔山结和亚美尼亚山结为枢纽，向东西两侧升延出一系列高大山脉；第三条山带呈东北—西南向分布于亚洲大陆的东部边缘，构造上属于新华夏系隆起带。

二、亚洲地势起伏高差极大。亚洲不仅具有世界最高的高原、山脉和高峰，也有世界著名的平原和洼地，高差起伏大；亚洲大陆东缘的弧形列岛与太平洋接触的海底部分也表现出起伏极端，不仅有较高的褶皱山地，而且还有极深的海沟。

三、亚洲大陆东部边缘有岛弧带，例如千岛群岛、日本群岛、琉球群岛等，它们形成亚洲东部的双重海岸，并围成许多边缘海。

四、亚洲是世界上地势最高的大陆，平均海拔约950米，除南极大陆外，是世界上地势最高的一洲。山地和高原面积分布很广，约占全洲总面积的3/4。青藏高原素有“世界屋脊”之称，平均海拔4000米以上。

欧洲地形的基本特征

欧洲地形以波罗的海东岸至黑海西岸一线为界分为东西两部分：东部以平原占绝对优势，地形比较单一；西部则山地和平原互相交错，地形比较复杂。

欧洲地形以平原为主，是世界上地势最低的一洲，平均高度只有海拔300米。欧洲平原西起大西洋岸，东至乌拉尔山，绵延数千里，形成横贯欧洲的大平原。高度在海拔200米以下的平原约占全洲总面积的60%，平原所占比重之大，在各大洲中首屈一指。由于在第四纪冰期时，欧洲曾经有两大冰川中心，所以现今的欧洲北半部遍布冰川地貌。

此外，阿尔卑斯山脉横亘南部，是欧洲最大的山脉。东南部大高加索山脉的主峰厄尔布鲁士山，海拔5642米，为欧洲最高峰。欧洲北部斯堪的纳维亚山脉地势比较平缓，沿岸多深入内陆、两岸陡峭的峡湾。里海北部沿岸低地在海平面以下28米，为全洲最低点。

非洲地形的基本特征

非洲大陆北宽南窄，呈不等边三角形状，以高原为主，断裂地带广泛发育，褶皱分布在高原边缘地带。整个非洲可以看成一个高原，平均海拔650米，略低于亚洲，但高原面积的比例为各洲之冠。非洲是世界各洲中岛屿数量最少的一个洲。岛屿总面积约62万平方公里，占全洲总面积不到3%。

地势大致以刚果民主共和国境内的刚果河河口至埃塞俄比亚高原北部边缘一线为界，东南半部较高，西北半部较低。东南半部被称为高非洲，海拔多在1000米以上；西北半部被称为低非洲，海拔多在500米以下，大部分为低高原和盆地，

非洲东部有世界上最大的裂谷带，裂谷带南起马拉维湖西北端，经坦噶尼喀湖、基伍湖、爱德华湖、艾伯特湖，至艾伯特尼罗河河谷，长约1700公里，宽几十公里到300公里，形成一系列狭长而深陷的谷地和湖泊。

北美洲地形的基本特征

北美洲地形明显地分为三个南北纵列带，即西部是高大的山系，中部为广阔的平原，东部是低缓的高地。

西部高大的山系属科迪勒拉山系，由海岸山脉、内华达山脉及落基山脉等几列平行山脉组成，山间分布着高原和盆地。

中部广阔的平原分布在西部山地和东部高地之间，北起北冰洋，南抵墨西哥湾，是一片纵贯北美大陆中部的广阔平原，平原上有世界上最大的淡水湖群——五大湖（苏必利尔湖、密歇根湖、休伦湖、伊利湖、安大略湖）。

东部低缓的高地由阿巴拉契亚山脉和拉布拉多高原构成，因久经侵蚀成为低缓的山地和高地。

南美洲地形的基本特征

南美洲地形大势西高东低，其地形结构是由西部山系、东部高原和中部平原三大南北纵列带组成，和北美洲大体相似。但南美大陆的西部是年轻的安第斯山南北纵贯，山地以东则为久经侵蚀的高原与低平的冲积平原相间分布。山地、高原和平原三者之间具有发生上的联系。

南美洲的中、东部，平原和低高原交错分布在一起。圭亚那、巴西和巴塔哥尼亚三大高原，构造基础多属古陆台地盾区。地势低平，多在海拔 300 米以下。

南美洲西部，褶皱山系纵贯南北，安第斯山是科迪勒拉山系的主体，全长 9000 多公里，为世界最长的山脉，形成于中生代末—新生代初的阿尔卑斯造山运动期。山系大部分地段海拔都在 3000 米以上，超过 3000 米的地面约占全洲面积的 8%，居各大洲之冠。海拔 6000 米以上的高峰有 50 多座，汉科乌马山海拔 7010 米，是南美洲和西半球的最高峰。

大洋洲地形的基本特征

大洋洲的大陆架面积较大，面积约为 270 万平方公里，是全洲陆地面积的

30%，大陆架面积在各大洲中次于亚洲、北美洲和欧洲；大洋洲的大陆部分地势都较低平，平均高度都是海拔340米，不到世界陆地平均海拔高度760米的一半，是平均高度最低的洲之一；大洋洲的大陆面积约897万平方公里，仅占世界陆地总面积6%，为世界七大洲中面积最小的洲；大洋洲拥有岛屿一万多个，远非其他大洲所可比，而且岛屿分布具有一定的规律性。

南极洲地形的基本特征

南极洲是世界上最高的一洲，平均海拔2350米。南极大陆有山脉、高原、丘陵和低地。横贯南极的山脉将南极大陆分为两部分：东南极洲和西南极洲。东南极洲面积较大，为一古老的地盾和准平原，横贯南极山脉绵延于地盾的边缘；西南极洲面积较小，为一褶皱带，由山地、高原和盆地组成；东西两部分之间有一沉陷地带，从罗斯海一直延伸到威德尔海。

南极洲大陆几乎全部被冰雪所覆盖，冰层平均厚度有1880米，最厚达4000米以上。全洲仅2%的土地无长年冰雪覆盖，被称为南极冰原的“绿洲”，是动植物主要生息之地。

南极大陆还分布着不少火山。罗斯岛上的埃里伯斯火山，海拔3794米，有四个大火山口，是全洲最大的火山。南极洲有许多火山至今仍在活动着。

第四章

地球的运动

第一节　地球的自转

地球的自转不仅仅是简单地带来日月星辰昼夜更替的自然现象，而且有其固定的方向和固定的周期，还有自转的速度及变化。

地球自转的含义

地球同太阳系其他八大行星一样，在绕太阳公转的同时，围绕着一根通过地心的轴（自转轴，也叫地轴）做的圆周运动就是地球自转。

地球自转的方向

地球自转的方向是沿纬线自西向东。从北极上空看，地球自转是逆时针方向；从南极上空看，地球自转是顺时针方向。

地球自转的周期

地球自转的周期是指地球自转一周所需的时间，笼统地说地球自转的周期是 1 日。地球自转周期的度量需要在地外的天空找一个超然于地球自转的参考点。按参考点的不同，天文上的日的长度有三种，它们是恒星日、太阳日和太阴日，分别以春分点、太阳和月球为参考点。

恒星日与太阳日的区别在于选择目标不同，前者以恒星为目标计算，后者以太阳为目标计算，这是问题的关键。

我们通常所说的一日是指太阳日，即 24 小时。但 23 小时 56 分 4 秒才是地球真正的自转周期，我们称为“恒星日”。当经过 23 小时 56 分 4 秒后，地球虽然转了一周，但由于地球公转的一个小角度抵消了部分自转的效果，所以地球还要再转一点，才能再次对准太阳，这就是一个太阳日，也就是我们说的 24 小时。所以说，太阳日是地球上同一地点再次对准太阳的时间，它比地球自转时间“恒星日”要长。

地球自转的速度及变化

地球自转的平均角速度为每小时转动 15°。在地球赤道上，自转的线速度是每秒 465 米。这里，我们要明确两个概念，即角速度和线速度。

角速度是指地球上的一点，围绕地轴在单位时间内转过的角度。除地球的南北两极点无角速度外，地球表面上的任何一点的自转角速度都相同，大约每小时转 15°。线速度是指地表上的某一点在单位时间内移过的弧长（距离）。赤道纬线圈最长，自转线速度最快（1670 公里/小时），到南北纬 60°，自转线速度缩小为赤道处的一半。到南、北极点自转线速度为零。

20 世纪初以来，天文学的一项重要发现确认地球自转速度是不均匀的。随着天文观测技术的发展，现在天文学家已经知道地球自转速度存在长期减慢、不规则变化和周期性变化，下面我们来具体分析。

长期减慢。这种变化使日的长度在一个世纪内大约增长 1～2 毫秒，使地球自转周期时间 2000 年来累计慢了 2 个多小时。引起地球自转长期减慢的原因主要是潮汐摩擦。科学家发现在 37000 年以前的泥盆纪中期地球上大约一年 400 天左右。

周期性变化。20 世纪 50 年代从天文测时的分析发现，地球自转速度有季节性的周期变化，春天变慢，秋天变快，此外还有半年周期的变化。周年变化的振幅约为 20～25 毫秒，主要是由风的季节性变化引起的。

不规则变化。地球自转还存在着时快时慢的不规则变化。其原因尚不清楚，有待于研究。

地球自转产生的地理意义

地球自转时，被太阳照亮的半球叫昼半球，背着太阳的半球叫夜半球。昼半球和夜半球的分界线（圈），称为晨昏线（圈）。由于地球不停地自转，昼夜也就不断地交替。

昼夜交替的周期为 24 小时。晨昏线的特点：与太阳光线始终垂直；始终平分赤道。晨昏线（圈）的判读：顺着地球自转方向，由夜半球进入昼半球的分界线为晨线，对面的直线为昏线；顺着地球自转方向，由昼半球进入夜半球的分界线为昏线，对面的直线为晨线。二分日时，晨昏线与地轴重合，全球各纬度的地区昼夜等长；二至日时，晨昏线与极圈相切。

第二节　地球的公转

地球的公转给我们带来春暖夏热秋凉冬寒奇妙的四季气候变化。地球的公转与自转一样，也有其固定的方向、周期以及速度和变化，当然地球公转对地球上的生物所产生的地理意义更加值得我们去学习和研究。

地球公转的含义

地球沿着以太阳为中心的圆形轨道运动即是地球公转。

地球公转的方向

地球公转的方向也是自西向东。

地球公转的速度及变化

地球除绕轴自转外，还按照一定的轨道绕太阳公转。公转的周期为一恒星年，约 365 日 6 时 9 分 10 秒，公转方向也是自西向东。轨道是一个扁率为 1/60 的椭圆，轨道近日点为 1.471 亿公里，远日点为 1.521 亿公里。

地球公转速度与日地距离有关。由于日地距离是有变化的，所以地球公转的线速度也在变化，它随着日地距离的变化而改变：地球在过近日点时，公转的速度快，线速度超过平均值，为 30.3 公里/秒；地球在过远日点时，公转的速度慢，线速度低于平均值，线速度为 29.3 公里/秒。地球于每年 1 月初经过近日点，7 月初经过远日点。因此，从 1 月初到当年 7 月初，地球与太阳的距离逐渐加大，地球公转速度逐渐减慢；从 7 月初到来年 1 月初，地球与太阳的距离逐渐缩小，地球公转速度逐渐加快。

一般来说，我们在算地球的平均轨道速度时候，都以恒星年作地球公转周期。这样计算出来的结果就是，地球公转的平均角速度就是每年 360°，由于恒星年有 365.2564 天，所以地球每日转约 0.986°，亦即 59′8″。又因为地球轨道总长度是 9.4 千万公里，因此地球公转的平均线速度就是每年 9.4 亿公里，也就是经过 365.2564 日地球公转了 9.4 亿公里，即每秒钟 29.7 公里，约每秒 30 公里，这其实就是地球的平均轨道速度。

如果地球公转速度是均匀的，那么太阳由秋分点运行到春分点所需要的时间是等长的，各为全年的一半。但是，地球公转速度是不均匀的，所以走过相等距离的时间就不一样。当太阳由春分点到秋分点时，地球公转速度较慢，所用时间比全年的一半长些；而当太阳由秋分点到春分点时，地球公转速度较快，所用时间要比全年的一半短些。此时是北半球的冬半年和南半球的夏半年。由此可见，地球公转速度的变化，是造成地球上四季不等长的根本原因。

地球公转的周期

我们知道，地球绕太阳公转一周所需要的时间就是地球公转周期，即一般我们所认为的一年。

事实上，地球绕日公转存在三个周期：近点年、回归年以及恒星年。除恒星年外，其他各种年都不是地球公转的真正周期，因为用来度量地球公转周期的参考点（虽然它们都超然于地球公转）都不是天球上的定点。

地球绕日运转的轨道是一个近似正圆的椭圆轨道，地球中心连续两次经过轨道上近日点（或远日点）的时间是地球公转速度的变化周期，这个周期叫做近点年。由于近日点是一个动点，所以近点年不是地球公转的真正周期。

地球公转的春分点周期就是回归年。这种周期单位是以春分点为参考点得到的。但由于春分点是黄道和天赤道的一个交点，它在黄道上的位置不是固定不变的，所以回归年也不是地球公转的真正周期。

地球公转的真正周期是恒星周期，即恒星年。恒星年是以某一遥远的恒星作为参照物，由于恒星的位置是不发生变化的，所以恒星年才是地球公转的真正周期。用日的单位表示，其长度为 365.2564 日，即 365 日 6 小时 9 分 10 秒。

地球公转产生的地理意义

由于地球的公转运动，产生了正午太阳高度和昼夜长短的周年变化，使各地在一年中获得太阳光热的多少不同，从而产生了季节的变化。四季变化在中纬度地区最明显。

从地球上看，太阳沿黄道逆时针运动，黄道和赤道在天球上存在相距 180°的两个交点，其中太阳沿黄道从天赤道以南向北通过天赤道的那一点称为春分点，与春分点相隔 180°的另一点称为秋分点。太阳分别在每年的春分（3 月 21 日前后）和秋分（9 月 23 日前后）通过春分点和秋分点。对居住在北半球的人来说，当太阳分别经过春分点和秋分点时，就意味着已是春季或是秋季时节。太阳通过春分点到达最北的那一点称为夏至点，与之相差 180°的另一点称为冬至点，太阳分别于每年的 6 月 22 日前后和 12 月 22 日前后通过夏至点和冬至点。

同样，对居住在北半球的人，当太阳在夏至点和冬至点附近，从天文学意义上就已进入了夏季和冬季时节。上述情况，对于居住在南半球的人，则正好相反。

第三节　地壳运动

世界万物小到分子、原子，大到天体宇宙，都是永不停息地运动着的。当然地球也不能例外，自地球诞生以来，地壳就在不停运动和变化着。

地壳运动定义

地壳运动是指由地球内力引起的地壳内部物质缓慢变化的机械运动。它使地球表面海陆发生变化，并使岩层发生变形和变位形成各种的形态。

地壳运动分类

按运动方向，地壳运动可分为水平运动和垂直运动。

水平运动指组成地壳的岩层沿平行于地球表面的方向运动，也称造山运动或褶皱运动。该种运动常常可以形成巨大的褶皱山系，以及巨形凹陷、岛弧、海沟等。

垂直运动又称升降运动、造陆运动，它使岩层隆起和相邻区的下降，可形成高原、断块山及拗陷、盆地和平原，还可引起海侵和海退，使海陆变迁。

地壳运动的一般特点

按运动规律来讲，地壳运动以水平运动为主，有些升降运动是水平运动派生出来的一种现象。

另外，地壳运动的速度是不均匀的。普遍的、经常的地壳运动都非常缓慢，一般不易被人发觉，但却控制着地表沧海桑田的变迁，影响着各种地质作用的发生，塑造着新的构造形态。而剧烈的、快速的地壳运动最为典型的就是地震，它能使人们直接感受到地壳运动的发生。

地壳运动形成的地貌

地壳运动造就了地表千变万化的地貌形态，主要有褶皱和断层两种：

1. 褶皱

褶皱是当岩层受到地壳运动产生的强大挤压作用时发生的弯曲变形。地壳发生褶皱隆起，常常形成山脉。喜马拉雅山、阿尔卑斯山、安第斯山等世界许多高大的山脉都是褶皱山脉。它们是由地壳板块相互碰撞、挤压，在板块交界处发生大规模褶皱隆起而形成的。

褶皱又有背斜和向斜之分。背斜岩层向上拱起，向斜岩层向下弯曲。所以，年代较新的背斜一般形成褶皱山脉，年代较新的向斜一般形成谷地。

在褶皱形成过程中，背斜顶部受张力发生张裂，物质不坚实，易受外力侵蚀，最终成为谷地；而向斜槽部受挤压，物质坚实，不易受侵蚀，最终成为山岭。这叫做地形倒置，一般发生于年代较老的背斜与向斜处。

2. 断层

断层是当地壳运动产生的强大压力或张力超过了岩石所能承受的程度时，岩体破裂，并沿断裂面两侧岩块错动、位移而形成的。

在地貌上，大的断层常常形成裂谷或陡崖，如著名的东非大裂谷、我国华山北坡大断崖等。断层一侧上升的岩块，常成为块状山地或高地，如我国的华山、庐山、泰山；另一侧相对下沉的岩块，则常形成谷地或低地，如我国的渭河平原、汾河谷地。

地壳运动的足迹

自地球诞生以来，地壳就在不停运动，那人们是通过什么来判断这一现象的呢？

首先，化石是地壳运动的明显足迹，人们在喜马拉雅山的岩层里找到了许多古海洋生物化石，如三叶虫、笔石、珊瑚等，说明这里曾经是汪洋大海。

其次，文化古迹也是地壳运动很好的证据，意大利波舍里城一座古庙的大理石柱离地面 4～7 米处，有海生贝壳动物蛀蚀的痕迹，可见该庙自建成以后曾一度下沉被海水淹没，以后又随陆地上升露出了水面。

第三，人们测出格林尼治（又译为格林威治）和华盛顿两地距离每年缩短 0.7 米，像这样发展下去，1 亿年之后，大西洋就会消失，欧亚大陆就会和美洲大陆相遇。

第四，火山、地震、地貌及古地磁研究等都能提供大量地壳运动的足迹。

地壳运动产生的原因

地壳为何会运动？也就是地壳运动的能量来自于哪儿？

引起地壳变动的巨大能量来源于地球内部或地球本身，即地球内部放射性元素衰变所放出的能量大量积累。我们知道地壳内部是一个炙热的流动状态。而地壳的结构不是平均的，有的地方坚固，有的地方薄弱。流动在地壳中的物质还有巨大的压力，当它们在地壳中遇到相对薄弱的地方，高温高压的岩浆就会从这些薄弱的地方涌出，涌出后冷却形成火成岩。这些新的岩石不断地积压周围的岩石和地层，不断地把它们向两边推开，就造成了地壳的缓慢运动。比较典型的有大洋中脊，以及印度板块和亚欧板块的碰撞。

第四节　地球“表面”的网纹

地球的表面其实没有什么经线纬线的存在，而是人类为了对地球研究的方便而假设的辅助线，经度和纬度也是人们为了区分地球上的每一个区，给经线和纬线标注的度数。下面我们就来介绍一下“地球表面的网纹”。

经线

经线也称子午线，是人类为度量方便而假设出来的辅助线，定义为地球表面连接南北两极大圆线上的半圆弧。经线指示南北方向，任两根经线的长度相等，相交于南北两极点。以经过格林尼治天文台的零度经线为标准线，从西经 7 度半到东经 7 度半为中区（称为 0 时区）。然后从中区的边界线分别向东、向西每隔 15 度各划一个时区，东西各有 12 个时区，全球被分成 24 个时区，每相邻的两个时区，时间相差 1 小时。

经度

为了区分地球上的每一个地区，人们给经线标注了度数，这就是经度。实际上经度是两条经线所在平面之间的夹角。

纬线

纬线是表面上与赤道平行的圆圈，也叫“纬线圈”。同经线一样，纬线也是人为设置的。

纬线分为南纬和北纬：位于赤道以北的纬度叫北纬，记为N；位于赤道以南的点的纬度称南纬，记为S。纬线与经线垂直，指示东西方向。纬线的长度不一样，赤道纬线圈最长，两极的纬线圈则缩成一点。

纬度

纬度是指某点与地球球心的连线和地球赤道面所成的线面角，其数值在0至90度之间。赤道为0度，向两极排列，圈子越小，度数越大。

纬度分高纬地区、中纬地区和低纬地区。纬度数值在0至30度之间的地区称为低纬地区，纬度数值在30至60度之间的地区称为中纬地区，纬度数值在60至90度之间的地区称为高纬地区。

本初子午线

国际上规定，把通过英国首都伦敦格林尼治天文台原址的那一条经线定为0°经线，即本初子午线。从0°经线算起，向东、向西各分作180°，以东的180°属于东经，习惯上用“E”作代号，以西的180°属于西经，习惯上用“W”作代号。1953年，格林尼治天文台迁移到东经0°20′25″的地方，但全球经度仍然以原址为零点计算。

日界线

每天早晨起床，很多人都会习惯地撕下一张日历迎接新的一天到来，这对于居住在一定地区的人们来说没有什么问题。但若是乘轮船作洲际航行的旅行者，就有点不方便了。由于东西位置不同，地球上各处的日出时刻有早晚的差异。向东航行的人去迎接太阳，会感觉日子变短；向西航行的人去追赶太阳，会感觉日子变长。

为了避免这种不方便，1884 年起人们决定在太平洋中，也即在东经 180 度经线附近划一条线，规定当各种交通工具自东向西越过此线后，日期增加 1 天（例如，由 8 月 20 日改为 8 月 21 日），而由西向东越过此线后，日期减少 1 天（例如，由 8 月 20 日改为 8 月 19 日）。这条线就称为“日界线’或‘国际日期变更线’。

同时为了考虑到行政管理上的便利，日界线并不严格地指东经 180°的经线。而是由北极沿东经 180 度经线折向白令海峡，绕过阿留申群岛西边，经萨摩亚、斐济、汤加等群岛之间，由新西兰东边再沿 180 度经线直到南极。在一般的世界地图上，也都将此线标出来，以便识别。

实际上，除了 180°经线这条日界线外，地球上还有一条自然的、移动的日界线，这条日界线所在的经线，其地方时为 0 时，它不停地自东向西移动，其东侧比西侧早一天。这两条日界线把地球上所有的区域划分在两个不同的日期内，只有当两条日界线重合时，全球才处于同一天内。

第五章

地球的秘密

第一节　地球自身的秘密

我们的地球很美丽，也有好多不被人知道的秘密，有些秘密已经揭开或者是随着人类科技的进步将会进一步地昭然人世。就让我们寻着这些疑问进行一次奇妙的地球之旅吧。

众说纷纭的地球成因

地球的起源是科学的一大难题。长期以来，科学界对这个问题一直抱有极大的兴趣。

地球起源的第一个假说，是德国哲学家康德提出的。康德认为，原始太空中充满微粒般的物质，它们在引力的作用下形成体积巨大的球体，形成了原始太阳。而原始太阳以外的物质在太阳的作用下，围绕太阳形成旋转的星云，这些星云又逐渐形成大小不同的行星，地球也就是这样形成的。

1974 年中国天文学家戴文赛提出了“星云说”。他认为：57 亿年前，有一个比太阳系大几千倍的星际云，由于破裂而成上千个星云团，其中有一个是形成太阳系的原始星云。由于该星云团是在涡流中形成的，所以其一开始就自转，并且因自我吸引而不断收缩。在收缩过程中，星云渐渐变得扁平。当原始星云收缩到它的赤道处的离心力和吸引力相等时，赤道处的物质便不再收缩，但是星云内部的收缩还在继续，于是便形成了边缘较厚、中心较薄的形状。后来，中间部分形成太阳，边缘部分通过相互碰撞和引力，逐渐聚成行星，地球也是在这种情况下产生的。

除此之外，还有其他形形色色的假说。现在最具权威的说法是：在太阳系形成初期，99%以上的物质向中心聚合成为太阳，周围还有部分散在的物质碎片围绕着太阳旋转，经过很长一段时间的碰撞和引力作用，散在的碎片逐渐聚合成了九大行星，但那时的地球只是一团混沌的物质。又经过了几十万年，物质逐渐冷却凝固，形成了地球的初步形态。

到目前为止，我们仍然没有彻底弄清楚地球的形成原因，相信随着社会的发展、科学的进步，这个谜团一定会被解开。

地球的年龄之谜

在很早以前，人们就对地球的年龄开始感兴趣了。但是在没有找到正确的方法以前，人们只能从古代的神话传说中找到一鳞半爪的线索。中国古人说："自开辟至于获麟（指公元前 481 年），凡三百二十六万七千年。"更有意思的是，在 1654 年，有一位爱尔兰大主教从希伯来的经典中，居然考证出地球是在公元前 4004 年 10 月 26 日上午 9 时由上帝创造的。这些都是没有科学依据的，属于主观猜想而已。

哈雷是最早用科学方法探究地球年龄的科学家。他提出，大洋盐度的起源可以作为确定地球年龄的依据。1862 年，英国著名物理学家汤姆生根据地球从早期炽热状态中冷却到如今的状态所需要的时间，推测出地球的年龄大概在 2000 万至 4000 万年。他们的结论虽然不准确，但这都是人们对地球年龄的有益探索。

到了 20 世纪，人们相继发现了天然放射性元素铀以及岩石的放射性特征。之后，通过人们的进一步研究，发现根据岩石中放射性元素的蜕变速度，可以测定岩石的具体年龄，这给确定地球的年龄找到了依据。于是，经过测定，现存地球上最古老的岩石年龄是 38 亿岁，也就是说地球至少已经有 38 亿年的高寿了。

上世纪 60 年代末，科学家测定取自月球表面的岩石标本，发现月球的年龄在 44—46 亿年之间。根据目前最流行的太阳系起源的星云说，地球形成年龄与太阳系年龄相近，于是人们便认为地球是在 46 亿年前形成的。

所有这些，都是依靠间接证据推测出来的。事实上，至今人们还没有在地球自身上发现确凿的证据，来证明地球的年龄。

地球还能活多久

我们已经知道，根据科学家们的推测，地球到现在已经有了46亿岁的高龄了。那么，地球还能够“活”多久呢？

科学家们也对这个问题非常有兴趣。经过他们的考证和研究，他们认为：如果排除其他干扰因素，只从地球本身考虑的话，地球将会永远存在下去；但如果有别的外来因素干扰它，地球就可能在未来的某一天走向死亡。

那么，这些外来因素都是什么呢？科学家认为，这些因素里，太阳是在第一位的。太阳离地球最近，能够左右地球的命运。地球上一切能源、动力都来自太阳，如果太阳阳寿将近，那地球肯定也会步其后尘。那么太阳还能活多久呢？以前，人们以为太阳总有一天会燃尽炼绝，最后变成一颗黑暗冰冷的星球。但上世纪30年代，物理学家了解到了太阳发光发热的奥秘。原来，太阳的能量来自于它的热核反应，这个过程包括引力收缩阶段、主序星阶段、红巨星阶段以及致密星阶段。其中主序星阶段是太阳的稳定时期，这一阶段将持续100亿年。根据观察，目前太阳正处于中年时期。所以，在未来几十亿年内，人类不用为此担心。

除此之外，地球还有一个干扰因素——太阳的伴星。它日夜不停地绕日运行，但每隔2600万年，就会转到离太阳最近的地方来，它的强大引力将引起众多慧星的巨大扰动。科学家预测，当它到了这个点之后，有10亿颗慧星将在太阳系内相互碰撞，而地球和其他行星都将可能成为这些慧星的牺牲品。如果有一颗质量足够大的慧星撞到地球上的话，后果就不堪设想，地球有可能灰飞烟灭。目前，人们并没有发现这样一个伴星在太阳周围存在，但是许多科学家相信它是存在的。如果真的有这样一颗星体的话，那么我们人类就应该从现在开始着手准备应付它了。

地球将会有怎样的归宿

我们的地球最终会有一个什么样的归宿？科学家们似乎已经给出了结论：要么在瞬间灭亡，要么在寒冷与黑暗中垂死挣扎。

这源于现在最流行的“宇宙大爆炸理论”。宇宙大爆炸是根据天文观测研究后得到的一种设想。大约在150亿年前，宇宙所有的物质都高度密集在一点，有着极高的温度，因而发生了巨大的爆炸。大爆炸以后，物质开始向外大膨胀，就形成了今天我们看到的宇宙，而现在的宇宙还在膨胀之中。

如果万有引力能够让扩张停止，那么宇宙就会由于能量的不断聚集，而最终变成一个大火球，“大崩坠”就会熔化一切——地球也会因此毁灭。如果万有引力阻止不住宇宙的持续膨胀，那么宇宙最终将变成一个黑暗和寒冷的空间。在这种情况下，宇宙中的生命有可能存在很长一段时间。

还有科学家认为，宇宙的真正杀手是宇宙黑洞。宇宙黑洞由爆炸的恒星所形成，吞噬着一切靠近它的物体，即使比它大数百万倍的恒星也不例外。科学家称，每一百万年就会形成一个宇宙黑洞，而地球的年龄起码已经46亿岁了，也就是说宇宙中已经有了几百万个宇宙黑洞。

目前，对地球威胁最大的就是最近发现的一个宇宙黑洞。它在银河系附近，正朝着地球走来。科学家称，它会先吃掉木星这个保护地球的保护伞，在吞噬太阳的同时，直奔地球。等这个黑洞拖着太阳残骸到达地球时，地球已经被越来越近的太阳晒死了，一切物种都会由于温度过高而消亡。最终，地球也将被吞噬。

任何一种结局看起来都好像在预示生命的消亡。不过情况似乎并没有想象的那么糟糕，因为还有很多变数，我们渴望着科学家们给地球一个光明的未来。而在此之前，我们就不要管那么多了，正如爱因斯坦在写给一个对世界命运感到担忧的年轻人的信中所说：“至于谈到世界末日的问题，我的意见是：等着瞧吧！”

地球是宇宙的“骄子”吗

地球对于我们人类而言，其重要性不用赘言。但地球在宇宙中的地位如何呢？它是不是像我们认为的那样，是宇宙的“骄子”呢？

太阳系中共有八大（冥王星目前已被从行星里开除，降为矮行星）行星：水星、金星、地球、火星、木星、土星、天王星、海王星。除水星和金星外，其他行星都有卫星绕其运转，地球有一个卫星就是月球，土星的卫星已经被确认的就高达26颗。地球在八大行星中，按重量算只能排在第五位，按体积排则在第六位。其中，木星在太阳系的八大行星中体积和质量最大，其质量是其他行星总和的2.5倍还多、地球的318倍，而体积则是地球的1300倍。

太阳在太阳系中属于绝对重量级的角色，它的质量占太阳系总质量的

99.86%，其直径约140万公里。有证据表明，太阳系外也存在其他行星系统。科学家推测，除了太阳系外，大概还有2500亿颗类似太阳的恒星和星际物质，它们构成更巨大的天体系统——银河系。银河系的直径约10万光年，而太阳位于银河系的一个旋臂中，距银心约3万光年。

还有证据表明，银河系外还有许多类似的天体系统，称为河外星系，常简称星系。现已观测到大约有10亿个。星系也聚集成大大小小的集团，叫星系团。平均每个星系团约有百余个星系，直径达上千万光年。现已发现上万个星系团。包括银河系在内约40个星系构成的一个小星系团叫本星系群。若干星系团集聚在一起构成更大、更高一层次的天体系统叫超星系团。本星系群和其附近的约50个星系团构成的超星系团叫做本超星系团。目前天文观测范围已经扩展到200亿光年的广阔空间，它称为总星系。

由此看来，地球在宇宙中只是一个普通得不能再普通的行星而已。地球仅是太阳系的一颗普通行星，而太阳系又仅仅出于巨大银河系的一侧，在宇宙中类似银河系的星系还有很多……地球真的算不上是宇宙的“骄子”。

尽管如此，地球仍然非常特殊，因为它有一种特殊生物生存的条件，这种生物就是我们——人！

地球是我们的家园，我们有理由为生存在这个“普通”的星球上而感到自豪，更有责任把它变得更加美好。

地球里面的奥秘

相信不少人都看过科幻作家凡尔纳的《地心游记》，他所描绘的种种在地心的惊险经历，让我们都对地心充满了好奇与向往。那么地心到底是什么样的呢？

事实上，我们对地球内部的了解并不是太多，充其量只是一鳞半爪，而对它的开发与利用更是出于起步阶段。但我们仍然可以根据科学家们的研究得出点结论。

我们说的地心就是指的地核，它是地球的核心部分。据科学观测分析，地核分为外地核、过渡层和内地核三个层次。外地核的厚度为1742公里，呈液态；过渡层的厚度只有515公里，物质处于由液态向固态过渡状态；内地核厚度1216公里，主要成分是以铁、镍为主的重金属，所以又称铁镍核。

地核的总质量为1.88×10^{21}吨，占整个地球质量的31.5%，体积占整个地球的16.2%。地核的体积比太阳系中的火星还要大。由于地核处于地球的最深部位，受到的压力之大，超乎我们想象。科学家作过一次试验，在每平方厘米承受1770吨压力的情况下（这相当于地核最深处所受到的压力），最坚硬的金刚石会变得像黄油那样柔软。地核内部不仅压力大，而且温度也很高，估计可高达2000—5000℃。

地核内部的具体情况，人们对它了解得还很少。但可以肯定，地球内部是一个极不平静的世界，里面的各种物质始终处于运动之中，运动情况也异常复杂。

对于地心世界，目前我们只能通过钻探直接了解地球表面几公里深度的情况，通过地震、火山等间接了解地球表面几十公里深度的情况，而深达几千公里的地核是很难了解的。但是相信随着时间的推移，我们一定能够了解得更多。我们梦想着像凡尔纳小说里描述的那样到地心畅游一番。

地球体积是缩小，还是增大

地球至少已经存在46亿年了，在这漫长的时间中，我们地球的体积有没有发生过变化呢？绝大多数科学家相信，虽然地球没有生命，但它却没有停止过变化。它究竟是在变大，还是变小呢？目前，各有各的说法。

有相当一部分人认为地球一直就在膨胀，因为地球的大陆有不少大的裂缝，现在这些裂缝还在加宽。他们坚持，2004年12月26日发生在印度洋的强烈地震以及由此产生的巨大海啸事件，以及2005年9月14日至11月初发生在东非的强烈地震所导致的宽8米、长达60公里的地裂谷事件，就是地球正在膨胀的信号。但是他们并没有给出膨胀的真正原因。有人认为地球体积在变大的根据是：沿赤道一带，地球的半径有加长的痕迹。

目前最流行的说法是地球的体积在逐渐变小。德国波恩大学的研究人员近日发表声明说，根据他们的测量，地球直径比5年前短了5毫米。这是地球体积变小的有力证据。持相同观点的科学家认为，地球本是从太阳分裂出来的，刚开始是一团炽热的熔体，经过很长一段时期的冷却后，就收缩成现在的地球，因此地球应该是在缩小。有些科学家对阿尔卑斯山作了调查后，推断地球的半径比2亿多年前缩短了2公里。也就是说，地球的半径每年大约缩短1%毫米。

有的科学家认为，地球在变小的证据就是地球的“放气现象”。当火山喷发，从地球深处喷射出来大量的一氧化碳、甲烷、氨、氢、硫化氢等气体。而地震过后，大气里甲烷浓度特别高。这个现象说明地球内部里的气体乘火山爆发和地震之机，从地壳的裂缝里冲出来，释放于大气之中。根据地球放气的现象和地球内部物质大量外喷的事实，他们认为地球的体积缩小了。

地球转速是在延缓，还是在加快

地球的自转速度与很久以前相比，是快了还是慢了呢？

有科学家在南太平洋中发现了一种活化石，它是叫做鹦鹉螺的软体动物。他们根据这种动物似乎找到了地球自转速度变化的依据。在这动物的外壳上，他们发现有许多细小的生长线，这种线每隔一昼夜出现一条，够 30 条就会有一层膜把它们包裹起来形成一个气室。科学家对不同的时代地层中的鹦鹉化石进行分析，发现 3000 万年前，每个气室内有 26 条生长线；1.8 亿万年前为 18 条；3.1 亿万年前为 15 条；4.2 亿万年前只有 9 条。据此，他们认为，随着地球年龄的增加，其自转速度正在加快。

但是奇怪的是，有其他科学家也用了类似的方法，根据珊瑚虫的生长特点，推测得出的结论却正好相反。珊瑚虫一天就会有一个生长层。科学家对珊瑚虫体壁研究，发现现代珊瑚虫体壁有 365 层，正好是一年的天数。而距现在 3.6 万年前的珊瑚虫化石的年轮，则为 480 层。按此进行推算，13 亿年前，一年为 507 天。说明地球自转的速度正在变慢。

现在通过各种研究之后，大多数科学家都倾向于地球转速变慢的结论。根据“古生物钟”的研究发现，地球的自转速度在逐年变慢：4.2 亿年前的中志留纪，每年只有 400 天；3.7 亿年前的中泥盆纪，一年为 398 天；一亿年前的晚石炭纪，每年约为 385 天；6500 万年前的白垩纪，每年约为 376 天；而现在一年只有 365.25 天。

据天体物理学的计算，证明地球自转速度正在变慢。科学家将此现象解释为是由于月球对地球的潮汐作用引起的。由于月球引力对地球上潮汐的影响，以致潮汐的运动方向与地球自转的方向是相反的，从而造成了地球自转惯量的损失，所以地球的自转越来越慢。

另外，科学家通过石英钟记时观测日地的相对运动，发现一年内地球的自转存在着时快时慢的周期性变化：春季自转变慢，秋季加快。引起这种周期性变化的原因是与地球上大气和冰的季节性变化有关。此外，地球内部物质的运动，如重元素下沉向地心集中和轻元素上浮、岩浆喷发等，也会影响地球的自转速度。

地球荷重在增加，还是在减少

地球在这漫长的几十亿年里，经历了太多的变故，那么它所承受的重力有没有变化呢，是增加还是在减少？

认为地球荷重增加的学者们的依据看起来相当充分，他们将地球荷重增加的原因归功于“天外来客”。

前苏联在玻波盖河盆地里发现了大量的金刚石，这一事件引起了有关专家的强烈反响。因为我们都知道，金刚石必须是在高温高压条件下才可以形成的，一般都生成在岩浆岩中。经过多年研究，最后证实这些金刚石并不属于地球，它们是天外来客——是在其他星球的陨石撞击在这块盆地上的时候，发生强烈爆炸而形成的。

加拿大有一个38平方公里范围的巨型镍矿，同样是陨石撞击地表后，与地球岩浆熔融共同凝结而成的矿体。

类似这样的例子数不胜数。据统计：10亿年来，地球遭到陨石撞击产生的坑，直径大于1公里的有100万多个。而每天从宇宙中降落在地球上的陨石和尘埃多达50万吨。于是，学者们认为，地球的荷重正在逐年增加。

而持相反意见的人也有自己的依据，他们认为：地球上每年发生地震500万次，爆发的活火山有500余座。每年火山喷发和地震时，地球深部的熔岩、气体大量喷射出来，气体飘入大气层中。更为关键的是，石油和煤炭从地下挖出来，被人们燃为灰烬，生成气体进入大气层。这就造成了地球重量的逐渐减轻。

两种意见相持不下，但到目前为止并没有直接的证据证明地球的荷重究竟是在增加还是在减少。

地球上的水从哪里来

地球上的水究竟是从哪里来的？直到今天，科学界一直存在着不同的看法。一些学者认为来自地球内部，而另一些学者则认为来自天外。

前者认为，火山喷发的岩浆中平均含有7%的水分，地质史上无数次的岩浆活动每年析出6%的水分就酿成如今汪洋一片。他们这样解释水的产生：最初的原始的地球，既无大气，也无水。在地球形成后的最初几亿年里，由于地壳较薄，加上小天体不断撞击地球，地幔里的岩浆就喷出地面，随同岩浆喷出的还有大量的水蒸气，水蒸气形成云层，产生降雨，这就是地球水的来源。

而坚持水是天外来客的学者们认为，地球上的水主要由冰物质组成的彗星频繁光顾地球的缘故。1987年，科学家从卫星获得高清晰度的照片。在分析这些照片时，发现一些过去从未见到过的黑斑。科学家认为，这些黑斑是冰慧星造成的。大量的冰慧星进入地球大气层，经过数亿年或者更长的时间，地球表面得到非常多的水，于是就形成了今天的海洋。实验证明，数十亿年前在离木星不远处形成的彗星含有的水和地球上海洋里的水是一样的。

天文学家们认为，在太阳系刚形成时可能有不少这样的冰彗星落到地球上。它们落到地球上时像是雪球，而不是像小行星撞击地球。因此，这种撞击是软撞击，受到破坏的只是大气层的上层，而且撞击时释放出来的有机分子没有受到损害。

但是，这种理论也有它不足的地方。那就是缺乏海洋在地球形成发育的机理过程，而且这方面的证据也很不充分。

除了这两种理论外，还有一种说法，就是认为水的形成是化学作用的结果：太阳对地球的辐射带来正电的基本粒子——质子，与地球大气中的电子结合成氢原子，再与氧原子化合成水分子。

地球上的水究竟来自何方，到现在为止也并没有足够的证据证明。其实这也是关于太阳系起源的问题，只有当太阳系起源问题得到解决了，地球起源问题、地球上的水起源问题才能得到真正解决。

地震为何难以预测

地震给人类带来了巨大的危害，但是到目前为止，人类对准确预测地震仍然没有有效的方法。地震预测是第二次世界大战结束以后开展的探索性研究项目，特别是中、短期或临震前的预测尚处于探索阶段，远远没有到可以实用的程度。一些学者甚至对实现地震预报持怀疑态度。

地震预测，可分为事先预测和事后回观。事后回观是指在地震发生后，人们会发现在地震之前实际上已有很多异常现象，这一点比较容易。但最重要的是事先预测，即准确指出什么时候、什么地方、将发生多大规模的地震，这在目前人们还很难做到，人所能做到的只是预测发生地震的可能性。

地震预测的目的在于避免或减轻地震灾害。为此，它应当具有高度的可靠性，预报不准会引起居民不必要的恐慌，给社会、经济带来损失。

地震预测的科学前提是认识地震孕育和发生的物理过程，包括地球介质物理、力学性质的异常变化。但是人类对地震成因和地震发生的规律还知之甚少，主要是因为地震是宏观自然界中大规模深层的变动过程，不同于实验室中单纯的可控条件下进行的样品试验，其影响因素过于复杂，还可能有人类未知的因素存在。另外，地震预测研究中所依赖的技术还不能直接观测到地球内部，以致对地震的孕育过程和影响这一过程的种种因素缺乏直接的观测数据。因此，尽管地震预测问题提出很久，但进展缓慢。各国科学家为此作了很大努力，但至今仍不能准确预测地震，在最好的情况下也只能做出很粗略的估计。

相信随着科技的不断进步，人们对地球内部的不断深入了解，在地震预测方面的成就会越来越大，总有一天我们会非常准确地预测到地球上任何一个地方的地震。

地震为何多在夜间发生

地震是一种自然现象，它会对人类造成极其严重的危害。地震的危害不仅在于其突发性，而且大多出现在夜间，甚者在深更半夜人们熟睡时突然降临。地震发生在夜间，对受害者更是雪上加霜。那么，地震为什么多数发生在夜里呢？

大家知道，在宇宙空间当中存在着较强的万有引力。其中，月球对地球的引力也是无时不在的，最为明显的表现就是潮汐现象。实际上，地球上的地壳也在不断地产生着“潮汐”，只是由于地壳是一个坚实的固体，受到月球引力变化而产生的高低起伏现象并不明显。科学家经过精密测量发现，在月球引力的作用下，地球固体地壳起伏的振幅约在 0.5 米左右。

如果地球内部在孕育地震的过程中，地下的岩石受力的作用接近于破裂，而此时正好受到月球的引力作用，那么蓄势已久的地震能量就会一下子迸发出来。在这里，月球的引力起到了导火索的作用。而月球对地球的引力在夜间要比白天大得多，所以地震在夜间就更容易被引力诱发出来，地震在夜间发生的机率就大大增加了。

正因为如此，地震不仅多发生在夜间，而且还常发生在农历初一、十五或十六前后。因为农历初一、十五或十六前后是月球引力最大的时候。1995 年日本神户的 7.2 级大地震，就发生在农历正月十七；1993 年 9 月 30 日的印度地震，正好发生在农历的八月十五中秋节；我国 1976 年 7 月 28 日唐山的 7.8 级大地震，发生在农历七月初二。这些地震的发生时间决非巧合，而是表明了客观事物的一种内在联系。

消失了的大陆

“消失的大陆”一直是史学家研究的对象，也是人们孜孜探索的地方。是什么原因致使庞大的文明帝国灭亡呢?

目前比较认可的“消失的大陆”有两块：亚特兰蒂斯和姆大陆。

希腊哲学家柏拉图最先提及亚特兰蒂斯，它是一个传说中的文明城市，在很久之前突然沉入深海消失。在 1958—1968 年之间，美国动物学家范伦坦在巴哈马群岛附近的海域发现了它的蛛丝马迹。在附近的海床上发现了一些正多边形、圆形、三角形的奇特地形结构。而位于海面以下 5 米左右，竟然有长达 540 米的矮墙。探测下去，还有更复杂的结构，有几个港口，还有一座双翼的栈桥。由于巴哈马的海域是属于下沉地形，因此有人猜测，这些遗迹有可能就是传说中的亚特兰蒂斯文明，但是由于没有其他证据而一直没有被确定。

对于亚特兰蒂斯灭亡的原因也没有定论。有人认为是火山爆发、洪水及地震让亚特兰蒂斯文明消失。但是地球物理学家并不认为它们能在 48 小时内把亚特兰蒂斯大陆完全摧毁。

有不少专家认为亚特兰蒂斯就是克里特岛上延续到公元前 1400 年的迈诺斯文明。公元前 1470 年左右发生了一次火山大爆发，专家想象是火山先喷出大量致命的灰尘，然后发生惊天动地的爆发，继而发生海啸和地震。近年考古学家在圣多里火山遗址发现大量迈诺斯人的文物，使这一种说法受到了更多的支持。但如果这一种说法成立，那亚特兰蒂斯的位置、规模以及毁灭的年份就是错误的。因此有一些人猜想亚特兰蒂斯被毁可能与一场全球性的灾难有关。

另一块消失的大陆就是姆大陆。对于姆大陆的存在大多数人士持肯定态度。一般认为，姆大陆所在位置是南太平洋，北起夏威夷群岛，南连塔希岛，东接复活节岛，西止玛里亚那群岛。全大陆东西长7000公里，南北宽5000公里，总面积约为3500万平方公里，是一块美丽富饶的地方。

处于姆大陆的姆帝国拥有高度的文明，它的首都喜拉尼布拉和各大城市均有整齐的石板大道和运河，城市干道和宫殿墙壁都以熠熠闪光的金属装饰，呈现出一派富丽堂皇的景象。姆人有很高的智慧又精于航海，便经常向海外发展，建立了自己强大的帝国。

而对于姆大陆的消失同样存在疑问。火山？地震？还是与冰河期的末期沉没？有人曾对它的消失过程做了一番形象的描绘：一座座火山突然爆发，使冰河期的陆上冰雪融化，地震使姆帝国都城的城墙倒塌，海啸又给它雪上加霜，终于被吞没而毁灭。陆地上的冰雪融化，使海平面上升，造成第四冰河期的结束。但这只是一些人的揣测，并没有多少让人信服的证据。

第二节　奇异的地球现象

神奇的地球现象是那样令人好奇，比如神秘的北纬30度是贯穿4大文明古国的一条神秘而奇特的纬线。从地理布局大致看来，这里有沉没于海中的亚特兰蒂提斯岛，有海底最深处的马里亚纳海沟。埃及的尼罗河、伊拉克的幼发拉底河、中国的长江、美国的密西西比河，均是在这一纬度线入海。这里的奇景比比皆是，有古埃及金字塔群、狮身人面像、北非撒哈拉沙漠的“火神火种”壁画、死海、巴比伦的“空中花园”、令人惊恐万状的“百慕大三角区”、远古玛雅文明遗址，还有地球山脉的最高峰珠穆朗玛峰。还有奇怪的地震、莫测的飓风等等这些奇异的地球现象还等待科学家们进一步的探索和求证。

巨雹是怎样形成的

在夏天的时候，我们经常看到从天空中降下冰雹。冰雹又叫雹子，它出现的范围虽然较小，时间也比较短促，但来势猛、强度大，并常常伴随着狂风、强降水、急剧降温等现象，是一种灾害天气。

冰雹的形状多种多样，多接近球形，直径一般在 0.5—2.0 厘米之间，有的也很大，我们称这些很大的雹子叫巨雹。据报道，我国湖南省下过一个重达 35 公斤的冰雹，而西班牙还下过一颗重约 50 公斤的冰雹。这些巨大的冰雹是怎样形成的呢?

冰雹产生于天空中的冰雹云。冰雹云其实是一种特殊的积雨云，它体积很大，有强烈的上升气体，云内有充沛的水分。冰雹云可分三层：下面一层是由水滴组成，温度高于零度；中间一层由冰晶、雪花等组成，温度在 0～－20℃；上面一层也由冰晶和雪花组成，温度在－20℃以下。在冰雹云中气流是很强盛的，通常在云的前进方向有一股十分强大的上升气流从云底进入，又从云的上部流出。还有一股下沉气流从云后方中层流入，从云底流出。这里也就是通常出现冰雹的降水区。

当上升的气流把云下层的水滴送到中层或上层时，由于中上层温度很低，所以水滴就很快冻结，并和冰晶、雪花碰在一起形成冰雹核心——雹核。然后，下沉的气流又把雹核送到下层。由于下层温度在 0℃以上，因此它的表面一部分冰融化。在这个过程中，还有新的水滴沾在雹核上面。

这时，如果又有上升的气流，就会把雹核再带到中层或上层，那么雹核外面沾附的水就会凝结，于是冰雹就变大。

如果空气对流特别强烈，冰雹就会这样经过几次上下升降，冰雹表面的冻结也就越来越大、越变越重。最后，当上升气流支撑不住冰雹时，它就从云中落下来，成为我们所看到的巨雹了。在冰雹形成过程中，上升和下降的次数越多，形成的冰雹也就越大。巨大的冰雹正是由于上升和下降的次数多而形成的。

龙卷风成因探秘

龙卷风，因为与古代神话里从波涛中窜出、腾云驾雾的东海跤龙很相象而得名。龙卷风的袭击突然而猛烈，产生的风是地面最强的。它能把大树连根拔起，对建筑的破坏也相当严重，经常是毁灭性的。在强烈龙卷风的袭击下，房子屋顶会被卷走。

大自然里的龙卷风诞生在雷雨云里，是一个猛烈旋转着的圆形空气柱，它的上端与雷雨云相接，下端有的悬在半空中，有的直接延伸到地面或水面，一边旋转，一边向前移动。

龙卷风的形成并不复杂。在雷雨云里，上下温差很大。地面的气温是摄氏二十几度，而在雷雨云顶部八千多米的高空，温度低到摄氏零下三十几度。这样，上面冷空气和下面的热空气就会产生强烈的对流。当上升气流到达高空时，如果遇到很大的水平方向的风，就会迫使上升气流向下旋转运动，并由小漩涡逐步形成大涡旋。大涡旋先是绕水平轴旋转，形成了一个呈水平方向的空气旋转柱。然后，这个空气旋转柱的两端渐渐弯曲，并且从云底慢慢垂下来，形成我们看到的龙卷风。

龙卷风的范围很小，直径平均为200—300米，直径最小的不过几十米，只有极少数直径达到1000米以上。它的寿命也很短，一般维持十几分钟到一二小时，这给科学研究和预报带来了很大的困难。

目前，在发现和追踪龙卷风上起着重要作用的是气象雷达，它可以测到300公里外的雷雨云，一旦发现有形成龙卷风的迹象，就可发出警报，随后还有一定的时间对龙卷风路径上的居民和单位发布警报。

另外，气象卫星也是一种新的有效探测工具，尤其是用同步卫星拍摄的云层照片，在监视龙卷风的发生上起着更重大的作用。卫星昼夜都能观测，并且可以看到更小的目标。如果把卫星和雷达结合起来，就能连续观察龙卷风的变化，可在龙卷风发生前半小时发布警告。

神奇的极光

极光是南北极地区特有的一种大气发光现象，常常出现于纬度靠近地磁极地区的上空，一般呈带状、弧状、幕状，这些形状有时稳定，有时作连续性变化。极光有时出现时间极短，在空中闪现一下就消失得无影无踪；有时却可以在苍穹之中辉映几个小时。它一般出现在夜间，五彩缤纷，绮丽无比，在自然界中还没有哪种现象能与之媲美。

那么如此美丽的极光是怎么产生的呢?

在很长的一段时间内，人们对极光有以下三种看法：一种看法认为，极光是红日西沉以后，透射反照出来的光；第二种看法认为极光是地球着火了，因为极区临近地球的边缘，所以人们能看到这种大火；最后一种看法认为，极地冰雪在白天吸收阳光，到夜晚释放出来，便成了极光。

总之，各有各的说法，没有定论。随着科技的进步，直到上世纪60年代，人们将地面的观测结果与卫星和火箭探测到的资料结合起来研究，才逐步形成了对极光的科学解释。

原来，极光不仅与地球高空大气和地磁场的大规模相互作用有关，还与太阳风关系紧密。形成极光必不可少的条件是大气、磁场和太阳风，缺一不可。具备这三个条件的太阳系其他行星，如木星和水星，它们也会产生极光，这已被实际观察的事实所证明。

尽管极光美丽无比，但是也给人类带来了不少麻烦。极光出现的时候，携带有可与世界各国发电厂生产电力总和相比的能量，并且将它投在地球大气层中。这种能量常常搅乱无线电和雷达的信号。另外，极光所产生的强力电流，会使电路中的电流局部或完全损失，甚至使电力传输线受到严重干扰，从而使某些地区暂时失去电力供应。

所以，摆在我们面前的问题就是如何使极光的能量不干扰人类的生活，并将这些巨大的能量为人类所利用。我们期待着这一天早点到来。

"温室效应"的争议

原指透过温室玻璃入射阳光所造成的室内增温并因玻璃不易散失而得以保存的效应。太阳短波辐射透过大气射入地面，而地面增暖后放出的长短辐射却被大气中的二氧化碳等物质所吸收，从而产生大气变暖的效应。

有数据显示，近30年来，地表的平均温度已经上升了0.9华氏度，全球变暖已成了引起世人关注的焦点问题。

一般认为，温室效应主要是由于过多燃烧煤炭、石油和天然气等产生二氧化碳所造成。

但最近美国的詹姆斯·汉森博士提出新观点，认为温室气体主要不是二氧化碳，而是碳粒粉尘等物质。他认为，由于工业燃烧煤等产生的众多碳粒聚集在对流层中导致了云的堆积，而云的堆积才是温室效应的起点，因为地表上40—90%的热量来自由云层所产生的大气逆辐射，云层越厚，逆辐射越强，地球温度就越高。

汉森博士经过对各种数据的调查发现：在1950—1970年间，二氧化碳的含量增长了近两倍，但从1970年到20世纪初，二氧化碳含量出现了减少迹象。这用目前流行的理论很难解释。根据汉森博士的观点，除了碳粒粉尘以外，还有一些气体物质如臭氧、甲烷等也能导致温室效应。

如果汉森博士的理论能够成立，那对地球来说是一件好事。因为近几十年来非二氧化碳的温室气体含量已经有了一定的下降。另外，随着内燃机品质的不断提高，或者有其他交通工具的问世，碳粒粉尘也并不是不可避免的。

汉森博士认为，如果甲烷和臭氧含量也能逐年下降，那么再过半个世纪，地球表面的平均温度将不会再发生变化。

尽管现在人们对究竟是谁引起了温室效应的问题有争论，温室气体增加会造成全球变暖的原理都是没有争论的。所以，我们人类现在就必须对此加以重视，采取对策，保护好我们赖以生存的地球。

沙子会唱歌

沙子怎么会唱歌呢？其实这是一种鸣沙现象，沙子唱歌就是沙子可以发出声音。鸣沙现象是普遍存在的，不少国家的一些沙滩和沙漠都会发出奇妙的声音，我国也有，如著名的响沙湾。

响沙发出的声音多种多样：有的会发出狗叫似的声音；有的却发出尖锐响亮的声音；有的沙子会发出像打雷一样轰隆的巨响。总之，鸣沙可以同哨声、笛声、提琴声、飞机和汽车发动机的轰响相比拟，妙不可言。

那么，这神奇的声音是怎么样产生呢？许多专家都对此产生了强烈的兴趣，对鸣沙原因的解释也是众说纷纭。

有人这样解释鸣沙现象：沙子在滑动的过程中，因为相互之间不断相撞充上不同的电荷，接着沙子之间开始不断地排斥，这就像放电一样引起了声音。

另外一些学者认为：沙粒有一层钙镁化合物，在沙子相互磨擦时，就产生了类似提琴用搓上松香的琴弓拉弦的声音。

还有研究者认为：鸣沙的基本原理在于空气在沙粒之间的运动，当沙粒在滑动的时候，它们之间的孔隙一会儿扩大、一会缩小。空气一会儿钻进这些孔隙，一会儿又被挤出这些孔隙，因此便产生振动而发声。

有的专家认为沙漠表面的沙子细且干燥是沙鸣的原因；有的甚至说，沙子的含金量较大，因此发出响声。近年来，国内不少学者又提出了“地形说”、“共鸣箱原理”等，试图解释响沙的成因。然而，仿佛没有哪种解释能将沙子唱歌之谜完全解开。

那么，在科学家把这个谜底揭晓之前，我们就先尽情地享受这些神奇的沙子给我们送上的那些奇妙的“歌声”吧。

远古时代石球之谜

自从1930年一支美国考察队在哥斯达黎加发现神秘石球以来，人们先后在巴西柯鲁柏、墨西哥阿美卡、我国的新疆发现大量类似石球。

这些神秘的石球，有的直径达一两米、十几吨重，其表面异常圆滑，制作相当精细，直径误差小于1/100，准确度相当高。要想做到这样的程度，必须具备丰富的几何学知识和高超的雕刻技术，还要有很精密的测量装置。

这些石球，几乎都是用坚固的花岗岩制作而成的。但让专家想不通的是，这些石球所在地的附近并没有花岗岩，在其他地方也找不到制作的迹象。

那么，这些神秘的石球究竟是怎么形成的呢？关于这个问题，多年来，中外学者观点众多，各执一词。

一些地质学家认为，石球是自然形成的，它们是地质作用的产物。在远古时代，产生石球处的砂岩和粘土岩刚刚形成并开始硬化，地壳的运动和风化作用使这些初生的岩层产生了裂缝，雨水夹带着一些化学物质渗入其中，与此同时进入缝隙的还有些碎屑。这些化学物质和碎屑渐渐结合在一起，形成结核体，结核体越滚越大，时间一长，结核体外面松散层渐渐风化剥落，由砂粒组成的石球便由此形成。

也有不少科学家认为，这与火山喷发有关系。大量高温岩浆顺山坡移动、冷却，在结晶过程中，以结核为中心向四周均匀扩展而形成石球。但这样的解释有点牵强，因为绝大多数火山区都没有找到过石球。

有的科学家们甚至提出这是外星人的杰作。他们认为，外星人把这些大小不同的圆球放在这里是有一定目的的。它们可能代表天上不同的星球，彼此相隔的距离表示星球间的相对位置。它们是天外来客给地球的纪念品，以此向人类表示某种含义。这是一个很有趣的解释，但显然缺乏科学依据。

也有一些考古学家断言石球是石器时代人类创造的，或是作为防御、狩猎的设施和工具。也有人认为，制作石球的古人以为灵魂可以与人的肉体分离而独立地游荡，被埋葬后，灵魂并没有消失，他们在所谓灵魂不在观念的支配下，雕刻石球以作死者坟墓的标志或象征。

所有这些说法都没有具体可信的依据，所以到目前为止，石球之谜仍然是一个谜。

会生蛋的岩石

贵州省三都县有一座特别奇怪的登赶山，满山都长满了绿树杂草，唯独山腰上露出一块崖壁，更奇怪的是，这块崖壁每隔三十年就会自动掉落出一些石蛋，因此当地人都习惯把它叫做产蛋崖。

冰冷的石壁为何能生出石蛋？为什么这些石蛋又会每隔 30 年自动掉落呢？产蛋崖石生蛋的这一神秘现象不仅超越人类已知的逻辑范畴，而且它也像一团巨大的迷雾一直笼罩在登赶山下这片水族之乡。

有人发现，这些石蛋不论形状和大小，包括石蛋表面上的纹理都与恐龙蛋十分相似。据此，有人便猜测这些石蛋很可能就是恐龙蛋。但经过考证，贵州的地质年代属于三叠纪，而恐龙的出现要比三叠纪晚五千万年！这在逻辑上是不通的。

如果不是恐龙蛋，那自动生出的石蛋究竟是什么呢？

专家们仔细分析了石蛋里面的成分，发现这些石蛋和普通的蛋形石头没有什么不同，

那么，为什么这些石蛋会每隔 30 年就自动孕育而出呢？

有专家认为，这一带山地处于“下泥盆纪”地质层上，它的形成和在此后的岩层挤压中，由于结构成分的差异，逐渐产生不同的形状，蛋形是其中一种而已。当石蛋形成并暴露于地表后，由于差异风化，泥岩构成的崖壁风化速度快，而石蛋风化速度慢，当泥岩层层风化剥落后，石蛋就慢慢出来了。由于围岩和石蛋的风化速度大约相差 30 年，所以每过 30 年左右，石蛋在重力作用下就自动脱落滚落到山脚。

还有一种说法：在很久以前，这里是大海，海底可能有很多漩涡，有些物质在水旋转作用力下搓成球状凝聚体。后来这里变成陆地，由于球体的密度和四周的密度不同，四周岩石风化较快，球体失去依托于是下出了“蛋”。

诡异的北纬 30 度

在地球北纬 30 度附近，有许多神秘而有趣的自然现象。这里既有世界屋脊“青藏高原”上的珠穆朗玛峰，又有海底最深处的马里亚纳海沟。同时世界著名的几大河流——美国的密西西比河、埃及的尼罗河、伊拉克的幼发拉底河、中国的长江等，均在北纬 30 度周围入海。

在这一纬度线上，奇观绝景比比皆是，自然谜团频频发生，诸如众所周知的古代埃及金字塔群和狮身人面像，非洲北部撒哈拉沙漠的“火神火种”壁画，古巴比伦的“空中花园”和令人谈之色变、闻之丧胆的“百慕大三角区”以及远古玛雅文明遗址的所在地，等等。可以说，在北纬 30 度周围或在这一纬度线上，奇事怪事数不胜数。

北纬 30°从古到今都是灾难深重的地带，地震、海难、火山和空难等时有发生。据史料记载，在我国西藏地区共发生过 8 级以上的地震 4 次，7—7.9 级地震 11 次，5—6.9 级地震 86 次；举世闻名的百慕大三角海域失踪了数以百计的船只和飞机；二战时期，在川藏这条北纬 30°线上，美军共损失 468 架军用飞机……

谈及北纬 30°的各种神秘的自然现象，专家认为它应来自地球的内部，至于具体原因，仍不太了解。尽管人类发现了地球内部由地表至地心的一些情况，但有些奇怪的自然现象仍然没有办法解释。专家们普遍认为：北纬 30°现象有一定的必然性。北纬 30°是地球的脐带，其微量元素矿、磁场、电场、重力场对人与环境都有影响。

各国“死亡谷”探秘

世界上有不少“死亡谷”，在这些地方丧命的人和动物不计其数。在俄罗斯、美国、意大利和印度尼西亚，存在着地球上知名的四大“死亡谷”。

俄罗斯堪察加岛上有一个长约 2 公里、宽 100—300 米的山谷，这里地势低洼、天然硫磺遍地，更可怕的是狼、獾以及其他野兽的尸骨随处可见、满目凄凉。据统计，这个“死亡谷”已吞噬过 30 条人命。有人曾亲眼看到一只大狗熊闯入谷中，刚走进谷里，就倒地身亡。

这个山谷为何如此恐怖，科学家们众说纷纭。有的人认为，是积聚在凹陷深坑中的硫化氢和二氧化碳气体导演了悲剧；还有人说，致命的原因可能是烈性毒剂氢氰酸和它的衍生物。但奇怪的是，住在距离“死亡谷”旁边，没有任何阻隔的村舍农民，却世代平安。

美国内华达州与加利福尼亚州相连处的“死亡谷”长 225 公里，宽 6—26 公里。但奇怪的是，它对飞禽走兽非常“宽容”，这里有 200 多种鸟类、19 种蛇，17 种蜥蜴，还有 1500 多头野驴常在那里出没，而涉足到这里的人却几乎全部丧生。据记载，1949 年美国有一支寻找金矿的勘察队，因迷失方向而走进这个地方，几乎全军覆没。有几个人侥幸脱险后，不久也莫名死去。此后也曾有多批探险人员前往探险，但多数人遭到不幸，至今未能查明死因。至今，谁也弄不清此谷为何对人类这么凶残，而对动物却如此仁慈，它的致命之处在什么地方。

意大利那不勒斯附近的“死亡谷”正好与美国的“死亡谷”相反，它对人的生命没有任何威胁，唯独对动物不放过。据科学工作者调查，每年在那里死于非命的各种动物多达 4600 头，所以意大利人又称它为“动物的墓场”。什么原因至今也没有被揭开。

印度尼西亚爪哇岛上有个更为可怕的“死亡谷”，它的致命之处在于里面的 6 个山洞。无论人或动物，只要靠近洞口 6～7 米远，就会被一种神奇的引力吸入洞内，无法逃出。山洞里堆满了各种动物以及人类的残骸尸骨。

世界之大，真是无奇不有。这些可怕的“死亡谷”究竟有什么秘密，科学家们至今百思不得其解。因此，“死亡谷”之谜也成了全球性的悬案之一。

雪崩之谜

雪崩是一种所有雪山都会有的地表冰雪迁移过程，是一种自然现象。它是指大量积雪从高处突然崩塌，不停地从山体高处借重力作用顺山坡向山下滑落，速度很快、破坏力也很大，能摧毁大片森林、房舍和交通线路，甚至能堵截河流。同时，还能引起山体滑坡、山崩和泥石流等可怕的自然现象。

那么发生雪崩的原因是什么呢？

山坡上的积雪受到两个力的作用：地球引力和积雪内聚力。这两个力量之间进行着一场你死我活的较量：地球引力企图沿山坡方向把积雪往下拉，而积雪的内聚力却使雪体彼此结合，停留在山坡上。

引力的大小取决于雪的重量，而积雪的内聚力与积雪的厚度和温度有关。当积雪达到一定厚度时，就容易发生雪崩；气温升高时，积雪表面消融，融水渗到雪层内部，就能降低积雪的内聚力，使雪层很容易滑动。当山坡上的积雪由于以上原因变得不稳定时，只要有一点外界因素的干扰，就有可能发生雪崩。

雪崩的发生是有一定规律的。一般在冬天或者春天的时候，尤其是暴风雪暴发前后，发生雪崩的机会比较大。春季气温升高时，积雪表面融化，雪水就会一滴滴地渗透到雪层深处，使雪层之间很容易产生滑动；暴风雪也容易造成雪的松动，以致形成雪崩。

另外，雪崩的严重程度和雪的体积、温度、坡度有关系。尤其和坡度有着直接的关系，最可怕的雪崩往往产生于倾斜度为25°～50°的山坡。山势过于陡峭，就不会形成足够厚的积雪，即使发生雪崩，后果也不会很严重，而斜度过小的山坡也不太可能产生雪崩。

火山喷发之谜

火山喷发是岩浆等喷出物在短时间内从火山口向地表的释放。火山喷发是一种奇特的地质现象，是地壳运动的一种表现形式，也是地球内部热能在地表的一种最强烈的显示。

火山对人类的危害极为严重。它喷出的大量火山灰和暴雨结合形成泥石流，冲毁道路、桥梁，淹没附近的乡村和城市，使得无数人无家可归。

而且，火山对气候也会造成极大的影响。火山爆发时，泥浆雨会困扰当地居民长达数月之久。火山灰和火山气体被喷到高空中，会随风飘到很远的地方。这些火山物质会遮住阳光，导致气温下降。

它的危害还远不止这些，它的威力有可能让地球毁灭。一旦有巨大的火山爆发，目前人类还没有任何办法可以阻止这种灾难，只能眼看着地球走向毁灭。

但火山也并非一无是处。如火山爆发所带来的火山灰，对农民来说可是件喜事，因为这些火山灰富含养分，使土地更肥沃。

火山活动常在一些不同寻常的地质上发生，大多数都在板块边界处，大约80％的活火山及其相关的火山活动都发生在两个板块相聚的地方。

火山喷发的原因，科学家们有不同的解释。有人认为，是岩浆在向地面上升的过程中被打碎，释放出气泡，使得岩浆在压力的作用下喷涌而出。另一部分科学家却认为，火山喷发是因为岩浆快速上升，使得气压增加、气泡膨胀速度加快、岩浆突然破碎、气体猛然喷出的原故。

富士山之谜

富士山位于日本东京西南方约 80 公里的位置，是静冈县和山梨县境内的活火山；主峰海拔 3776 米，是日本国内的最高峰；山顶终年积雪，是日本最著名的山之一，被日本人奉为“圣岳”，是日本的象征之一，在全球也享有盛誉。自古以来，名字就经常在日本的传统诗歌“和歌”中出现。

富士山是一座休眠火山，富士山在日语中的意思就是“火山”。据传是公元前 286 年因地震而形成的。自公元 781 年有文字记载以来，共喷发过 18 次，最后一次是 1707 年，此后变成休眠火山。山顶上的两个火山口形成了两个美丽的火山湖，山麓处还有火山喷发后留下的山洞，有些仍在不断地喷气。

富士山北麓有富士五湖，湖光山色十分宜人；南麓是一片辽阔的高原牧场，绿草如茵，牛羊成群。每年的 7、8 月间，日本人会竞相到此登山。据说，在山顶的火山湖中沐浴一下，能消灾免祸。

由于富士山的魅力和在日本的地位，人们一直以来希望将其申报为世界自然遗产。但是由于大量的观光游客以及商贩所丢弃的垃圾，给富士山美丽的外观留下了不光彩的一笔。据说，在全球的登山家之间还流传着“不要像对待富士山一样对待珠穆朗玛峰”这样的传言。所以，至今富士山尚未进入世界遗产的目录。

神异巨制——沙漠岩画

凿刻或用矿物颜料描画在岩穴、石崖壁面及独立岩石上的线刻、浮雕和绘画出现于旧石器时代，延续至中世纪，在世界各地都有发现。是研究不同时期、不同地区古代人类社会生活和精神生活的重要形象资料。

旧石器时代的岩画以法国南部和西班牙北部的洞穴遗存为代表，描绘的内容主要是当时原始人的狩猎对象，如野马、猛犸象、野牛、鹿、犀牛等，也有少量熊、洞狮等猛兽的图像。多绘制得十分精美。旧石器时代末期至新石器时代之后，岩画分布十分广泛，在亚洲北部、西班牙东部、意大利南部、北美洲及非洲北部、中部和南部都有发现。此时期岩画中有复杂的狩猎、战争及各种仪式的场面。青铜时代和早期铁器时代的一些岩画，还出现了家畜、房屋、村落、宗教仪式、锄耕、战争掠夺等图形。

中国在黑龙江、内蒙古、甘肃、青海、新疆、西藏、广西、云南、贵州、四川及江苏等地，都有古代岩画。从内容来看，中国的岩画可分为南方、北方两大系统。北方地区的岩画多表现动物、人物、狩猎及各种符号，以内蒙古阴山岩画为代表，与中亚、西伯利亚等地的岩画有相似之处。南方地区的岩画除描绘动物、狩猎外，还表现采集、房屋、村落、宗教仪式等。江苏连云港将军崖岩画还绘有农作物。中国境内岩画的年代还不十分确切，有待进一步研究。

火焰山“火红”之谜

火焰山早已名扬天下，这要归功于吴承恩的小说《西游记》。在这本书里，火焰山是孙悟空大闹天宫时，蹬倒了太上老君的炼丹炉，有几块耐火砖带着余火落到了地上，化生出来的。

真实的火焰山位于吐鲁番盆地中部，当地人称“克孜勒塔格”，意即“红山”。它东西长约100公里，南北宽7～10公里，平均高度500米左右，最高峰位于胜金口附近，海拔851米。火焰山的得名，主要源于其外观形态，火焰山基岩裸露，赤褐色的砂岩灼灼发光，炽热的气流滚滚上升，像一道熊熊燃烧的火焰，故有了“火焰山”之名。火焰山是全国最热的地方，夏季最高气温达47.8度，地表最高温度在70度以上。

火焰山为什么火红呢？因为火焰山全部是由红色的砂岩和页岩组成。这些砂岩和页岩是距今1.1亿—7000万年的地质时期堆积而成的。这些堆积物在喜马拉雅造山运动时褶曲隆起，把石化了的岩石抬升成山，构成了火焰山山体的火红底色。这些红色的底色本在黑色石灰土的覆盖之下，难以显山露色。但经过长期的演化，表面岩土在近代地质时代开始风化脱落，才显出火红本色。

在盛夏的时候，灼人的阳光照射在火焰山的红色岩石上，红光闪耀。当人们从远处看时，就像火焰一样。火焰山并不能真的喷火，人们看到的火焰其实是在特定环境条件下的一种幻觉而已。

阿苏伊幽谷探险

阿苏伊幽谷位于阿尔及利亚的朱尔朱拉山，是一个著名的、非洲最深的一条大峡谷。到目前为止，没有人到过这个最深的峡谷谷底去过。它里面到底蕴藏着什么秘密，到底有多深呢?

1947 年，阿尔及利亚和一些外国专家组成了一支探险队，决定要搞明白阿苏伊幽谷到底有多深。他们让一个体格好、又有经验的队员下去尝试。其他人员则在上面抓着保险绳保护他的安全，并做记录。等到那个队员下到 505 米的时候，觉得身体越来越不舒服，最后选择了放弃。

1982 年，又有一支考察队过来探险。当他们的第一个探险人员下到 810 米的时候，也选择了放弃。第二个队员下去了，但他也在 821 米的时候放弃了。

从此以后，就再也没有人超过这个 821 米的纪录了。至于阿苏伊幽谷究竟有多深，那神秘的谷底有些什么东西。一直到现在也没能解开这个谜。

但是两次半途而废的探险让阿苏伊幽谷更加神秘了。更让人们感到好奇的是：所有下去过的人都在最后一刻选择了放弃，而放弃的理由是他们都感到了从未有过的恐惧。他们为什么会产生恐惧心理，这种恐惧为什么会让平时胆大心细的探险队员都无法克服，峡谷里面到底有什么人类不可抵抗的力量呢？它到底又有多深呢？看来，这还得等以后的探险家来揭开了。

卡什库拉克的神秘洞穴

在俄罗斯的西伯利亚，出现了一个令人惊奇的卡什库拉克洞穴。

俄罗斯著名地质学教授库斯坦丁·比库里最先发现了这个洞穴。当时他带领着一支 10 多人组织的探矿队伍，天黑的时候他看到了这个洞，于是决定在这里休息，然后再接着去找矿。

但就在他们进入洞中的时候，怪事发生了：他们个个突然惊恐不已，好像在做梦一样。更加可怕的是，他们看到洞内出现了闪光的巨人，双眼发出的光像探照灯一样，嘴里发出了轰隆的叫声，其声音之强，让人不敢相信，它的声波竟然冲倒了几位队员。库斯坦丁·比库里教授和队员扔下设备，仓皇逃出。

事后，库斯坦丁·比库里请来了俄罗斯科学院的一些物理学家们来研究这神奇的洞穴。俄罗斯的物理学家巴德洛夫教授带着监测追踪仪器和助手们来到这里。他们仪器上显示的不断变化的数字表明洞穴的电磁场在经常摆动。更让人惊喜的是，在他们发现的众多信号中有一个严格固定的单波道脉冲出现，每次约两秒钟。

专家相信，出现的脉冲与任何自然现象无关。他们肯定，在这洞穴里有一个功率强大的无线电台，它的信号透过深层的岩石层，飞向宇宙。但这些信号发给谁，人们不得而知。

来这里考察的专家们一致认为：在这洞穴的深处有一种类人的高智慧生物。不然，这里是不可能建造一座功率强大，没有发射电线，又能向宇宙深层发出有规则脉冲信号的无线电台的。但是这类高智慧生物为什么会在这里，他们的信号又是发给谁的，与人类有什么关系，诸个问题仍然没有办法弄清楚。

岩石形成的奥秘

岩石是自然形成的产物，是由一种或多种矿物和胶结物、火山玻璃、生物遗骸等物质组成的固态集合体，是构成地壳和上地幔的物质基础。

它们在地壳中形成，是机械作用、物理化学作用和生物作用等综合地质作用的产物，也是地壳和上地幔顶部的重要组成部分。岩石不包括人工合成的工艺岩石。

岩石的形状多种多样，有的成层状、片状；有的成块状、球状、柱状。那些没有固结的的松散沉积物，由于它们没有固定的形态，更没有胶结形成坚硬的岩石，不属于岩石的范畴。

虽然岩石的面貌是千变万化的，但是从它们形成的环境，也就是从成因上来划分，可以把岩石分为三大类：沉积岩、岩浆岩和变质岩。其中岩浆岩是由高温熔融的岩浆在地表或地下冷凝所形成的岩石，也称火成岩；沉积岩是在地表条件下由风化作用、生物作用和火山作用的产物经水、空气和冰川等外力的搬运、沉积和成岩固结而形成的岩石；变质岩是由于岩浆岩、沉积岩所处地质环境的改变经变质作用而形成的岩石。

岩石的形成是循环往复的。地壳深部的液态岩浆缓慢上升接近地表，形成巨大岩体，如岩脉、熔岩流和火山。岩浆在冷凝过程中形成岩浆岩，地球的运动使岩石上升到地表，受到风化、侵蚀而暴露，在冰川、流水和风的风化侵蚀作用下破碎成颗粒，被冰川、河流和风搬运，逐渐在湖泊、三角洲和沙漠沉积下来，形成沉积层，或在海洋形成沉积岩。大多数沉积物都堆积在大陆架上，有些则被高密度水流通过海底峡谷搬运到更深的洋底。大规模的造山运动中，在高温高压作用下，沉积岩和岩浆岩变成变质岩。温度和压力进一步升高，则岩石重新熔化，完成一个循环。

莫名其妙的黑暗

1944年秋天的一天下午，在我国新疆，晴朗的天空突然一片漆黑，伸手不见五指。大约1小时之后，天空又恢复正常。1980年5月19日上午10时，在美国新英格兰垦区，突然天黑地暗，这种情景一直持续到第二天黎明。

在晴朗的白天，突然之间出现了一段时间的黑暗。它既不是日食，也不是在发生龙卷风之前，虽然是区域性的暂时情况，但这种现象在国内外多有发生。据当事人回忆说，这种白天里出现黑暗现象之前，并没有发现什么异常现象，都是突然发生的。

为什么会出现这种天象呢？科学家们众说纷纭，有的说和火山爆发有关；有的说很可能与天外星球来客有关，它们从地球上穿过，又悄悄而去，形成地球上某种地方暂时的黑暗。

气象专家解释说，天空突然变黑是高空的云层作怪。乌云为什么使白天变成黑夜的呢？原来云层跟反射镜一样，对太阳入射光有很强的反射作用。当太阳光投射在云层上时，云层会将它反射回宇宙空间，削减了到地面的阳光，云层越来越厚，反射能力越来越强，到地面的阳光就会越少。当云层厚度高达一定程度，云块就可以将阳光拒之于外，白天就会变成黑夜了。

富士火山觉醒在即？

著名的富士山就是一座圆锥形活火山，虽然已有近300年没有发生过火山爆发，但它是一座活火山。据记载，富士山在最近的2200年中爆发过数十次之多，最近的一次则发生于1707年，此后便进入了静止期。有人说富士山属于“休眠火山”，不大可能再度爆发。但日本地震专家最近发布警报说，“休眠”将近300年的富士山随时有爆发的可能。

在2006年，日本海岸豪雪成灾，新泻县许多地方的积雪甚至高达500公分以上。但是奇怪的是，富士山山顶跟往年都不一样，完全没在积雪。因此有人认为，富士山不冠雪可能是火山爆发的前兆。

但东京大学地震研究所的藤井敏嗣教授对富士山不白头可能是火山爆发前兆的说法持不同态度。他认为，根据观测富士山的数据来看，状况平稳并没有任何异常。至于富士山没有白头，那纯粹气象问题，由于关东到东海地区的太平洋沿岸雨量出奇的少，富士山周边12月几乎没有下雨，所以富士山的降雪量也随之减少。

但日本的火山专家称，近几年来富士山地下震动频率大幅上升。日本科学技术厅在2001年的记录显示，9月富士山及其周围一带曾出现35次震动，10月有133次，11月则高达222次之多，而富士山在平常月份里中只有2—3次震动。这表明，富士山下有地下熔岩流动的现象。

东京大学地震专家荒木教授也持相同观点，他在2000年秋和2001年春测量出富士山地下有大量的低周波地震。目前，专家们普遍认定富士山仍然是一座“充满活力”的活火山，不排除随时爆发的可能。

日本政府对富士火山爆发带来的灾难作了预测，认为将造成至少25000亿日元的损失。当地政府也在为这种可能做着积极的应对准备。他们强调说，尽管富士山并不一定马上爆发，但有备无患、未雨绸缪却可以将损失减少到最小。

土耳其的地下城市

这个世界上有许多神奇而又古老的地方，土耳其的卡帕多基亚就是其中之一。它的神奇就在于这里有很多座举世闻名的地下城市。

迄今为止，人们在这一地区发现了大约36座地下城市，最大的两座是在卡伊马克彻和代林库尤附近。地下城市的设计很巧妙，走在这里丝毫感觉不到憋闷，里面布满了地道和房间。地下城市是一种立体建筑，分成许多层。代林库尤村的地下城市仅最上层的面积就有4平方公里，五层空间加起来可容纳1万人。代林库尤地下城里有相当数量直通地面的水井，各层居民不仅可以站在井边打水，新鲜的空气也可从这些天井进入到地下。代林库尤地下城有1200多个房间，为便于长期在地下生活，居民还修建了功能各异的房间，有储藏室、葡萄酒窖、厨房、教堂、坟墓、学校，甚至还有畜养动物的地方。城市的居民平时生活在地上，每当有外敌入侵时，人们就会迅速从地表撤入地下，并在坑道中枢用巨石封堵，控制住进入的道路，将敌人挡在门外。

这“土耳其地下迷宫”是历史上哪一代人所建？人们在其中一座地下城市的最低层发现了闪米特时代的器物，所以有人推测这是闪米特民族建造的。但他们为什么选择建造地下城市呢？他们在躲避什么人呢？根据闪米特人在他们的圣书《科布拉·纳克斯特》中的记载，当时人们对能飞行的东西感到极端的恐惧。所以有人猜想，闪米特民族恐惧的不仅仅是地面上的敌人，他们在地下岩石中开凿避难之所，是因为他们害怕能飞行的敌人。也许他们曾被剥削、奴役过，所以每当报警响起来的时候，就纷纷逃进地下城市。

当然这种说法也仅仅是一种推测。人们至今仍不知道土耳其地下城市的真正用途，但神秘的地下城市却引起人们更多的关注。

寻找伊甸园

根据《旧约·创世纪》记载，上帝创造了人类的祖先，并安置第一对男女住在伊甸园中。那伊甸园究竟在哪里呢？

《圣经·创世纪》中记述：“有河从伊甸流出滋润那园子，从那里分为四道。”这四条支流分别是幼发拉底河、底格里斯河、基训河、比逊河。但是《圣经》中所说的四条河如今只剩下两条，比逊河和基训河在什么地方，人们一直确定不了。所以，人们对伊甸园位置的猜测也一直没有结论。

有人说伊甸园在非洲、南美、印度洋甚至中国西藏等地，有人说在埃及，有人说在以色列，还有人说在土耳其。但这些似乎都缺乏足够的证据，所以并没有引起多少人的赞同。

而美国密苏里大学的扎林斯教授的推断似乎更合逻辑些，他推测比逊河位于沙特阿拉伯境内，由于地理气候的变迁，现在已成为一条干涸的河床；而基训河就是发源于伊朗，最终注入波斯湾的库伦河。根据这个结论，扎林斯认为伊甸园就位于波斯湾地区四条河流的交汇处。在大约7000年前，由于冰川融化致使海面升高，使伊甸园沉入波斯湾海底。扎林斯的推断得到了多数人的认可，也最为接近《圣经》中对伊甸园地理环境的描绘。但是他的推论仍然缺乏具体的证据。

可以肯定的是，人类对伊甸园的探索还会继续下去，而有关伊甸园的传说也将永远伴随人类。我们等着真相大白的那一天。

撒哈拉绿洲是如何变成沙漠的

撒哈拉沙漠是世界上最大的沙漠，位于非洲北部，西自大西洋，东进尼罗河，北起阿特拉斯山脉，南至苏丹，南北纵贯 1061 公里、东西 5150 公里，面积超过 900 万平方公里，几乎占整个非洲大陆的 1/3。在这里，除了沙丘、酷热、死亡，很少给人以生命的印象。可是，谁会想到，撒哈拉曾是一片雨量充沛、河川涌流、溪涧潺潺、草木繁茂的千里绿洲。

古代的撒哈拉并非黄沙一片，而是一片富庶的土地，河流纵横，大小湖泊星罗棋布，植物茂盛，百花争艳，飞禽走兽出没其间，俨然不同于今天的风沙遍地。那里也曾有人类定居，并且为后人留下了珍贵的石刻和崖画，图画中有人在划着独木舟追猎河马，说明当时的撒哈拉有水流不尽的江河。画面上茂密的草原及姿态美妙的长颈鹿、羚羊、水牛、大象……更说明了撒哈拉那时丰厚的水源和美好的环境。后来气候变化，河流干涸。土壤因无水而龟裂，地上几乎长不出任何东西。这个地区也就变成了沙漠。那么，曾经的撒哈拉绿洲怎么会变成沙漠的呢？

科学家通过研究后认为：大约在 1 万年前，撒哈拉遍地生长着野草和矮灌木林。但是后来，夏季的气温升高，降雨变少，以至于使很多古生物遭受灭顶之灾，并迫使那些活下来的物种向其他地区迁徙。雪上加霜的是，在大约 4000 年前，撒哈拉又经历了一次剧烈的气候变化，滋润这块土地的“季风雨”没有了，土地上原有的水分平衡遭到毁灭性的破坏，这是造成撒哈拉地区沙漠化的根本原因。专家认为，撒哈拉地区的沙漠化是 1.1 万年以来最剧烈的气候变化之一。

撒哈拉失去青春而成为举目无绿的大沙漠，人类也难逃干系。他们牧养的家畜使草原日益退化，大片林地被烧荒，这在很大程度上加速了撒哈拉绿洲的死亡。撒哈拉的悲剧应该引起人类的深思。

第 二 篇

蔚蓝色的世界——海洋

第六章

海洋的形成与特点

第一节　海洋的形成

海洋的形成首先是以洋盆为基础的，但是仅有洋盆没有海水，还不是真正意义上的海洋。有学者认为：海洋一是由冰物质组成的彗星频繁光顾地球并溶化成水，然后经过数亿年的积累形成的；二是由地球自身的水（冰川、地下水）流入产生的；三是由大气中的水汽降落到地面形成的。但究竟是如何产生的，至今还是个谜。

海洋的形成过程

地球诞生之初，表面既没有水柔浪细的河流，也没有烟波浩淼的海洋。和宇宙万物一样，海洋也有一个形成、发展和消亡的过程，那么海洋最初是怎么形成的呢？

首先说洋盆的形成。根据戴文赛的“星云说”，地球在形成之初是一个从炽热的太阳中分离出来的、处于熔融状态并不断快速旋转的岩浆火球。后由于热胀冷缩，表面冷得快而内部冷却得慢，于是外部与内部形成愈来愈大的空隙。在旋转过程中，空隙上方的岩体由于重力作用下沉，形成了深陷宽广的凹地，这些凹地就是原始的洋盆。洋盆是形成海洋的基础。

有了洋盆没海水，还不是真正意义上的海洋。那么，海水又是从何而来的呢？关于海水的形成，有不少学者认为是“天外之水”和地球内部的水共同组成的。天外之水是指由冰物质组成的彗星频繁光顾地球并溶化成的水。经过数亿年的时间，地球表面得到非常多的水，于是形成了今天海水的主要组成部分。与此同时，地球内部物质在高温下分化产生汽体，形成的原始大气中也包含了大量水汽，遇冷凝结成水降落到地球表面，火山喷出的水蒸汽则是地球水资源的另一个来源。于是，原始的海洋形成。可以说，海洋的水资源是天外来水和地球自有水共同汇集而成的。

原始海洋的海水并不像现在一样是咸的，而是酸性的。后来由于水分不断蒸发，反复形云致雨重又落回地面，把陆地和海底岩石中的盐分溶解，不断地汇集于海水中，再经过亿万年的积累融合，才变成了浓度很高的海水。后来，经过水量和盐分的逐渐增加，以及地质的沧桑巨变，原始海洋逐渐演变成今日的海洋。

第二节　海水的特性

海水的特性包括海水的颜色、温度、盐度、密度、冰点以及海水中的压力等。海水的颜色主要是由海水对太阳光线的吸收、反射和散射而形成的，除了光学作用外，还受到海水中悬浮物质、海水的深度、云层等其他因素的影响。世界海洋的水温变化一般在－2℃～30℃之间，变化幅度不是很大，这是其具有比较大的比热容决定的。在全世界海洋中，海水的盐度平均值约为34.7。下面，我们就具体详细地来了解海水的特性。

海水的颜色

我们形容海水总是习惯用“碧蓝”这个词语，因为在我们的肉眼里，海水就是一望无际的蓝色，但当我们用手捧起海水时却发现它是无色透明的，和一般的水并无二致。这究竟是怎么回事呢？难道是眼睛欺骗了我们吗？

原来，海水的颜色主要是由海水对太阳光线的吸收、反射和散射形成的。太阳光由红、橙、黄、绿、青、蓝、紫七色光复合而成，从红光到紫光，波长由长变短。其中波长较长的红光、橙光、黄光穿透能力强，最易被水分子所吸收。波长较短的蓝光、紫光穿透能力弱，遇到纯净的海水时最易被散射和反射。

你也许会提出这样一个问题，紫光波长最短，散射和反射应当最强烈，按说海水应该呈现紫色，可为什么会是蓝色的呢？有研究表明：人眼对紫光很不敏感，因此对海水反射的紫光视而不见，所以海水不呈紫色而呈蓝色。

其实，影响海水颜色的因素除了光学作用之外，还受到海水中悬浮物质、海水的深度、云层等其他因素的影响。当你从海里打起一盆水，你会发现海水看上去是彩色的，有红、黄、白、黑等等颜色。

如红海，因其水温很高，海里生长着一种水藻，大批死亡后呈红褐色，也将海水染成了红色。我国的黄海看上去呈黄色，这是因为黄河水中夹带大量泥沙将海水“染黄”了。

再比如黑海，由于其表层密度很小，深层受地中海高盐度海水影响，海水密度很大，所以上下层水体难以交换。此外，黑海与地中海之间仅有一又窄又浅的土耳其海峡相通，使得它们之间的海水难以大量交换。这样一来，黑海下层海水长期处于缺氧环境，上层海水中生物分泌的秽物和各种动植物死亡后沉到深处腐烂发臭，大量污泥浊水致使海水变黑。

海水的热容量

热容量是指某一系统在某一过程中，温度升高（或降低）1℃所吸收（或放出）的热量。系统的热容量与状态的转变过程有关。在提到系统或物质的热容量时，必须指明状态的转变过程。此外，系统的热容量还与它所包含的物质质量成正比，不同过程的热容量不同。

一般而言，某物质的比热容决定了其热容量的大小。所谓比热容，就是指单位质量的某种物质温度升高1℃吸收的热量，简称比热。比热是物质的一种属性，在物质状态不变的情况下是不变的。

海水的比热是指使1克海水的温度增高1℃时所需热量的卡数。海水的比热很大，所以海水的热容量也很大，约为空气的3100倍，即1立方厘米的海水降低1℃温度所放出的热量可以使3100立方厘米的空气增高温度1℃。如果全球100米厚的表层海水降低1℃，放出的热量就可使全球大气增温60℃。

正是由于海水的比热相对其他物质要大，所以在同样受热或冷却的情况下，海水的温度变化小一些。而海水的这个特征对气候影响很大，白天沿海地区比内陆地区温度上升慢，夜晚沿海温度降低少。因此，一天中沿海地区温度变化小，内陆温度变化大；一年之中夏季内陆比沿海炎热，冬季内陆比沿海寒冷。

所以，海洋长期积蓄着的大量热能，并通过能量的传递不断地影响着天气与气候的变化。海洋其实就是地球气候的“调控器”，而这个“调控器”的关键按钮就是海水的热容量。

海水的温度

海水的温度是反映海水热状况的物理量，水温升高或降低，标志着海水内部分子热运动平均动能的增强或减弱。世界海洋的水温变化在－2℃～30℃之间，变化幅度不是很大，这是其具有比较大的比热容决定的。其中，75％的海水温度为0℃～6℃，50％的水温为1.3℃～3.8℃，其中年平均水温超过20℃的海区占整个海洋面积一半以上。南极地带的威德尔海是世界大洋中水温最低的地方，表层水温最高的区域是位于北纬5°～10°之间。

海水的最低温度取决于海水的结冰温度。由于海水中含有盐分，因此海水的冰点在0℃以下，而且随着海水盐度的增加，冰点温度进一步降低。

海水的最高温度则取决于辐射平衡过程和海水与大气之间的各种热量交换过程。在为陆地所包围的海区中，海水的表面温度也可能高于30℃（例如在波斯湾曾观测到35.6℃的最高记录），但在大洋和大部分浅海中则很少有超过30℃的温度。

海水温度在垂直方向上的变化，总的来说是随着深度的增加而降低的。海水的深度与温度在关系上存在着三层典型的结构：上层为混合层，深度为20～200米，此层中温度是均匀变化的；其下一层叫温跃层，此层温度急剧下降；最下一层位于温跃层下部，海水的温度较平稳地下降。在海底1000米深处温度约为4℃～5℃，2000米处为2℃～3℃，深于3000米为1℃～2℃。总之，在海洋深层温度一般都很低，大体在－1℃～4℃之间。

海水的盐度

海水中的含盐量是海水浓度的标志，一般用盐度表示海水中的含盐量。盐度是指单位质量（100克）海水中所含盐类物质（氯化钠和氯化镁）的质量。在全世界海洋中，海水的盐度平均值约为 34.7。在盐度为 35 的 1 千克海水中，含氯离子 19.34 克、钠离子 10.77 克，此外还有硫、镁、钙、钾等成分。

影响海水盐度的主要因素有气候、洋流和河流径流注入量。海水盐度的高低主要取决于气候因素，即降水量与蒸发量的关系：降水量大于蒸发量，盐度较低，反之较高；同一纬度海区，有暖流经过盐度偏高，寒流经过盐度偏低；有大量河水汇入的海区，盐度偏低，反之则偏高。

另外，高纬度海区结、融冰量的大小（有结冰现象发生的海区，盐度偏高；有融冰现象发生的海区，盐度偏低）、海区的封闭度（海区封闭度越强，盐度会趋于更高或更低）、附近海区海水的交换量等也会影响海水的盐度高低。各个因素具有时空的不同变化，因此海水的盐度高低也具有时空的差异。

总体来讲，世界海水盐度的分布规律为：从南北半球的副热带海区分别向两侧的高纬度和低纬度递减。在副热带海区，由于气温高、蒸发大、降水少，所以盐度较高；在赤道海区，由于被赤道低气压控制，降水量大于蒸发量，所以盐度较低；高纬度海区由于气温低，蒸发量小，加上温带多雨带多河流水注入，所以盐度偏低。

海水的密度

海水的密度是指单位体积内所含海水的质量，但习惯上使用的密度是指海水的比重，即指一个大气压下，海水的密度与水温在 3.98℃时蒸馏水密度之比，因此在数值上密度和比重是相等的。

海水的密度随温度、盐度、压力和季节而变化，因此影响温度、盐度和压力的各种因素都会影响海水密度的分布和变化。但对于固定深度来说，海水的密度只随着海水温度和盐度的变化而变化。在水平方向上，大洋表面密度随纬度的增高而增大，等密度线大致与纬度平行。赤道地区由于温度很高、盐度很低，因此表面海水的密度很小，约 1.023 克/立方厘米。亚热带海区盐度虽然很高，但温度也很高，所以密度仍然不大；极地海区由于温度很低，所以密度最大，可以达到 1.0270 克/立方厘米以上。

在垂直方向上，海水的结构总是稳定的，密度向下递增；在海洋上层密度垂直梯度较大，约从 1500 米开始；在海洋深层，密度的垂直梯度很小，密度几乎不随深度而变化。

当水温或盐度分布反常时，海水密度分布就会出现“跃层”。跃层有两种：一种是随着深度的增加，海水密度突然增大，这种跃层比较稳定；另一种跃层是密度随深度增加而突然降低，这种跃层极不稳定，一旦遇到扰动，上层密度大的海水就会下沉。跃层会使水下声波传播时发生折射，潜艇躲在跃层下面能避开声纳侦察。

海水的冰点

冰点，顾名思义就是水在结冰时的温度。我们知道，淡水在0℃结冰，所以0℃就是淡水的冰点。而海水的冰点是多少呢？海水在什么温度下会结冰呢？与淡水不同，海水的冰点是一个不确定的温度，与海水的盐度和密度有密切的关系。

我们先来看一个现象：在我国长江（大约北纬30度）以北的湖泊，冬天都有冰冻现象，但是在北纬60度以南的大洋面上，几乎难以见到就地生成的海冰。这说明海水结冰需要的温度远远低于淡水结冰的温度，也就是说海水的冰点低于淡水，并且海水的冰点会随着海水盐度的增加而降低。

当然，海水的冰点低并不代表海水不会结冰，达到一定的温度或条件时依然会结冰。

海水结冰最基本的条件有两个：一是要气温、水温急剧下降到冰点或冰点以下；二是要有凝结核。这个条件在一般情况下是可以满足的，海洋中普遍存在有机物和无机物组成的悬浮微粒和冬季降落到海面的雪花，这些都是结冰所需要的凝结核。

海水结冰的物理过程比较复杂。寒流天气导致海面气温下降，大风搅动海水，使海水表层散失热量，海水被冷却，温度随之下降。当表层海水的温度接近海水密度最大值时的温度，上层海水比重变大，产生下沉，下层海水比重相对变小，上升到表层。如此一来，表层与下层海水就会发生对流混合。结果，降温过程把表层的冷却水带到下层，又把下层形成冰晶时放出的结晶热带到海面，海水再次冷却，直到整个海水下沉和上升水层的密度均匀稳定时才停止。当海水温度下降到冰点并且继续散热时，海水就开始结冰。海冰的形成可以开始于其中任何一层，假如混合强烈直达海底，也可在海洋底部结冰。

海水中的压力

海水中的压力很大，而且因含有盐分，密度比淡水大得多，所以海水中的压力要比淡水大得多。大家知道，水深每下降 10 米就会增加 1 个大气压，如果在水下 100 米深处就是 11 个大气压，那么在几公里或几万米的水下，其水压之大便可想而知。如果海洋大约深 67 公里，海底的压力就会增大到每平方厘米约 7 吨，水的密度则上升到每立方厘米约 1.3 克。在这个时候，水已不再是液体，而会转化成一种称为“冰Ⅵ”的固体物质。

所以，人们一度认为在如此大压力的海洋深处是不会有生命存活的。但是近年来，人们不断地在深海处发现生物存在。潜水员曾在千米深的海水中见到了虾、乌贼、章鱼、枪乌贼，还有抹香鲸等大型海兽；在 2000～3000 米的水深处发现成群的大嘴琵琶鱼；在 8000 米以下的水层发现仅 18 厘米大小的新鱼种。这不能不让人叹为观止，假如不是亲眼见到这么多深海生命体，还会以为这是天方夜谭呢。

第七章

海底世界

第一节 海底地貌

神秘的海底世界是大千世界的重要组成部分。海底地貌与陆地地貌一样，通常是内力作用的直接产物，与海底扩张、板块构造活动息息相关。海底有绵延的海岭、深邃的海沟、宽大的海盆、平坦的大陆架，也有坦荡的深海平原……展现给人们的是一幅神奇的海底画卷。下面，我们就为您展开这幅美丽而神秘的海底画卷。

海岭

依据板块构造学说，海岭是海底分裂产生新地壳的地带。具体地说，就是由地幔物质（岩浆）喷出海底堆积而形成的。它是板块生长扩张的边界，也是板块的分离边界，如亚欧板块与美洲板块之间有大西洋海岭相隔，非洲和印度洋板块之间为印度洋海岭。

海岭一般指大洋底的山岭。在大西洋中间和印度洋中间有地震活动性的海岭，也叫做大洋中脊。在四大洋中有彼此连通、蜿蜒曲折、庞大的海底山脊系统，全长达 8000 万米，像一条巨龙伏卧在海底，注视着波涛滚滚的洋面。大洋中脊出露海面的部分形成岛屿，夏威夷群岛中的一些岛屿就是太平洋中脊出露的部分。在大洋中脊的顶部有一条巨大的裂缝，岩浆从这里涌出并冷凝成新的岩石，构成新的洋壳，所以人们称之为新大洋地壳的诞生处。

由于海岭是由地幔物质（岩浆）喷出海底堆积形成的，下一次喷发的岩浆会把上一次的物质向两侧推移，故海岭是大洋地壳的诞生处，其岩石年龄最轻。

海沟

海沟是海底最深的地方，最深处可达到1万多米。科学家认为：海沟是位于海洋中的两壁较陡、狭长、水深大于5000米的沟槽。

海沟分布在活动大陆边缘，主要见于环太平洋地区。在太平洋西部，海沟与海洋中有许多呈弧形分布的岛屿平行排列。在太平洋东缘，海沟与陆缘火山弧相伴随。大西洋和印度洋也有少数海沟。海沟与岛弧紧密共生构成统一的弧沟系。大多数海沟位于岛弧向洋一侧，也有少数海沟见于岛弧陆侧的边缘盆地中，如南海东缘的马尼拉海沟、所罗门海的新不列颠海沟和珊瑚海的新赫布里底海沟等。

海沟常呈弧形或直线形展布，长500～4500公里，宽40～120公里，水深多为6～11公里。大多数海沟有不对称的“V”字形横剖面。海沟斜坡地形复杂，切割强烈，多见峡谷、台阶、堤坝和洼地等地形。沟底可被沉积物充填成不宽的平底。沟底的沉积物不厚，大多不超过1公里，有红粘土和硅质沉积，也有来自相邻大陆或岛弧的浊流沉积和滑塌沉积。海沟与洋盆之间常有宽缓的海底高地，随海沟走向延伸，这种高地高出洋盆底部300～500米，称为外缘隆起。外缘隆起靠海沟一侧坡度较陡，靠洋盆一侧坡度较缓。

对于海沟，目前科学家有许多不同的观点。有人认为：水深超过6000米的长形洼地都可以叫做海沟；另一些人则认为：真正的海沟应该与火山弧相伴而生。世界大洋中约有30条海沟，其中较为主要的有17条，属于太平洋的就有14条。地球上主要的海沟都分布在太平洋地区，环太平洋的地震带也都位于海沟附近。地球上最深、也是最知名的海沟是马里亚纳海沟，位于西太平洋马里亚纳群岛东南侧，深度达1.1034万米。1951年英国挑战者Ⅱ号在太平洋关岛附近发现了它。

海盆

海盆是指在海洋底部、类似于陆地上盆地的凹陷的大片地区。海盆面积占海洋总面积的70%以上，深度在3000～6000米之间的海底盆地。除海岭和海沟外，底部都较为平缓。

海盆当中，有些属于大洋与大陆交接处的边缘海海盆，有些是大洋里的海盆。大洋中的海盆，例如东太平洋海盆，是由大致南北走向的东太平洋领域中太平洋山脉阻隔形成的海盆。还有马里亚纳海盆、中太平洋海盆、北美海盆、巴西海盆、北非海盆、安哥拉海盆和澳大利亚海盆等，均属于大洋海盆。大洋海盆水很深，一般在5500～6000米。其中最大的海盆在太平洋。太平洋海盆面积约1.65亿平方公里，占地球面积的一半，跨130纬度、200经度；南北长15216公里，东西长1.6885万公里，平均深度4300米，海沟分布在其周围，深度可达1.1万米。此外，还有大西洋—印度洋海盆。它在大西洋和印度洋的南部，位于大西洋—印度洋海丘与南极洲沿岸大陆坡、南安的列斯海岭和凯尔盖朗海岭间，长约6200公里，宽1500公里，大部分水深达4000～5000米，最深处可达6787米。

我国的东海、南海海盆，日本群岛和朝鲜半岛之间的日本海海盆，南海东南方的苏禄海海盆，都属边缘海海盆。它们位于西太平洋边缘，其特点是地壳厚度较薄，一般为6.2～9公里；其海水深度较浅，一般在4000米左右。

大陆架

大陆架是大陆向海洋的自然延伸，是陆地的一部分，又叫“陆棚”或“大陆浅滩”，是指环绕大陆的浅海地带。它的范围自海岸线起，向海洋方面延伸，直到海底坡度显著增加的陆架坡折处为止。

大陆架地形一般较为平坦，但也有小的丘陵、盆地和沟谷，上面除局部基岩裸露外，大部分地区被泥砂等沉积物覆盖。大陆架是陆地的自然延伸，原为海岸平原，后因海面上升后才沉溺于水下，成为浅海。在大陆架上有流入大海的江河冲积形成的三角洲。

几乎所有大陆板块向海洋延伸处均有大陆架的发育，但各地陆架的宽度相差悬殊，约在数公里至1500公里之间。濒临海沟的大陆架较窄，如太平洋东缘。沿大陆边缘与转换断层有关的剪切型大陆边缘，大陆架也较窄。构造上稳定的大西洋型大陆边缘，陆架一般较宽，如南、北美洲东缘。北冰洋周缘陆架极宽，欧亚大陆北缘陆架最宽达1500公里。

在大陆架海域中，到处都能发现陆地的痕迹。泥炭层是大陆架上曾经有茂盛植物的一个印证。泥炭层中含有泥沙和尚未完全腐烂的植物枝叶，有机物质含量极高。在大陆架上还经常能看见许多贝壳压碎后堆积而形成的厚度不均的沉积层。

大陆架的划分

大陆架划分的主要依据有两个：一个是自然的大陆架，一个是法律上的大陆架。

自然大陆架的范围自海岸线（一般取低潮线）起，向海洋方面延伸，直到海底坡度显著增加的大陆坡折处为止。陆架坡折处的水深在 20～550 米间，平均深度为 130 米，也有把 200 米等深线作为陆架下限的。大陆架平均坡度为 0.1～0.7 度，宽度不等，长度在数公里至 1500 公里之间。大陆架并不是永远不变的，随着地球地质的演变也在永不停息地变化着。

大陆架有丰富的矿藏和海洋资源，已发现石油、煤、天然气、铜、铁等 20 多种矿产，其中已探明的石油储量是整个地球石油储量的 1/3。大陆架海区是海洋植物和海洋动物生长发育的良好场所，全世界的海洋渔场大部分分布在大陆架海区。大陆架有海底森林和多种藻类植物，有的可以加工成多种食品，有的是良好的医药和工业原料，这些资源属于沿海国家所有。

正因为大陆架资源丰富，对大陆架的划分和主权拥有已成为国际上十分重视和争议激烈的问题。为此，《联合国海洋法公约》中规定：沿海国的大陆架包括陆地领土的全部自然延伸，其范围扩展到大陆边缘的海底区域，如果从测算领海宽度的基线（领海基线）起，自然的大陆架宽度不足 200 海里，通常可扩展到 200 海里或 3500 米水深处（二者取小）；如果自然的大陆架宽度超过 200 海里而不足 350 海里，则自然的大陆架与法律上的大陆架重合；自然的长度超过 350 海里，则法律的大陆架最多扩展到 350 海里。大陆架上的自然资源主权归属沿海国所有，但在相邻和相对沿海国间存在具体划界问题。

大陆坡

大陆坡是指在大陆架向海一侧，从陆架外缘较陡地下降到深海底的斜坡，分布于所有大陆周缘，为全球性地形单元。大陆坡上界水深多在 100～200 米之间，下界约在1500～3500米水深处，往往是逐渐变化的。大陆坡宽度约为20～100公里以上，总面积计2870万平方公里，占全球面积的5.6%，大陆坡坡度多为3°～6°。

大陆坡有五种不同类型：底辟型陆坡，低密度的蒸发岩或泥层在深埋后形成底辟，陆坡沉积层因而变形，海底呈不规则形态，如墨西哥湾一带；礁型陆坡，与珊瑚礁生长有关，陆坡陡峭，如尤卡坦半岛的陆坡；前展堆积型陆坡，陆源物质供应充分，陆坡在强烈沉积作用下逐渐向海洋推进，有的陆坡下部沉积层厚达10公里左右，美国大西洋一侧陆坡多属这种类型；断裂型或陡崖型陆坡，主要受断裂作用控制，而侵蚀堆积的改造作用较弱，多见岩阶、陡崖，如伊比利亚半岛西北侧陆坡；侵蚀型陆坡，沉积作用较弱，浊流和滑塌等侵蚀作用导致基岩裸露，地形复杂，如在海底峡谷和滑坡发育的地区。

大陆坡底质以泥为主，还有少量砂砾和生物碎屑。大陆坡基底为变薄的大陆型地壳。陆坡上还有褶皱、断裂构造，一些陆上构造线可延伸至陆坡。由于河流径流和海洋上升流作用，陆坡沉积物中含有丰富的有机质，陆坡上有巨厚沉积层的地方具有良好的油气远景，还有锰结核、磷灰石、海绿石等矿产。在陆坡一些上升流区可形成渔场。

深海平原

在深海中，也有如同陆地平原一样的地貌，这就是深海平原，最早（1947年）在北大西洋深海底发现了这种地形。1948年，瑞典深海平原考察队对印度洋中的深海平原做了较为详尽的调查，并且绘制了海图。从此，人们陆续考察了各大洋中的深海平原，有关深海平原的研究不断广泛而深入地展开。

深海平原通常位于海底3000～6000米的深处，位于大陆架和大洋中脊之间，延展数百公里宽。其表面光滑而平整，起伏很小，每公里相差10～100厘米。地震探测和深海钻探的资料表明：深海平原覆有较厚的沉积层，实际上是不规则的原始地形（如深海丘陵）被大量沉积物铺盖而成的。沉积物主要来自大陆架，并且被海流沿斜坡向下搬运到地势低洼的地方。

深海平原在世界各大洋中均有分布，其中尤以大西洋中最多。因为大西洋的陆源沉积物特别丰富，而且大西洋的边缘没有海沟阻隔，所以为深海平原的形成提供了最有利的条件。相反，太平洋因周围有许多海沟，所以太平洋的深海平原十分少见，仅在太平洋东北部有所分布。另外，深海平原也见于地中海、墨西哥湾、加勒比海及西太平洋边缘海（如南海深海盆）。

海底峡谷

海底世界像陆地一样，有群山、平原、盆地，当然也有峡谷。横剖面呈“V”字形的海底地形就是海底峡谷。

从物理特征上来讲，海底峡谷形似陆上的峡谷，形态呈“V”字形，谷壁高而陡，谷底向大洋方向倾斜，谷壁多岩石。海底峡谷据其物理特征不同有以下四类：

1. 海底扇形谷：这种海底峡谷谷口向外扩展，由大量的沉积物质构成，沉积层呈扇面形。

2. 陆架沟渠：陆架沟渠是一种穿过大陆架的较浅的谷地，它们的谷壁高度很少超过 183 米，而且沟渠多分布在一些大陆架边缘的盆地处。

3. 冰蚀槽：这种槽形谷地多在冰川侵蚀海岸外的大陆架上，其深度多在 183 米以上。

4. 深海峡：分布于深海底的深海峡谷，其剖面状似槽形，现在还弄不清楚它们是不是扇形谷的延续，但其走向有的与大陆边缘平行，有的却与大陆边缘保持一个很大的角度。

关于海底峡谷的形成，科学家们众说纷纭，已经争论了半个多世纪。以下是学术界提出的几种有代表性的假说。

部分科学家最早认为：它们是海浪冲刷的结果。人们想象海浪有巨大的能量，对海底一定会产生巨大的冲刷作用，形成海底峡谷不成问题。这个观点一经提出就遭到不少科学家的强烈反对，他们认为海浪不可能对海底产生那么大的侵蚀作用。我们知道，虽然海上狂风怒吼、波浪滔天，但是几百米以下的海底却十分平静。因此，海浪对几百米以下的海底不起任何作用，所以海底峡谷的形成不是源于海浪的冲刷作用。

也有学者认为：海底峡谷是由地震引起的海啸侵蚀海底而成的，但是在没有发生过海啸的地区也发现了海底峡谷。显而易见，这个说法无法令人信服。

由于海底峡谷的形状与陆上的河流峡谷十分相似，美国著名海洋地质学家谢帕德曾经力主河流侵蚀说。但是，河水比海水密度小，河水一旦流入海洋，便浮在海水上，因此现代河流是不可能切割出深逾数百米甚至数公里的海底峡谷的。

还有一种假说认为：海底峡谷可能是由大陆架基底原始断裂不断发展形成的。虽然这一说法得到许多学者的赞许，但它也仅仅停留在推断上，缺乏令人信服的证据。

此外，浊流侵蚀说也是有代表性的说法之一。可是，浊流虽有较强的侵蚀能力，但海底峡谷的规模太大了，光靠浊流能否切割出深达数百乃米至数公里的海底峡谷，对此一些学者仍表示怀疑。

目前比较一致的说法是，海底峡谷是大陆坡上的沉积层在地震作用下，顺着大陆斜坡滑动时产生沉积流的结果。在冰川时期，海平面显著下降，大陆架变成大面积的浅水区，在风暴和浪潮的作用下，浅水区的泥沙被海浪搅动起来，形成比重较大的沉积层，这种沉积层由于地震所产生的强大作用力，像一股巨大的激流从大陆架流出，沿着大陆坡流到大洋底部，而地壳活动的频繁地带又多在大陆坡，地壳的断裂就形成海底峡谷的雏形。强大的海底沉积流顺着海底裂缝滑动，经过漫长的岁月就形成了今天海底峡谷的面貌。

对海底峡谷产生的原因，目前还没有定论，科学家们还在进一步研究探讨，随着时间的推移，相信人们对海底峡谷的认识会更加深刻。

第二节　海底矿产

海底矿产资源丰富，从海岸到大洋均有分布。可以毫不夸张地说，海洋中几乎有陆地上的各种资源，而且储量可观。其中，石油、天然气资源储量最丰富。浅海的石油、天然气、煤、铁等矿产勘探已遍及世界各个海域，现已扩展到半深海区域。海底的石油天然气的总储量为 1000 亿—2500 亿吨之间，是世界 70 多年来探明的陆地总储量的两倍，经济价值约 10 万亿～27 万亿美元。而海滨砂矿床很早已被人类开采利用。深海锰结核和海底热液矿床等矿产储量巨大，含金属品位高，随着开采技术日趋成熟，全世界将进入开发深海底矿产资源的新阶段。

石油、天然气

海底石油和天然气是一对“孪生兄弟”，多栖身在海洋中的“大陆架”和“大陆坡”底下。几千万年甚至上亿年以前，气候比现在温暖湿润，海湾和河口地区的海水中氧气和阳光充足，加之江河带入大量的营养物和有机质，为生物的生长、繁殖提供了丰富的“食粮”，许多海洋生物（如鱼类以及其他浮游生物、软体动物）迅速大量地繁殖。据计算，全世界海洋海平面以下100米厚的水层中的浮游生物，其遗体一年便可产生600亿吨的有机碳，这些有机碳就是生成海底石油和天然气的“原料”。

但是，仅有这些生物遗体还不能形成石油和天然气，还需要一定的条件和过程。海洋每年接受160亿吨沉积物，特别是河口区，每年带入海洋的泥沙比其他地区更多。这样年复一年地把大量生物遗体一层一层掩埋起来，如果这个地区处在不断下沉之中，那么堆积的沉积物和掩埋的生物遗体便越来越厚。被埋藏的生物遗体与空气隔绝，处在缺氧的环境中，再加上厚厚岩层的压力、温度的升高和细菌的作用，便开始慢慢分解，经过漫长的地质时期，这些生物遗体就逐渐变成分散的石油和天然气。

生成的油气还需要有储集的地层和防止它们跑掉的盖层。由于上面地层的压力，分散的油滴被挤到四周多孔隙的岩层中，这些藏有石油的岩层就成为储油地层。有的岩层孔隙很小，石油“挤”不进去，不能储积石油。但是，正因为岩层孔隙很小，所以成为不让石油逃逸的“保护壳”。如果这样的岩层处在储油层的顶部和底部，它们就会把石油封闭在里面，成为保护石油的盖层。

分散在砂岩中的石油并没有开采的价值，那些油气富集的地方才具有开采价值。浅海的地层常常由砂层、页岩、石灰岩等构成，这些都叫沉积岩。沉积岩本来应当成层地平铺在海底，但由于地壳变动，它们弯曲、变斜或断开了。向上弯的叫背斜，向下弯的叫向斜。有的像馒头一样隆起，叫穹隆背斜。有些含有油气的沉积岩层由于受到巨大压力而变形，石油都跑到背斜里去了，形成富集区，所以背斜构造往往是储藏石油的“仓库”，在石油地质学上叫“储油构造”。通常，天然气密度最小，处在背斜构造的顶部，石油处在中间，下部则是水。寻找油气资源就要先找这种地方。

目前，全世界石油总产量中有将近30%来自海底。海底天然气所占比例接近总产量的12%。现在大部分拥有出海口的国家均在从海底寻找并开采石油与天然气。据估测，全世界可采石油储量3000亿吨，其中海底石油约1350亿吨，迄今发现的海洋油气田达1600多个，已有40多个国家的海域在生产石油和天然气。几乎所有的大陆架都成为勘探、开发石油的对象和场所，都是很有希望的海洋油气区。

我国在临近各海域油气储藏量约40亿～50亿吨。据外国估计，中国近海石油储量约40亿吨，无疑成为世界海洋油气资源丰富的国家之一。

煤、铁

海洋里富含煤铁等固体矿产，目前世界上许多国家在近岸海底已开采煤、铁矿藏，日本海底煤矿开采量占其总产量的30%。如：日本九州附近海底发现了世界上最大的铁矿之一。智利、英国、加拿大、土耳其也有开采。亚洲一些国家还发现许多海底锡矿。已发现的海底固体矿产有20多种。我国大陆架浅海区广泛分布有铜、煤、硫、磷、石灰石等矿产。

海滨砂矿

海滨沉积物中有许多贵重矿物，如：含有发射火箭用的固体燃料钛的金红石；含有核潜艇和核反应堆用的耐高温和耐腐蚀的锆铁矿、锆英石；某些海区还有黄金、白金和银等。我国近海海域也分布有金、锆英石、钛铁矿、独居石、铬尖晶石等经济价值极高的砂矿。

最早开采海洋金属砂矿的是美国。20世纪初，美国在阿拉斯加开设了诺姆砂金矿。诺姆砂金矿的平均含量高达5.2克/吨～50克/吨，是当今世界上最大的滨海砂金矿之一。之后，人们又在白令海和阿拉斯加近海发现了长达数公里的白金砂矿，这是陆地上任何河流砂白金矿都望尘莫及的。

日本南部九州岛附近的浅海内发现了一个巨大的磁铁矿层。这座世界上最大的磁铁矿储量在17亿吨以上。泰国普吉岛附近的锡砂矿，20世纪初即已开始开采，矿区面积达3000平方公里以上，最大厚度达30米，每立方米海砂中含有0.2～0.4千克锡石，最富可达1千克。印度尼西亚沿海的锡砂矿基本上分布于35～50

米深，距离海岸 5～15 公里远的海域中。

此外，墨西哥湾和南非的西海岸也发现了储量较丰富的磷钙石矿。当今世界开采独居石的地区主要在斯里兰卡和印度海滨 5～70 米深的海域中。南非大西洋沿岸 1600 公里范围内拥有世界上规模最大的金刚石砂矿。这个矿床不仅储量丰富，而且品位高，一般淘洗 1 吨海砂就可以得到 1 克拉金刚石，年产量高达 20 万克拉以上。

多金属结核和富钴锰结壳

多金属结核含有锰、铁、镍、钴、铜等几十种元素。在世界海洋 3500～6000 米深的洋底储藏的多金属结核约有 3 万亿吨，其中锰的产量可供世界用 1.8 万年，镍可用 2.5 万年。我国已在太平洋调查了 200 多万平方公里的面积，其中有 30 多万平方公里为有开采价值的远景矿区，联合国已批准其中 15 万平方公里的区域分配给我国作为开辟区。

大洋富钴锰结壳是一种主要分布在太平洋的海山斜坡上，水深 1000～3500 米，色黑似煤，质轻性脆，结构疏松，表面常布满花蕾似的瘤状体，厚度一般为几毫米至十几厘米，为板状、结核或砾状等海相固结沉积物。资料显示：富钴锰结壳金属钴含量可高达 2%，是陆地最著名的含钴矿床中非含铜硫化物矿床含钴量的 20 倍；贵金属铂含量也相当于地球上地壳含铂量的 80 倍。若与我国东太平洋海盆大洋多金属结核开辟区相比，其钴的含量高出 3～4 倍，铂含量高出 10 多倍，海底面覆盖率高 3～4 倍，单位面积重量高 4～6 倍。据不完全统计：太平洋西部火山构造隆起带上，富钴锰结壳矿床的潜在资源量达 10 亿吨，钴金属量达数百万吨，经济总价值已超过 1000 亿美元。因此，自 20 世纪 80 年代以来，它一直是世界海洋矿产资源研究开发领域的热点。

热液矿藏

热液矿藏是一种含有大量金属的硫化物，由海底裂谷喷出的高温岩浆冷却沉积形成，最早发现于红海，后来又在各大洋的中脊处相继有所发现。由于大洋中脊有的地方热液仍在活动，所以那里的热液矿物仍在继续生成。红海内的多金属软泥早已被肯定具有开采价值，东太平洋海隆上发现的块状硫化物矿床更引人瞩目。由于这类矿床锌和铜的含量特别高，有人认为其经济价值甚至在深海锰结核之上。

目前，世界上已发现的热液矿藏达30多处，仅美国发现的在加拉帕戈斯裂谷的储量就达2500万吨，开采价值达39亿美元。

可燃冰

可燃冰是一种被称为天然气水合物的新型矿物，是在低温、高压条件下由碳氢化合物与水分子组成的冰态固体物质。其能量密度高、杂质少，燃烧后几乎无污染，是未来的洁净新能源。

可燃冰由海洋板块活动而形成。当海洋板块下沉时，较古老的海底地壳会下沉到地球内部，海底石油和天然气便随板块的边缘涌上表面。当接触到冰冷的海水和在深海压力下，天然气与海水产生化学作用，形成水合物。据科学家估计：海底可燃冰分布的范围约占海洋总面积的10%，相当于4000万平方公里，是迄今为止海底最具价值的矿产资源，足够人类使用1000年。在世界油气资源逐渐枯竭的情况下，可燃冰的发现为人类带来新的希望。

据估计：全球可燃冰的储量是现有石油天然气储量的2倍。20世纪，日本、前苏联、美国均已发现大面积的可燃冰分布区，我国也在南海和东海发现了可燃冰。据测算：仅我国南海的可燃冰资源量就达700亿吨油当量，约相当于我国目前陆上油气资源量总数的1/2。

目前可燃冰主要分布在东、西太平洋和大西洋西部边缘，是一种极具发展潜力的新能源，但由于开采困难，至今仍原封不动地保存在海底和永久冻土层内。

第三节　海底沉积物

海洋在地球上已存在40亿年了。在这漫长的地质年代里，由陆地河流和大气输入海洋的物质以及人类活动中落入海底的东西，包括软泥沙、灰尘、动植物的遗骸、宇宙尘埃等，年积月累，已经多得无法计算了，科学上把这些东西统称为海底沉积物。

海底沉积物的来源

由于地壳运动的变迁，由陆地河流和大气输入海洋的物质以及人类活动中落入海底的东西，如软泥沙、灰尘、动植物的遗骸、宇宙尘埃等数不胜数，科学家们称之为海底沉积物。

1995年5月5日，新华社报道，我国科学家在塔里木盆地发现巨大的海相生油田。塔里木盆地处祖国大西北内陆，面积56万平方公里，差不多有4个山东省那么大。科学家考证，1亿多年以前那儿曾是波涛汹涌的海洋，后来喜马拉雅造山运动将它挤压和抬高，由海洋变为陆地，最后变成一片沙漠。当年在塔里木海洋中，生长茂密的生物群和掩埋在海底的大量沉积物中的有机质，在高压高温和特殊的地层环境中变成今天发现的大油田。

在地中海南岸附近的马迪亚海区水下40米处，人们发现许多埋在淤泥中的大理石柱，据历史学家考证是2000年前的文物。考古学家在那里发现了一些古代的拱桥和少有的大型建筑，经过进一步研究认为是古代的一座城市。

在人类历史的长河中，由于海陆变迁、地震、火山、暴潮、洪水和战争等天灾人祸，一些城市、村镇、港口等沉入海底；至于因大风、巨浪、冰山碰撞、海战等原因葬身鱼腹的舰船，那就更多了。随着科学与潜水打捞技术的提高，这些沉睡海底的宝藏迟早要与世人见面。

滨海沉积

滨海沉积又称近岸沉积、滨岸带沉积，是指在河流、波浪、潮汐、海流的作用下，于近海岸水深0～20米范围内的沉积。滨海沉积主要由砾、砂、粉砂及泥组成。

滨海沉积可分为五种：

1. 潮间带沉积。该类沉积以潮汐作用力为主，分布在砂质海岸。沉积物主要由砂、砾石组成；在淤泥质海岸，多由淤泥和粉砂质淤泥组成；在热带及副热带海区及某些岛屿上，为软体动物的介壳、珊瑚碎屑、有孔虫等壳体组成的钙质沉积物。

2. 三角洲沉积。这种沉积是河流在滨岸地带形成的、大致呈三角形的堆积体，是河流及海流综合作用的产物。沉积物以粉砂和泥或砂与粉砂为主，通常靠近河口处含沙量较大，远离河口处以粘土为主，沉积物水平层理发育。

3. 海滩沉积。这种沉积指在高潮线以上沿海分布的大片砂体，常与海岸平行呈带状分布，由击岸浪形成，以砂、砾石和生物介壳为主，并含有重矿物。

4. 泻湖沉积。该种沉积位于滨岸坝之内伸展的水体中，通过潮流与外海联系，以潮汐与河流的沉积作用为主。在温湿地区，以陆源碎屑为主；在气候干旱地区，以沙为主；在热带潮湿地区，以钙质沉积物占优势。

滨海沉积一般速率大，沉积物粒度比河流的细，比浅海的粗，具有良好的分选与磨圆度，沉积物粒度通常自岸向海方向变细。此外，沉积物构造多样。

浅海沉积

浅海沉积是指水深大致为 20～200 米范围内的海底沉积，主要分布在大陆架区，也称陆架沉积。浅海沉积物主要来自大陆，但在一些低纬度海区和外陆架也可见到自生的碳酸盐沉积和生物沉积。浅海沉积物主要由陆源碎屑组成，根据粒径大小及级配状况可划分为砾石、砂、粉砂、泥或粘土等主要类型。

一般可将浅海沉积物分为以下五种：

1. 残余沉积物：指下伏岩层遭受风化而就地形成的沉积物。

2. 自生成因的沉积物：从海水中沉淀，通过化学作用而形成的沉积物，如海绿石、磷酸盐等。

3. 陆源沉积物：大陆岩石风化和侵蚀的产物，被河流、风、冰川等搬运。入海的沉积物，如砾石、砂、粉砂等。

4. 生物成因的沉积物：主要来源于生物体，大部分由钙质物质组成。

5. 残留沉积物：较早时期形成而残留于现今海底的沉积物，其形成与冰后期的海侵有关。

浅海沉积物的分布取决于其物质来源状况和搬运方式。在陆源物质丰富的开阔陆架上，主要为粉砂质泥；砂质沉积主要分布在平坦而开阔的陆架上和海底浅滩、海湾入口处及其外侧附近；泥质沉积主要来源于河流的悬移质，多分布在大河口外面、半封闭海湾内、开阔陆架的低凹部分及有大河注入的内陆架上；砾石沉积主要见于海峡内、岩石岬角外面以及基岩裸露的海底附近；碳酸盐沉积主要分布在陆源沉积速率较低和纬度较低的陆架上。

半深海沉积

半深海沉积又称陆坡沉积，是指水深在200～2000米范围的沉积物，主要分布于大陆坡。半深海沉积物组分较多，也较混杂。大陆坡是一个分开大陆和大洋的全球性巨大斜坡，是大陆和洋盆之间的过渡地带。陆坡沉积物也具有明显的过渡性质，既不同于浅海沉积，又有别于深海沉积。滑坡造成的影响是其显著特点。它的物质来源以陆源碎屑为主，生物与化学作用形成的沉积多于浅海区，少于深海区。有些地区，碳酸盐沉积的比重明显增加。

陆坡沉积物的粒度小于浅海沉积，沉积物中约60%是泥，25%是砂，10%是岩块和砾石，其余5%是贝壳和生物沉积。在陆架波折线以下，粗粒沉积很少，仅呈斑块状零星分布。在邻近山脉海岸的陆坡海底，有些地区由于侵蚀滑塌，沉积物缺失，造成基岩裸露。在海底峡谷为泥、粉砂、细砂和砾石等混合沉积，其中常有更新世末期和冰后期的沉积物，但仍以泥为主，还有少量砂砾和生物碎屑，并交替出现具明显层理的砂、粉砂与半远洋泥层。

半深海沉积区海底坡度较大，特别是坡度陡、沉积率高的地区。由于重力和侵蚀等作用，沉积物固结度和稳定性较差，常导致沉积体上部断裂发生滑坡下落，下部遭受挤压发生褶皱和冲断层，向上拱起形成小丘，堆积成层理间断、坡面杂乱的巨厚沉积。

深海沉积

深海沉积是指水深大于2000米的深海底部的松散沉积物，主要分布在大陆边缘以外的大洋盆地内。深海沉积物主要是生物作用和化学作用的产物，还包括陆源的、火山的与来自宇宙的物质，其中浊流、冰载、风成和火山物质在某些洋底也可以成为主要来源。

一般我们可以将深海沉积分为两大类：生源沉积和非生源沉积。

1. 生源沉积，统称生物软泥，含生物遗体超过30%，包括钙质软泥及硅质软泥。硅质软泥中的硅质生物也占到30%以上，包括硅藻软泥和放射虫软泥。硅质软泥覆盖大洋面积的10.9%。其中，硅藻软泥主要分布在南极海域与北太平洋，放射虫软泥多集中于太平洋和印度洋赤道地带的深水区。钙质软泥中的钙质生物占到30%以上，如有孔虫软泥（抱球虫软泥）、白垩软泥（颗石藻软泥）和翼足类软泥。钙质软泥覆盖了大洋面积的45.6%，主要分布在大西洋、西印度洋和南太平洋的海岭和海底高地。

2. 非生源沉积，包括褐粘土、自生沉积物、火山沉积物、浊流沉积物、滑坡沉积物、冰川沉积物和风成沉积物7类。其中褐粘土的生源物质含量低于30%，覆盖大洋面积的30.9%，主要分布于北太平洋、印度洋中部与大西洋的深海盆地，平均深达5400米。自生沉积物以锰结核为主，多分布于太平洋中、南部及印度洋东部。陆源沉积物通过浊流、冰川和风输入深海，分布于大洋盆地的边缘。深海沉积物沉积速度十分缓慢，一般为0.1～10厘米/年，从洋盆到中心，沉积速率由大变小。

总的来说，深海沉积物分布的状况是：各大洋中以钙质软泥和褐粘土为主，钙质软泥主要分布在海岭和高地上，褐粘土则见于深海盆地；硅质软泥和冰川沉积物主要分布在南、北极附近海域；放射虫软泥主要分布在太平洋赤道附近；自生沉积物分布在太平洋中部和南部以及印度洋东部；浊流沉积物分布在洋盆周围；火山沉积物散布在各地并在火山带附近富集。

第四节　海洋里的生灵

海洋生物是指海洋里的各种生物，包括海洋动物、海洋植物、微生物及病毒等。在我国管辖海域记录到了2.0278万种海洋生物。这些海洋生物隶属于5个生物界、44个生物门。其中动物界的种类最多（1.2794万种），原核生物界最少（229种）。在全球的海洋区域里这个数目将会更大，因此海洋里的无限生灵是多么的令人惊奇和向往。

地球海洋中的第一个生命王国——三叶虫世界

三叶虫属于节肢动物门、三叶虫纲，因虫体外壳纵向分为一个中轴和两个侧叶而得名。三叶虫由前至后又横分为头、胸、尾三部，寒武纪早期出现，种属和数量都很多，到了晚寒武世发展到高峰，奥陶纪仍然很繁盛，进入志留纪后开始衰退，至二叠纪末则完全绝灭。

三叶虫为雌雄异体，卵生，个体发育过程中经过周期性蜕壳，且在个体发育过程中形态变化很大，一般划分为三期——幼虫、中年期、成年期，是分类的重要根据之一。三叶虫纲可以分为七目：球接子目、莱得利基虫目、耸棒头虫目、褶颊虫目、镜眼虫目、裂肋虫目及齿肋虫目。

三叶虫与海生的珊瑚、海百合、腕足动物、头足动物等共生，大多适应于浅海底栖爬行或半游泳生活，还有一些在远洋中游泳或漂浮生活。它们以原生动物、海绵动物、腔肠动物、腕足动物的尸体或海藻等细小生物为食。

三叶虫灭绝的具体原因不明，但是志留纪和泥盆纪时期两腭强大、互相之间由关节连接的鲨鱼和其他早期鱼类的出现与同时出现的三叶虫数量的减少似乎有关。三叶虫可能为这些新动物提供了丰富的食物。

今天在全世界发现的三叶虫化石可以分上万种，由于发展得非常快，它们非常适合被用作标准化石，地质学家可以用它们来确定含有三叶虫石头的年代。三叶虫是最早的、获得广泛吸引力的化石，至今为止每年还有新的物种被发现。在英属哥伦比亚、纽约州、中国、德国和其他一些地方发现过非常稀有的、带有软的身体部位如足、鳃和触角的三叶虫化石。

海洋生物的种类

海洋生物的种类大概包括海洋植物、海洋动物和海洋微生物三大类。海洋植物是指具有叶绿素、能进行光合作用生产有机物的自养型生物，是海洋中最重要的初级生产者。其门类甚多，从低等的无真细胞核藻类（即原核细胞的蓝藻门和原绿藻门），到具有真细胞核（即真核细胞）的红藻门、褐藻门和绿藻门，及至高等的种子植物等 13 个门，共 1 万多种。

世界海洋动物门类繁多，估计有16～20万种，微小的有单细胞原生动物，大的有长可超过30米、重可超过190吨的蓝鲸。全球海洋的水体及其上空，从海上至海底，从岸边或潮间带至最深的海沟底，都有海洋动物。

海洋微生物更是总类繁多，但大多数并不为人所知。有专家称，海洋中微生物的种类可能多达1000万，种群的丰富程度远远超出人类先前的认识，且大部分属于人类未知的品种。专家利用基因组测序的方法，通过分析从太平洋和大西洋海底不同地点采集到的海水样品后发现，平均每升海水中微生物的种类超过2万个，而早先的研究认为每升海水中微生物品种的数量应该介于1000～3000之间。

海水里的有机物知多少

海洋里的有机物种类繁多、数量巨大。据分析发现，世界大洋中总有机物如果以其含碳量计算，每升海水中约含有1毫克碳元素，那么整个世界大洋中的总有机碳约有15万亿吨。这些物质相当于海洋生物总量的500倍，并且与整个陆地上的煤、炭泥和表层0—30米深范围的有机碳总量差不多。

海水中的有机物从状态来说可分为三类：溶解有机物、颗粒有机物和挥发性有机物。

1. 溶解有机物。它通常指将海水样品用0.45微米的玻璃纤维膜或银膜过滤，滤下的海水中的有机物被称之为溶解有机物，而留在滤膜上的有机物被称为颗粒有机物。

溶解有机物的主要组成是浮游植物的分泌物、动物的分泌物和排泄物、死生物的自消解和受细菌分解过程中的产物等。溶解有机物在大洋中总的分布是表层水浓度较高，深层水浓度较低；近岸、河口区浓度较高，大洋区域浓度较低，且有较明显的季节性变化。

2. 颗粒有机物。颗粒有机物主要指直径大于0.5—1微米的有机物，实际上还包括从胶粒到细菌聚集体和微小浮游生物等。大洋中颗粒有机物主要来自海洋生物的排泄物和生物分解而成的碎屑；河口区的海水颗粒有机物主要是河流和风从陆地带入海洋的。

颗粒有机物的组成非常复杂，是许许多多物质的混合体。颗粒有机物在某种适宜的条件下可进一步分解，变成溶解有机物及其他产物，如各种氨基酸、叶绿素、糖类、类脂化合物和三磷酸腺苷等。在大洋水的颗粒有机物中，通常还结合着40%—70%左右的硅、铁、铅、钙等无机物。

3. 挥发性有机物。该种类仅占总有机物的2%—6%左右，它们主要是蒸气压高、分子量小和溶解度小的有机化合物，如一些低分子烃、氯代低分子烃、氟代低分子烃、滴滴涕的残留物等。其中甲烷含量最高，其次是含碳量在2—4的烃类，如乙烷、乙烯、丙烯等，它们在波浪、风力等动力的作用下可以蒸发而进入海洋上空的大气中去。

印度洋珍稀磁性海螺

瑞典自然历史博物馆的研究人员在印度洋西南部发现一种稀有的奇异海螺。这种海螺的甲壳中含有铁磁性物质，甚至能够吸住研究人员的铁制仪器，因此被认为是迄今发现的首种磁性动物。

这种新发现的海螺生长在印度洋的温泉喷口附近。温泉喷出的水流为黑色，其中富含铁元素，水流的温度高达400摄氏度，在温泉的周围生活着许多细菌，它们不怕高温，以温泉中的硫化铁等矿物质为食。磁性海螺在生长的过程中大量食用这些温泉细菌，也就吸收了硫化铁，形成了自己的铁制外壳。海螺生活在这层外壳里十分安全，一般的肉食海洋动物都咬不破它们的甲壳。另外，在这层坚硬的外壳里，海螺通过向停留在身旁的生物喷射毒素来捕抓猎物。

研究人员表示，研究这种磁性海螺有利于了解古生动物的进化历史。虽然目前还没有发现其他磁性动物，但是在距今500万年前的寒武纪时代，海洋中存在着大量磁性甲壳动物。但通过基因实验的结果和解剖学分析认为，这种铁甲螺与现代海螺存在相当密切的关系。

这种海螺含有硫化铁的外壳包括了两种矿物质——黄铁矿和硫复铁矿。因为硫磺的结构极不稳定，因此我们很少能在生物的身体上发现它们。但温泉口的海水里富含大量的铁质和硫磺，也使这些海螺的外壳含有硫化铁。

英国约克大学软体动物研究学家罗伯茨称："温泉口是稀有动物群体生活的场所，它能帮助我们更好地了解地球原始生物进化、适应过程和它们的生活历史。另外它也是丰富的自然生态系统，人类要像保卫自己家园一样竭尽全力保护它。"

海参长生之谜

海参是生长在海洋底层岩石上或海藻间的一种棘皮动物，又名海黄瓜、沙噀。海参比原始鱼类的出现得还早，在6亿多年前的前寒武纪就已存在了。海参深居海底，不会游泳，只是用管足和肌肉的伸缩在海底爬行，爬行速度缓慢，没有眼睛。

尽管如此，它们仍然繁衍至今而不绝灭。为什么呢？专家认为，这可能与以下几个方面有关系。

1. 休眠期。海参的休眠期与一般动物相反，它们总是在食物丰盛的夏季休眠，待到秋后才苏醒过来恢复活动。对此专家解释说，海参靠捕食小生物为生，而这些小生物对海水温度很敏感，海面水暖，它们往上游，水冷则潜回海底。入夏之后，海面暖和，海里的小生物便到上层水域，而海参没本事追随，只好休眠。看来，这是生存的选择。

2. 护身术。面对危险，海参以特殊的斗争形式保护自己。首先，它能预测天气，风暴即将来临之际，它就躲到石缝里藏起来。其次，海参能随着居处环境而变化体色，可有效地躲过天敌的伤害。最后，它还有一个绝招，那就是当危险来临时，会把体腔内又粘又长的肠子、水肺喷射出来，而自身借助排脏的反冲力逃脱。大约经过50天时间，海参又会生出一副新内脏。

3. 海参与光鱼共生。这种光鱼又称潜鱼，体型小而光滑，时常钻进海参的体腔内寻找食物或躲避敌害。有研究表明，一只海参的体内竟栖居了7尾以上的光鱼。

此外，海参的皮下贮存一个小的纯铁球，直径只有0.002毫米，至今也无法解释这个小铁球对海参有什么用处。

没有阳光照样活的海底生物

我们知道，太阳是万物生长之源，但美国深潜器“阿尔文”号所做的深海考察结果却否定了这一个铁律。

1977年2月，科学家们乘坐“阿尔文”号在东太平洋加拉帕戈斯群岛附近几公里深的海底热泉附近发现了生命的存在，这里生活着许多蛤、贝、白蚱、蟹和红冠蠕虫等形状奇特的生物。其中红冠蠕虫引人注目，它们一簇一簇地固定在岩石上，保护着自己柔软的身躯。红冠蠕虫没嘴没眼，甚至没有消化系统，仅靠伸出套管顶端的身体来过滤海水中的食物。

那么在几公里深的没有阳光的海底，又没有食物的情况下，这些生物靠什么生存呢？科学家们经过观察和研究发现，原来当海水从地壳裂缝渗入地下时，在高温和高压作用下，水中所含的硫酸盐便变成硫化氢，而某些细菌借硫化氢进行代谢变化，靠吸收温泉热能得以繁殖，蛤、贝、白蚌、蟹和红冠蠕虫等这些小动物则以过滤这种细菌而生存。它们的特点是依靠阳光以外的一种能量，即来自地球内部的热能来维持生命，这种程序叫“化学合成”。

这是生物科学史上的首次发现，具有深远的意义，给我们寻求地球以外的生命开辟了新路，并告诉我们即使在那些没有阳光的星球上，只要有热量和其他条件就可能有生命存在。

海星

海星是棘皮动物门海星纲的通称，下分海燕和海盘车两科，体扁平，多呈星形，口在下边中央，从体盘伸出腕，腕数一般为 5 个。腕内充有生殖腺和消化腺。腕下面有开放的步带沟与口相通，沟内具有 4 行或 2 行管足，是行动器官，多数末端具吸盘。整个身体由许多钙质骨板借结缔组织结合而成，体表有突出的棘、瘤或疣等附属物。

海星目前在世界上有 1600 种，中国已知 100 多种。海星分布于世界各海，以北太平洋区域种类最多，垂直分布从潮间带到水深 6000 米，生活在各种底质，但软泥底上很少见。

海星的繁殖能力很强，大部分海星是通过体外受精繁殖的，不需要交配。雄性海星的每个腕上都有一对睾丸，它们将大量精子排到水中。与此同时，雌性通过长在腕两侧的卵巢排出成千上万的卵子。精子和卵子在水中相遇，完成受精。

另外，海星还有很强的再生能力。海星的腕、体盘受损或自切后，都能够自然再生。而且，海星的任何一个部位都可以重新生成一个新的海星。因此，某些种类的海星通过这种再生方式演变出无性繁殖的能力。

潜在海底的珊瑚

珊瑚是非生物，属刺胞动物门，由很多珊瑚虫组成。每一个珊瑚虫都有一个中空而底部密封的柱型身体，它的肠腔与四周的珊瑚虫连接，而位于身体中央的口部四周长满触手。

在分类上，广义的珊瑚包括两大部分：水螅虫纲和珊瑚虫纲。

1. 水螅虫纲，包括多孔螅目和柱星螅目。它们群体生活，具有水螅型和水母型两个世代。水螅型时期身体具有钙质骨骼。

2. 珊瑚虫纲，包括四放珊瑚亚纲、六放珊瑚亚纲、八放珊瑚亚纲和床板珊瑚亚纲。

四放珊瑚：最初形成6个原生隔膜，后生的隔膜数和触手数是4或4的倍数，其外壁表面常有环状皱纹，生存于距今5亿年前至2亿多年前，现已灭绝。

六放珊瑚：其触手数和隔膜数是6或6的倍数，从距今2亿多年前至今，是现代海洋中繁盛的动物之一，如常见的石珊瑚，即人们俗称为“海花”或“石花”的动物。

八放珊瑚：其触手数和隔膜数是8或8的倍数，全部为群体，从距今2亿年前至今都有生存，如红珊瑚等。

床板珊瑚：其骨骼呈层状构造，因横板特别发育而得名；隔壁不发育；全为群体。生存于距今5亿多年前到2亿年前，现已灭绝。

另外，珊瑚按形态特征可分为造礁珊瑚和非造礁珊瑚。造礁珊瑚有单细胞的虫黄藻与之共生，钙化生长速度快，能造礁；非造礁珊瑚没有虫黄藻共生，钙化生长速度慢，不能造礁。造礁珊瑚仅生活在热带浅水海域，故又称浅水珊瑚；非造礁珊瑚多栖息于世界海洋的深水区，称为深水珊瑚或冷水珊瑚。

海兽不患潜水病的秘密

海兽又称海洋哺乳动物，主要包括哺乳纲中鲸目、鳍脚目、海牛目以及食肉目的海獭等种类，是重要的水产经济动物。海兽类分布在南北两极到接近赤道的世界各海洋中，以北大西洋北部、北太平洋北部、北冰洋和濒临南极的水域占优势。

海兽有一个非常厉害的本事，那就是潜水，可下潜到100～300米的深度，时间可达4～5分钟。最厉害的是抹香鲸，它最深能下潜到千米以下，但却不像人那样会得潜水病，这是为什么呢？

专家认为，海兽斑海豹在潜水时，其储存氧气的地方有特别之处。专家发现，海兽在潜水时，有时是呼气后潜水，有时又是吸气后潜水，这说明海豹在下潜中，肺内的储氧并不是主要的。经过研究发现，海兽的储氧主要是通过血液来进行的。此外，它的肌肉也有较强的储氧作用，所含呼吸色素要比陆生兽类高出许多倍，储氧可占全身储气量的50%。

这与它们体内的特殊构造有密切关系。比如其胸部等处有许多特殊的血管网，静脉管里有许多活瓣，在短时间内积蓄大量血液。需要潜水时，其全身血管收缩，产生大量过剩血液，通过这种储存方式减轻了心脏负担，填补了因肺气被压缩而形成的胸腔空间，提高了潜水适应性。

另外，鲸在潜水时，胸部会随外界压力的增加而收缩，肺也随之缩小，肺泡变厚，气体交换停止，这样氧气就不会溶解于血液中，鲸自然就不会患潜水病了。人则不然，人在潜水时仍需要不断补充空气，肺泡也不收缩，氧气必然会溶解到血液中去，这样就会得潜水病。

“凶恶”的大鲇鱼

鲇鱼又称作胡子鲢、黏鱼、塘虱鱼、生仔鱼，显著特征是周身无鳞，身体表面多黏液，头扁口阔，上下颌有四根胡须。

鲇鱼有三大，即嘴大、头大、肚子大。其色别有两种：一种是青灰色，一种是牙黄色，牙黄色的鲶鱼身上有花斑。鲇鱼一到寒冬腊月就藏在石缝里、沟河底淤泥烂草里，以及边沿里冬眠，且适宜生活在水温20℃—25℃水域。

目前全世界约有2.3万种鱼类，而鲇鱼的种类超过2800种，全球的鱼类品种中有10%以上是鲇鱼。鲇鱼不仅生活在淡水中，还有一些种类生活在海水中，除了南极以外的所有大陆都可以见到它们的踪迹。

这类鱼有大有小，包括世界最大的淡水鱼，长达5米，重330公斤；也有一种很小的寄生鲇鱼，成体小于10毫米，是最小的脊椎动物。至于那些体型大的鲇鱼，由于食量很大，所以具有一定的攻击性，如多瑙河鲇鱼会偷袭水面上的鸟类和老鼠。鲇鱼一般为杂食性鱼种，生存能力很强。也有食物单一的鱼种，如亚马孙河中的寄生鲇就是可怕的嗜血鱼种，它们会顺着其他动物的排泄口、生殖口进入体内，然后将动物的内脏通通吃掉。

最近，生物学家在荷兰森特帕斯公园湖中发现一条凶猛的鲇鱼，体长 2.3 米，是目前全球公园中最人的鲇鱼。更加让人奇怪的是，它不但“追杀”水下生物，还常以水上的野鸭、小狗为食。

绚丽多彩的海洋植物

在辽阔而富饶的海洋里，除了生活着形形色色的动物之外，还有种类繁多、千姿百态的海洋植物。海藻是海洋植物的主体，是人类的一大自然财富，目前可用作食品的海洋藻类有 100 多种。

海洋植物是指在海洋中利用叶绿素进行光合作用，以生产有机物的自养型生物，是海洋中最重要的初级生产者。其门类甚多，从低等的无真细胞核藻类（即原核细胞的蓝藻门和原绿藻门），到具有真细胞核（即真核细胞）的红藻门、褐藻门和绿藻门，及至高等的种子植物等 13 个门，共 1 万多种。其中硅藻门最多，达 6000 种；原绿藻门最少，只有 1 种。

海洋植物以藻类为主。海洋藻类是简单的光合营养的有机体，形态构造、生活样式和演化过程均较复杂，介于光合细菌和维管束植物之间，在生物的起源和进化上占有很重要的地位。

海洋种子植物的种类不多，只知有 130 种，都属于被子植物，可分为红树植物和海草两类。它们和栖居其中的其他生物，组成了海洋沿岸的生物群落。

此外，海洋植物还包含海洋地衣，它是藻菌共生体，种类不多，见于潮汐带，尤其是潮上带。

种类繁多的游泳动物

游泳动物是指在水层中能克服水流阻力自由游动的水生动物生态类群。绝大多数游泳动物是水域生产力中的终级生产品，产量占世界水产品总量的 90%左右，是人类食品中动物蛋白质的重要来源。

游泳动物主要由脊椎动物的鱼类、海洋哺乳类、头足类和甲壳类，以及爬行类和鸟类的少数种类组成。其中，鱼类中的硬骨头鱼纲、海洋哺乳类、头足纲中的鞘亚纲等大多数种类都是游泳动物。

游泳动物的运动器官发达，不仅可克服海流与波浪的阻力，还可迅速起动，以利于捕捉食物、逃避敌害等。游泳动物的体型一般都呈流线型，并且有发达的肌肉系统、神经系统、视觉以及适应不同生活环境的各种形态结构。

游泳动物分布于全球，在海洋中从两极到赤道水域均可见到，只是在一些水化学成分极为特殊的水域（例如含有硫化氢的黑海深层）很少见。游泳动物也广泛分布于内陆水域，遍布所有纬度区，甚至许多地下水体中也有其踪迹，如盲鳉科鱼类就生活于北美的地下水中。

游泳动物在纬度上的分布特点和动物界的总分布特点相同。在低纬度水域种类数目多，但各个种的种群数量相对为少。以鱼类为例，中国南海已知的种类约1000余，而渤海、黄海仅约300种。

五光十色的软体动物

海底世界里有一种会给自己造“房子”的动物，它们能从自己的身体里分泌出石灰质作为建筑材料来建造“房子”，用作自己的栖身之地，这些动物就是贝类。因为它们的身体柔软，所以归属于软体动物。

软体动物的头部位于身体前端。原始种类头部不发达，仅有口；进化的种类头部发达，生有触角和眼等感觉器官。足部是位于身体腹侧的运动器官，随生活方式不同而呈现不同形式：足部蹠面平滑或侧面扁，呈斧刃状；也有些种类能分泌足丝；在头足纲中，足环绕头部，上面生有许多吸盘，并有一部分变态成漏斗，适于游泳生活。贝壳由外套膜分泌的钙质和有机质形成。大多数种类有1扇贝壳，也有不少种类有2扇贝壳，很少数种类有8扇贝壳。贝壳由碳酸钙和少许有机质构成。软体动物雌雄异体通过交尾受精，或将生殖产物分别排到水中受精。雌雄同体大多通过交尾受精。

软体动物的生态习性因种类而异：腹足类在陆地、淡水和海洋均有分布；双壳类只生活在淡水和海洋中；其他类群则完全生活在海洋中。它们的生活方式有：浮游生活、游泳生活、底栖生活和寄生生活4种。

目前，在中国海共记录到各类软体动物 2557 种，约占我国海域全部海洋生物种的 1/8 以上。

晶莹剔透的腔肠动物

腔肠动物是动物界的一门，多呈辐射或两辐射对称，仅具二胚层，是最原始的后生动物，因体内腔兼具消化和水流循环的功能而得名。腔肠动物门分水螅虫纲、钵水母纲和珊瑚虫纲 3 纲，一般认为水螅虫纲是最原始的。

腔肠动物体壁外层为外胚层（或称外皮层），内层为内胚层（或称内皮层），两者之间有由胶质组成的中胶层。外胚层包括多种不同的细胞，有上皮肌细胞、感觉细胞、刺细胞、神经细胞和间细胞；内胚层围成身体的整个内腔，有酶腺细胞和营养细胞。体内腔又称消化循环腔，腔肠一端为口，一端闭塞，无肛门。

腔肠动物大约 1 万种，全部水生，绝大部分海产，只有淡水水螅和桃花水母等少数种类产于淡水。几乎所有的海洋和各种深度的水域都有腔肠动物分布，但以热带和亚热带海洋的浅水区最为丰富。

腔肠动物有无性和有性两种生殖方法，并往往出现在同一种的生活史中，即水螅型世代用无性出芽生殖方式产生水母型世代，而水母型个体脱离母体，长大成熟以后又以有性生殖方式产生水螅型个体，两个世代互相交替完成整个生活史。

漂亮的水母

蔚蓝色的海洋里栖息着许多美丽透明的水母，它们一个个像降落伞似地漂浮在大海里，婀娜多姿的容貌使人赞叹不绝。它柔弱无骨，没有脊椎，身体却非常庞大，主要靠水的浮力支撑巨大的身体。

水母是一种低等的腔肠动物，在分类学上隶属于腔肠动物门、钵水母纲。水母的种类很多，全世界大约有 250 种左右，直径从 10—100 厘米之间，常见于各地的海洋中。

水母身体外形好似一把透明伞，伞状体直径有大有小，大水母的伞状体直径可达 2 米。伞状体边缘长出一些须状条带，叫触手，有的可长达 20～30 米，相当于一条大鲸的长度。浮动在水中的水母向四周伸出长长的触手，有些水母的伞状体还带有各色花纹。水母的触手上布满刺细胞，像粘在触手上的一颗颗小豆。这种刺细胞能射出有毒的丝，遇到“敌人”或猎物时就会射出毒丝，把“敌人”吓跑或毒死。在海洋里，见到这些水母可千万别动手触摸，否则会被其带毒的刺胞蜇伤，甚至丧命。

人们往往根据它们伞状体的不同来分类：有的伞状体发银光，叫银水母；有的伞状体则像和尚的帽子，叫僧帽水母；有的伞状体仿佛是船上的白帆，叫帆水母；有的宛如雨伞，叫雨伞水母；有的伞状体上闪耀着彩霞的光芒，叫霞水母等等。它们的寿命大多只有几个星期，也有活到一年左右的，有些深海的水母可活得更长些。

在蓝色的海洋里，这些游动着的色彩各异的水母显得十分美丽。别看水母在水里非常美丽、自在，可是没有水就无法生存。水母身体含水量达98%，进食、消化、排泄都必须在水中才能完成。没有水，水母的身体就会变小，甚至变得很难看。

深海怪鱼

以前，科学技术不发达的时候，人们不相信深海里有生命，因为那里没有阳光。随着科学的进步，人们惊奇地发现深海里不仅有生命，而且不比浅海里少。

专家经过勘查发现，海底的海洋鱼类非常多，而且模样都非常古怪。专家认为，这是因为它们为适应既无亮光又缺少食物的海底环境所做出的进化选择。它们一般眼睛大而突出，有的眼睛已经退化，嘴都很大。这些“深海怪鱼”有几个典型的代表：

叉齿鱼：这种鱼的上下颌的关节十分灵活，牙齿锐利。它的胃很大，而且有一个在身体外面的“大袋子”，一方面可以吞吃更多的食物，还可以把吞下的食物放在胃里储存起来，慢慢地消化。

巨喉鱼：这种鱼全身漆黑，有个长鞭状的尾鳍，全身有数十个发光点，在黑暗的世界里畅游无阻，而且嘴很大。

鞭吻鱼：这种鱼长得很怪，上颌延长了一个长鞭，这也是它捕获食物的工具。

皮条鱼：其背鳍棘延长并在顶端有个能发光的“肉穗”，形状像一条小虫，以诱惑小动物前来自投罗网。

锯颌鱼：这种鱼长得更是古怪，而且相当凶狠。其牙齿长在外嘴唇上，上颌可以翻转。背部的第一背鳍棘延伸成一“钓鱼杆”，“钓鱼杆”的顶端有个能发光的、在水中永不消失的“饵料”，以此来引诱别的动物前来。

树须鱼：这种鱼更是名符其实的海底怪物。它的下颌长出像树枝一样的触须，以探查深海情况之用。牙齿大小不等，类似带钩状。上颌又生出一个肉质的东西，更显得狰狞可怕。

这些模样古怪的深海生命组成了海底多彩而绚烂的世界。

第八章

海洋波动现象

第一节　海　　浪

海浪是风在海洋中造成的波浪，包括风浪、涌浪和海洋近岸波等。通常波长为几十厘米至几百米，周期为0.5～25秒，波高几厘米至20多米，特殊情况下波高可超过30米。下面就对海浪的形成、特点及海浪的形式做详细的介绍。

波浪的形成

我们在海边的时候，每当海风吹来，就会看到一波接一波的波浪，美丽异常。这么常见的现象，我们知道它是怎么形成的吗？

所谓波浪，就是水的局部质点受到扰动后，离开原来的平衡位置而作周期性起伏运动，并向四周传播的现象。海水或河水等受风的作用和气压变化等影响，会离开原来的平衡位置，从而发生向上、向下、向前和向后方向的运动，这就形成了波浪。

当波浪涌上岸边时，由于水深度愈来愈浅，下层水的上下运动受到阻碍，受物体惯性的作用，波浪一浪叠一浪，越涌越多，便一浪高过一浪。与此同时，随着水深的变浅，下层水的运动所受阻力越来越大，以至于到最后运动的速度慢于上层的运动速度，受惯性作用，波浪最高处向前倾倒，摔到海滩上，就成为美丽的浪花。

海浪的特点

海浪是指海洋中由风产生的波浪，包括风浪、涌浪和海洋近岸波。在不同的风速、风向和地形条件下，海浪的尺寸变化很大，通常周期为0.5～25秒，波长为几十厘米至几百米，波高为几厘米至20余米，在罕见的情形下波高还可达30米以上。

此外，海浪还有随机性的特点。因为海面的风速和风向都随时随地发生变化，并具有随机性，海浪既然由风产生，也必然带有随机性的特点，所以海浪的外观通常是杂乱无章的，其波高、波长和周期等物理量都可视为随机量。

各种形式的海浪

海浪一般分为风浪、涌浪和海洋近岸波三种形式。

1. 风浪：是指风直接推动的海浪。风浪会同时出现许多高低长短不等的波浪，波面较陡，波峰附近常有浪花或大片泡沫。

2. 涌浪：是指风浪传播到风区以外的海域中所表现的波浪。它具有较规则的外形，排列比较整齐，波峰线较长，波面较平滑，略近似正弦波。在传播中因海水的内摩擦作用，能量会不断减小而逐渐减弱。

3. 海洋近岸波：是指风浪或涌浪传播到海岸附近，受地形的作用改变波动性质的海浪。海洋近岸波随海水变浅，其传播速度变小，使波峰线弯转，渐渐地和等深线平行；波长和波速减小。在传播过程中波形不断变化，波峰前侧不断变陡，后侧不断变得平缓，波面变得很不对称，以至于发生倒卷破碎和在岸边形成水体向前流动的现象。

第二节　潮　　汐

潮汐是在日、月引潮力的作用下，地球的岩石圈、水圈和大气圈中分别产生的周期性的运动和变化的总称。潮汐是沿海地区的一种自然现象，古代称白天的潮汐为“潮”，晚上的为“汐”，合称“潮汐”。

海洋潮汐的成因

海水受引潮力作用而产生的海洋水体的长周期波动现象，在铅直方向表现为潮位升降，在水平方向表现为潮流涨落。

海洋潮汐是由引潮力引起的，那么引潮力又是怎么一回事呢？

所谓引潮力，是指月球、太阳或其他天体对地球上单位质量物体的引力和对地心单位质量物体的引力之差。任意天体对地球某处的引潮力的大小，与天体的质量成正比，与地心到天体中心的距离的三次方成反比，还与天体到该处的天顶距有关(天顶距越接近90°，引潮力越小)。因此，地球上引潮力的大小和方向都因时因地而异。由月球的引潮力引起的潮汐，叫作太阴潮；由太阳引潮力引起的，叫作太阳潮。正是引潮力的作用产生了海洋潮汐。

潮汐类型

我们根据潮汐的周期和振幅将潮汐分为半日潮、混合的不正规半日潮、混合的不正规全日潮和全日潮4种类型。

1. 半日潮：这种潮汐在一个太阴日（24小时25分）中有两次高潮和两次低潮，相邻的高潮或相邻的低潮的潮高大体相等，例如厦门和塘沽的潮汐。

2. 混合的不正规半日潮：这种潮汐在一个太阴日中有两次高潮和两次低潮，但两次高潮或低潮的潮高不等，涨潮时和落潮时也不等，例如中国台湾省的马公和安平等地的潮汐。

3. 混合的不正规全日潮：这种潮汐在半个月内的大多数时间为不正规半日潮，少数几天在一个太阴日内会出现一次高潮和一次低潮的全日潮现象，例如广东省榆林、碣石湾和陵水湾等地的潮汐。

4. 全日潮：这种潮汐在每半个月中有连续7天以上的天数在一个太阴日内出现一次高潮和一次低潮，而少数几天潮差较小，而且呈现出半日潮现象，例如北海、北黎和涠洲岛等地的潮汐。

第三节　洋　　流

洋流又称海流，海洋中除了由引潮力引起的潮汐运动外，海水还会沿一定途径作大规模流动。引起海流运动的因素可以是风，也可以是热盐效应造成的海水密度分布的不均匀性。前者表现为作用于海面的风应力，后者表现为海水中的水平压强梯度力。下面我们就洋流的成因、特点、分类以及影响和分布做详细的介绍。

洋流的成因

洋流又称海流，是具有相对稳定的流速和流向的大规模的海洋水运动。那么，洋流是怎样形成的呢?

洋流按成因可分为风海流、密度流和补偿流。由盛行风吹拂形成的海水流动叫风海流，如赤道洋流、北大西洋暖流、西风漂流；相邻海区海水温度、盐度的差异，导致海水密度不均而形成的海水流动叫密度流，如大西洋到地中海的表层洋流；风海流和密度流使得海水流出海区海水减少，相邻海区的海水流过来补充，形成补偿流，包括水平补偿和垂直补偿（上升流和下降流），如秘鲁沿岸的上升流。

除上述原因外，洋流在运动过程中的流向还受到陆地形状和地转偏向力的影响。

洋流的特点

洋流是沿一定途径的大规模水的流动。引起海流运动的因素可以是风，也可以是热盐效应造成的海水密度分布的不均匀性。前者表现为作用于海面的风应力，后者表现为海水中的水平压强梯度力，加上地转偏向力的作用，海水就既有水平流动，又有铅直流动。由于海岸和海底的阻挡和摩擦作用，海流在近海岸和接近海底处的表现和在开阔海洋上有很大的差别。

洋流规模非常大，是促成不同海区间大规模物质交换和能量交换的主要因子，对海洋中多种物理过程、化学过程、生物过程、地质过程，以及其上空的气候、天气的形成变化都有影响和制约作用。

洋流的分类

洋流种类众多，分类的标准也有好几种。

如果按成因给洋流分类，则是风海流、密度流、补偿流。

按照洋流的冷暖性质可分为暖流和寒流。本身水温比周围水温高的洋流称为暖流；本身水温比周围水温低的洋流称为寒流。

按照地理位置分类则可以分为赤道流、大洋流、极地流及沿岸流等。

洋流的影响

洋流的意义十分重大，对气候、温度、降水以及海洋生物都有重大影响。

洋流对气候的影响，总的来说就是暖流增温增湿，寒流降温降湿。洋流还对海洋的气温有很大的影响：洋流，尤其是暖流使低纬度的热量向高纬度传输；在同一纬度的时候，暖流经过的大陆沿海气温高，寒流经过的大陆沿海气温则低。

寒流表面的上空多平流雾，这分为两种情况：在寒暖流交汇处，风自暖流表面吹至寒流表面而形成平流雾；陆风在白天流到寒流表面而形成平流雾。

洋流对海洋上空的降水也有影响：寒流产生逆温，层结稳定，水汽不容易向上输送，蒸发又比较弱，下层湿度虽然大，但不能成雨；暖流上空有热量和水汽向上输送，使得层结不稳定、空气湿度增大而易产生降水。

在寒流和暖流汇合的地方或者在上升补偿流区会形成较大的渔场，世界四大渔场都处在这样的区域：北大西洋暖流与极地东风带带来的北冰洋南下冷水交汇形成北海渔场；日本暖流和千岛寒流交汇而形成北海道渔场；上升补偿流形成秘鲁渔场；北大西洋湾流和拉布拉多寒流交汇形成纽芬兰渔场。

总之，海流对海洋中多种物理过程、化学过程、生物过程、地质过程，以及海洋上空的气候和天气的形成及变化，都有影响和制约的作用。

世界主要洋流分布

世界各大洋的主要洋流分布与风带有着密切的关系，但洋流流动的方向和风向一致，在北半球向右偏，南半球向左偏。在热带、副热带地区，北半球的洋流基本上是围绕副热带高气压作顺时针方向流动，在南半球作逆时针方向流动。在热带，由于信风把表层海水向西吹，形成了赤道洋流。东西方向流动的洋流遇到大陆，便向南北分流，向高纬度流去的洋流为暖流，向低纬度流去的洋流为寒流。

在中、低纬度海区，形成以副热带为中心的反气旋型大洋环流，在北半球呈顺时针方向流动，南半球呈逆时针方向流动。环流西侧为暖流，东侧为寒流。

在北半球中、高纬度海区，形成气旋型大洋环流，呈逆时针方向流动；环流西侧为寒流，东侧为暖流。

在南极大陆外围，南纬 40 度海区，陆地很少，海面广阔，终年受西风影响，形成环球一周的西风漂流。

在北印度洋海区，因受季风的影响，形成季风洋流。冬季盛行东北风，海水向西流，呈逆时针方向流动；夏季盛行西南风，海水向东流，呈顺时针方向流动。

第四节 海洋灾害

海洋灾害是指源于海洋的自然灾害。海洋灾害主要有灾害性海浪、海冰、赤潮、海啸和风暴潮；与海洋与大气相关的灾害性现象还有“厄尔尼诺现象”、“拉尼娜现象”、台风等。下面我们就这些海洋灾害做详细的介绍。

灾害性海浪

一般而言，灾害性海浪是指海洋中由风产生的具有灾害性破坏的波浪，其作用力可达 30—40 吨每平方米。它是在台风、温带气旋、寒潮的强风作用下形成的，是海洋灾害的主要表现形式之一。

灾害性海浪多指海上波高达6米以上的海浪，因为6米以上波高的海浪对航行在世界各大洋的绝大多数船只已构成威胁，不但能掀翻船只，还会摧毁海洋工程和海岸工程，给航海、海上施工、海上军事活动、渔业捕捞带来灾难。

但严格来讲，灾害性海浪的确切定义只能根据海上不同级别的船只和设施分别给出相应级别的定义。对于没有机械动力的帆船，或是小马力的机帆船、游艇等小型船只，波高达2.5～3米的海浪已可以称为灾害性海浪；对于千吨以上和万吨以下中远程运输作业的船只，波高4～6米的巨浪才能对它们构成威胁，对它们来说4米以上的海浪可称为灾害性海浪；对于20世纪60～70年代出现的20万～60万吨的巨轮，一般9米以上的海浪为灾害性海浪。所以在发布海浪预报和警报时除考虑海上一般和普遍情况外，还须根据不同任务、不同船只和不同海上设施进行特殊保护，以减少海上灾害的发生。

海冰

海冰指直接由海水冻结而成的咸水冰，也包括进入海洋中的大陆冰川、河冰和湖冰。咸水冰是固体冰和卤水等组成的混合物，其盐度比海水低2‰～10‰，物理性质不同于淡水冰。海冰按其形成和发展阶段分为初生冰、尼罗冰、饼冰、初期冰、一年冰和多年冰。按运动状态分为固定冰和浮冰。海冰在极地的分布具有显著的季节性变化和年际变化特点。

1. 北半球。冰界以3～4月最大，8～9月最小。北冰洋几乎全为冰所覆盖，浮冰群主要绕洋盆边缘流动，多为3～4米厚的多年冰。

2. 南半球。多为2～3米厚、夏天就能融化的冰，大致呈纬向分布，冰区以9月（属冬天）最大，3月（属夏天）最小。固定冰分布于南极大陆周围和威德尔海。浮冰冰界在南太平洋、南印度洋和南大西洋。

海冰对海洋水文要素的垂直分布、海水运动、海洋热状况及大洋底层水的形成有重要影响，对航运、建港也构成一定威胁。中国渤海和黄海北部，每年冬季皆有不同程度的结冰现象，且冰缘线与岸线平行；常年冰期约3～4个月，盛冰期固定冰宽0.2～2公里。

海冰会给人们“惹不少的祸”。据专家计算，一块6公里见方、高度为1.5的大冰块，在流速不太大的情况下，其推力可达4000吨，足以推倒石油平台等海上工程建筑物。海冰对港口和海上船舶的破坏力，除推力外，还有海冰胀压力造成的破坏。经计算，海冰温度降低1.5时，1000米长的海冰就能膨胀出0.45米，这种胀压力可使冰中的船只变形而受损。此外，还有冰的竖向力，当冻结在海上建筑物的海冰，受潮汐升降引起的竖向力，往往会破坏建筑物的基础。可见，海冰的危害是多么大。

赤潮

赤潮是指水域中某些浮游生物暴发性繁殖引起的水色异常和水质恶化的现象，又称红潮，主要发生在近海海域。

能够引起赤潮的生物有60多种，如腰鞭毛虫、裸甲藻、短裸甲藻、棱角藻、原甲藻、角刺藻等。海域一旦发生赤潮，就会让所在水域缺氧，从而阻碍其他生物体的呼吸，甚至使之窒息死亡。而且，部分赤潮生物体内或其代谢产物中含有生物毒素，常会引起鱼、贝类死亡。一般发生赤潮的海域，水体恶臭，鱼虾绝迹，一派腐朽之气。

赤潮形成的基本原因是由于海洋受到有机物污染，生物可利用的氮、磷、碳等营养物质大量增加和聚积，从而造成海洋富营养化。此外，海水受污染后，铁、锰等重金属和维生素B_{12}、间二氮杂苯等有机氮化合物的含量增加，促使赤潮生物在短时期内大量繁殖，这是赤潮发生的诱因。赤潮的发生还同海区的气象、水文条件有关。一般认为，阳光强烈、水温升高、海水停滞、海面上空气流稳定等有利于赤潮生物的集结，是赤潮出现的自然条件。

目前，赤潮已成为一种世界性公害，美国、日本、中国、加拿大、法国、瑞典、挪威、菲律宾、印度、印度尼西亚、马来西亚、韩国、香港等30多个国家和地区的赤潮发生都很频繁。

海啸

海啸是一种具有强大破坏力的海浪。当地震发生于海底，因震波的动力而引起海水剧烈的起伏，形成强大的波浪，向前推进，将沿海地带淹没的灾害，称之为海啸。海啸在许多西方语言中称为“tsunami”，词源自日语“津波”，即“港边的波浪”。这也显示出日本是一个经常遭受海啸袭击的国家。

海啸的产生有一定的条件：它一般只在地震构造运动出现垂直断层，震源深度小于20～50公里，而里氏震级大于6.5的条件下才能发生；没有海底变形的地震冲击或海底的弹性震动，可引起较弱的海啸。此外，水下核爆炸也能产生人造海啸。

海啸可分为四种类型：由气象变化引起的风暴潮、火山爆发引起的火山海啸、海底滑坡引起的滑坡海啸和海底地震引起的地震海啸。

海啸主要分布在日本太平洋沿岸，太平洋的西部、南部和西南部，夏威夷群岛，中南美和北美。受海啸灾害最重的是日本、智利、秘鲁、夏威夷群岛和阿留申群岛沿岸。

目前，人类对海啸只能通过观察、预测来预防或减少它们所造成的损失，但还不能阻止它们的发生。

风暴潮

风暴潮指由强烈大气扰动，如热带气旋（台风、飓风）、温带气旋（寒流）等引起的海面异常升高现象。有人称风暴潮为“风暴海啸”或“气象海啸”，在我国历史文献中又多称为“海溢”、“海侵”、“海啸”、“大海潮”等，把风暴潮灾害则称为“潮灾”。

风暴潮是一种重力长波，周期从几小时到几天不等，介于地震海啸和低频的海洋潮汐之间，振幅可达数米。风暴潮灾害居海洋灾害之首位，世界上绝大多数因强风暴引起的特大海岸灾害都是由风暴潮造成的。它和相伴的狂风巨浪，可引起水位暴涨、堤岸决口、农田淹没、房摧船毁，酿成灾害。

风暴潮分为两类：温带风暴潮和热带风暴潮。温带风暴潮多发生于春秋季节，中纬度沿海各地都可见到，如北海和波罗的海沿岸、美国东岸和日本沿岸经常出现这种风暴潮，以潮位变化的稳定和持续为特点。热带风暴潮屡见于夏秋季节，总伴有急剧的水位变化。北太平洋西部、南海、东海、北大西洋西部、墨西哥湾、孟加拉湾、阿拉伯海、南印度洋西部、南太平洋西部沿岸和诸岛屿等，凡是热带风暴影响的沿海地区均有热带风暴潮发生。中国东南沿海也是这类风暴潮的多发地区。

厄尔尼诺现象

厄尔尼诺现象又称厄尔尼诺海流，是指南美赤道附近海水带的异常增温现象。19世纪初，在南美洲的厄瓜多尔、秘鲁等国家，渔民们发现，每隔5至10年从10月至第二年的3月便会出现一股沿海岸南移的暖流，使表层海水温度比常年高出3—6摄氏度。这里本来盛行的是秘鲁寒流，随着寒流移动的鱼群使秘鲁渔场成为世界三大渔场之一，但这股暖流一出现，那些生性喜欢冷水的鱼类就会大量死亡，使渔民们遭受灭顶之灾。

厄尔尼诺现象使海水水位上涨，让原本寒冷的太平洋东部水域变暖，并引起海啸和暴风骤雨，导致南部非洲、印度尼西亚和澳大利亚遭受空前未有的旱灾，带给秘鲁、厄瓜多尔和美国加州的则是暴雨、洪水和泥石流。

更加让人们忧虑的是，厄尔尼诺现象的出现从原来的5至10年一次，到后来的3至7年一次，进入20世纪90年代以来似乎每两三年就降临一次，给附近的人们带来更大更多的灾难。

至于厄尔尼诺形成的原因则是当代科学之谜，大多科学家认为不外乎两大方面：一是自然因素；二是人为因素。

一是自然因素。人们认为赤道信风、地球自转、地热运动等都可能与其有关。有人认为，可能是太平洋底火山爆发或地壳断裂喷涌出来的熔岩的加热作用造成洋流变暖，进而导致信风转弱和逆转。根据对近百年来太阳活动变化规律与厄尔尼诺关系的研究，科学家发现太阳黑子减少期到谷值期是厄尔尼诺的多发期，并有2至3次厄尔尼诺发生。另有人推断，也许是地球自转的年际速度不均造成的。因为他们发现，每当地球自转的年际速度由加速变为减速之后便会发生厄尔尼诺现象。

二是人为因素。科学家们认为，厄尔尼诺现象的发生与人类自然环境的日益恶化有关，是地球温室效应的直接结果，与人类向大自然过多索取而不注意环境保护有关。

所有这些都只是科学家们的推测，关于厄尔尼诺现象的具体成因，迄今为止仍没有准确的答案。

拉尼娜现象

拉尼娜是西班牙语“小女孩，圣女”的意思，是厄尔尼诺现象的反相，指赤道附近东太平洋水温反常下降的一种现象，总是出现在厄尔尼诺现象之后，也称反厄尔尼诺现象。

厄尔尼诺现象是太平洋中东部海水温度变暖，拉尼娜现象则是太平洋中东部海水异常变冷的情况。东信风将表面被太阳晒热的海水吹向太平洋西部，致使西部比东部海平面增高将近 60 厘米，西部海水温度增高，气压下降，潮湿空气积累形成台风和热带风暴，东部底层海水上翻，致使东太平洋海水变冷。

太平洋上空的大气环流叫作沃尔克环流，当沃尔克环流变弱时，海水吹不到西部，太平洋东部海水变暖，就是厄尔尼诺现象；但当沃尔克环流变得异常强烈时，就产生拉尼娜现象。一般拉尼娜现象会随着厄尔尼诺现象而来，出现厄尔尼诺现象的第二年都会出现拉尼娜现象，有时拉尼娜现象会持续两、三年。

法美两国“海神”卫星发回的最新海洋观测数据表明，近年来影响太平洋的拉尼娜现象已经明显减弱，“女孩”这回是真的老了。

台风

台风是发生在热带海洋上强烈的暖心气旋性涡旋，是一种热带气旋。台风的水平尺度约几百公里至上千公里，铅直尺度可从地面直达平流层低层，是一种深厚的天气系统。

台风形成后，一般会移出源地并经过发展、减弱和消亡的演变过程。一个发展成熟的台风，圆形涡旋半径一般为 500～1000 公里，高度可达 15～20 公里，由外围区、最大风速区和台风眼三部分组成。外围区的风速从外向内增加，有螺旋状云带和阵性降水；最强烈的降水产生在最大风速区，平均宽 8～19 公里，它与台风眼之间有环形云墙；台风眼位于台风中心区，最常见的台风眼呈圆形或椭圆形状，直径约 10～70 公里不等，平均约 45 公里。台风眼的天气表现为无风、少云和干暖。

台风的产生必须具备特有的四个条件：

1. 要有低层大气向中心辐合、高层向外扩散的初始扰动，而且高层辐散必须超过低层辐合；

2. 要有面积广大的高温、高湿大气。热带洋面上的底层大气的温度和湿度主要决定于海面水温，台风只能形成于海温高于 26℃—27℃的暖洋面上，而且在 60 米深度内的海水水温都要高于 26℃—27℃；

3. 要有足够大的地转偏向力作用，地球自转作用有利于气旋性涡旋的生成。因赤道附近的地转偏向力接近于零，所以在赤道附近没有台风出现，台风发生在大约离赤道 5 个纬度以上的洋面上；

4. 垂直方向风速不能相差太大，上下层空气相对运动很小，才能使初始扰动中水汽凝结所释放的潜热能集中保存在台风眼区的空气柱中，形成并加强台风暖中心结构。

台风引起的巨大海浪可对海洋船舶造成很大破坏；当台风移近海岸时，狂风可引起大范围巨大的海潮，冲击沿海城镇；台风经过的地区时常伴随着大风和暴雨天气。

加强台风的监测和预报是减轻台风灾害的重要的措施，对台风的探测主要是利用气象卫星。目前，有关部门除了研究台风的预报外，还进行人工影响台风的实验研究，以期改变或者减弱台风对人类的影响。

第九章

世界著名的海

第一节 亚 洲

亚洲占据亚欧大陆的大部分陆地，也是世界上最大的洲，拥有广大漫长的海岸线。亚洲海洋众多，绮丽美妙令人神往，下面我们就对亚洲海洋进行一次美丽的漫游。

黄海

黄海是太平洋西部的一个海，中国三大边缘海之一，位于中国大陆与朝鲜半岛之间。黄海因为古时黄河水流入，江河搬运来大量泥沙，使海水中悬浮物质增多，海水透明度变小，故呈现黄色而得名。

黄海北起鸭绿江口，南以长江口北岸启东角到韩国济州岛西南角连线与东海分界，在它的西北部通过渤海海峡与渤海相连，濒临中国的辽宁、山东和江苏三省。海域范围约在北纬 31°40′～39°50′，东经 119°20′～126°50′之间。南北长 870 多公里，东西宽近 670 公里，面积约 38 万平方公里，最深处在黄海东南部，约为 140 米。

由于从山东半岛成山角到朝鲜的长山串之间海面最窄，习惯上以此连线将黄海分为北黄海和南黄海两部分，北黄海面积约 7.1 万平方公里，南黄海面积约 30.9 万平方公里。北黄海是指山东半岛、辽东半岛和朝鲜半岛之间的半封闭海域，平均水深 40 米，最大水深在白翎岛西南侧，为 86 米。南黄海是长江口至济州岛连线以北的椭圆形半封闭海域，平均水深为45.3米，最大水深在济州岛北侧，为140米。

黄海与中国大陆有着密切的联系，是一个半封闭式的大陆架浅海。海底地势由北、西、东3面向中央及东南方向倾斜。黄海的形态虽较渤海开阔，但它仍处在陆地的环抱之中，无论气候还是水文特征以及水中生物等，都在很大程度上受到大陆的影响。

从大陆流来的随季节而变化的河川径流使黄海西部的水温、盐度和海流都显出明显的季节变化：夏季水温高、盐度低；冬季水温低、盐度高。黄海盐度一般在30‰～32‰，年平均水温14～19℃，北部沿海冬季有结冰现象。

黄海浮游动物中鱼类占主要地位，共约300种，主要经济鱼类有小黄鱼、带鱼、鲐鱼、鲅鱼、黄姑鱼、鳓鱼、太平洋鲱鱼、鲳鱼、鳕鱼等。此外，还有金乌贼、日本枪乌贼等头足类和各种鲸类。另外，底栖动物资源也十分丰富，可供食用的种类最重要的是软体动物和甲壳类。黄海生物种类多，数量也大，形成了烟威、石岛、海州湾、连青石、吕泗和大沙等良好的渔场。

除此之外，南黄海盆地有巨厚的中、新生代沉积，具有很好的油气资源远景。其他矿产资源主要有滨海砂矿，现已进行开采。山东半岛近岸区还发现了丰富的金刚石矿床。

东海

东海是“东中国海”的简称，也是中国三大边缘海之一，位于中国大陆和台湾岛、日本琉球群岛和九州岛之间，界限北起中国长江口北岸到韩国济州岛一线，与黄海毗邻，东北面以济州岛、五岛列岛、长崎一线为界，南以广东省南澳岛到台湾省本岛南端一线同南海为界，东至日本琉球群岛，并经对马海峡与日本海相连，濒临中国的沪、浙、闽、台4省市。

整个海区介于北纬23°00′～33°10′，东经117°11′～131°00′之间。东海呈东北西南向，南北长1300公里，东西宽740公里，面积约77万平方公里，多为200米以下的大陆架。平均水深370米，最深达2719米。

其盐度为31%～32‰，东部为34‰。海水温度平均9.2℃，冬季南部水温在20℃以上，系世界著名渔场之一，产大黄鱼、小黄鱼、刀鱼、墨鱼等。

东海岛屿众多，东部各岛间有一系列海峡、水道与太平洋相通。尤其是浙、闽两省近岸地带，许多地方呈现岛链式海岸，舟山群岛是东海最大的群岛。东海沿岸的最大海湾为杭州湾。流入东海的河流主要有长江、钱塘江、闽江、瓯江和浊水溪等。其中长江的径流量最大，为东海沿岸低盐水的主要来源。

东海海底地形开阔，面积宽广。西部为宽广的大陆架，其面积约占整个海区的2/3，是中国大陆向海洋自然延伸的部分。东海夏季水温27℃～28℃，冬季水温9℃～12℃。表层海水盐度除长江口地区稍低于30之外，大部分海区盐度较高，约33‰～34.5‰。

东海海区纵跨副热带和温带。冬季主要受亚洲大陆高压的控制，夏季主要受中国东南部低压和太平洋西北部高压的影响。冬、夏季节还经常分别受寒潮和台风的影响。冬季，南北海面气温差异很大，可达14°C；夏季，全海区气温分布颇均匀，约26～29°C。气温年变幅南小北大，分别为10°C和20°C。年降水量为1000～2000毫米。

东海地处中国南北海运的中枢和长江的出海口，并且是亚洲东部各国航运要冲，通过许多海峡与邻近海域或太平洋沟通。中国东海沿岸著名的港口有上海港、宁波港、厦门港、基隆港、高雄港等。舟山群岛是中国最大的渔场。此外，海底石油和天然气资源也很丰富。

南海

南海因位于中国南边而得名，是中国最大的外海，也是太平洋西部边缘海，在中国和中南半岛、马来群岛之间，纵跨热带与副热带，是热带海洋性气候显著的海域。它北靠中国华南大陆，东邻菲律宾群岛，南界加里曼丹岛和苏门答腊岛，西接马来半岛和中南半岛。东北部经台湾海峡与东海相通，又经巴士海峡、巴林塘海峡和巴布延海峡与太平洋相连，东南部经民都洛海峡、巴拉巴克海峡与苏禄海相通，南部经卡里马塔海峡、加斯帕海峡与爪哇海相接，西南经马六甲海峡与印度洋相通。

南海面积约350万平方公里，相当于16个广东省那么大，约等于我国的渤海、黄海和东海总面积的3倍，仅次于南太平洋的珊瑚海和印度洋的阿拉伯海，居世界第三位。平均水深1212米，这也是邻接我国最深的海区，中部深海平原中最深处达5567米，比大陆上西藏高原的高度还要深。

整个南海几乎被大陆、半岛和岛屿包围。注入南海的河流分布于北部，有珠江、红河、湄公河、湄南河等。南海地处低纬度地域，是我国海区中气候最暖和的热带深海。南海海水表层水温一般在 25℃～28℃之间，年温差只有 3℃～4℃。

南海是一个长轴为东北西南向的菱形海域，岛屿众多，多数为珊瑚岛。中国在南海中的重要岛屿有海南岛和东沙、西沙、中沙、南沙诸岛、黄岩岛等。沿岸和岛屿附近有大量珊瑚发育。海底高台上形成很多风光绮丽的珊瑚岛，它们像一颗颗明珠镶嵌在湛蓝的海面上。这些岛礁总称南海诸岛，分为东沙群岛、西沙群岛、中沙群岛、南沙群岛和黄岩岛。

南海水产丰富，盛产海龟、海参、牡蛎、马蹄螺、金枪鱼、红鱼、鲨鱼、大龙虾、梭子鱼、墨鱼、鱿鱼等热带名贵水产。其中大黄鱼是一种重要的海产资源。南海的金丝燕用海藻和唾液做巢，这种巢就是珍贵的滋补品燕窝。

南海位居太平洋和印度洋之间的航运要冲，在经济上、国防上都具有重要的意义。

渤海

渤海古称沧海，又因地处北方，也有北海之称。渤海位于中国东北部，辽东和胶东半岛之间，是中国的内海。它三面环陆，在辽宁、河北、山东、天津三省一市之间。具体位置在北纬 37°07′～41°0′、东经 117°35′～121°10′。渤海东北—西南向纵长约 555 公里，东西向宽约 346 公里，面积为 7.7 万平方公里，平均深度为 18 米，最深处仅 70 米。在临近中国诸海中，它的面积最小、深度最浅。渤海的总容量只有 1730 立方公里。

渤海通过渤海海峡与黄海相通，辽东半岛南端老铁山角与山东半岛北岸蓬莱角的连线是渤海与黄海的分界线。渤海海峡口宽 59 海里，有 30 多个岛屿，其中较大的有南长山岛、砣矶岛、钦岛和皇城岛等，总称庙岛群岛或庙岛列岛。其间构成 8 条宽狭不等的水道，被称为渤海的咽喉，是京津地区的海上门户，地势极为险要。

渤海有三个重要的海湾：南部的莱州湾、西部的渤海湾、北部的东湾。渤海与黄海间的狭窄水路被称为渤海海峡。渤海海峡位于辽东半岛南端的老铁山角与山东半岛北端的蓬莱角之间，南北宽约 106 公里。海峡北部的老铁山水道是黄海海水进入渤海的主要通道。由于断面窄、水流急，海底被冲刷出一条“U”形深槽。深槽北端分布着指状排列的6道水下沙脊，通称“辽东浅滩”。

海区北、西和南面分别为辽东湾、渤海湾和莱州湾，主要岛屿有庙岛群岛、长兴岛、凤鸣岛和菊花岛等。注入渤海的河流主要有黄河、海河、滦河和辽河等，年径流总量达888亿立方米，其中黄河的年径流量几乎占1/2。

渤海水温变化受北方大陆性气候影响，2月在0℃左右，8月达21℃。冬季的时候，除秦皇岛和葫芦岛外，沿岸大都冰冻，3月初融冰时还常有大量流冰发生，平均水温11℃。由于大陆河川大量的淡水注入，所以渤海海水中的盐度是最低的，仅有30‰。

渤海海区受季风影响，冬季干寒，夏季湿暖。夏季，大风多随台风和大陆出海气旋而产生，风力可达10级以上，常伴随有暴雨和风暴潮。渤海海峡是本海区内的大风带，风力通常比其他区域大2级左右。春季，受中国东南低压和西北太平洋高压活动的控制，多偏南风；冬季，主要受亚洲大陆高压和阿留申低压活动的影响，多偏北风。

渤海气温变化具有明显的大陆性，且年较差较大，能够达到27℃。渤海的平均年降水量为500毫米左右，其中一半集中于6～8月。

渤海沿岸有辽东湾、渤海湾、莱州湾。辽河、海河、黄河等河流从陆上带来大量有机物质，使这里成为盛产对虾、蟹和黄花鱼的天然渔场。

日本海

日本海是西太平洋的边缘海，1815年由俄国航海家A. J. v. 克鲁森斯特恩发现，并取名为日本海。日本海位于日本群岛和亚洲大陆之间，南经朝鲜海峡与东海相通，北经宗谷海峡与鄂霍次克海相连，东经关门海峡与濑户内海相接。南北长2300公里，东西宽1300公里，平均水深1350米，面积约100万平方公里，容积171.3万立方公里，最大深度4049米，处于日本海盆内。日本海的水域有6个海峡与外水域相通，分别为间宫海峡、宗谷海峡、津轻海峡、关门海峡、对马海峡，以及朝鲜海峡。

日本海的陆架较短，且发育不良。沿日本西岸，大陆架到200米水深止，朝鲜和苏联东岸，大陆架到140米水深止。这些大陆架都被许多海底峡谷所切割。西部边缘，峡后的口端伸到2000米深度附近；东部边缘，峡谷口端伸到800米深度附近。

海底主要是深水海盆。北纬40°以北为日本海盆，面积约占日本海的一半，大部分水深3000米以上，海底比较平坦。北纬40°以南海底地形较复杂，海底被大和堆和修普浅滩隔开，两浅滩之间又隔着一条深海槽，主要有海盆、海岭、海槽等，如东部的大和海盆、西南的对马海盆。南部的海底还局部地分布着一些岛屿，如朝鲜海峡有对马群岛、本州岛南部西岸有隐岐群岛、朝鲜近岸有郁陵岛。

日本海海底还有一条日本海沟，它位于日本群岛东部深邃的海底洼地，深度很大，其北部的塔斯卡罗拉海渊最深处达8513米。

日本海的气候属寒温带季风气候区。12月到3月盛行东北季风，干冷气流吹过日本海南部的暖水域上空，导致沿日本近岸山地出现持续的降雪天气；6月以后，海区南部的偏南向热带暖湿季风，吹过海区北部的冷水域时容易形成浓雾；8月平均气温，南部为24℃左右，北部为16℃左右；夏秋季节偶有台风侵入；隆冬季节，海区北部，特别是西伯利亚近岸海域以及宗谷海峡附近形成大量海冰，通常11月中旬至2月中旬为结冰期，5月初融化。

海域的北部和东南部都是丰富的鱼场，海洋生物种类较多，有600种左右。经济鱼类有太平洋沙丁鱼、鲱鱼、比目鱼、鲭鱼、海鲷、绿鳕和鲐鱼，还有乌贼。哺乳类有白鲸、抹香鲸、蓝鲸等。此外，海底带有磁性的海沙、海底下丰厚的天然气及石油资源，都是各国希望得到的重要矿物。自从东亚经济发展起飞，本海域的重要性就日益显著。

濑户内海

濑户意为狭窄的海峡，即在诸海峡之内。濑户内海是在第三纪造山运动中断裂沉降为地堑，之后水淹而成的。它位于日本本州岛、四国岛、九州岛三岛之间。濑户内海经纪伊水道、丰后水道、关门海峡连通太平洋和对马海峡，东西长440公里，南北宽5～55公里，周围1300公里，面积9500平方公里。水深一般在20～40米之间，鸣门海峡深达217米。濑户内海海岸线曲折，海中多岛屿、港湾，大小岛屿有600多个，所以濑户内海又被为多岛海。

濑户内海属温带海洋性季风气候，与同纬度的亚洲大陆相比，冬季相对温暖，夏季相对凉爽，年较差小，1月平均气温4～6℃，8月平均气温27℃左右，年降水量1000毫米左右。

濑户内海的潮流非常有特点：涨潮时，外海潮流通过东、西海峡流入内海，并在内海中部相汇合形成高水位；落潮时，水流又从中部向东西两方退去，中部又形成低水位，潮差高达4米。鸣门附近由于潮流时速达22.2公里，形成了直径达15～30米的大涡流，成为游览胜景。

濑户内海自古航运发达，早在古代和中世纪就是日本同中国交往的通道。内海航运对沿岸工业发展起着关键性作用，第二次世界大战后沿岸新兴的濑户内海工业地域，钢铁、化学、汽车、造船、石油和石油化学大型联合企业发达，有“产业运河”之称。主要城市有广岛、下关、冈山、松山、高松等，且沿岸主要部分已划为濑户内海国立公园。

苏拉威西海

苏拉威西海位于太平洋西部，属东南亚海域，是沟通东南亚各国以及通往太平洋、印度洋的重要水域。它位于苏禄群岛、棉兰老岛、加里曼丹岛、苏拉威西岛和沙巴岛之间，是一个被许多群岛环抱的海。西北通苏禄海，西南通过望加锡海峡进入爪哇海、巴利海，东连太平洋。此海面积43.5万平方公里，海底深而平坦，一般水深4000～5000米，最深达6220米（在棉兰老岛的西南方）。

海区处于西太平洋的岛弧带上，地壳运动比较活跃，多火山、地震活动，海岸多为悬崖峭壁。由于接近赤道，属热带雨林气候，终年高温多雨，年平均气温26℃～27℃，年均降水量2000～2500毫米。由于受季风影响，有多雨季节和少雨季节之分。海区表层盐度31‰～34‰。主要港口有菲律宾的三宝颜，以及印度尼西亚的打拉根、万鸦老等。

安达曼海

安达曼海是印度洋的一部分，在亚洲的中南半岛、安达曼群岛、尼科巴群岛和苏门答腊岛之间，面积约60万平方公里。东南以马六甲海峡通南海，西以普雷帕里斯海峡、十度海峡、尼科巴海峡通孟加拉国湾和印度洋。大陆架面积宽广，西部最深处达4198米。北有伊洛瓦底江和萨尔温江注入。海水盐度20‰～30‰。主要港口有缅甸的仰光、毛淡棉，以及印度尼西亚的沙璜和印度的布莱尔港等。

爪哇海

爪哇海是南太平洋属海，位于爪哇岛、苏拉威西岛、加里曼丹岛、苏门答腊岛之间，在上一次冰河时期完结，海平面上升时形成。海区向东北通过望加锡海峡连苏拉威西海，可通太平洋，向西北经过卡里马塔海峡可到南海，向西南通过巽他海峡连印度洋，向东连弗洛勒斯海，是南海通印度洋及亚洲与澳大利亚间的重要航海通道。

海区东西长约 965 公里，南北宽 417 公里，面积 55 万平方公里。平均水深 111 米，最大水深 1272 米。由于爪哇海临近赤道带，所以终年高温多雨，表层海水温度 26℃以上，含盐度 32‰～34‰。这样的环境很适于珊瑚虫繁育，海区中也分布着许多珊瑚礁。

南部海底与爪哇岛北部的地质构造相似，是爪哇岛油田的延伸部分，蕴藏着石油。据专家推测，加里曼丹岛东西沿海海底部分也很可能藏有石油。

此外，爪哇海的海洋生物种类数量都很可观，有超过 3000 种海洋生物，成为捕鱼业的重要资源。此外，爪哇海附近也是非常著名的旅游地点，爪哇海区内也有一些国家公园。

里海

里海位于亚欧大陆腹部，在亚洲与欧洲之间，东、北、西三面湖岸分属土库曼共和国、哈萨克斯坦共和国、俄罗斯联邦共和国和阿塞拜疆共和国，里海的南面和西南面被厄尔布尔士山脉和高加索山脉环抱，其他几面是低平的平原和低地。

里海其实不是海，而是一个地地道道的内陆湖，而且是世界上最大的湖泊，也是世界上最大的咸水湖。但是，从里海的自然特点来看，里海水域广、水咸，而且有许多与海洋相似的水生动植物。更重要的是，今天的里海是古地中海残存的一部分，因此人们就称之为“里海”了。

里海南北狭长，形状略似“S”型，南北长约 1200 公里，是世界最长及唯一长度在千公里以上的湖泊。东西平均宽约 320 公里，湖岸线长约 7000 公里，面积

37.1万平方公里，相当全世界湖泊总面积的14%，比著名的北美五大湖面积总和还大51%。湖水总容积为7.6万立方公里。湖水平均深度约180米。里海的湖底深度不同，北浅南深，湖底自北向南倾斜，大体上可以分为三部分：北部一般深4～6米；中部水深170～790米；南部最深，最大深度可达1025米。里海有岛屿约50个，面积约350平方公里。有伏尔加河、乌拉尔河、库拉河、捷列克河等130多条河流注入。

里海位于荒漠和半荒漠环境之中，气候干旱，蒸发非常强烈。由于进少出多，湖水水面在逐步下降。也因为水分大量蒸发，盐分逐年积累，湖水也越来越咸，湖的南部含盐度高达13‰。

里海地区石油资源丰富，两岸的巴库和东岸的曼格什拉克半岛地区，以及里海的湖底，是重要的石油产区。另外，里海生物资海也相当丰富，既有鲟鱼、鲑鱼、银汗鱼等各种鱼类繁衍，也有海豹等海兽栖息。

阿拉伯海

阿拉伯海是印度洋西北部边缘海，形成于2.25亿年前，即中生代和新生代时期。阿拉伯海位于阿拉伯半岛、印度半岛和非洲东北部之间。东靠印度，北界巴基斯坦和伊朗，西沿阿拉伯半岛和非洲之角，南面即印度洋。向北由阿曼湾经过霍尔木兹海峡连接波斯湾，向西由亚丁湾通过曼德海峡进入红海。面积386万平方公里，平均深度为2734米，最深处为5203米。阿拉伯海被从西面的索科特拉岛向东南的卡尔斯伯格海岭分隔成南北两海盆。北部为阿拉伯海盆，南部为索马里海盆。

阿拉伯海东北部大陆架宽阔，达120～353公里，其余地区大部分陆架宽度小于40公里。大陆架水深变化也较大，在伊朗沿海只有37米，印度沿海达220米。印度河附近的陆架上有一个海底峡谷，通过它把沉积物输送到阿拉伯海盆，形成巨大的印度河冲积锥。

阿拉伯海的东边是查戈斯—拉克代夫海底平原，它从印度沿海的拉克沙群岛附近向南经过马尔代夫群岛伸展到查戈斯群岛，呈南北向分布。该处海盆底部的沉积物主要是红粘土和抱球虫软泥。

主要岛屿有索科特拉岛、库里亚穆里亚群岛、马西拉岛和拉克沙群岛。阿拉伯海西部的亚丁湾是一个东西走向的狭长海湾，由地层断裂形成，属于东非大裂谷的一部分。

阿拉伯海处于热带季风气候区，终年气温较高。中部海域 6 月和 11 月表层水温常在 28℃以上；1 月和 2 月温度转低，为 24℃～25℃。临近阿拉伯半岛海面由于陆地干热气流的“烘烤”，水温可达 30℃以上。11 月至翌年 3 月常吹东北季风，降水稀少，为干季；4～10 月盛吹西南季风，降水丰沛，为雨季，夏秋之交常发生热带气旋，伴有巨风恶浪和暴雨。海流随季风风向而变化，夏季受西南季风影响呈顺时针方向，冬季受东北季风作用呈反时针方向。

沿岸大陆架蕴藏有相当数量的石油与天然气，还有大量砂、砾石和牡砺壳。海中生物资源也很丰富，主要食用鱼有鲭鱼、沙丁鱼、比目鱼、金枪鱼和鲨鱼等。海底锰结核也是一项可以开发的矿物资源。

第二节　欧　　洲

欧洲大陆海岸线曲折，形成很多有特点的海洋。黑海因水色深暗、多风暴而得名。死海则是中东的内陆咸水湖，其表面是地球陆地表面的最低点，低于海平面 413 米。死海没有出口，约旦河是其唯一的进水河流，进水量大致与蒸发量相等，为世界上盐度最高的天然水体之一，生物在湖中与周围地区均难生存……奇妙的欧洲海洋将会给我们带来怎么样的惊奇呢？我们一起畅游一下欧洲的海洋吧。

格陵兰海

格陵兰海位于格陵兰岛和斯匹次卑尔根群岛之间，是北冰洋的一部分，北连北冰洋，南经挪威海，通大西洋。南界是连接不列颠群岛、法罗群岛、冰岛和格陵兰岛的一条水下山脊，它把格陵兰海的南部和大西洋分隔开来。面积约 120 万平方公里，平均水深 1444 米，中部和东部深达 4846 米，并继续伸展到挪威海域内的深渊，最大水深 5527 米。海区地处北纬 70°以北，气候异常寒冷，冬季气温在－30℃以上，大部分海面封冻，夏季时南部气温可升到 0℃以上，冰层融化，海域中多浮冰，并随来自北冰洋的大量浮冰沿海区西岸格陵兰寒流南下。东格陵兰和拉布拉多两股寒流每年自北冰洋带入大西洋的海水约25万立方公里，占北冰洋流入大西洋水量的57.4%。据估算出入北冰洋的海水约有80%是经格陵兰海通过的。海域表层海水盐度30‰～33‰。

死海

死海是中东的内陆咸水湖，周边被约旦、以色列以及巴勒斯坦的西岸包围。死海的表面是地球陆地表面的最低点，低于海平面413米。死海面积约1049平方公里，南北长80.4公里，东西最宽处17公里。湖东的利桑半岛将湖分为两个大小深浅不同的湖盆，北面占3/4。南面比较浅，平均深度不到3米，北面的比较深，最深处400米。

死海没有出口，约旦河是其唯一的进水河流，进水量大致与蒸发量相等，为世界上盐度最高的天然水体之一，生物在湖中与周围地区均难生存，故称“死海”。湖水上层水温19℃～37℃，盐度低于300‰，富含硫酸盐与碳酸氢盐。底层水温22℃，盐度332‰，富含硫化物、镁、钾、氯、溴；底部饱含钠与氯化物。南岸塞杜姆有化工厂及盐场。

死海是东非大裂谷的北部延续部分，这里是一块下沉的地壳，夹在两个平行的地质断层崖之间。死海位于沙漠中，降雨极少且不规则，冬无冰冻，夏季又非常炎热，造成湖水每年蒸发约1400毫米，湖面上常常雾气腾腾。约旦河每年向死海注入5.4亿立方米水，另外还有四条不大但常年有水的河流从东面注入，由于夏季蒸发量大，冬季又有水注入，所以死海水位具有季节性变化，从30至60厘米不等。

近年来，随着河流沿岸灌溉用水量的增加，死海水面以每年0.5米的速度下降，严重受到从约旦河及小支流取水的以色列和约旦的威胁。水面每年最多可减少1米，而且总表面积现在几乎比50年前少了1/3。专家认为，如果不采取一些挽救措施，在未来50年死海可能真的会从地球上消失。

黑海

黑海因水色深暗、多风暴而得名，位于欧洲大陆的东南端，东南部和南部与亚洲大陆相连。西南有博斯普鲁斯海峡与地中海相通；北部经狭窄的刻赤海峡与亚速海相连。北岸有克里木半岛伸入，导致海区中部窄而两头略宽，大致呈椭圆形。沿海国家有土耳其、保加利亚、罗马尼亚、乌克兰、俄罗斯和格鲁吉亚。沿海重要城市有伊斯坦布尔、布尔加斯、瓦尔纳、康斯坦察、图尔恰、敖德萨、塞瓦斯托波尔、巴统等。

黑海东西最长1150公里，南北最宽611公里，中部最窄263公里，面积42.2万平方公里，海岸线长约3400公里。平均水深1315米，最大水深2210米。

黑海是古地中海的一个残留海盆，在古新世末期小亚细亚半岛发生构造隆起时与地中海开始分开，并逐渐与外海隔离形成内海。黑海大陆架一般宽2.5～15公里，仅西北部较宽，达200公里以上，少岛屿、海湾。海底地形从四周向中部倾斜。中部是深海盘，水深2000米以上，约占总面积的1/3。

黑海冬季盛行偏北大风，在黑海、尤其是西北部海区易形成巨浪。强冷空气还沿某些山口隘道急速下泻，风速可达20～40米/秒，形成布拉风。

黑海的生物资源并不丰富，浮游植物有350多种，而浮游动物只有80种。近岸海区有无脊椎动物、鱼卵和幼虫。西北海区有很多牡蛎和其他软体动物，鱼类约有180种，尤以鲟鱼最负盛名，其次是鲱鱼、西鲱、灰鲻和鲨鱼等。底栖生物相当贫乏，只有地中海的1/5～1/4。

由于从别的海域流入黑海的水量总和远多于海面蒸发量，所以淡化了表层海水的含盐量，而黑海深处的盐度则比较大，所以在上下水层间形成密度飞跃层，严重阻止了上下水层的交换，使深层海水严重缺氧。在这个严重缺氧的环境中只有少数微生物可以生存。它们的新陈代谢释放二氧化碳和有毒的硫化氢（H_2S）。其他生物实际上只能生存在200米深度以上的水里，因而黑海除边缘浅海区和海水上层有一些海生动植物外，深海区和海底几乎是一个死寂的世界。

由于黑海连接东欧内陆和中亚、高加索地区出地中海的主要海路，所以它在航运、贸易和战略上具有重要地位。此外，沿岸有许多著名的疗养地和旅游区。

挪威海

挪威海是大西洋北部边缘海，但因北部位于北极圈内也常划为北冰洋的边海。挪威海位于斯瓦尔巴群岛、冰岛和斯堪的纳维亚半岛之间。海区北通北冰洋，南连北海，西接大西洋。海区面积138.3万平方公里，平均深度1742米，最大水深

4487米。由于挪威海有北大西洋暖流经过，冬季一般不封冻，是北冰洋中唯一能全年通航的海。

挪威海中部有一东西向扬马延断裂带，把海域分为南北两部分，北部为罗弗敦海盆，南部为挪威海盆。海区东部由峡湾式海岸和峡湾外侧的水下岗丘和浅滩组成。临近峡湾和水下浅滩的海水中含有丰富的营养物质，为世界著名的渔场，盛产鳕鱼、鲱鱼、白鲑鱼等。

挪威海大部分位于北极圈内，纬度高，气温低，海水在寒冷的冬季并不结冰。海区表层水温比同纬度的格陵兰海和巴芬湾要高10℃以上。沿岸主要港口有挪威的特隆赫姆、纳尔维克等。

巴伦支海

巴伦支海是北冰洋边缘海，位于欧洲北部海岸与苏联的新地岛、法兰士约瑟夫地群岛以及挪威的斯瓦尔巴群岛（斯匹次卑尔根群岛）之间。它东连喀拉海，西邻挪威海，南接白海和伯朝拉海。巴伦支海是以三次到此探险的荷兰航海家W. 巴伦支的名字命名的，以此来纪念这位伟大的航海家。

巴伦支海面积约140.5万平方公里，一般水深300～400米，最深600米。海域南部大陆一侧为大陆架，面积达127万平方公里；中西部横亘着熊岛海沟等几个深切海沟，深480～960米；北部局部海底有台地；东南多浅滩。巴伦支海海岸曲折，卡宁半岛以西大部为陡峭岩岸，多峡湾；卡宁半岛以东，海岸低平，湾少水浅。海底地形平坦，岛屿较少，覆盖着沙和淤泥。

巴伦支海大部分处于北纬70°以北，由于北角暖流的巨量海水深入该海区，气温并不很低。冬季北部气温约－25℃，南部－5℃；夏季北部气温为0℃，南部达10℃，是北冰洋中最暖的海。海域常有大量冰层，但是西南部因有大西洋暖流注入，终年不冻，其他海域均被冰层或浮冰覆盖，4月冰冻最烈，8月局部地区解冻。海水盐度32‰～35‰。半日潮的潮差为0.6～4.7米，最大6.1米。

巴伦支海的重要港口有因迪加、摩尔曼斯克、纳里扬马尔、希尔克内斯和瓦尔德等。其中，摩尔曼斯克、捷里别尔卡和瓦尔德是北极圈内的不冻港，终年可通航，只是向东方的航路被冰所阻，一年中只有2～3个月通航。

海区内有石油、天然气、锰结核等矿藏，同时因暖流流入，营养盐类丰富，成为世界最大渔场之一，盛产鲽、鲱、鳕、毛鳞鱼等，主要海洋哺乳动物有海豹、北极熊、北极狐等。

喀拉海

喀拉海是北冰洋的边缘海，位于亚洲大陆西北部沿岸和新地岛、北地群岛之间。西通巴伦支海，东连拉普捷夫海，北接北冰洋。面积 88 万平方公里，容积为 10.4 万立方公里。平均深度 118 米，最大深度 620 米。海区位于北纬 70°以北的北极圈内，一年中有 3～5 个月的极夜现象。气候异常寒冷，几乎终年冰封，南部沿岸地区冰封期也有 9 个月之久，即使在夏季海面也多浮冰。冬季多暴风雪，夏季多雾。这种冰封、风暴和多雾气候条件给航运造成很大困难。海区南部沿岸区有鄂毕河、叶尼塞河注入，使海水盐度减小，只有 10‰～12‰，向北盐度逐步增大到 20‰～35‰。沿岸港口有迪克森等。

北海

北海是大西洋东北部边缘海，在大不列颠岛和欧洲大陆西北部之间。西起英格兰和苏格兰东岸，东至挪威、丹麦、联邦德国、荷兰、比利时和法国海岸，并有斯卡格拉克海峡和卡特加特海峡与波罗的海相通。南有多佛尔海峡和英吉利海峡与大西洋相接。北达设得兰群岛以东的北纬 61°线。北海是北欧和西欧之间的海上纽带，波罗的海通大西洋的必经之地。海区南北长约 1000 公里，东西宽 640 公里。面积约 57 万平方公里。平均水深近 100 米，最深处 730 米（挪威海沟），最浅处仅 15 米（多格滩）。

整个北海位于西欧大陆架上，除靠近斯堪的纳维亚半岛西南端有一平行于岸线的宽约 28～37 公里、水深 200～800 米的海槽外，大部分海区水深不超过 100 米，南部浅于 40 米。英格兰北面外海有很多冰碛物构成的沙洲、浅滩，其中面积达 650 平方公里的多格浅滩水深仅 15～30 米，是世界著名的浅海之一。

海底平坦，自南向北倾斜。海岸曲折，类型多样。东岸北段为陡峭岩岸，多峡湾和岬角，近岸多岛屿，重要的岛屿或群岛有北弗里西亚群岛、黑尔戈兰岛、东弗里西亚群岛和西弗里西亚群岛；南段为低平沙岸。西岸北段为泥砾低岸，南段多高地岩岸和河口湾。南岸多泻湖。重要的海湾有马里湾、福斯湾、沃什湾、黑尔戈兰湾等。

北海属于典型的温带海洋性气候，气候多变，秋冬尤甚。月平均气温 2 月为 0℃～5℃，8 月为 15℃～17℃，冬季气温有时可降到－23℃。年降水量北部多于南部，分别为 1000 和 600～700 毫米。冬季多风暴，尤其在东部海区，气旋频繁发生。

北海是世界上最著名的渔场之一，鲜鱼的产量占世界的一半，附近各国沿海人民均以渔业为主要工业。此外，北海现已探明的石油贮藏量为 230 亿桶，为世界第九个最大油田。

波罗的海

波罗的海是欧洲北部的内海，北海的边缘海，大西洋的属海，得名于芬兰湾沿岸从什切青到雷维尔的波罗的山脉。它位于北纬 54°～65.5°之间的东北欧，呈三岔形，西与斯卡格拉克海峡、厄勒海峡、卡特加特海峡、大贝尔特海峡、小贝尔特海峡、里加海峡等海峡和北海以及大西洋相通。波罗的海长 1600 多公里，平均宽度 190 公里，面积 42 万平方公里，一般水深 40～100 米，最深 470 米，是地球上最大的半咸水水域。

波罗的海四面几乎均为陆地环抱，整个海面介于瑞典、俄罗斯、丹麦、德国、波兰、芬兰、爱沙尼亚、拉脱维亚、立陶宛 9 个国家之间。向东伸入芬兰和爱沙尼亚、俄罗斯之间的称芬兰湾，向北伸入芬兰与瑞典之间的称波的尼亚湾。

波罗的海大致呈狭长形，西南—东北向。海底地形切割强烈，海盆较多；北部崎岖，南部平坦。南岸和东南岸地势低平，大部为泻湖型低沙地；北岸主要是岩礁型高地和陡壁。海岸线蜿蜒曲折，港湾和岛屿众多，有波的尼亚湾、芬兰湾、里加湾等著名海湾。它的周围分布着挪威、丹麦、瑞典、芬兰等国家。

波罗的海位于温带海洋性气候向大陆性气候的过渡区，全年以西风为主，秋冬季常出现风暴，降水颇多，北部的年平均降水量约 500 毫米，南部则超过 600 毫米，个别海域可达 1000 毫米。

波罗的海的动物数量丰富。除了大西洋鲱鱼的亚种外，主要有鳁鱼、鳕鱼、比目鱼、鲑鱼、鲽鱼、鳗、胡瓜鱼、白鱼、鸦巴沙、淡水鲈鱼等，还有从浅水中取得食物的波罗的海海豹等。波罗的海也有一定的矿产资源，在德国的石勒苏益格—荷尔斯泰因州沿岸有海上石油开采。

鄂霍次克海

鄂霍次克海是太平洋西北部的边缘海，在堪察加半岛、千岛群岛、北海道岛、库页岛和亚洲大陆之间，经宗谷海峡（拉彼鲁兹海峡）通日本海，经千岛群岛各海峡连接太平洋。南北长2445公里，东西最宽处1407公里，面积158.3万平方公里，平均水深777米。海岸线较平直，总长1.0460万公里。

鄂霍次克海北浅南深，北部近岸是大陆架区，中央是大陆坡区，南部库页岛东侧和千岛群岛内侧是两个深水海盆。最著名的千岛群岛位于地壳活动带，最深处达3521米，海底常发生地震和火山活动，有30个活火山和70个死火山。堪察加半岛西岸、萨哈林岛和北海道岛北岸低平，多泻湖。大海湾有舍列霍夫湾、萨哈林湾和捷尔佩尼耶湾。有黑龙江、奥霍塔河等河流注入。

鄂霍次克海南北气候差异非常明显。由于北部处于高纬度，又伸入亚洲大陆，属亚寒带大陆性气候，冬季严寒而漫长，夏季温暖而短促。冬季1～2月平均气温－20℃～－24℃，7～8月为12℃～14℃，年降水量400～700毫米。南部和东部靠近太平洋，属温带季风气候，1～2月平均气温－5℃～－7℃，7～8月为12℃～18℃，年降水量在1000毫米以上，海水结冰期减为3个月左右。融冰期有浓雾，并有流冰活动，不利于航行。

本海区海水中营养盐类较多，有利于海洋生物的繁殖。浮游植物很多，主要属于硅藻门，其次为甲藻。浮游动物的生物量也相当丰富。底栖生物全海区的总生物量达2亿吨。各种动物群中，以软体动物为最多，其次为棘皮动物和多毛类环节动物，较有经济价值的是堪察加蟹、蓝蟹和某些软体动物。鱼类约有300种，其中鲑鱼、鲱鱼、普鳕、鲽鱼等30种鱼类均有重要经济价值。东部堪察加附近有世界上最大的捕蟹场，盛产大马哈鱼、鳟鱼、鲱鱼、鳕鱼和毛鳞鱼等。

东西伯利亚海

东西伯利亚海是北冰洋的边缘海，位于亚洲大陆东北岸与新西伯利亚群岛、弗兰格尔岛之间。东连楚科奇海，西通拉普捷夫海，北接北冰洋。面积 93.6 万平方公里，平均深度 45 米，北部比南部较深，最大深度 358 米。大陆架宽达 600—900 公里，海区几乎全部位于大陆架上。东西伯利亚海海域位于北纬 70°以北，所以气候非常严寒，结冰期长达 9 个月，航行困难，7～9 月可借破冰船航行。海区南部受较暖海水影响通常无冰或短期结冰，同时因有印迪吉尔河、科累马河等河注入，所以盐度也在 15‰～30‰之间。主要海港有佩韦克。沿海有海象、海豹、北极熊等。

拉普捷夫海

拉普捷夫海是北冰洋的边缘海之一，位于西伯利亚沿岸的泰梅尔半岛、北地群岛、新西伯利亚群岛之间，1935 年为纪念首先勘测这个海域沿岸的拉普捷夫兄弟而得名。东连东西伯利亚海，西经海峡通喀拉海，北通北冰洋。面积约 70 万平方公里，海水体积 36.3 万立方公里，平均水深 519 米，最大水深 3358 米。北深南浅，海域有 3/4 面积位于大陆架上。勒拿河注入此海，海水盐度较小，在 10‰左右，向北盐度增大到 34‰。海域位于北极圈内，气候严寒，1 月份平均气温为－31℃～－34℃，最低温达－50℃，海面封冰期 9 个月以上，夏季即使解冻，海面仍有浮冰，航运受到影响。主要港口有提克西。沿岸产海豹、海象、北极熊等。

楚科奇海

楚科奇海也是北冰洋的边缘海之一，位于亚洲大陆东北部和北美大陆西北部之间。南经白令海峡与太平洋相通，北连北冰洋。面积 58.2 万平方公里，平均水深 88 米，最大水深 1256 米。海水盐度 24‰～33.5‰。海区位于北极圈内，气候严寒，冬季多暴风雪，海水结冰。受太平洋流入的较暖海水影响，结冰期 7 个多月，7～10 月可以通航，夏季多雾。楚科奇海沿岸区产海豹、海象、北极熊等，夏季有鲸。此外，多海鸟。

第三节　美　　洲

提起美洲的海洋，相信大家马上就会想到著名电影《加勒比海盗》中的加勒比海。加勒比海是大西洋的属海，也是世界上较深的陆间海之一。加勒比海的名称来自小安的列斯群岛上的土著居民卡利勃人，意思是“勇敢者”或“堂堂正正的人”。下面，更多的美洲海洋趣闻我们将慢慢地讲叙给你听。

波弗特海

1789年，英国探险家亚历山大·马更些沿马更些河到达河口，成为第一个发现波弗特海的欧洲人。1806年，英国海军水文地理学家弗兰西斯·波弗特在此估测船只在海上航行时所遇到的不同风速，并设计了著名的蒲福风级。为了纪念弗兰西斯·波弗特，此海就以他的名字命名。

波弗特海是北冰洋的边缘海之一，位于加拿大西北地区、育空和阿拉斯加以北，北极群岛以西，楚科奇海以东。海域面积47.6万平方公里，平均深度1004米，最大深度4683米。海区北部开阔，沿岸大陆架宽100～150公里，为北冰洋边缘海域大陆架最狭窄地段。海中岛屿稀少，有无岛海之称。

波弗特海位于北纬70°以北，所以气候严寒，海面几乎全年冰封，仅在8～9月沿岸出现狭窄的无冰海面。海区的表层和浅层海水从东向西流动，呈顺时针环流，与北冰洋海流总环流系统相一致。但是波弗特海有从陆地河流流入的河水，有通过白令海峡流来的太平洋海水，也有从西部流来的大西洋海水。由于这些水各有不同的温度和盐度，分布在不同深度，因此波弗特海的海水温度出现垂直变化。20世纪50年代以来，科学家们在波弗特海近海大陆架发现了丰富的石油、天然气资源。

加勒比海

加勒比海位于中、南美洲大陆和大、小安的列斯群岛之间，西部和南部与中美洲及南美洲相邻，北面和东面以大、小安的列斯群岛为界。其范围定为：从尤卡坦半岛的卡托切角起，按顺时针方向，经尤卡坦海峡到古巴，再到伊斯帕尼奥拉、波多黎各，经阿内加达海峡到小安的列斯，并沿这些群岛的外缘到委内瑞拉的巴亚角的连线为界。尤卡坦海峡峡口的连线是加勒比海与墨西哥湾的分界线。加勒比海东西长约2800公里，南北最宽处约1400公里，面积275.4万平方公里，平均水深2491米。

加勒比海被许多狭长的半岛和岛屿所割裂，形成半封闭海。海域以牙买加海岭为界，分成东、西两部分。东加勒比海面积较大，略呈长方形；西加勒比海又称开曼海，面积较小，略呈半圆形。

加勒比海海底地形大致可分为两部分：东部为委内瑞拉海盆和哥伦比亚海盆，中间被东北西南走向的贝阿塔海岭分隔；西部有尤卡坦海盆和开曼海沟，中间有从古巴岛上的马埃斯特腊山向西延伸的海底山脉分隔，露出海面部分形成大开曼、小开曼等岛屿。海盆一般深度在4000米左右，开曼海沟平均深度为5000～6000米。从海地经牙买加到洪都拉斯和尼加拉瓜以东，被拥有浅滩和珊瑚岛礁的牙买加海台分隔。

加勒比海属于热带海洋性气候。冬季平均气温约27℃，夏季最热时可达32℃。表层水温25℃～28℃，盐度34.9‰～36‰。年降水量500～2000毫米。

加勒比海的海水盐度适中，海洋生物丰富，盛产金枪鱼、沙丁鱼等，是拉丁美洲的三大渔场之一。海底还蕴藏着大量石油和天然气，南部大陆架是世界著名的石油产地。

白令海

白令海位于太平洋最北端，是太平洋的边缘海之一，在亚洲西伯利亚和北美洲阿拉斯加之间。北经白令海峡与北冰洋相通，南隔阿留申群岛与太平洋相连。白令海略呈三角形，东西长约2000公里，南北宽约1500公里，面积226.2万平方公里。平均水深1636米，最大水深4151米。该海是以最先到达此处的丹麦航海探险家V. 白令的名字命名的。白令海峡是沟通太平洋与北冰洋的唯一水道。

白令海海底地形大致可分为浅水区（浅于200米）和深水区（深于200米）两部分。浅水区主要分布在东北部的大陆架区；深水区主要分布在西南部深水海盆，包括科曼德尔海盆和阿留申海盆。浅水区面积约占海域总面积的44%，是世界上最大的陆架之一。陆架上分布着许多浅于150米的水下平原。西南部为深达3700～4000米的深水区，其西部有自北向南延伸的奥柳托尔斯基海岭，南部有向北延伸的巴韦尔斯海岭，分别把科曼多尔海盆、巴韦尔斯海盆和阿留申海盆分隔开。浅水区和深水区通过阿留申群岛之间的各海峡与太平洋相通。

海区气温较低，北部终年低于零度，年均温度为－8℃，绝对最低温为－44.7℃。南部、东南部，年均温度2℃—4℃，最高气温为10℃—11℃。海区降水分布由北向南和自西向东递增。

白令海的浮游生物资源非常丰富，现已发现浮游植物163种，其中以硅藻为主，主要密集于浅海。鱼类很多，据统计有300多种，包括50种深水鱼类。此外，鲸类众多，海獭、海象、海狮、海豹和北极狐等都属常见。普里比洛夫群岛和科曼多尔群岛更是海熊的繁殖场所。此外，白令海域蕴藏着石油、天然气等矿产资源，而且是一个未开发的矿区之一。

第四节 非　洲

非洲最著名的海洋非红海莫属了。红海是印度洋西北狭长的内陆海，因沿岸水中生长着红色藻类使海水呈红色而得名。当然，地中海在世界海洋中也有极高的地位，地理和战略位置极其重要。因为它是世界上最大的陆间海，位于亚、非、欧三大洲之间，故称为“地中海”。

红海

红海位于非洲东北部与阿拉伯半岛之间，是印度洋西北狭长的内陆海，因沿岸水中生长着红色藻类使海水呈红色而得名。红海从西北到东南长1900公里以上，最大宽度306公里，面积45万平方公里。南以曼德海峡与阿拉伯海的亚丁湾相接，北经苏伊士湾和苏伊士运河与大西洋的地中海相连。

红海海底两侧为宽阔的大陆架，中央是一个大海槽，槽底又有更深的海槽，地形比较复杂。北端被西奈半岛分割成两个海湾，东为亚喀巴湾，西为苏伊士湾；亚喀巴湾南端的蒂朗海峡形势险要，曾是中东战争的争夺之地；苏伊士湾是红海出入地中海之要道。

红海沿岸广泛发育着珊瑚礁，两岸是几乎全由珊瑚礁形成的曼德海峡，宽仅26～32公里，水深约150米。近岸多岛屿与珊瑚礁，较大岛屿有达赫拉克群岛、费拉桑群岛、祖盖尔岛、卡马兰岛等。东西两岸大致平行。岸线北部平直，南部曲折。

红海属于热带沙漠气候，兼有季风气候特征。冬季，北部盛行西北风，南部盛行东南风；夏季，全海区多东北风，常有尘霾，能见度低。红海月平均气温2月最低，8月最高。降水多集中于冬季，年平均降水量北部28毫米，南部约127毫米。年平均蒸发量2100毫米。

海洋生物具有印度洋—太平洋热带生物的特征：植物种类较少，动物种类颇多，鱼类有400余种，海豚、儒艮、鲨鱼和大型龟鳖等均属常见。矿物资源有石油和蒸发盐矿床，以及裂谷洼地底层软泥中新发现的重金属矿。

红海是沟通地中海和印度洋的重要通道，尤其苏伊士运河开通后，它更成为印度洋与大西洋间最便捷航路，是国际航运中最繁忙航道之一。沿岸港口主要有苏伊士、塞法杰、库赛尔、苏丹港、米齐瓦、阿萨布、亚喀巴、吉达和荷台达等。

地中海

地中海是世界上最大的陆间海，因位于亚、非、欧三大洲之间而被称为“地中海”。东西长约4000公里，南北最宽处1800公里，面积250.5万平方公里。平均水深约1500米，最深5121米。以亚平宁半岛、西西里岛和突尼斯之间突尼斯海峡为界，分东、西两部分。西地中海包括巴利阿里海、第勒尼安海和利古里亚海，东地中海包括伊奥尼亚海、亚得里亚海和爱琴海。

海域中的南欧三大半岛及西西里岛、撒丁岛、科西嘉岛等岛屿，将地中海分成若干个小海区：利古利亚海、第勒尼安海、亚得里亚海、伊奥尼亚海、爱琴海等。

地中海海底地形复杂，深浅悬殊，多海盆和海脊。北海岸曲折，为新褶皱山地，港湾和岛屿甚多；南海岸较平直，东段是古老的非洲大陆，西段多山地。地中海是世界上强地震带之一，皆因这里水下地壳破碎，地震、火山频繁，世界著名的维苏威火山、埃特纳火山即分布在本区。地中海中的许多岛上还有活火山。

地中海气候独特，夏季干热少雨，冬季温暖湿润，这种气候使得周围河流冬季涨满雨水，夏季干旱枯竭，这样的气候被称为地中海气候。

地中海的藻类比较丰富，仅希腊沿岸就有157种。鱼类种类多达530种，但数量不大。其他经济生物还有海豚、龙虾、牡蛎和螃蟹，以及墨鱼、水母、珊瑚、海绵和海龟等。此外，沿岸地区石油、天然气、汞、铬、钴、磷酸盐、铁、锰、铜、铀、煤、铅、铝土矿等资源十分丰富。

第十章

地球著名的大洋

第一节　太平洋——“和平之洋”

太平洋南起南极地区，北到北极，西至亚洲和澳洲，东界南、北美洲，约占地球面积的1/3，还是世界上最大的大洋。是第二大洋大西洋面积的2倍，水容量的2倍以上。面积超过包括南极洲在内的地球陆地面积的总和，平均深度4028米。

太平洋的面积及界限

太平洋是麦哲伦在1519年发现的，因他的船队到达菲律宾群岛的数十日航途中太平洋皆风平浪静、天气晴朗，所以麦哲伦称这个新大洋为和平之海，中文译为太平洋。

太平洋位于亚洲、大洋洲、南极洲和南美洲、北美洲之间，南北长约15900公里，东西最大宽度约19900公里，面积17968万平方公里，占世界海洋总面积的49.8％，占地球总面积的35％，是地球第一大洋。太平洋的平均深度为4028米，比世界海洋的平均深度还深300多米。太平洋中水深超过3000米的洋底面积占85.7％，水深超过5000米的洋底面积占50％以上，其有26个水深超过6000米的海沟，世界上水深在1万米以上的深海沟全部在太平洋中，最深的是马里亚纳海沟，深达1.1034万米，是目前已知世界海洋的最深点。

太平洋北以白令海峡与北冰洋为界，南抵南极洲并与大西洋和印度洋连成环绕南极大陆的水域，东南以南美洲南端合恩角至南极半岛间连线同大西洋分界，西南从马六甲海峡北端沿苏门答腊岛、爪哇岛、努沙登加拉群岛南岸到新几内亚岛南岸的布季，越过托雷斯海峡与澳大利亚约克角的连线，以及塔斯马尼亚岛东南角至南极大陆的经线与印度洋分界。

一般人们都以南、北回归线为界，把太平洋分为南、中、北太平洋。北太平洋：北回归线以北海域，主要属海有东海、黄海、日本海、鄂霍次克海和白令海；中太平洋：南、北回归线之间主要属海有南海、爪哇海、珊瑚海、苏禄海、苏拉威西海、班达海等。南太平洋：位于南回归线以南海域，主要属海有塔斯曼海、别林斯高晋海、罗斯海和阿蒙森海。

但也有的国家以赤道为界，把太平洋分为南、北两部分；或者以东经 160°为界，把太平洋分为东、西两部分。

太平洋的地质地形

太平洋是古老的大洋。在漫长的大陆板块和海底扩张作用下，太平洋的洋底地形比较复杂，可分为大洋海盆、海底山脉、大洋中脊和大陆边缘带几个部分。

大陆边缘带包括大陆架、大陆坡、岛弧和深海沟以及边缘海盆地，面积约占太平洋总面积的 24%。大陆架面积约 938 万平方公里，占太平洋总面积的 5.2%，占世界海洋大陆架面积的 30%，主要分布在太平洋西部和西南部、北部；太平洋的大陆坡平均坡度为 5°20′，是世界四大洋中坡度最大的，坡面上有海底峡谷、断崖、陡坎、阶地等；西太平洋大陆坡与洋盆交界处还有很多岛弧和海沟，岛弧大体呈向大洋突出的弧形，长达 9520 公里。岛弧外侧有很多海沟，其中深度在 1 万米以上的深海沟就有 6 个；西太平洋岛弧内侧分布很多宽阔的边缘海盆地，形成西太平洋边缘海，主要有白令海、鄂霍次克海、日本海、黄海、东海、南海、爪哇海、苏拉威西海、珊瑚海等。

太平洋中脊位于大洋东部，从南纬 60°的南极—印度洋海岭开始，向东至西经 130°附近转向北，直到阿拉斯加湾，长约 1.5 万公里，宽 2000—4000 公里，面积约占太平洋总面积的 11%。大洋中脊的中央裂谷高度比较低，一般只有 3 公里左右，而且越往北越低，到阿留申海盆就潜到北美大陆之下。大洋中脊被一系列东西向的断裂带切割，相邻两带间距离约 900—2200 公里，断裂带东西绵延 2000 公里以上，宽约一二百公里，在地貌上表现为狭窄的槽沟。

海底山脉分布在太平洋底的中部，走向呈西北—东南。太平洋的海底山脉北起堪察加半岛，经皇帝海山、夏威夷群岛、莱恩群岛，向南到土阿莫土群岛，有1万多公里长。

太平洋的深海盆地共有4个。以西为西北太平洋海盆，平均深度5700米；中太平洋海盆以南，南极—太平洋海岭以北为西南太平洋海盆，水深4500～6000米；中太平洋海底山脉、莱恩群岛和马绍尔群岛之间为中太平洋海盆，水深一般5500米左右；以皇帝—夏威夷山脉为界，以东是东北太平洋海盆，水深4000～6000米。太平洋深海盆地上的沉积物有褐粘土、生源沉积物、浊流沉积物、火山沉积物等，其中生源沉积物和褐粘土分布最广，几乎占据了整个大洋盆地。

太平洋的构造演化史

地球形成之初，只有两块古陆和一个大洋，分别称为泛大陆和泛大洋。据专家推测，泛大洋就是如今太平洋的前身，当时它的面积是现在太平洋的两倍，也就说现代太平洋就是泛大洋收缩后的产物。

大约2亿年前，大西洋的扩张导致美洲大陆向西漂移，印度洋的扩张导致澳大利亚向北推进。太平洋自中生代以来逐渐收缩正是大西洋和印度洋扩张的结果。从太平洋西北部中生代海底磁异常的展布来看，太平洋在中生代晚期至少存在着4个板块：太平洋板块、库拉板块、法拉隆板块和菲尼克斯板块。晚中生代以来，后三个板块向北、向东俯冲，面积逐渐缩小以至消失，原处于南半球的太平洋板块则逐渐扩大并向北推移。约3000多万年前，东太平洋海隆与北美大陆接触，圣安德烈斯断层开始活动。约350万年前，巴拿马地峡形成，南、北美洲相连。西太平洋的一系列边缘海盆大多在新生代期间扩张生成，自此太平洋海盆的现代面貌也逐渐形成。

太平洋的表层环流及水文特征

太平洋的表层环流总的特征是：在信风和西风的作用下，在南、北太平洋洋面上形成一个以南北副热带为中心的反气旋环流。北太平洋的环流是由北赤道流、黑潮、北太平洋流和加利福尼亚流构成的顺时针循环；南太平洋的环流则由南赤道流，东澳大利亚海流、西风漂流和秘鲁海流组成的逆时针循环，两个环流之间是向东流的赤道逆流。在北太平洋的亚北极海区，还有由阿拉斯加海流、亲潮和北太平洋流构成的逆时针环流；但南太平洋的亚南极海区因无大陆阻挡，形成环绕南极大陆的南极绕极环流。南极绕极流以南是向西流动的极地东风漂流。

赤道流包括南、北赤道流和赤道逆流。太平洋赤道流是由东南和东北信风引起的自东向西的海流。在北半球 8 月份时，北赤道流位于北纬 10°～20°之间；南赤道流位于北纬 3°～4°和南纬 20°之间；赤道逆流位于北纬 3°～5°到 10°～12°之间，冬季其边界略向南移动。

北赤道流的平均流速为 20～30 厘米/秒，平均流量为 45×106 米^3/秒；南赤道流 8 月份的平均流速为 50～60 厘米/秒，流量为 50×106 米^3/秒。

太平洋赤道逆流位于南北赤道流之间。北赤道逆流西起菲律宾外海，东至巴拿马湾，横贯太平洋，长达 1.5 万公里，平均流速为 40 厘米/秒，平均流量为 45×106 米^3/秒，最大流速为 150 厘米/秒，是世界大洋中最强大的赤道逆流。南赤道逆流起源于所罗门群岛附近的海面上，向东可达秘鲁外海，几乎与北赤道逆流对称分布。海流西强东弱，最大流速约为 10 厘米/秒。

赤道流系属于表层流系，其厚度约为 100～300 米，在赤道附近最浅，向副热带地区增厚，其下有强大的温跃层，将温暖的表层水与其下的冷水分开。跃层以下的流速大大减弱。

南北赤道流到达大洋西部后，一部分汇入赤道逆流，大部分转向高纬一侧，沿着大陆的边缘在狭窄的地带内以更大的速度向极地流动，分别形成了黑潮和东澳大利亚海流。它们构成了南、北副热带反气旋环流的西翼，成为太平洋西部边界流。

黑潮由北赤道流在吕宋岛以东转变而成，流经东海，主干则从吐噶喇海峡再进入太平洋，并沿着日本群岛向东北流，成为北太平洋中最强大的海流。

东澳大利亚海流是南赤道流进入珊瑚海后形成的，沿着澳大利亚大陆架的边缘向南流。在南纬 25°附近，流幅变窄，厚度加大，由于来自东北边的热带水不断加入，其势力加强，形成较强的海流。在南纬 33°～34°之间，海流转向东北，横渡塔斯曼海，形成一支向北的逆流，与此同时还分裂出一系列直径约为 250 公里的反气旋涡旋，以 5 厘米/秒的速度向南进入塔斯曼海。

太平洋西风漂流是由盛行西风维持的海流，分别构成南、北副热带环流的南缘和北缘，北太平洋的西风漂流又称北太平洋海流。它在接近美洲海岸时分成两支：南支形成加利福尼亚海流；北支转变为阿拉斯加海流。南太平洋的西风漂流是南极绕极流的表层部分，从海面扩展到海底，是世界上最大的海流。

西风漂流的一部分沿着南、北美洲海岸向赤道方向运动，形成大洋东部的海流，即北太平洋的加利福尼亚海流和南太平洋的秘鲁海流，构成副热带反气旋环流的东翼，至此完成副热带反气旋环流的循环。

太平洋的气候

太平洋的一大部分地区都处在热带和副热带地区，故热带和副热带气候占优势。太平洋的气候分布、地区差异主要是由水面洋流及邻近大陆上空的大气环流引起的。太平洋的气温随纬度增高而递减。南、北太平洋最冷月平均气温从回归线向极地为20℃～16℃，中太平洋常年保持在25℃左右。太平洋年平均降水量一般为1000～2000毫米，多雨区可达3000～5000毫米，而降水最少的地区不足100毫米。北纬40°以北、南纬40°以南常有海雾。水面气温平均为19.1℃，赤道附近最高达29℃，靠近极圈的海面有结冰现象。太平洋上的吼啸狂风和波涛汹涌很著名。在寒暖流交接的过渡地带和西风带内，多狂风和波涛，太平洋北部以冬季为多，南部以夏季为多，尤以南、北纬40°附近为甚。中部较平静，终年利于航行。

太平洋上的主要岛屿

太平洋拥有的岛屿是世界大洋里最多的，达1万多个，总面积为440多万平方公里，约占世界岛屿总面积的45%，主要分布在大洋的中部和西部。

在太平洋岛屿中，除新西兰的南、北二岛外，其余绝大部分位于太平洋中部，犹如繁星散布在赤道两侧的南、北纬30度和东西经130度之间浩瀚的热带海洋里。太平洋岛屿是一个群岛套群岛的“万岛群岛”。

太平洋岛屿中最大的岛屿为新几内亚岛，面积达78.5万平方公里，仅次于格陵兰岛，是世界第二大岛。除此之外，还有五个非常重要的岛屿。

1. 社会群岛。此岛位于太平洋中南部，是法属波利尼西亚的一部分，总面积

1600 平方公里。主岛塔希提岛面积 1042 平方公里，约占社会群岛总面积的 2/3。塔希提岛的人口占法属波利尼西亚人口的 2/3，主要为波利尼西亚人，其次为华侨和法国人。群岛由珊瑚礁和火山岛组成。塔希提岛不但是群岛中最大岛屿，也是法属波利尼西亚诸岛中经济上最重要的一个岛屿。岛上两山脉之间有一地峡，将塔希提岛分为西北部塔希提和东南部太阿拉普半岛。属热带雨林气候，年平均降水量 1600 多毫米。盛产椰子、香蕉、香草、咖啡及其他热带水果。主要矿物有磷酸盐。

2. 北马里亚纳群岛。此岛面积为 477 平方公里，由南北纵列的 15 个主要火山岛和珊瑚岛组成。北部诸岛面积小，地势高；南部诸岛面积大，地势平坦。岛屿属热带雨林气候，年平均降水量 2000 毫米以上，8—9 月有台风。主产甘蔗、棉花、椰子、玉米、稻米等。

3. 瓦胡岛。此岛位于夏威夷群岛东部，为夏威夷群岛的第三大岛，面积 1554 平方公里。东北部科奥劳岭，西南部为怀厄奈山，群峰耸立。海岸为沙岸和岩岸，附近多珊瑚礁。属亚热带海洋性气候，终年多东北风，年平均降水量在东北部达 3000 毫米，个别地区高达 1.2 万毫米，为世界上最多雨地区之一；西南部 1000 毫米以下。瓦胡岛是美国夏威夷州的政治、经济和交通中心，岛上有美国的十几个商业性机场，与海外及美国本土海、空交通极为便利。

4. 新喀里多尼亚群岛。此岛位于太平洋西南，由新喀里多尼亚岛以及洛亚蒂群岛等五个小岛群组成，面积 19103 平方公里。新喀里多尼亚岛面积 1.675 万平方公里，人口 18 万，官方语言为法语。岛上多山，地势起伏，有两列平行的山脉，有内陆高原和沿海平原。岛的周围为珊瑚礁环抱。属热带草原气候，年平均降水量 1000 毫米以上。镍矿储量 4300 万吨，居世界第一位，还有铜、铁、锰、金等矿物。经济中以采矿工业较发达，主要开采镍、铬、铁，镍产量位居世界前列。农作物有椰子、咖啡。

5. 关岛。此岛位于西太平洋马里亚纳群岛南端，是群岛中最大的岛，面积 541 平方公里。岛的北部为珊瑚遗体构成的高地，南部为火山岩构成的山地，兰兰山海拔 405 米，为全岛最高点。属热带雨林气候，年平均降水量 2000 毫米以上，8—9 月有台风，常有地震。主产玉米、稻米、椰子、咖啡、可可、甘蔗。有铺面公路约 300 公里，是西太平洋海、空的交通枢纽和后勤、气象中心。

太平洋的矿产资源

太平洋含有丰富的矿产资源，为人类提供了大量的能源。

目前，对太平洋矿产资源的开发主要集中在近海浅水区，大陆架的石油是最重要的开采项目。库克湾区，阿拉斯加、加利福尼亚区，南美洲西海岸区，东南亚区，日本西部大陆架区以及中国沿岸的大陆架区都是太平洋目前的主要产油区。加利福尼亚油区，绝大部分产自威尔明顿和亨廷汤滩两大油田。澳大利亚油田位于巴斯海峡，东南亚的石油主要分布在泰国湾和印度尼西亚诸岛之间的陆架区。在中国沿岸的大陆架上已发现 7 个大型含油气盆地，但是目前已被探明的太平洋石油储量和开采量还赶不上大西洋和印度洋。

除此之外，太平洋还有非常丰富的矿产资源，目前已发现的矿物有钛铁矿、金、锡、煤、铂、金刚石、金红石、铁、锰、锆石等。其中金、铂砂主要分布在太平洋东海岸的俄勒冈至加利福尼亚沿岸，以及白令海和阿拉斯加海沿岸。东南亚各国的滨海则是锡矿的主要产地，其中印度尼西亚和泰国已有几十年的开采海底锡砂矿历史，印度和澳大利亚则是锆石、金红石和钛铁矿储藏量最丰富的国家。据专家估计，印度有 700 万吨锆石的总储量，钛铁矿 1.17 亿吨；澳大利亚金红石的储量 700 余万吨，锆石为 600 余万吨，钛铁矿 1500 万吨。这是一笔非常可观的财富。

最近，地质学家又在太平洋深海盆地上发现大量锰结核矿层，不管是分布范围，还是储藏量以及质量都在四大洋中排第一，主要集中在北纬 6°～20°，西经 110°～180°范围内，成矿富集的洋底面积达 1800 万平方公里，其储藏量大概有 17000 亿吨。除锰结核外，加利福尼亚、智利、秘鲁、日本、澳大利亚以及新西兰的大陆架区都发现了丰富的磷质结核。

第二节 大西洋——“大力士神的栖息地”

大西洋是地球上的第二大洋，位于欧洲、非洲与南、北美洲和南极洲之间。东西狭窄、南北延伸，轮廓略呈“S”形，自北至南全长约 1.6 万公里，是世界跨纬度最多的大洋。大西洋的面积，连同其附属海和南大洋部分水域在内（不计岛屿），约 9165.5 万平方公里，平均深度为 3597 米，最深处位于波多黎各海沟内，为 9218 米。

大西洋的面积及界限

大西洋中的大西一词，是古希腊神话中大力士阿特拉斯的名字。传说阿特拉斯住在大西洋中，有擎天立地的神力，还能知道每一个海洋的深度。1845 年，伦敦地理学会统一定名为大西洋。

大西洋位于欧洲、非洲和南、北美洲之间，其面积连同其附属海和南大洋部分水域在内（不计岛屿）约 9165.5 万平方公里，约占海洋面积的 25.4%，为太平洋面积的一半，是世界第二大洋。大西洋平均深度为 3597 米，最深处达 9218 米，在波多黎各岛北方的波多黎各海沟中。

大西洋北以冰岛—法罗岛海丘和威维尔—汤姆森海岭与北冰洋分界，南临南极洲并与太平洋、印度洋南部水域相通；西南以通过南美洲最南端合恩角的经线同太平洋分界，东南以通过南非厄加勒斯角的经线同印度洋分界；西部通过南、北美洲之间的巴拿马运河与太平洋沟通，东部经欧洲和非洲之间的直布罗陀海峡通过地中海，以及亚洲和非洲之间的苏伊士运河与印度洋的附属海红海沟通。

根据大西洋的风向、洋流、气温等情况，通常将北纬 5°作为南、北大西洋的分界。大西洋在北半球的陆界比在南半球的陆界长得多，而且海岸曲折，有许多属海和海湾。

大西洋东西狭窄、南北延伸，轮廓略呈“S”形，自北至南全长约 1.6 万公里。大西洋的赤道区域，宽度最窄，最短距离仅约 2400 多公里。

大西洋东西两侧岸线大体平行；南部岸线平直，内海、海湾较少；北部岸线曲折，沿岸岛屿众多，海湾、内海、边缘海较多。

在四大洋中，大西洋入海河流流域面积最广，流域面积达 4742.3 万平方公里。主要河流有圣劳伦斯河、密西西比河、奥里诺科河、亚马孙河、巴拉那河、刚果河、尼日尔河、卢瓦尔河、莱茵河、易北河以及注入地中海的尼罗河等。

大西洋的地质地形

大西洋底的地形可以分为 4 个基本的构造单元：大陆边缘（面积约占大西洋总面积的 1/3，包括大陆架、大陆坡、大陆隆起）、过渡带（所占面积很小，包括岛弧、边缘海盆、海底高地及深海沟）、洋盆（面积约占 1/3 强，包括大洋盆地、洋底山脉或高地）和大洋中脊（面积约占 1/5 左右）。

大西洋中的大洋中脊被称为大西洋海岭或者中大西洋海岭，全长 1.7 万公里，宽约 1500～2000 公里，约占整个大西洋宽度的 1/3，是大西洋最重要的地形。大西洋海岭系由一系列平行岭脊组成，岭脊高度从中间向两侧降低，岭脊之间有一条宽度约为 12～40 公里的裂谷，而脊轴部的裂谷宽达 30 多公里，被称为中央裂谷。大西洋的大洋中脊由很多横向断裂带切断并错开，这些与中脊走向近于垂直的横向断裂带，在地形上表现为线状槽沟。位于赤道附近的罗曼什断裂带，最深处达 7856 米，它将大西洋中的大洋中脊截断并错开 1000 余公里，把整个大西洋的中脊分为北大西洋海岭和南大西洋海岭两大部分。

由于大洋中脊的中隔，大西洋底大致分为东西两列海盆。其中深度超过 6000 米的海盆竟然多达 6 个，分别是加那利海盆、佛得角海盆、几内亚海盆、北亚美利加海盆、巴西海盆和阿根廷海盆。各海盆的最低部分为深海平原，是地球上最为平坦的地区。此外，南大西洋海岭南端布韦岛以南至南极大陆附近有一个较浅的大西洋—印度洋海盆，水深在 5500 米以内。

大西洋大陆架面积约占该大洋总面积的 1/10 左右，宽度从几十公里至上千公里不等。在不列颠群岛周围包括整个北海，宽度常达 1000 公里，是世界海洋中最宽阔的大陆架区域之一。大陆架外缘为大陆坡，沿欧、非大陆架的大陆坡比较陡峻，坡度多超过 5°，宽度仅为 20～30 公里。

大西洋的大陆坡还分布了上百条海底峡谷，其中在北美东侧大陆坡上最多。在格陵兰岛与拉布拉多半岛之间的中大西洋海底谷，是世界上最著名的海底峡谷。

两条岛弧带和深海沟也分布在大西洋中，一条是双列岛弧带和波多黎各海沟，另一条是在南美南端与南极洲南极半岛之间向东延伸的岛弧带及南桑威奇海沟。波多黎各海沟长约 1550 公里，宽 120 公里，大西洋的最深处就在这条海沟里；南桑威奇海沟长约 1450 公里，宽 70 公里，最深处为 8264 米。

大西洋的气候

大西洋南北伸延，赤道横贯中部，气候南北对称和气候带齐全是其明显特征。同时受洋流、大气环流、海陆轮廓等因素影响，大西洋的气候南北差别较大，东西两侧亦有差异。

从气温的分布看，北大西洋的气温比南大西洋高；大洋东、西两侧的气温也有较大的差别。尽管如此，大西洋的气温年较差并不算大，仅大洋西北部和极南部超过25℃，赤道地区则不到1℃，亚热带地区在5℃左右，北纬和南纬60°地区为10℃上下。

赤道海区终年高温（25℃～26℃），气温的年变化极小。在南、北纬20°之间的海域，相同纬度处的气温和年变幅都基本一致；在中、高纬度海域，北大西洋的气温一般比南大西洋同纬度的气温高出5℃～10℃，气温的年变幅也随纬度增高而递增。在南、北纬30°之间，大西洋东侧的平均气温一般比西侧低5℃左右。在北纬30°以北，情况则相反。在北纬60°附近，东侧比西侧气温约高出10℃；但在南纬30°以南，东、西两侧的气温差别不明显。

大西洋北部盛行东北信风，南部盛行东南信风，温带纬区地处寒暖流交接的过渡地带和西风带，风力最大。南北纬40°～60°之间多暴风；在北半球的热带纬区5～10月常有飓风。大西洋地区的降水量，高纬区为500～1000毫米，在南、北纬35°～60°处为1000～1500毫米，亚热带和热带纬区从东往西为100～1000毫米以上，赤道地区降水量最多，年降水量为1500～2000毫米。大西洋水面气温在赤道附近平均约为25℃～27℃，在南北纬30°之间东部比西部冷，在北纬30°以北则相反。在大西洋范围内，南、北两半球夏季浮冰可分别达南、北纬40°左右。

值得一提的是，大西洋的寒、暖流交汇区以及南大西洋上南纬40°～60°的洋面上常有浓密的海雾，是世界上著名的海上多雾区。非洲西南沿岸海区因常有深层冷水上升，也常形成海雾。大西洋的赤道海区，海雾甚为罕见。在佛得角群岛一带海面，由于东北信风从撒哈拉沙漠吹刮来大量的粉沙，常形成似雾非雾的尘埃。

大西洋赤道潜流

在大西洋赤道及南纬 7°至北纬 7°区域的赤道表层流之下，有一个强大的自西向东流动的次表层逆流系统。这一逆流系统由三支海流组成，南、北两支分别为大西洋南赤道次表层逆流和北赤道次表层逆流，中间最强大的一支为大西洋赤道潜流。

赤道潜流是赤道附近海域次表层中的海流，由克伦威尔 1952 年首次在太平洋发现。1961 年，苏联的“罗蒙诺索夫”号海洋调查船发现了大西洋的赤道潜流，称之为罗蒙诺索夫海流。

赤道潜流处于赤道流之下，中层水之上，范围是北纬 2°到南纬 2°之间的海域内。它的流向与表层南北赤道流的流向相反，自西向东流动，流速较表层的赤道流大，形成一支与赤道对称的狭窄海流。它的垂直厚度为 200～300 米，全年流速稳定。

就大西洋而言，赤道附近海域从海面至深度为 50～100 米的表层，是温度均匀的暖水层，其下至深度约 300 米处为温跃层，即赤道潜流所在的次表层。赤道潜流的厚度约 200 米，流幅约 300 公里，约介于南纬 2°至北纬 2°之间；流轴大致与温跃层一致，最大流速达 1.5 米/秒。

目前，科学家们对大西洋的赤道潜流非常有兴趣，希望了解赤道潜流的热能量的储存及对全球气候的影响机制，以及它与西部边界流的能量转换关系。如果这些问题被搞清楚了，那么无疑是对人类的巨大贡献。

大西洋深层地中海水

北大西洋水域的深处有一股从外面流进来的水团，由于这股水团源地为欧洲地中海，故称大西洋深层地中海水。这股水流穿过直布罗陀海峡，进入大西洋，并很快下沉至 800～1500 米的深处，广泛散布于北大西洋的中央海区。

地中海的水为什么会在水的深处流进大西洋呢？这就要了解地中海和大西洋的表层及深层的情况了。

大西洋与地中海由著名的直布罗陀海峡相连接，海峡全长 58 公里，宽 13～43

公里，西宽东窄，平均深度 310 米。对于大西洋和地中海来说，直布罗陀海峡就像它们的咽喉一样重要。

地中海的气候夏热冬暖，所以海面蒸发旺盛，年蒸发量高达 1250 毫米，而年降水量只在 300～1000 毫米之间，所以地中海的盐度较高、密度较大。大西洋的盐度则较低，所以通过自西向东的洋流而在表面形成由大西洋向地中海的水流，以补充地中海的水分缺失。地中海中较咸和较重的海水，约在海峡 122 米深水处流入大西洋，流入大西洋的地中海深层水平均流量约为 1.68×106 米^3/秒，平均流速约为 100 厘米/秒，盐度大于 37‰。

总之，大西洋深层地中海水形成过程主要是因两个水域密度存在差异，导致海水内部压强不同，地中海海水流入大西洋。

大西洋生物资源

由于大西洋的自然环境优越，所以生物资源也相当丰富。

大西洋的植物种类多样，而且数量众多。比较多的海洋底栖植物有褐藻门、绿藻门和红藻门的一些种属。除此之外，还有咸水显花植物，它们只出现在水深 100 米以内的近岸海区，面积大概占了洋底总面积的 2%。沿岸带以褐藻类为主，在软泥沉积上还生长有相当数量的蓝藻。南大西洋的中、高纬度海区，底栖植物以褐藻类最为丰富。热带海区水温甚高，底栖植物比较贫乏。此外，北大西洋中部的马尾藻海长有非常多的马尾藻。据专家统计，大西洋的浮游植物大概有 240 多种，以硅藻、甲藻等最为常见。在大西洋的中纬度海区，硅藻数量最多，在西风漂流区最为集中。

大西洋的动物主要分布于中纬度区、近极地区和近岸区；种类最多的则在热带海域；在中、高纬度海区，哺乳动物以鲸和鳍脚目为主，鱼类则主要以鲱、鳕、鲈、鲽科最为常见；大西洋中还有种类繁多的浮游动物，比如桡足目浮游甲壳动物和相当数量的翼足类软体动物。温带海区主要有海豹、温肭兽、鲸、鲱、沙丁鱼、鳀鱼以及多种无脊椎动物。

在热带海区中，代表性动物有抹香鲸、海龟、飞鱼、鲨、甲壳动物、珊瑚虫、钵水母、管水母和放射虫等。值得一提的是，在马尾藻海已发现 50 余种鱼类和其他动物，比如刺鲀、飞鱼、剑鱼、旗鱼、海龙、海马、鳀鱼、金枪鱼以及海鞘、海葵，还有一些苔藓动物。另外，欧洲和美洲鳗鱼到了产卵期，也会来到马尾藻海。即使在大西洋高纬度的冷水区域，也有磷虾的存在。

甲壳动物、棘皮动物、海绵动物、水螅和一些很特殊的深海鱼类则广泛分布于大西洋的深海中。最近，科学家发现一些特殊的环节动物和管海参生活在波多黎各海沟的深部，而罗曼什断裂带的深槽中也有若干不知名的植食性小型软体动物。

大西洋海域的经济鱼类主要有鲱鱼、北鳕鱼、毛鳞鱼、长尾鳕鱼、比目鱼、金枪鱼、鲑鱼、马舌鲽鱼和海鲈鱼等。它们主要分布在陆架区。西欧和北美沿海区盛产牡蛎、贻贝、扇贝、螯虾和蟹类以及多种食用藻类。南极大陆附近海区盛产鲸和海豹，而磷虾也被人们逐步开发。

总之，大西洋生物资源非常丰富，由于开发很早，经济鱼类的捕获量占该大洋海洋生物捕捞量的九成以上。大西洋的渔获量仅次于太平洋居第二位。现在每年的渔获量有2500万吨左右，占世界海洋渔获总量的40%。大西洋的生物资源给人类带来巨大的财富。

大西洋半日潮

在描述大西洋半日潮之前需要先了解几种潮汐类型：半日潮是指在一个太阳日（24小时50分）内有两次高潮，两次低潮，且高潮位与高潮位、低潮位与低潮位潮高相等，涨、落潮历时相等。全日潮是指在一个太阴日（24小时50分）内，有一次高潮一次低潮。

半日潮有正规和不正规之分，正规的半日潮是指潮差相等的半日潮；不正规的半日潮则指一个塑望月内的大多数日子是半日潮，少数日子是全日潮。半日潮的特点是两个高潮和两个低潮的高度都相差不大，而涨、落潮时也很接近。

另外，也有不正规日潮，它指一个塑望月内的大多数日子是日潮，少数日子是半日潮。

大西洋的潮汐多属半日潮。它半日潮的主要分潮的无潮点分别位于冰岛东南和西南偏南、新斯科舍半岛西部、墨西哥湾、加勒比海、南美洲东南近岸和布韦岛附近等处。在这些点附近，振幅最小；而在巴芬湾、英吉利海峡、非洲西北岸、加勒比海南岸、南美洲东北岸和东南岸等处，振幅最大。

西欧沿岸为正规的半日潮，美洲中部东侧的加勒比海沿岸大部分为不正规半日潮，有的地方为不正规日潮；墨西哥湾沿岸，除东部为不正规半日潮外，其余均为正规日潮或不正规日潮。全日潮的主要分潮的无潮点分别位于新斯科舍半岛南部、亚速尔群岛西南、几内亚湾西南、火地岛北部近岸、非洲南部等地。在这些点附近，振幅最小；而在北美东岸、墨西哥湾东岸和火地岛北部沿岸振幅最大。

一般来说，开阔大洋中的潮汐现象并不明显，潮差一般不到 1 米；但在近岸海区，特别是在狭窄的海湾或喇叭形河口区域，潮差就大得多。

第三节　印度洋——“通往东方的海洋”

印度洋位置奇特，全部水域都在东半球，因位于亚洲印度半岛南面，故名印度洋。印度洋是世界第三大洋，面积 7492 万平方公里，约占世界海洋总面积的 1/5，平均深度 3897 米，仅次于太平洋，居第二位。印度洋最深处在爪哇海沟中，达 7729 米。

印度洋的面积及界限

印度洋位于亚洲、非洲、大洋洲和南极洲之间，全部水域都在东半球，是世界第三大洋，因位于亚洲印度半岛南面而得名。

印度洋南部与太平洋和大西洋相通，分别以通过塔斯马尼亚岛东南角和通过南非厄加勒斯角至南极大陆的经线为其东、西边界。印度洋东北部边界北起马六甲海峡北端，沿苏门答腊岛、爪哇岛、努沙登加拉群岛南岸，到新几内亚岛南岸的布季，越过托雷斯海峡与澳大利亚约克角的连线，以及塔斯马尼亚东南角至南极大陆的经线，与太平洋为界。总面积为 7492 万平方公里，约占世界海洋总面积的 1/5。平均水深为 3897 米，仅次于太平洋，居第二位。印度洋的最深处在爪哇海沟，为 7729 米。

印度洋水域北部封闭，南部开敞。北部岸线曲折，边缘海、内陆海和海峡较多。东、西、南三面与澳、非和南极大陆接近部分岸线平直，主要附属海和海湾有红海、阿拉伯海、波斯湾、孟加拉国国湾、安达曼海、阿拉弗拉海、帝汶海和大澳大利亚湾等。整个印度洋岛屿稀少，主要分布在西部洋区。

爪哇海沟

爪哇海沟又叫巽他海沟，位于印度洋东部，在印度尼西亚苏门答腊岛和爪哇岛西南岸外约 300 公里处。它的名字来源于它们两者之间的爪哇岛，爪哇岛在梵文中意为谷物之岛。印度古代著名叙事诗《罗摩衍那》中将爪哇岛描绘成土地肥沃、阳光普照的地方。

20 世纪 50 年代末，斯克里普斯海洋研究所的科学家开始了对爪哇海沟最早的考察。他们确定了爪哇海沟的一些数据，这对人们以后对爪哇海沟的研究奠定了基础。

爪哇海沟长 2600 公里，呈西北—东南走向，坡度大于 10°，其最深处达 7729 米，在南纬 10°19′、东经 109°58′处。在苏门答腊岛南面，也就是大约在海沟的中段，有一个海底山脊将海沟分成两个平行的海槽。向西北，海沟逐渐沉没于一系列岛屿和大陆架中。

爪哇海沟是东部的缅甸板块和巽他板块与西部的印度板块的接缝处，所以爪哇海沟一带的地震、海啸等活动频繁。这三个板块在这里的变形以及隐没带造成了 2004 年印度洋大地震和 2004 年 12 月 26 日爆发的致命海啸。之后，许多国家的研究机构都对爪哇海沟进行了详细的考察，考察显示这次大地震让太平洋底的构造发生了巨大变化。

对最近在爪哇海沟发生的一系列地震活动的分析数据说明当地可能近期内（也许在 10 年内）爆发其他的灾难性滑动，为此国际社会决定沿印度洋海岸设立一个海啸预警系统。

与爪哇海沟一岛之隔并同名的爪哇海归属于太平洋，总面积 43 万平方公里，平均水深 50 米。经过勘探发现，在爪哇海底发现数量可观的石油。

印度洋的海底沉积

所谓海底沉积，就是指由陆地河流或大气输入海洋的物质，包括软泥沙、灰尘、动植物的遗骸、宇宙尘埃等。经过漫长的地质年代，印度洋也有很多海底沉积。印度洋的海底沉积一般可以分为两类：一类是陆源性沉积，一类是远洋性沉积。

陆源性沉积分布于大陆近海和岛屿附近的海区，其中以阿拉伯海和孟加拉国国湾的冲积锥（深海扇）最为典型。此外，在印度洋的西部，熔岩和火山灰沉积也有不少，绕极带则分布了很多陆源冰碛物；印度洋的西北部，科学家发现了很多珊瑚礁，尤其在马尔代夫群岛和拉克沙群岛附近，有密集的珊瑚环礁，其景象壮观异常。

远洋性沉积多分布在印度洋的洋盆上。在这些远洋性沉积物中，钙质软泥分布的范围最广，它们多在北纬 20°至南纬 40°之间的赤道带，占印度洋总面积的 54%。此外，红粘土沉积也不少，多分布于北纬 10°至南纬 40°间的东半部，离大陆和岛屿较远，占总面积的 25%。而在靠近赤道的一些地区，科学家发现红粘土中含有放射虫软泥。硅藻软泥分布在南纬 50°以南的亚南极区域，大概占印度洋洋底总面积的 1/5。

印度洋的形成与演变

板块学说认为，印度洋的现代轮廓直到第四纪才形成。它的形成经历了一个冈瓦纳古陆分离与特提斯海衰减的过程。大约在三叠纪以前，巨大的特提斯海楔入北方的劳亚古陆和南方的冈瓦纳古陆之间。侏罗纪时，冈瓦纳古陆开始分裂，距今约 1.6～1.4 亿年间的晚侏罗世时，非洲、南极和澳大利亚之间出现洋中脊，特提斯海向西南方侵入，印度洋的雏形形成。距今 1～0.8 亿年的晚白垩世晚期，印度、马达加斯加岛与非洲分离。第三纪初，澳大利亚才与南极大陆分离。由此可知，在世界三个大洋中，印度洋是个最年轻的大洋。

印度洋的气候

印度洋的气候南、北差异显著。北部处于热带地区，除了一面靠水之外，其他三面都被陆地包围，形成了热带季风气候的特征，而南部海洋面积广阔，是典型的行星风系。印度洋的气候具有明显的热带海洋性和季风性特征。印度洋大部分位于热带、亚热带范围内，南纬 40°以北的广大海域，全年平均气温为 15℃～28℃；赤道地带全年气温为28℃，有的海域高达30℃，这比同纬度的太平洋和大西洋海域的气温高，故称为热带海洋。

印度洋气温的分布也非常有规律，且随着纬度改变而发生变化。赤道地区全年平均气温约为28℃。在印度洋南部的海域，夏季的气温在南纬20°左右一般在25℃～27℃之间，南纬30°左右为20℃～22℃，南纬40°左右大概在15℃，南纬60°附近在0℃左右；冬季的气温，南纬20°左右在22℃～23℃之间，南纬30°左右在15℃～17℃之间，南纬40°左右为12℃～13℃，而到南纬60°附近温度则低达－10℃。在印度洋北部，夏季气温为25℃～27℃，冬季气温为22℃～23℃，全年平均气温25℃左右，而索马里沿岸一带的气温最热季节一般不到25℃，但是阿拉伯半岛东西两侧的波斯湾和红海一带，夏季气温则常达30℃以上，后者与周围干热陆地的烘烤有关，前者乃西南风吹走表层海水，深层冷水上泛，从而造成气温降低。

印度洋的降水量比较多，其中以赤道带最丰富，年降水量在2000～3000平方米。另外，印度洋的降水时间分配比较均匀：在南印度洋的广大海域，全年降水一般在1000平方米左右。印度洋北部，一般年降水量2000平方米左右，2/3的降水集中在西南风盛行的夏季，而东北风盛行的冬季，降水量较少，是热带季风分布区。红海海面和阿拉伯海西部，全年降水都很少，年降水量约100～200平方米，为热带荒漠气候区。

印度洋的水文特征

由于受到大气环流的影响和制约，而且印度洋的北部还明显受陆地的影响，所以印度洋的水文特征不同于其他几个大洋。

从表层洋流的角度来观察印度洋的水文特征，可以将其分为季风环流、南副热带环流。印度洋的北部因受季风的变换，存在独特的季风环流，而南部与大西洋相似，终年存在一个反气旋式的南副热带环流。

在东北季风盛行的11～3月之间，南纬10°以北出现一道由北赤道流和赤道逆流构成的逆时针方向的东北季风环流。印度洋北赤道流自苏门答腊和马来半岛附近向西，经斯里兰卡之南，一直流向非洲海岸。流至索马里近岸时，北赤道流转向西南，越过赤道又转向东，同南赤道流北上的分支相汇合，成为赤道逆流。印度洋赤道逆流的流速往东逐渐减小。当它到了东经90°附近，赤道逆流分成两支，其中一支转向东北，重新加入北赤道流，这样就形成逆时针方向的东北季风环流。

到了5月份，西南季风流控制了几乎南纬10°以北的所有洋面。西南季风流从斯里兰卡南方往东，流速渐减，到苏门答腊附近，越过赤道向南汇入印度洋南赤道流。西南季风流、南赤道流的一部分和索马里海流组成夏季北印度洋强大的环流。它比冬季的东北季风环流流速大，持续时间长，一直可到9月以后。

索马里海流是北部季风环流的一环，是西向强化的西部边界流，其性质与大西洋的湾流、太平洋的黑潮类似。从南纬10°附近，贴东非海岸北流，到北纬8°30′～11°间才转向东，全程约1852公里，它流速强、厚度大。

除了以上几种季风环流，印度洋还有一个南副热带环流，即由南赤道流、厄加勒斯海流，部分西风漂流和澳大利亚海流组成的反气旋型大环流。印度洋南赤道流是由南纬10°以南相对稳定的东南信风所形成的风生漂流。它源自澳大利亚和爪哇之间海区，自东向西沿南纬8°～20°间流动，平均流速为25～30厘米/秒。该流到马达加斯加岛附近分成两支，南支沿该岛东岸南下，为马达加斯加海流，平均流速为25～30厘米/秒。北分支绕过该岛北端向西，流速增大，到德尔加杜角附近又分为两支：一支沿非洲海岸北上，为桑给巴尔海流；另一支沿非洲海岸南下，为莫桑比克海流。沿马达加斯加岛东岸南下的马达加斯加海流，经莫桑比克海峡南口，在非洲近岸与莫桑比克海流相汇合，成为著名的厄加勒斯海流。它是南印度洋的西部边界流，具有流速大、流幅窄和厚度大的特点。其厚度可达2000～2500米。一般流速为100厘米/秒，最大流速出现于厄加勒斯浅滩的陆坡附近，可达150～200厘米/秒，使南极传来的涌浪波高成倍增长。海流经过此浅滩后，小部分流入大西洋，大部分向东南作“U”形急转弯，形成厄加勒斯回流，并与西风漂流相汇合。

西风漂流到达东经90°～105°后，一部分逐渐转向东北，沿澳大利亚西岸近海北上，成为西澳大利亚海流，然后流归南赤道流，从而构成南印度洋副热带反气旋型大循环。南印度洋的副热带环流西部边界流流速大，流幅狭窄，而东部边界流流速小，流幅范围不明确。

印度洋的生物资源

印度洋的生物资源非常丰富，是人类的自然宝库。生物资源的主要富集地是印度洋广阔的陆架浅海上。据专家估计，此处的生物资源潜力大概为1500万吨，但遗憾的是，目前捕获量还相当少。

印度洋的热带近海鱼类有 3000～4000 种，其中鳀鱼、深海鱼、鲐鱼和虾主要产于饲料富集的印度半岛两岸水域、孟加拉国国湾和与太平洋交界的马六甲海峡。阿拉伯海西部最多的是沙丁鱼，而鲨鱼多分布于印度洋西部。

印度洋还有大量浮游动物、浮游植物以及底栖生物。浮游动物以挠足类甲壳动物为主，约占浮游动物总量的 70%以上。此外，还有介形类甲壳动物、毛颚动物、磷虾类、有壳翼足类、有尾类和其他种类。这些主要密集于阿拉伯海西北部，尤其是索马里和沙特阿拉伯沿岸，平均生物量为 54.7 毫升/立方米。浮游动物的生物量季节变化十分显著，西南季风时，在索马里近海、阿曼湾和印度卡拉拉邦沿岸有 3 个密集区，生物量都达 50～60 毫升/网（用印度洋标准网在 0～200 米层内垂直取样，以每网湿样排水体积 1 毫升/网计算）。而到了东北季风出现时，阿曼湾密集区移向阿拉伯沿岸，其他两个密集区就没有了。

据科学家证明，印度洋共有 37 种浮游植物，其中硅藻 29 种、甲藻 7 种、蓝藻 1 种，蓝藻是印度洋独有的浮游植物。这些植物在上升流显著的阿拉伯半岛沿岸和非洲沿岸集中，生物量每升在 10 万个以上。而在赤道流域和阿拉伯海的生物量每升可达几十万个。但在南副热带环流区域和孟加拉国国湾中部，浮游植物生物量每升一般不超过 5000 个，是印度洋浮游植物生物量最少的。在西风漂流以南的区域，其生物量每升在 1～10 万个之间，非常不稳定。

印度洋的深水区还有不少底栖生物，这些生物以多毛类环节动物为主，大概占了底栖生物总量的一半，而异足类和等足类甲壳动物占 1/5。而在浅水区，甲壳动物几乎与多毛类环节动物相等，各占 1/4。温带的底栖生物量要多于热带的，而近岸的又多于大洋的，其中以阿拉伯海北部沿岸为最多。往南逐渐减少，在赤道以南的热带区域，底栖生物量最少，而到了南纬 30°以南，生物量又有所增加。

第四节 北冰洋——“北极之海”

北冰洋大致以北极为中心，介于亚洲、欧洲和北美洲之间，为三洲环抱。面积 1310 万平方公里，约相当于太平洋面积的 1/14，约占世界海洋总面积 4.1%，是地球上四大洋中最小最浅的洋，平均深度约 1200 米。

南森海盆最深处达 5449 米，是北冰洋的最深点。

北冰洋的面积及界限

北冰洋在地球最北端，位于北极圈内，大致以北极点为中心，是一个有常年不化冰盖的大洋。洋面上有长年不化的冰层，占北冰洋面积的 2/3，厚度多在 2～4 米左右。中央的海冰已持续存在 300 万年，是永久性的海冰。印度洋介于亚洲、欧洲和北美洲之间，为三洲环抱。面积 1310 万平方公里，约相当于太平洋面积的 1/14，约占世界海洋总面积 4.1%；海洋平均深度约 1200 米，仅及太平洋的 1/3。最大水深为南森海盆的 5499 米，还不到太平洋的 1/2。北冰洋是地球上四大洋中最小最浅的洋。

北冰洋被陆地包围，近于半封闭，通过挪威海、格陵兰海和巴芬湾同大西洋连接，并以狭窄的白令海峡沟通太平洋。在亚洲与北美洲之间有白令海峡通太平洋，在欧洲与北美洲之间以冰岛—法罗海槛和威维亚·汤姆逊海岭与大西洋分界，又有丹麦海峡及北美洲东北部的史密斯海峡与大西洋相通。

北冰洋海岸线曲折，有许多浅而宽阔的边缘海。海岸类型中有侵蚀海岸和峡湾海岸，也有三角洲海岸和泻湖海岸等。在亚欧大陆沿岸的边缘海有巴伦支海、喀拉海、拉普捷夫海、东西伯利亚海和楚科奇海等。北美洲沿岸有波弗特海，格陵兰岛之东的格陵兰海。北冰洋岛屿众多，均属大陆岛，分布在大陆架处，其数量仅次于太平洋，在各大洋中居第二位。流入北冰洋的主要河流有鄂毕河、叶尼塞河、勒拿河和马更些河等。

根据自然地理特点，一般把北冰洋分为北极海区和北欧海区两部分，北冰洋主体部分为喀拉海、拉普捷夫海、东西伯利亚海、楚科奇海、波弗特海及加拿大北极群岛各海峡属北极海区；格陵兰海、挪威海、巴伦支海和白海属北欧海区。

北冰洋的地质地形

北冰洋洋底的地形比较复杂，而且大陆架宽广，与太平洋、大西洋和印度洋的海底地形相比有很大的差异。

北冰洋的大陆架面积广阔，约为 440 万平方公里，占整个北冰洋面积的 1/3。

在亚欧大陆以北，大陆架从海岸一直延伸1000公里左右，最宽的地方有1200～1300公里；在阿拉斯加以北，大陆架比较狭窄，只有20公里左右。

北冰洋四周为被动大陆边缘，基本没有强烈的地震、火山活动。大陆架属于周缘大陆的自然延伸，具有大陆地壳结构。深海盆地则主要由大洋地壳组成。地震活动频繁的北冰洋中脊纵贯欧亚海盆中部，欧亚海盆是古新世晚期以来沿北冰洋中脊海底扩张的产物。初步的磁测资料还表明，马卡洛夫海盆可能是白垩纪晚期至新生代初期扩张形成的；加拿大海盆的年龄更老，据推测可能是中生代晚期海底扩张的产物。

北冰洋整体略呈椭圆形，沿其短轴方向，有一系列长条形的海岭和海盆。主要海岭有三条：阿尔法海岭、罗蒙诺索夫海岭和北冰洋中脊。

北冰洋中脊起自勒拿河口，一直到格陵兰岛北侧，与穿过冰岛而来的北大西洋海岭连接，长约2000公里，宽约200公里。中脊上有裂谷，科学家还发现，在中脊垂直的方向上分布有异常的磁条带，还有垂直于轴向的横向断裂带。它是全球大洋中脊体系的组成部分。阿尔法海岭是从亚洲一侧的弗兰格尔岛起延伸至格陵兰岛一侧的埃尔斯米尔岛附近，与罗蒙诺索夫海岭汇合。罗蒙诺索夫海岭大致从新西伯利亚群岛穿过北极附近，延伸至格陵兰岛北岸，岭脊距海面1000～2000米。科学家认为，它可能是从亚欧大陆边缘分裂出来的无震海岭。

这三条海岭把北冰洋深海区划分为两大部分：靠亚欧大陆一侧的为欧亚海盆；靠北美洲一侧的是加拿大海盆。位于罗蒙诺索夫和阿尔法两海岭之间的是马卡洛夫海盆。

北冰洋海底沉积物

由于北冰洋的地理位置，以及复杂的洋底地形，目前科学家们仅研究了底部沉积厚达4米的表层部分。

据探测发现，北冰洋的底部沉积物具有其他洋底沉积物所没有的特点，主要表现在两个方面：（1）沉积物为陆源沉积；（2）整个沉积层比其他大洋的沉积层要厚很多。

北冰洋的大陆架上主要分布着砂质和粉砂质陆源沉积，而含有生物石灰质和硅质成分的杂质不多。冰川沉积物作用表现在底部沉积物分选的不完善和在较细的沉积中有粗的夹杂物存在，而且有大量的次生沉积残余物。但由于气候和低水温阻碍钙质浮游生物的茂盛发育和石灰质微粒的强烈溶解，所以硅藻残余物质的积累远远超过陆源物质的流入量。

北冰洋深水区的沉积物可以分为两种：深水沉积和极深水沉积。所谓极深水沉积就是铺垫在海盆底部的沉积层。极深水沉积主要是由分选好的软泥组成，里面很少有冰川携带而来的砾质夹杂物。因为在深海盆的大部分面积上发现了锰的存在，所以这些沉积物可以叫作低锰沉积。在大陆架上也发现了铁锰结核的存在，而且很普遍。但奇怪的是，在深水沉积中，科学家们并没有发现铁锰结核的存在。

1999 年，我国科学家首次在北冰洋采集到海底沉积物岩芯。他们利用各种采集器在楚科奇海的 5 个站位钻取了 5 个柱状海底岩芯。这些岩芯长度大都在 3 米左右，大约有 5～10 万年的“年龄”。专家说，和冰芯、黄土等样品相比，海底沉积物岩芯反映的沉积年代较长，而且里面蕴藏了大量环境信息。所以，岩芯的采集不仅为研究北冰洋沉积物的物质来源、污染状况和古海洋环境提供了物质基础，而且是资源开发、环境保护、减灾防灾等研究的重要介质。

北冰洋的气候

北冰洋由于地处高纬区，所以气候寒冷，洋面大部分常年冰冻。因为全年得到的太阳辐射较少，夏季冰雪融化时又需要消耗很多热量，所以这里的平均气温要比地球上其他区域（南极除外）低很多。

北冰洋的冬季从 11 月起直到次年 4 月，长达 6 个月，有为时较长的晴天。5、6 月和 9、10 月分属春季和秋季。夏季仅 7、8 两个月，云雾天多是北冰洋夏季最典型的天气。由于气旋活动，北冰洋风的状况较为复杂，疾风很少，月平均风速为 4～6 米/秒。就整体而言，北极地区的平均风速远不及南极，即使在冬季，北冰洋沿岸的平均风速也仅达到 10 米/秒。

冬季，极区附近极夜期长达 179 天。1～3 月份，平均气温约为－40℃，近海区为－30℃，最低温度为－53℃。夏季，极昼期则长达 186 天，7～8 月份的平均气温在极地附近为 0℃，沿岸地区可达 5℃～9℃，有时甚至在极地区域亦可增至 2℃。在北冰洋地区，零度以上在一年之内出现的时间长则维持 2～3 个月，而洋的中部连 1 个月的时间都没有。

降水形式终年为雪，即使极地盛夏也不例外。年平均降水量仅75～200毫米，格陵兰海可达500毫米；北冰洋边缘地区常发生暴风雪，尤其在冷暖气团交汇处更加频繁。北极上空常年被反气旋控制，冬天在西伯利亚上空发展成为强大的反气旋活动中心，西伯利亚和极地反气旋之间形成了由西向东延伸的低压槽，不断把从大西洋来的暖湿空气带到北冰洋腹地；同时由于大西洋暖流的延伸，北极寒冷气候有所缓和。因此，北半球的绝对冷源不在极地，而在亚洲大陆的维尔霍扬斯克。整个洋区的降水量比蒸发量要大10倍。

北冰洋的水文特征

北冰洋大部分水域的表层都覆盖着冰雪，平均约厚3米。据专家分析，这里的海冰已持续存在了300万年。在大部分海区，尤其是纬度高于北纬75°的洋区存在永久性冰雪。在北冰洋，冰的总面积在冬季约为1000～1100万平方公里，夏季约为750～800万平方公里。

在北纬60°～75°的海区，海冰的出现则是季节性的，常有一年的周期。北冰洋上的海冰，按地理位置可分为岸冰、当年浮冰及北极冰丛三类。岸冰及当年浮冰主要分布在亚欧大陆北岸各边缘海，冰厚分别为0.5～1.5米和0.8～1.8米，这两类冰在夏季时大部分都会融化。北极冰丛位于岸冰带以外，与当年浮冰交错分布，冰厚2.5～4米。它们由巨大的冰块组成，冰块中常被裂缝或冰穴分隔。

北冰洋除了大面积的海冰外，也存在表层环流。在北冰洋表层环流中起主要作用的是西斯匹次卑尔根海流，它是大西洋海流的支流。这支海流从格陵兰岛和斯瓦尔巴群岛之间的东部，进入北冰洋。由于它是高盐暖水，比周围水重，所以在斯瓦尔巴群岛以北下沉，形成了位于200～600米深度上的暖水层，并沿北冰洋陆架边缘作逆时针方向运动。它的支流则进入附近的边缘海。从楚科奇海穿过中央洋区到弗拉马海峡有一支越极海流，它流过格陵兰海，并注入东格陵兰海流。北冰洋的冷水主要通过拉布拉多海流和格陵兰海流注入大西洋。

此外，加拿大海盆表层还有一反气旋型环流，流速只有2厘米/秒，仅在阿拉斯加北部流速增至5～10厘米/秒。

由于北冰洋表面被大面积的海冰覆盖，温度又低，所以其上层环流流速非常缓慢。横越北极地区的漂流系统，从楚科奇海和东西伯利亚海，穿过欧亚海盆的长轴，最后作为东格陵兰海流，夹有大量浮冰流入大西洋。据估计，这股寒流每年要从北冰洋带出10亿立方米的冰块。在太平洋和北美洲以北海域，经常受反气旋环流的支配，因而浮冰多呈顺时针方向流动。在漂流的浮冰当中，常见高突的冰山掺杂其间。这些冰山是从格陵兰、加拿大北部各岛、俄罗斯北部的一些岛屿以及斯匹次卑尔根等岛屿上的冰川滑落入海中形成的。

北冰洋生物和资源

由于北冰洋的大部分地区被冰块覆盖，尤其大部分海域上层水温常年在0℃以下，阻碍了浮游生物的大量繁殖，北冰洋动植物群的种类比地球上其他海区要少得多。浮游植物仅200种，它们每年的生产力比其他洋区要少10%。植物界包括大片聚集在浮冰上的小型植物，生长在表层水中的微藻类，生长在海滨浅海区海底的底栖植物巨藻类和海草等。

由于浮游生物不多，以浮游生物为饵料的鱼类的种类和数量也远比其他大洋要少，但这里同属的动物往往比其他地区长得肥大，这是北冰洋过低的温度造成的。但是，受北大西洋暖流影响的巴伦支海的鱼类和海兽比较丰富，它是世界上最大的渔场之一。鱼类有鲱鱼、鳕鱼、黑线鳕、海鲈、毛鳞鱼、竹荚鱼、鲽等；海兽有鳁鲸和格陵兰鲸。在北冰洋受大量河水淡化的一些边缘海常有一些鲑鱼、白鲑鱼和胡瓜鱼等，但数量并不是很多。这里还栖息着北极特有的动物，如海象、海豹和北极熊、北极狐等。

此外，北冰洋的矿产资源也很丰富。辽阔的大陆架，局部地表现为广阔的沉积盆地，这样的地形有利于碳氢化合物矿床的形成和积蓄。有数据显示，该地区石油储量约有2500亿桶，相当于目前已探明世界石油储量的25%，天然气达80万亿立方米，相当于世界天然气储量的45%。同时，北冰洋海底还发现锰结核蕴藏，主要在巴伦支海、白海和喀拉海的海底。

第 三 篇

风吹草低见牛羊——美丽的草原

第十一章

草原的形成及特点

第一节　草原的形成

草原的含义有广义与狭义之分。广义的草原包括在较干旱环境下形成的以草本植物为主的植被，主要包括两大类型：热带草原（热带稀树草原）和温带草原。狭义的草原则只包括温带草原，因为热带草原上有相当多的树木。

草原形成的外部条件

以我国为例，草原形成的外部条件总体上讲有三个。

第一个是地壳的运动。7000 多万年前，中国的地理轮廓与现在有着天壤之别：高山高原尚未形成，西部基本上是一片汪洋。此时，地壳发生剧烈的变化，从南半球冈瓦纳古陆分裂出的几个陆块，不断向北漂移，3000 万年后漂移到北纬 20 度，并与欧亚大陆相连接，海水也逐渐退去。中亚的地壳受到冲击和挤压而成为陆地，这些陆地与新疆相连接。同时，大陆性气候逐渐形成，各种森林逐渐减少，最终稀树草原被荒漠草原代替，草原开始形成，并逐渐在这些陆地占据统治地位。

第二个是气候的变化。地壳的运动影响气候。持续不断的地壳运动造就了大量的高山和高原，如喜玛拉雅山、阿尔泰山、天山、青藏高原等。诸如此类的高地阻挡了大洋暖湿气流的东进，加速了中国西北干旱地区的形成，这些都影响着中国气候的变化，气温开始下降，植物界为了适应气候也发生了很大变化。耐热植物绝种，而那些耐寒植物得到发展。随着气候的进一步变化，那些经受住这种变化的植物逐渐在广大高原地区站稳脚跟，内蒙古和青海等地区的草原就在这样的气候变化中形成了。

第三个是土壤的变化。土壤是植物生存和发展最重要的条件之一。4～5千万年前，中国的陆地主要为木本植物覆盖，草本显得十分落后，这和土壤的发育非常相关。一开始，土壤十分坚硬和贫瘠，只有木本植物能够从这种贫瘠的土壤中吸取养分，草本植物则无能为力。以后，木本植物的繁衍改变着土壤成分，它的落叶受到日晒雨淋后发生化学作用使得地表出现一层腐殖层。再加上日复一日的风化和各种微生物的作用，土壤变得越来越松软，而且增加了很多营养成分。这样的土壤是适合草本植物的，因为草本植物的根只能在土壤很浅的地方吸收水分和养分。随着地壳和气候的变化，这样的土壤越来越多，草本植物也越来越多，草原就在这样的土壤中逐渐壮大起来。

不过，我们要知道，上述三个条件是综合发生作用的，而且互有影响。草原的形成是一个缓慢的过程，是大自然亲手描绘的一副美丽画卷。

草原形成的内在因素

地质、气候和土壤相对于草原本身来说是独立的，因此我们把这三个方面在草原形成中所起的作用称为外部条件，而把植物本身和草原内部成分的各种变化称为草原形成的内部因素。

首先是植物本身。植物只有适应环境才能生存发展，一旦环境发生变化，植物迟早也会发生变化。早期，海洋主宰着整个地球，气温高而湿润，那时随处可见的是木本植物。少量的草本植物开始出现，如我国陆地上的被子植物。被子植物最初生活在热带地区，后来亚热带也有了它的身影，最后逐渐播及到温带甚至更冷的地方。这个过程是被子植物不断改变自己适应环境的过程。木本植物本身也在改变着环境，它们的生长使植物所需的水分更加靠近地表，它们的落叶则为新的物种提供养料并改变了土壤。在木本植物自身改变环境的过程中，草本植物发展到相当可观的数量，包括被子植物在内的各种草本植物开始与木本植物平分天下，并在有些地方成为统治者。这就是最初的草原。

其次是草原内部各种成分的相互作用。草本植物种类繁多，无论种类相同与否，植物之间为了争夺阳光、水和各种养分也充满着各种各样的竞争。竞争保留了那些基因优良的植物，这些植物不断拓展，覆盖了刚刚形成的成片成片的陆地。

另外，草原内部生活着多种鸟类，有的鸟类靠植物的果实为生，它们填饱自己的肚子后，把消化不了的植物种子排泄到各个地方，这些种子生根发芽，草原的面积也越来越大。有的植物种子可以附着在动物的身上，比如那些棉絮状的种子和外壳布满刺状物的种子，它们一旦碰到动物的皮毛便会牢牢粘住，随着动物游走四方，并会在某地重返土壤。

此外，昆虫也起着重要作用。昆虫数量大、种类多。有的传播花粉，帮助植物繁殖；有的翻松土壤，帮助植物改良环境；有的是如神医华佗，为植物驱除虫害。正是有了多种多样的物种，各种植物才能战胜恶劣环境，为自己赢得生存的一片土壤，并拓展自己，最终形成浩瀚的草原。

第二节 各具特色的草原类型

草原的类型根据生物学和生态特点，大致可划分为四个：草甸草原、干草原（典型草原）、荒漠草原、高寒草原。虽然草原类型不同，但是永远不变的是草青天蓝的美好风景。

美丽的疏林草原

生长在气候湿润的林缘或疏林地区，以中生或中旱生草本植物为主，并有一定数量的高大杂类草的这种植被组合，称之为疏林草原。

疏林草原地区属于半湿润气候，年降水量约450毫米以上，蒸发量不高，水分条件较好，土壤为山地棕壤、山地灰褐土、灰棕森林土及淡黑钙土。腐殖质层深厚，可达45～50厘米，肥力较高。疏林草原的植物种类较多，构成了多种多样的植被类型。

疏林草原一般分布于全国森林与草原接壤的地区，如内蒙古草原的东部、大兴安岭两侧山麓及沿山地丘陵向西南延伸的山地都有。这种草原有着独特的地理景观，如西伯利亚艾菊草原的禾本科牧草主要有贝加尔针茅、羊草、早熟禾等；豆科有野豌豆、歪头菜；莎草科有苔草等；杂类草有地榆、柴胡、唐松草、蓬子菜、棉团铁线莲、败酱、黄花菜等。夏秋季节百花盛开，五彩缤纷十分美丽。森林主要为落叶阔叶林，如栎林、桦林和杨林等。

疏林草原内，在森林的边缘地带一般发育有良好的季节牧场和分散的割草场，如大兴安岭西侧的桦林、栎林草原，西藏高原东南部河谷上游的栎林草原，东北北部平原的榆林疏林草原等都是如此。

水草丰美的草甸草原

草甸草原是疏林草原与干草原之间的过渡类型，该地区属半湿润气候，雨水适中。草甸草原的气候与土壤条件，虽不如疏林草原好，但仍有较多的雨水，而且气温较高。所以，在没有人工灌溉的条件下，也能生长多种优良牧草，牧草茂密丰美，一般草高达 60～80 厘米，优质牧草覆盖度可占 50%～80%。所以也是良好的天然放牧场和割草场，适于畜养大牲畜，尤其适于养牛业。

草甸草原主要分布在平坦的洼地和北向的坡地上。如内蒙古东北部森林草原带的南部，东北北部广阔平坦的冲积平原、坡地、河谷低地和丘陵地的淡黑钙土、黑钙土、草甸土地区都有分布。高原上的低地、河湖遗迹以及丘陵起伏的地段，由于小地形起明显的作用，可以生成草甸草原、沼泽草甸和盐生植被等组成的草甸草原复合体。

草甸草原还是我国主要的天然优良割草场。根据生态条件和优势种植物的不同，又可以分为丛生禾草、根茎性禾草及杂类草等草甸草原亚类。草原植物种类都比较丰富，例如以丛生禾草贝加尔针茅为优势种的贝加尔针茅草甸草原。主要禾草有贝加尔针茅、羊草、隐子草、野古草、拂子茅等；杂类草有柴胡、萎陵菜、麻花头、蒿类等。这些植物在不同季节开花，五颜六色，故有“五花草塘”的美名。

辽阔的干草原

在半干旱气候条件下，以旱生的多年生草本植物占优势所组成的草原植被，称为干草原。由于气候原因，干草原没有自然成林现象，即使在阴坡也只能生长一些灌木。另外，干草原地区每年春季酷旱，常刮旱风，草木焦枯。这是干草原与草甸草原在生活环境方面的最大区别。

干草原是草甸草原与荒漠草原之间的过渡类型，这些地区气候干旱，热量充足，年降水量250～400毫米，并且多集中在夏季；春旱比较严重，影响牧草的发育。土壤多以暗栗钙土、栗钙土和淡栗钙土为主，腐殖质层深达35厘米，自然肥力较高。

干草原在我国内蒙古丘陵起伏的高原上有广泛的发育，并向西南延伸到黄土高原。向西北进入广阔的荒漠境内，受干燥气候的影响，只出现在一定高度的山地上。在我国东北广泛分布于黑土平原上。在西藏高原的东北部则成带状分布。根据不同草原的植物组成情况，干草原可以划分为丛生禾草、根茎性禾草和杂类草干草三个种类。而丛生禾草干草原每平方米有植物10～20种，草层高60～80厘米，结构层次分明，覆盖度高。生产力较高，亩产鲜草125～250公斤，为我国优良的天然牧场，适于牧养各种牲畜，最宜细毛羊和马的放牧。

干旱的荒漠草原

沼泽是最湿润的草地，那么最干旱的草地则是荒漠草原。在干旱气候条件下，以非常稀疏的真旱生的多年生草木植物为主，并混生有大量旱生小半灌木所组成的植被类型，称为荒漠草原。

荒漠草原是草原向沙漠过渡的一类草原，是草原植被中最干旱的一类草原。这里属典型的大陆性气候，热量比较丰富，年降水量为150～200毫米，蒸发量超过降水量的数十倍。土壤主要为栗钙土、棕钙土和灰钙土，腐殖质层较薄，肥力较低。

我国的荒漠草原主要分布在内蒙古高原的中北部和鄂尔多斯高原的中西部、宁夏的中部、甘肃的东部、黄土高原的北部及西部、新疆的低山坡麓等地区。这里牧草生长条件比干草原更差，如果没有地下水的补给，往往成为不毛之地。所以，荒漠草原的植物种类单调，不过在这些地区有许多特殊的植物很有价值，发菜就是其中一种，其蛋白质含量非常高，曾一度引来人们的大量采摘，对草场造成了严重的破坏。自2000年起，我国颁令取缔发菜市场。

荒漠草原因气候干旱，不能旱作，改良条件差。如果积极采取有效措施，开发地下水源进行培育，发展畜牧业生产的潜力还是很大的。

奇异的山地草原

山地草原指在一定海拔高度的山谷和山坡上，由各种类型的多年生草本植物所组成的植被。

山地草原气温较低，年降水量稍高，可达300～500毫米，但蒸发量低，湿润系数较高，土壤主要为山地暗栗钙土和栗钙土。地势倾斜，土壤中丰富的盐类易于淋溶和流失，土层薄，肥力中等，基质多石砾质。

山地草原的植物种类丰富，每平方米约有15种，有些是耐寒性强、适于冰雪的种类。灌木的种类亦不少，如绣线菊、栒子木、蔷薇类等，并有一些山地特有种。由于组成植被的优势种不同，草层较高的可达50～70厘米。

山地草原主要分布在西北荒漠地区的各大山地，特别在阿尔泰山、准噶尔界山、天山等分布普遍。植被主要是由密丛型小禾草和喜冰雪的杂类草所组成。像细柄茅以及一些蒿类，如博乐蒿等在高山区生长。其他还有一些细草、苔草和萎陵菜等，草质良好适于放牧各种牲畜。

四季常青的山地草丛

在亚热带和热带海拔500～700米以下的低山及和缓起伏的丘陵上，由喜温热的中生或旱中生的多年生草本植物和杂类草，以及少量稀疏散生的乔木所组成的植被，称为山地草丛即南方常说的草山、草坡。

在我国，山地草丛南方分布广，面积约7亿亩。长江以南水热条件较好。由于雨水充沛，气温高，所以南方山地草丛牧草覆盖度大，一般都在80％～90％左右。由于南方山地草丛的自然条件比北方优越，特别是水、热、土壤的变化，为灌木草丛的发育提供了条件。山地草丛一般都可以放牧或割草，为中国南方良好的天然饲草地，有些地区可以昼夜放牧，不需棚圈。

巍峨挺拔的高寒草原

在海拔4500米以上的高原上，由寒旱生的多年生丛生禾草为主，并有不同数量的垫状植物和高原灌丛所组成的植被，称为高寒草原。

高寒草原是我国草原群落的一种植被类型。高寒草原的气候寒冷干燥，冬季多风。夏季受西风气流的影响比较湿润，年降水量为100～300毫米。土壤为山地草原土，有强烈的石灰质反应，钙积层显著，土质粗松，含碎石砾质。结构稀疏简单，草层低矮，一般草高15～20厘米。草场利用的季节性明显，适于夏秋短期放牧。

高寒草原主要分布在青藏高原的北部、东北部，新疆和青海高山的顶部也有，主要植物为紫花针茅。在藏北羌塘高原上分布有羽柱针茅等，并有几种羊茅属植物。垫状植物如蚤缀、点地梅等成片状分布。伴生种有蒿类、锦鸡儿、葶苈、大蒜芥、虎儿草和风毛菊等。

第三节 丰富多彩的草原资源

草资源对人类具有生产功能、防护功能和环境功能。它是动物饲养业赖以发展的物质基础，具有调节气候、防风固沙、涵养水源、保护水土以及美化环境、净化空气、防治公害等重要作用。草原上生长着多种优良牧草，是重要的畜牧业基地。此外，草原植被还蕴藏着许多药用植物，可采收利用。

牲畜的“粮仓”

广阔无垠的草原为牲畜提供了食之不竭的饲用植物。所谓饲用植物，就是指各种牲畜所采食的草本植物（牧草）和木本植物（半灌木、灌木和小乔木）。它们的生态条件、形态特征和营养成分虽各有不同，但是每一种植物都像一个自动化的“工厂”，能够不断制造出本种植物所特有的产品，供牲畜食用；这种生产是迄今人们所难以替代的。

宝贵的"活财富"

牲畜是草原上数量多、分布广、经济价值高的"活财富"。世界各国经过劳动人民长期的饲养和选育，其数量不断增加，质量亦有所提高。它们不但是世界各国发展畜牧业的物质基础，而且对国外其他畜种的形成和发展也有较深远的影响。

草原上的马、牦牛、羊和只有荒漠、半荒漠草原地带的特有家畜骆驼等，这些都是草原上宝贵的"活财富"。

种类繁多的天然动物园

草原上除了产牧草和可饲养牲畜以外，还是珍禽异兽安居的乐园。据统计，在我国1200多种鸟类和数百种的两栖类、爬行类动物中，就有150多种珍贵的野生经济动物生活在草原上。

由于草原开阔，长期生活在草原上的黄羊、野马、野驴和野骆驼等为了躲避敌害，练就了一身长跑的本领，被称为草原上的长跑"健将"。在号称世界屋脊的青藏高寒草原上，生态条件独一无二，藏羚羊、白唇鹿、野牦牛是适应生存下来的珍奇动物。

除了在地上奔跑的，云雀和百灵鸟也是草原上的老住户，它们清脆悦耳的"歌声"给草原增添了一份美妙的情趣。

总之，无论是天上飞的，还是地上跑的，它们在草原上"安家落户"，使得草原成了种类繁多的天然动物园。

别具一格的塞外鱼乡

草原上，大河溪流纵横交错，湖泊、泡沼、坑塘、水库也数量繁多。丰富的水面资源不仅滋润着草原、灌溉牧草、供人畜饮用，而且还是一个潜力巨大的渔业生产基地。所以，我们称它为别具一格的塞外鱼乡。

草原地区大、中城市少，工业不很发达，因而空气新鲜，大气或水域少污染。

水域中凶猛鱼类也比较少，为鱼类的健康生长提供了有利的环境。另外，草原上水草丰美，牲畜密度大，每年夏秋季节，许多有机物质，如牛羊粪、各种草籽等等，都被雨水冲入湖中，滋养了大量的浮游物和底栖生物，这为鱼类提供了丰富的饵料。

草原水域中的鱼类资源不仅数量大，而且种类很多，有很多著名的经济鱼类，如呼伦贝尔草原上额尔古纳河所产的北方冷水性哲罗鱼，每尾重达30多公斤，又被称为“海中绵羊”。

得天独厚的中草药材

草原上的药用植物是非常丰富的。据统计，在我国草原上的野生药用植物约200种以上，这些宝贵的生物资源，是一笔潜力巨大的社会财富。

草原药用植物种类多、分布广、藏量大。例如，人称“药中之王”的甘草在各地草原都有分布，以陕北、内蒙古杭锦旗和阿拉善草原上的质量最好。寄生在荒漠草原上的一种名叫“梭梭”根上的药用植物肉苁蓉，又称大蓉，不仅是牲畜的高级营养食品，而且也是一种滋阴壮阳、补血益气的名贵药材。在中国草原上还有一味贵重的药材，叫“冬虫夏草”，简称虫草。虫草富含脂肪8.4％，粗蛋白质25.3％，碳水化合物26.9％以及7％的虫草酸、虫草素和D-甘露醇等多种成分，并具有益肺肾，补精髓，止血化痰的功能，主治虚痨咯血、阳痿遗精、腰膝酸痛等多种疾病。

此外，草原上分布的其他诸如枸杞、贝母、大黄、羌活、黄连、附子、麦冬、川芎、白芍等植物也都是价值很好的中药材。

素中之荤的草原“口蘑”

独特的草原生态条件，是蘑菇生长的良好环境。其中价值最高，在国际上享有很高声誉的要数“口蘑”。

口蘑色泽洁白，皮薄肉厚，香味浓郁，滑嫩爽口，味道鲜美。据化验，口蘑的大部分种类约含蛋白质3.47％，碳水化合物3.5％，脂肪4.2％，纤维8.4％，还有少量的钾、磷、钙、铁等矿物质元素，以及维生素B、C和多种氨基酸。科学家研究指出，2.5公斤蘑菇的营养价值，相等于1公斤牛肉，故有“素中之荤”和“植物肉”之称。

长期食用口蘑，有降低血压、胆固醇和预防肝炎、软骨病的功效。此外，科学家还发现蘑菇含有一种新抗生素，能抑制结核菌和伤寒杆菌的生长。由于产量不高，需求量大，所以价值昂贵，目前是中国市场上最为昂贵的一种蘑菇。

第十二章

草原的分布

第一节　世界草原分布

世界草原的分布主要集中在北美洲的北美大草原，非洲的南非草原，以及横跨亚欧大陆的欧亚大草原。三大草原各有特点，都在为人类和地球无私地贡献自己的资源。

北美大草原

北美大草原从加拿大南部直达墨西哥中部，东起美国伊利诺伊州西部和俄克拉何马州的落叶林西缘，西至落基山脉。该草原是世界上面积最大的禾草草地，为世界上草原经营现代化、生产效率最高的草原生态系统之一。

该草原可分为三大草区：

高草区：包括从加拿大到墨西哥湾的广大地区。特征植物主要为小须芒草和大须芒草。但高草的营养价值不高，且植株高大，不适于绵羊和犊牛放牧。

荒漠—禾草区：从美国西南部延伸至墨西哥北部，海拔在1300米以下。年降水量仅250～500毫米，50%～70%降于晚夏，而年蒸发量一般为2000毫米。植物根系广泛分布于土壤表层。天然植被变化大，主要禾草为黑格兰马草；主要灌木为牧豆树、金合欢、桧属的小针叶树等。可全年放牧。

低草区：从落基山山麓地带向东延伸，在西经100°与高草区相连；北自加拿大南至新墨西哥州与德克萨斯州中部，然后过渡到荒漠—禾草区。天然植被以格兰马草、野牛草为主。耐牧性比高草区强。在南部可全年放牧，中部可放牧 8～10 个月，北部可放牧 4～8 个月。

南非草原

南非草原是指各种类型的南非开阔地带。该草原可以以地势为准分为三个部分：

海拔在 150～600 米之间的区域，主要分布于瑞斯瓦尔、斯威士兰及赞比亚的东南部，其植被在较高地区为金合欢等集团树丛与孔颖草草地相间分布，在低地则孔颖草为细草皮草、大戟科植物及其他肉质植物所取代。

海拔在 600～1200 米之间的区域，分布于好望角与纳米比亚，植被以耐火植物和高大的多年生禾草及杂类草为主。

海拔大多在 1200～1800 米之间的区域，分布于南非、博茨瓦纳、莱索托、津巴布韦和赞比亚等地区，其特征植物为孔颖草。

欧亚大草原

欧亚大草原是指从欧洲的乌克兰西南部，沿里海、亚速海，东经哈萨克斯坦，直到西伯利亚西部的阿尔泰山、中国的内蒙古自治区及东北地区西部。

该草原植被以中、旱生禾本科植物如针茅、冰草、雀麦等为主，并杂有藜科和菊科植物。其南部由于气候逐渐变得干旱，其植被也变为蒿属—禾草草地及蒿属灌丛草地。

干草产量 385～3750 千克/公顷。特征动物以驴、马、山羊、绵羊及羚羊等大型有蹄类为主，它们适于长途迁徙，随季节变化逐水草为生。其中由于家畜的大量增加，大型有蹄类野生动物数量锐减，多种啮齿类动物则大量繁衍。由于过渡放牧和开垦破坏了生态平衡，已出现土层变薄、土壤贫瘠、植被稀疏和动植物种类简化、有蹄类动物体重下降的趋势。

第二节 中国著名草原

中国草原广泛分布于东北的西部、内蒙古、西北荒漠地区的山地和青藏高原一带，横亘于北纬30～50°之间，蜿蜒万里，十分广阔。总面积为3.93亿公倾，约占世界草地面积的12.4%，占国土面积的41.7%，仅次于澳大利亚，居世界第二位。

呼伦贝尔大草原

呼伦贝尔大草原位于内蒙古呼伦贝尔盟，因其旁边的呼伦湖和贝尔湖而得名，是世界最著名的三大草原之一。草原总面积1.49亿亩，有3000多条纵横交错的河流，500多个星罗棋布的湖泊，一直延伸至大兴安岭。草原是内蒙古主要的畜牧区，出产著名的三河马、三河牛。

呼伦贝尔大草原是我国现存最丰美的优良牧场，几乎没有受到任何污染，所以又有"最纯净的草原"之说。在被誉为"中国第一曲水"的莫尔格勒河畔，有一个"金帐汗蒙古部落"，是呼盟唯一以游牧部落为景观的著名旅游景点。

呼和诺尔旅游点位于呼伦贝尔盟陈巴尔上贡旗境内，距海拉尔市61公里。呼伦贝尔草原是世界著名的天然牧场，呼和诺尔可称作是呼伦贝尔草原风光的代表。坦荡无垠的草原环抱着波光潋艳的呼和诺尔湖。

呼伦贝尔大草原是我国目前保存最完好的草原，生长着碱草、针茅、苜蓿、冰草等120多种营养丰富的牧草，有"牧草王国"之称。

每逢盛夏，草原上鸟语花香、空气清新。星星点点的蒙古包上升起缕缕炊烟，微风吹来，牧草飘动，处处"风吹草低见牛羊"。蓝天白云之下，一望无际的草原、成群的牛羊、奔腾的骏马和牧民挥动马鞭、策马驰骋的英姿尽收眼底。

锡林郭勒大草原

锡林郭勒大草原地处内蒙古高原的中东部，是我国国家级草原自然保护区。锡林郭勒在蒙古语中意为“辽阔草原上的河流”。这里的草原类型多样，有草甸草原、荒漠草原、沙地草场等，是我国最具代表性和典型性的温带草原。

锡林郭勒大草原面积18万平方公里，是目前我国植被和地貌保存较为完好的草原之一。该草原可分为五大类：草甸草原、典型草原、荒漠草原、沙地植被和其他草场类，其中草甸草原和典型草原占65%。

草原上还分布着20余条大小河流，470余个大小湖泊；生长着1200多种野生种子植物，分药用植物和食用植物。水产养殖以各种鱼类居多。被列入国家重点保护的野生兽类和禽类有上百余种。锡盟草原的芦苇资源也极为丰富，面积达43万亩，主要分布于乌拉盖河流域，芦苇蕴藏量为17.2万吨。

锡林郭勒盟以其辽阔的草原，富集的资源和独特的风光驰名中外，是骑马驰骋草原体验游牧民族风情的最佳场所，也是骑自行车、摩托车或驾四轮驱动车越野旅游的首选之地。它拥有一碧万顷的天然牧场和内蒙古自治区1/4的牛羊，是一座名副其实的绿色宝库。

若尔盖大草原

若尔盖草原位于阿坝藏族羌族自治州东北部的红原县和若尔盖县境内，青藏高原东部边缘地带，阿坝藏族羌族自治州北部。四周分别与甘肃省玛曲、碌曲、卓尼、迭部四县接壤，面积近3万平方公里，由草甸草原和沼泽组成。

西部草原是半农半牧区，有耕地8万亩，适宜种植一年生农作物，以青稞为主，其次有小麦、豆类作物和洋芋等；若尔盖草原的中西部和南部为典型丘状高原，地势由南向北倾斜，植被以由草甸草原和沼泽组成的草原为主。这里河曲发达，水草丰茂，适宜放牧，以饲养牦牛、绵羊和马为主，为纯牧业区，素有“川西北高原的绿洲”之称，也是全国三大草原牧区之一。

若尔盖草原动植物种类繁多，分布有国家湿地保护区、黑颈鹤保护区、梅花鹿保护区。栖息着黑颈鹤、白天鹅、藏鸳鸯、白鹳、梅花鹿、小熊猫等大量候鸟和野生动物。盛产麝香、虫草、贝母、鹿茸、雪莲等名贵药材。

该草原属高原寒带湿润季风气候。根据地貌特征，分为东部大陆性山地中温带半湿润季风气候和西部大陆性季风高原气候两种气候区。西部丘状高原，气候严寒，四季不明，冬长无夏。

那拉提草原

那拉提草原东南接那拉提高岭，西北沿巩乃斯河上游谷地断落，地势大面积倾斜，是发育在第三纪古洪积层上的中山地草场。

传说成吉思汗西征时，有一支蒙古军队由天山深处向伊犁进发，当时正值春天，山中却是风雪大作。但当大军翻过山岭，眼前却是一片草原，山泉密布，溪流纵横，缘山脚冲沟深切，河道交错，犹如进入了另一个世界。这时云开日出，夕阳如血，人们不由大叫“那拉提（有太阳），那拉提”，于是该草原由此得名。

那拉提草原系亚高山草甸植物，由茂盛而绚丽的中生杂草与禾草构成，植株高达50～60厘米，覆盖度可达75%～90%。年降水量可达800毫米，有利于牧草的生长，载畜量很高，历史上的那拉提草原有“鹿苑”之称，是巩乃斯草原的重要夏牧场。

那拉提草原是世界四大草原之一的亚高山草甸植物区，自古以来就是著名的牧场，具有平展的河谷、高峻的山峰，深峡纵横、森林繁茂、草原舒展交相辉映，并同当地哈萨克民俗风情结合在一起，成为集观光、游览、科学考察、休闲娱乐、避暑度假、购置纪念品为一体的旅游观光度假区。

第四篇

“大地的舞台，上帝的脸盆”
——高原与盆地

第十三章

大地的舞台——高原

第一节 高原的形成

海拔高度一般在1000米以上，面积广大，地形开阔，周边以明显的陡坡为界，比较完整的大面积隆起地区称为高原。高原与平原的主要区别是海拔较高，它以完整的大面积隆起区别于山地。高原素有“大地的舞台”之称，它是在长期连续的大面积的地壳抬升运动中形成的。下面我们就高原的成因、分布、气候、植物特征等几方面作详细的介绍。

高原的成因

一说到高原，人们便会想到青藏高原的崇山峻岭、千山万壑的形象，其实这只是高原中的一种。

如果你有机会到内蒙古高原去旅游，看到那儿的地形地貌宽展平缓，放眼望去四周是一望无际的大草原，跨上骏马可以任你驰骋。初来者也许还会把这儿当成华北大平原呢？

那么，高原究竟是怎样形成的呢？主要是地壳大面积上升的结果。由于地层整体大面积缓缓上升，没有剧烈的褶皱起伏，没有受力不均所造成的扭曲，保持了平坦的外貌，与周围的平原和丘陵相比像是一个大平台。因为经过了长时期的风化作用，高处的岩石经风化破碎了。细小的岩屑、粉砂和尘土被风和雨水吹刮和冲带到低凹处，渐渐地使凸起部分降低并把凹陷处填平了，地形就变得平坦了。地壳裂缝中向外喷发出来的大量炽热的岩浆流，迅速散布到起伏不平的地方、冷凝后成为坚硬的岩石层，又使地势变得更加平坦了。

形成年代较短的高原一般比较平坦，而年代较长的则因长期受风化侵蚀，比较低矮，所以看起来和山地一样。

高原在世界上的分布

全世界居住在高原高山地区人口约5亿多。

高原可以根据其分布状况，分为山麓高原、山间高原、海底高原、大陆高原等。山麓高原是介于山脉和平原之间，分布于山脉外缘的高原，如巴塔哥尼亚高原。山间高原是与其周围山脉同时形成的高原，部分或全部被山脉包围，如中国的青藏高原。海底高原又称海台，是海底具有较平坦宽阔顶面的海底高地，一般相对于邻近低地高差在1000米以上，顶面起伏不大。大陆高原或称台地，是从低地或海边陡然升起的高原，如南非的高原或台地。

高原的气候特征

高原气候是指高原条件下形成的气候。由于高原所处的地理位置、海陆环境、海拔高度和高原形态上的差异，气候也各不相同。主要特征有以下几个方面：

1. 低压缺氧。大气压随高度而变化，组成大气的各种气体的分压，亦随高度而变化，即随高度增加而递减。氧气分压也是如此。大气中的含氧量和氧分压降低，弥散动脉血氧分压和饱和度也随之降低，当血氧饱和度降低到一定程度，即可引起各器官组织供氧不足，从而出现缺氧症状，如头痛、头晕、心慌、恶心、失眠、血压改变等。这也是各种高原病发生的根本原因。

2. 寒冷干燥。气温随着海拔高度的升高而逐渐下降，一般每升高1000米，气温下降约1℃，有的地区甚至每升高150米可下降1℃。高原大部分地区空气稀薄、干燥少云，白天地面接收大量的太阳辐射能量，近地面层的气温上升迅速，晚上地面散热极快，地面气温急剧下降。因此，高原一天当中的最高气温和最低气温之差很大，有时一日之内历尽寒暑，白天烈日当空，而晚上及清晨气温有时可降至0℃以下，这亦是高原气候一大特点。

3. 日照时间长，太阳辐射强。高原空气稀薄清洁，尘埃和水蒸气含量少，大气透明度比平原地带高，太阳辐射透过率随海拔高度增加而增大，强紫外线和太阳辐射的影响主要是暴露的皮肤、眼睛容易发生损伤。高原地区太阳光中的强紫外线辐射容易引起眼睛的急性损伤，主要是引起急性角膜炎、白内障、视力障碍及雪盲症。

高原的动植物特征

高原地域辽阔，高山纵横，生态环境十分复杂，为各类生物的生存、生长和繁育发展提供了非常有利的条件，动植物种类是极其丰富的。

科学家发现，高原地区有着促使动植物加速生长的地理环境和气候条件。就比如帕米尔地区吧，空气新鲜而干燥，二氧化碳含量极为稀少，却适宜生长各种各样的果树，如美国的橡树、西伯利亚落叶松，以及远东的五加皮等等。我们再看卢文佐利地区，那里气温很高降雨量很大，土壤中含矿物质丰富，一种在平原上很不起眼的小植物——石南，在那里竟能长到 25 米高；金丝桃在欧洲最多只有半米高，但在那里却能长到 15 米。

根据有关资料统计，仅在我国青藏高原和喜马拉雅山区，各类野生动物有 700 多种，其中有 40 余种属特有种，高等植物种类有 5800 多种。在喜马拉雅山海拔 4000 米左右的高山地带生长着 150 多种杜鹃，占世界杜鹃总数的 17%。每当春风细雨唤醒满山遍野的杜鹃时，那殷红、鹅黄、粉白、靛紫各种颜色在蓝天、白云、雪山的映衬下，这些规模巨大的色彩以其无与伦比的磅礴气势和视觉效果，给人以强烈的心灵震撼，无不使人心醉神迷。

高原地区紫外线的辐射要比平原强得多，这些高剂量的紫外线有可能使控制植物生长的细胞染色体产生遗传骤变，从而改变植物的生长速度。高原植物奇特生长的原因究竟是什么，还有待于科学家们做进一步的考察和实验。

高原矿产资源的开发与利用

矿产资源是指经过地质成矿作用，使埋藏于地下或出露于地表并具有开发利用价值的矿物或有用元素的含量达到具有工业利用价值的集合体。矿产资源是重要的自然资源，是社会生产发展的重要物质基础。目前世界已知的矿产有 1600 多种，其中 80 多种应用较广泛。

由于高原特殊的大地构造位置和复杂的地质发展历史，使其产生了极其丰富的矿产资源。目前世界上许多高原已探明有铬、铜、锌、钾盐、锂、镁、硼等珍贵资源，亟待人们的开发和有效利用。

有资料表明，全球的高原矿产资源无论是种类还是储量都是巨大的。但往往由于交通不发达、工作条件艰苦，致使大量矿产尚未查明。已经查明的，又难以大规模开发或运出，使得宝贵的资源得不到充分利用，人们所说的“捧着金碗讨饭吃”，正是这种情形。像我们国家青海察尔汗盐湖的钾盐、钠盐、锂盐，锡铁山的铅锌资源等恰好是外地的紧缺矿种，这些优势资源与外地资源形成互补，将弥补我国资源分布不平衡的缺陷。在矿产资源短缺的大背景下，高原矿产资源的有效开发和利用就显得尤为重要了。

第二节　中国高原特点

我国高原广阔，特点明显。如黄土高原沟壑万千，黄土覆盖蔚为壮观；内蒙古高原则地表坦荡，东部是草原，西部为沙漠，有天苍苍，野茫茫，风吹草低见牛羊的美丽景色，令人着迷；云贵高原包括云南省西部以及贵州大部，是典型的喀斯特地貌，溶洞石林钟乳石等奇观遍布；而青藏高原是世界上海拔最高的高原，被称为“世界屋脊”，面积有 250 万平方公里，占了我国国土面积的 1/4，高原上有著名的山脉喜玛拉雅山脉，有世界最高峰的珠峰。

黄土高原

黄土高原西起祁连山，东止太行山，北起长城，南达秦岭。它的气候，我们也可以简单概括为以下几点：

1. 雨量较少，时间短。年雨量一般在 300～600 毫米之间。黄土高原上，雨量不多，且多集中在夏季，由于降雨多集中在夏季，且常出现暴雨，暴雨又常带有冰雹出现。多冰雹是黄土高原的一个气候特色。急骤的暴雨往往造成山洪暴发和水土的大量流失。

2. 日光充足，日照时间多，无霜期较长，热量条件比较优越。各地的年日照一般都在2000～3000小时之间，由南向北逐渐增多。拥有比较充足的光照条件和比较丰富的热量资源，也为喜温和喜阳性植物的发展提供了良好的气候条件。

3. 在它的冬春两季，大风和春旱现象比较明显。由于日光充足，热量条件比较优越，再加上冬春季节多大风，蒸发普遍比较强烈。因此冬干、春旱现象也相应表现得比较明显。

黄土高原上，雨量不多且多集中在夏季，所以黄土高原上云量少，晴天多，日照时间长，日光充足，热量条件比较好。

据计算，黄土高原上的可能蒸发量都普遍超过实际降水量，而且也表现出由南向北逐渐加剧的特点。在黄土高原的北部，沿长城一线的盐池、定过、横山一带，由于地热高、日照时数多、降水少、风速大、湿度低等原因，是整个黄土高原蒸发量最强烈的地区，也是黄土高原冬干、春旱现象最明显的地区。

内蒙古高原

内蒙古高原位于中国北部，是我国的第二大高原，又称北部高原。东起大兴安岭和苏克斜鲁山，西至马鬃山，南界祁连山麓和长城，北接蒙古人民共和国。东西长约2000多公里，面积约130万平方公里，海拔1000米左右。

内蒙古高原海拔1000～1200米左右，呈南高北低状，高原上普遍存有5级夷平面，形成层状高原。如果我们从飞机上俯视高原，可以看到地面起伏和缓，犹如烟波浩瀚的大海。它还是我国天然牧场和沙漠分布地区之一。

高原气候是比较干燥的，沙漠分布面积要占全国沙漠总面积的37.8%。黄河流经内蒙古高原中部的这一段，有的地方河谷紧缩，成为峡谷；有的地方河谷宽展，泥沙堆积成肥沃的冲积平原，这就是我们常说的河套平原。河套平原自古还有“塞上江南”之称。

高原上日照充足，年日照总时数大约在2800～3200小时；大风天气较多，日数在每年40～100天，可用来发电。土地资源也非常丰富，牧草生长良好，是我国最主要的畜牧业基地。草原上还盛产中草药，如甘草、黄芪、黄芩、赤芍、麻黄等。高原上高盐湖有盐、碱、芒硝等资源。矿产资源也十分丰富，有煤、铁、铌、稀土矿等 70 多种。

云贵高原

我们一般说的云贵高原其实是指贵州高原和云南高原的总称，它包括贵州全省，云南省哀牢山以东地区，广西的北部地区和四川、湖北、湖南等省交界地区，海拔高度在 1000～2000 米之间，与西北黄土高原相仿。但贵州高原和云南高原在气候特色和自然景观方面还有着不完全一样的特点。

贵州高原的气候特色，我们简单概括为：雨量较丰，雨势和缓，雨日较多，全年多云雾，少日照，气候湿润，有冬暖夏凉之感。因为它多阴天、多雨日，因而日照显得偏少，贵州高原的年日照时数，大概只有黄土高原的一半，平均每天只有 4 小时的日照时间，这是它气候上的一个不足之处。虽然日照时间少，但热量条件还是比较优越的，热量条件最好的高原南部地区，则长达 335 天以上，几乎全年都是生长期。总的来说，贵州高原的气候冬季比较暖和，夏季比较凉爽。

在云南省境内，以哀牢山界，大体上可分为东西两个部分，哀牢山之西为我国著名的横断山脉区，哀牢山之东即为云南高原。

整个云贵高原，由于地理位置偏南、地理纬度较低，所以都属于亚热带高原，而又具有低纬度亚热带的气候特色。云南高原的气候条件优越而又奇特，它的海拔高度较高，使它不完全同于亚热带的气候。受到高原地形和海拔高度的影响，极大地丰富了云南的自然景观和它的气候状况，使云南高原的气候别具一格。可简单概括为：夏无酷暑，冬无严寒，温度适宜，四季如春。

青藏高原

青藏高原旧称青康藏高原，是亚洲中部的一个高原地区，它是世界上最高的高原，平均海拔高度在 4000 米以上，有“世界屋脊”和“第三极”之称。我们说“高”是青藏高原地形上的一个最主要的特征，在地形上它的另一个重要特色就是湖泊众多。

著名的青海湖位于青海省境内，为断层陷落湖，是中国最大的咸水湖。在湖泊周围、山间盆地和向阳缓坡地带分布着大片翠绿的草地，所以这里是仅次于内蒙古、新疆的重要牧区。

说到青藏高原，我们不得不说说它的形成原因。青藏高原有确切证据的地质历史可以追溯到距今4亿～5亿年前的奥陶纪，其后青藏地区各部分曾有过不同程度的地壳升降，或为海水淹没或为陆地。大约在2.4亿年前，印度板块开始向北向亚洲板块挤压，由此引起昆仑山脉和可可西里地区的隆起。随着印度板块不断向北推进，并不断向亚洲板块下插入，青藏高原在此上升阶段中形成。它的形成并不是一次就完成的，其上升速度曾几度达到停止，有时也是非常迅速的。青藏高原现在是世界上最年轻的一个高原。如今的青藏高原中部以风化为主，而边缘仍在不断上升。

由于高度，使得青藏高原的空气比较干燥、稀薄，太阳辐射比较强，气温比较低。

青藏高原的地形比较复杂，气候严寒，这使得虽然在逐年修筑公路，便利汽车运输，但在广大的高原上，许多传统的方式仍然被沿用。

青藏高原的气候变化也是影响地球气候的一个重要因素。

青藏高原上人烟稀少。不过据科学考证，它可能在两万年前就已经有旧石器文化的人类生存了。青藏高原上的文化受到其周围文化（汉文化、西域文化和印度文化）的影响，但同时它也保存了它的独有性。至今仍流传雪顿节、沐浴节、望果节等传统文化节日。

帕米尔高原

帕米尔高原位于中亚东南部、中国的西端，地跨塔吉克斯坦、中国和阿富汗。目前除东部倾斜坡仍为中国所管辖外，大部分属于塔吉克斯坦，只有瓦罕帕米尔属于阿富汗；“帕米尔”是塔吉克语“世界屋脊”之意。它与青藏高原同称世界“屋脊”，这就是著名的帕米尔高原。

帕米尔高原实际上不是一个平坦的高原面，而是由几组山脉和山脉之间宽阔的谷地和盆地构成。根据地形特点，帕米尔高原分为东西两部分：东帕米尔地形较开阔坦荡，绝对高度5000～6000米，相对高度不超过1000～1500米；西帕米尔则由若干条大致平行的东北—西南方向的山脉谷地构成，地形相对高差大，以高山深谷为特征。

帕米尔高原的气候属高寒气候，自然景观垂直变化明显。高原上有广阔的牧场，比如在塔什库尔干河谷地，可种青稞小麦等多种作物。

古代丝绸之路曾经过帕米尔高原，道路十分艰险。而今日从塔里木盆地乘汽车只需一天，便可到达帕米尔高原上的塔什库尔干。沿途还可观赏高原东缘海拔7719米终年积雪的公格尔山，和海拔7546米的慕士塔格山。

马拉雅山、喀喇昆仑山、昆仑山脉、天山山脉、兴都库什山脉等都在这里聚首汇结。群山起伏，连绵逶迤，雪峰林立，构成了世界上这座有名的高原。

第三节　世界高原的特点

地势高，但地形起伏较缓的高原在世界上有广泛的分布。比如中国的青藏高原是世界最大的高原之一，更是世界最高的大高原。南美洲的巴西高原则是世界最大的高原。印度的德干高原虽不高，也不很大，但作为农业最发达的高原地区之一也很出名。而非洲大陆几乎整个是一个高原，但又可分几块，其中东非高原最出名。

巴西高原

巴西高原位于南美洲中东部，介于亚马孙平原和拉普拉塔平原之间，面积约500万平方公里，是占巴西国土一半以上的大高原。除了南极洲的冰雪大高原，它是世界上最大的高原，这就是著名的巴西高原。

巴西高原为一古老高原，发源于巴西陆台，古老的基底岩系由花岗岩、片麻岩等组成。地表比较平缓，地势向北和西北倾斜，大部分具有上升准平原特征，由于各部分构造的具体情况、升隆程度及岩性的不同，在地形特征上具有明显差异。巴西高原由于近些年来上升的结果，其边缘普遍形成缓急不等的崖坡，河流流经其间多陡落成为瀑布或急流，并切割成峡谷。高原多森林、草原，矿产及水力资源非常丰富。

它与寒冷的西藏高原不同，地势南高北低，山岳、地岗、高台地之间起伏平缓，大多在海拔 600—800 米之间，称为“桌状高地”。

高原大部分地区属热带草原气候。一年当中，差不多有四五个月是旱季。在干旱较严重的地方，生长着一种南美洲特有的抗旱植物，被称之为巴萨尔木。该树中间粗、两头细，像纺锤一样，因此又叫“纺锤树”。它特别轻，一棵 10 米高的纺锤树只要一个人就能举起来。

它不仅是巴西的农牧业重要产地，还有丰富的矿藏资源，如铁、锰、金刚石等。伊塔比拉铁矿，是世界著名的优质大铁矿。

德干高原

德干高原位于印度半岛上的德干高原，地势西高东低，平均海拔在 600～800 米，高度不大的东高止山和两高止山位于高原东西两侧，由于两山之间的高原面久经侵蚀，大多以残丘、地垒和地沟为主。

地质年代古老，再加上高原地势比较平坦，这有利于农耕。大面积的厚层玄武岩层覆盖高原西部，风化层保水性能良好，宜于植棉、粟等作物。经过风化形成肥沃的黑土，适宜种植棉花，又称为黑棉土，这里因此成为印度重要的棉花产区。而在高原的中南部地区，降水较少，却适宜花生、玉米的生长。

印度半岛的主体为波状起伏的广大高原，平均海拔 450—900 米。西高东低，发源于高原上的各大河流，东流入孟加拉湾，把高原切割破碎，形成大小不一的东西走向的丘陵山地、河谷平原和盆地。

德干高原属典型的大陆性季风气候，雨量充沛。

高原的东北部还是印度的主要矿产区，矿产资源有铁矿、锰矿、煤、云母等矿。其中云母储量居世界首位，铁矿石大量出口日本等国家。

中西伯利亚高原

中西伯利亚高原地位于俄罗斯境内，属西伯利亚中部，介于叶尼塞河与勒拿河之间的火成岩高原，在地质上又通常被称为西伯利亚地盾。东界勒拿河，西界叶尼塞河，南隔萨彦岭与蒙古高原相邻，北濒北冰洋的喀拉海和拉普捷夫海，面积 150 万平方公里。属古老台地高原，海拔 500～700 米。

中西伯利亚高原大部分地区位于北极圈内，高原属大陆性气候，冬季漫长寒冷，夏季短促温暖。它的冬季长达6～8个月，1月份平均气温在零下30℃，极端最低温达到零下50℃，年均降水量达到300～600毫米。不过也因为蒸发量少的缘故，以至河流众多，水量较大，拥有富裕的水力资源。

由于网状河流强烈深切高原，使得高原面河谷纵横，呈阶地形状发育，地形破碎。世界最深湖——贝加尔湖，就位于高原的南侧。如今，在湖附近建起了大型水力枢纽群，是重要电力基地。

高原内大部分地区被寒带针叶林所覆盖，并蕴藏有丰富的煤、铁及有色金属矿藏。黄金、钻石、天然气等矿产资源也十分丰富。但因生存条件恶劣使得开发困难，目前仅有南部铁路沿线的少量水电、工矿业，以及中部木材砍伐和加工业发展起来。再有就是北部高寒区的养鹿和北冰洋的渔、猎业。

墨西哥高原

墨西哥高原位于北美大陆南部。北起墨西哥、美国边界，马德雷山脉环绕它的东、西、南三面，面积120万平方公里。

山脉的外侧陡峭，内侧平缓宽广，使墨西哥高原在地貌形态上就像是一个方桌隆起在海岸平原之上，以至它还有个好听的名字叫“梅萨”。

高原地势由北向南逐渐抬升，大约以北纬22°为界分成南北两部。北部高原的海拔约1000米，其中又有许多被山岭隔开的内陆沉积盆地，地势平坦，人们又称之为“北部盆地”，当地人叫它“博尔松”。而南部则被叫做“中央高原”，只因它的地势高峻，平均海拔2000～2500米，多以宽广平坦的山间谷地和火山锥为主。那里土地肥沃、气候温和，年降水量约在700～1000毫米，还是墨西哥主要农业区。

墨西哥高原气候以温热干燥为主，农业基本靠灌溉。但是它的矿物资源丰富，像铅、锑、锌、汞、银、铜、铁、锰等矿产资源十分丰富。

第十四章

上帝的脸盆——盆地

第一节　盆地的形成及其特点

盆地，顾名思义，就像一个放在地上的大盆子，所以人们就把四周高（山地或高原）、中部低（平原或丘陵）的盆状地形称为盆地。下面我们就盆地的成因、气候、动植物特征，以及盆地资源的开发和利用做详细的介绍。

盆地的成因

从地理特征来讲，盆地外形上就像一个放在地上的大盆子，所以人们习惯把四周高（山地或高原）、中部低（平原或丘陵）的盆状地形称为盆地。地球上最大的盆地在东非大陆中部，叫刚果盆地或扎伊尔盆地，它的面积约相当于加拿大的1/3，是非洲重要的农业区。

现在科学家们普遍认为，盆地的形成主要是由于地壳运动造成的。在地壳运动作用下，地下的岩层受到挤压或拉伸，变得弯曲或产生了断裂，使有些部分的岩石隆起，有些部分下降，下降的那部分被隆起的那些部分包围，盆地的雏形就形成了。

盆地的类型主要有两种：一种是地壳构造运动形成的盆地，称为构造盆地，像我国新疆的吐鲁番盆地、江汉平原盆地等。而另一种盆地是由冰川、流水、风和岩溶侵蚀形成的盆地，我们称之为侵蚀盆地，如我国云南西双版纳的景洪盆地，主要由澜沧江及其支流侵蚀扩展而成。还有一些盆地，主要是由地表外力，比如风力、雨水等破坏作用而形成的。河流沿着地表岩石比较软弱的地方向下侵蚀、切割形成各种不同大小的河谷盆地。在我国西北部广大干旱地区，风力特别强，把地表的沙石吹走以后，形成了碟状的风蚀盆地。

许多盆地在形成以后被海水或湖水淹没过，像四川盆地、准噶尔盆地等，都遭遇了这样的经历。随着地壳的不断抬升，那些曾经存在过的海、湖河流中，曾经生活过的大量生物，它们死亡以后被埋入淤泥中，就会成为形成石油、煤炭的物质基础，这也是今天的科学家们非常关注盆地研究的重要原因之一。而盆地中的岩石沉积大多相对比较完整，生活在那里的动物、植物死后比较容易保存成化石，所以盆地也是古生物学家们寻找化石的好去处。

盆地的气候特征

由于盆地的形成原因的特殊，盆地的天气气候与周围地区有比较明显的差别。天气系统在这里的移动性差，某些天气（现象）系统在盆地内部滞留的时间长，水分（水汽、云，蒸发、降水量）在盆地内部的循环比较明显。

盆地的气候特征主要有两方面：

1. 更易形成寒冷中心，盆地地形，气流不通畅，湍流交换弱。在冬季，地面散热快，加上又处于周围山坡的环绕之中，冷气流沿着山坡下沉至盆地底部，使盆地底部更加寒冷。

2. 盆地气候过热。盆地夏季过热，像我国的吐鲁番盆地，它就是盆地高温之最的例子。吐鲁番盆地属大陆荒漠性气侯，年降水量约 16 毫米，蒸发量高达 3000 毫米，夏季 6～8 月份均温 38℃以上，最高气温曾高达 49.6℃。中午的沙面温度最高达 82.3℃，因此这里自古有“火洲”之称。

在我们国家，西部很多人都生活在大大小小的盆地中。盆地的气候特征，影响着那里的人和动植物。科学家们研究盆地的气候特征，对于研究保护盆地生态环境和治理盆地生态环境有着重要的指导意义。

盆地的动植物特征

盆地地形及其边缘地区有种类繁多的动植物。特殊的地形状况，使得很多植物得以在这里生长。气候特征的不同，造成生长的动植物种类也不尽相同。

一些盆地雨量充足，以我国四川盆地为例，年降雨量在1000毫米左右，个别地方可以达到2000毫米，雨水季节分配比较均匀。充足的雨水，使得盆地边缘山地尚可见水杉、银杉、鹅掌楸、檫木、三尖杉、珙桐、水青树、连香树等珍稀孑遗植物与特有种。盆地东南缘的酉阳还有世界上最高大的白花泡桐，最高者达44米。再有，四川盆地水热资源丰富，自然条件也十分优越，所以亚热带植物到处可见，物产富饶。

四川盆地西缘一带的高山深谷之中，生活着举世闻名的稀世珍宝大熊猫。

一些盆地气候十分干燥，如我国青海的柴达木盆地，气候与四川盆地大不相同，柴达木盆地是气候干燥的地区。盆地属高山盆地，气候干燥，冬寒夏热，气候变化比较剧烈。不过这里云少，阳光充足，热量资源仍然是很丰富的。同时，由于有高山积雪融化，水源并不缺少。青藏高原上的柴达木盆地是我国著名的“聚宝盆”，它不仅有丰富的矿产资源，而且有繁多的野生植物资源，罗布麻就是其中之一。

盆地资源的开发与利用

盆地不仅有丰富的动植物种类，而且有丰富的矿产资源。但分布极不不均，尤其是盆地矿产资源。

统筹规划、有效配置，依靠科技进步，综合开发盆地资源，是摆在我们面前的一项战略任务。例如我国的柴达木盆地就拥有丰富的石油、天然气、煤、盐湖、硼、锂、铁等资源，其中有8种矿藏储量居全国首位。如我国四川盆地区的土地利用率可以高达30％～40％以上，它还是中国最大的水稻、油菜籽产区。蚕桑、柑橘、油桐、白蜡、五棓子、银耳、黄连等产量均居中国第一。这么富饶的盆地资源，科学、合理、有效的开发就显得尤为重要了。

第二节 中国盆地的特点

中国盆地众多，资源和物产丰富，并各有自己的特征。如被称为天府之国的四川盆地、河流众多，为中国最大的外流盆地。塔里木盆地则是中国最大的盆地。准葛尔盆地为中国第二大盆地，多风蚀地形，沙漠面积较小，西侧山间有缺口。柴达木盆地，海拔2000～3000米，是中国地势最高的盆地。

四川盆地

四川盆地由连结的山脉环绕而成，面积约16万平方公里。四川盆地聚居着四川、重庆的绝大部分人口，是中国和世界上人口最稠密的地区之一，也是巴蜀文化的摇篮，号称“天府之国”。

四川盆地西依青藏高原和横断山地，北靠秦岭山地与黄土高原相望，东接湘鄂西山地，南连云贵高原。这里的岩石主要由紫红色砂岩和页岩组成。紫色土含有丰富的钙、磷、钾等营养元素，是我国最肥沃的自然土壤。四川盆地是全国紫色土分布最集中的地方，向有“紫色盆地”的美称。它为丘陵性盆地，底部以丘陵为主，次为低山和平原。

由于盆地地形闭塞，气候气温高于同纬度其他地区。最冷月均温5～8℃，较同纬度的上海、武汉及纬度偏南的贵阳高2～4℃，极端最低温－6～－2℃。一年中极少见霜雪，年无霜期长280～350天，而位于长江河谷中的长宁全年无霜。

盆地各地夏季大概开始于5月底，夏天长达4～5个多月，最热月气温高达26～29℃。盆地东南部极端最高温往往超过40℃，重庆、彭水曾出现44℃，故重庆亦为长江流域的三大“火炉”之一。四川盆地年降水量1000～1300毫米，盆地边缘山地降水十分充沛。

四川盆地中植物有近万种，许多品种还是特有种，这是其他地区无法相比的。地带性植被是亚热带常绿阔叶林，其代表树种有栲树、峨眉栲、润楠等，其次有马尾松、杉木、柏木组成的亚热带针叶林及竹林。

目前，四川盆地还是中国动物种类最多、最齐全的地区之一。据相关数据统计，除鱼类外，盆地底部共有动物400余种。盆地西缘山地是中国特有的古老动物保存最好、最集中的地区。属于一类保护动物的有大熊猫、金丝猴等。

四川盆地地貌丰富，平原7%，丘陵52%，低山41%。

塔里木盆地

它是世界第一大内陆盆地。地处新疆维吾尔自治区南部，东到罗布泊洼地，西起帕米尔高原东麓，南至昆仑山脉北麓，北至天山山脉南麓。

盆地东西长1400公里，南北宽约550公里。面积约53万平方公里，大体呈菱形，地势由南向北缓斜并由西向东稍倾。边界受东西向和北西向深大断裂控制，成为不规则的菱形，并在东部以70公里宽的通道与河西走廊相接，居亚洲大陆中心。

目前，科学家们普遍得出结论，证明塔里木盆地的形成是因小行星的撞击。而著名的塔克拉玛干沙漠就位于塔里木盆地中心，大沙漠东西绵延1000公里，南北宽约400公里，面积相当于9个多台湾省的大小，占全国沙漠面积的47.3%，是我国最大的沙漠，也是世界七大沙漠之一；塔里木盆地的气候干燥，雨量较少。

吐鲁番盆地

你知道世界上海拔最低的盆地是哪一个吗？它就是我国的吐鲁番盆地。它是天山东部的一个山间盆地，位于天山山地东端。“吐鲁番”在维吾尔语中是“低地”的意思。

它是全国地势最低和夏季气温最高的地方，一个典型的地堑盆地。大部分地面的海拔500米以下，甚至有些地方比海平面还低。盆地四周为山地所环绕。

吐鲁番盆地的气候是大陆荒漠性气候，干旱炎热，一年中降水量大约为16毫米，蒸发量却高达3000毫米，夏季最高气温有过49.6℃的纪录。以至这里自古就有“火洲”之称。日照时间长，由于盆地气压低，吸引气流流入，这里也是全国有名的“风库”。如：达坂城吹下的春季风暴，每秒可达50米。

不过，这里的地下水资源十分丰富，水源主要是天山的冰雪融水。最著名的水果是无核白葡萄和哈密瓜。距吐鲁番市东北10公里处的葡萄沟久负盛名，被誉为

"中国的绿珍珠"。

来到吐鲁番盆地的人都知道，它在自然条件和人文景观方面，有着许多在全国乃至全世界都堪称独特的地方，这也是每年一批又一批的游客不断前去的原因之一。如北依终年积雪的博格达山；位于"盆底"的艾丁湖是仅次于约旦死海（－392 米）的世界第二低地；而"火洲"酷热和干燥是吐鲁番地区又 引人注目的气候特点。那闻名已久的横亘于盆地北部的火焰山，想必大家都听说过了。《西游记》的作者吴承恩对其离奇幽默的描写，使火焰山名声广为人知。

准噶尔盆地

新疆境内的准噶尔盆地，在天山山脉和阿尔泰山脉之间，面积约 13 万平方公里，它是中国第二大盆地。

冬季气候寒冷。盆地西部有高达 2000 米的山岭，多处缺口，西北风吹入盆地，以至盆底雨雪丰富。

盆地边缘为山麓绿洲，日平均气温大于 10℃的温暖期一年大约有 140～170 天，栽培作物多一年一熟，盛产棉花、小麦。而盆地中部为广阔草原和沙漠，部分为灌木及草本植物覆盖，主要为南北走向的垄岗式固定、半固定沙丘，南缘为蜂窝状沙丘。牧场广阔，牛羊成群。

盆地南缘冲积扇平原广阔，是新垦农业区。发源于山地的河流，冰川和融雪水补给，使得水量变化稳定，农业用水保证率高。

准噶尔盆地资源丰富，蕴藏着丰富的石油、煤和各种金属矿藏。克拉玛依位于盆地西部，是中国较大的油田。而在北部的阿尔泰山区，盛产黄金。

柴达木盆地

位于中国青海省西北部，面积约 20 万平方公里。东西长 800 公里，南北宽 350 公里。海拔约 2600～3000 米，它是中国海拔最高的盆地。为我国四大盆地之一。

柴达木盆地属高原型盆地，地处青藏高原深处。盆地西高东低，西宽东窄。四面高山环绕，南面是昆仑山脉，北面是祁连山脉，西北是阿尔金山脉，东为日月山，是为数不多封闭的内陆盆地之一。

气候上属干旱大陆性气候。气温很低，利于地下冻土层的发育。

柴达木盆地资源丰富。东部为大片盐湖，柴达木在蒙语中即盐泽之意，主要有察尔汗盐湖、茶卡盐湖等，盐层平均厚可达4～8米，最厚60米。蕴藏有丰富的盐类和其他化学元素，主要有盐、硼、钾、镁、芒硝、天然碱等，食盐达600多亿吨。盆地铅、锌、铬、锰等金属以及煤炭、石油、石棉的资源也十分丰富。东部和东南部河湖形成冲积平原，适宜农耕的面积较大，农业高产，畜牧业发达，素有聚宝盆之美誉。

柴达木盆地的雅丹地貌世界闻名，这种现象是由于风化引起的。盆地的盐产以及矿产都相当丰富，也难怪人们将柴达木盆地誉为“财富盆地”。

在春秋两个雨季，受到西部昆仑山脉的阻挡，狂风在这里改变风向，同时风速也降了下来，于是在这块带状地域沉积了很多的卵石和沙粒。对于整个柴达木盆地，它是一片沙漠景象。由风携带而来的碎石片和沙子，再加上它的腹部沉积着群山被侵蚀后落下的碎石，此刻就成了狂风盛行的沙漠地域了。

第三节　世界盆地的特点

盆地不仅在中国有很广的分布，在世界其他国家也多处存在。比如非洲的刚果盆地是非洲乃至世界上最大的盆地，还有巴黎盆地、滨里海盆地等世界著名盆地，它们都有丰富的物产，为人类无私地贡献自己的资源。

刚果盆地

非洲最大最典型的盆地当属刚果盆地了，亦称扎伊尔盆地。它位于非洲中西部下几内亚高原、南非高原和阿赞德高原之间，大部分在扎伊尔境内，包括刚果河（扎伊尔河）流域的大部分，面积约337万平方公里。它是世界上最大的盆地。

盆地南北均为高原，东部为东非大裂谷，缺口在西部即刚果河下游和河口地段。赤道线从盆地中部通过。刚果盆地包括了刚果河流域的大部，平均海拔在400米，并伴有大片沼泽。周围的高原山地海拔超过1000米。

刚果盆地属热带雨林气候，高温多雨，年平均气温 25～27℃，年降水量 1500～2000 毫米。热带雨林气候培育出黑檀木、红木、乌木、花梨木等名贵树种。而土壤以砖红壤、红壤为主。盆地边缘矿产资源也十分丰富，金刚石、铜、锗、钴、锡、铀，锰、钽的储量都居世界前列，素有“中非宝石”之称。农业方面，产油棕、咖啡、橡胶、烟叶等。由于大部分地区无人居住，因此是人猩猩等热带动物的生活天堂。刚果盆地拥有仅次于亚马孙河盆地的世界第二大热带雨林，汇聚了极其丰富的物种，据考证盆底内包括 1 万多种植物，400 多种哺乳动物，1000 多种鸟，200 多种爬行动物。这里的大森林也被称为地球上最大的物种基因库之一。

刚果河的许多支流都最终汇入盆地干流，因此这里水系也相当发达。

巴黎盆地

巴黎盆地位于法国北部，南靠中央高原，东至洛林高原，北邻阿登高地，西到阿莫里坎丘陵。东西长约 450 公里，南北长约 300 公里，面积约占国土的 1/4。

巴黎盆地海拔在 300 米以下，盆地中心仅 26 米。盆地中有中生代至第三纪的沉积，第三纪末缓慢隆起成陆，著名的塞纳河贯穿全境，法国首都巴黎即位于此盆地的中央。它与卢瓦尔河、马斯河、摩泽尔河相通。小麦、乳肉用畜牧业都十分发达。而东部旧香槟省以葡萄种植业和酿酒业（香槟酒）闻名，这里还是法国工农业最发达的地区。

法国国土位于欧洲西部略微凸起的海峡之上，把地中海和英吉利海峡及大西洋隔开，和欧洲大陆余下的伊比利亚半岛相连。在这种地理环境中，巴黎盆地始终起着举足轻重的作用，这是由于在历史的各个时期，快捷的交通、广阔的地域、高品质的土壤和农业，以塞纳河和罗纳尔河两条大河为中心的水文地理汇聚造成的。巴黎盆地是法兰西民族的摇篮。

滨里海盆地

滨里海盆地位于里海的北部，东西长约 600 公里。

在盆地的不同地区，盐构造在大小、形状等方面的差异反映了盐厚度及充填史在区域上的差异。在盆地中部，Kungurian 层序基部盐的温度目前是 170℃，盆地周边地区的温度为 60℃。盐层中的温度梯度大约为 10℃/公里，而周围沉积中的温度梯度大约为 25～30℃/公里。这样的温度梯度说明了整个滨里海盆地仍处在生油窗内，该盆地可辨识出三套独立的烃源岩。

在 1970 年以前，90％的勘探集中在盐构造上的盐后沉积含油远景带上，仅有 10％的勘探瞄准盐下的油。然而，随后的发现改变了这种勘探形势，盐下勘探受到了重视。目前，滨里海盆地有多个油气田，其中一些油气田是以页岩为源岩形成油气田的一个典型实例。

第五篇

浩瀚无垠的沙海——沙漠

第十五章

沙漠的形成及特点

第一节　沙漠成因

通常来说沙漠就是地表覆盖的是一层很厚的细沙状的沙子。沙漠的地表是会自己变化和移动的，当然是在风的作用下，因为沙会随着风跑，沙丘就会向前层层推移，变化成不同的形态。下面我们就从沙漠的形成的气候因素和沙源来了解一下沙漠的成因。

沙漠形成的气候因素

科学证明，沙漠是干燥气候的产物，干燥、少雨是沙漠形成的必要条件。原来的地方在植被破坏之后，地面失去覆盖，在干旱气候和大风作用下，逐渐形成沙漠。沙漠主要出现在干旱和半干旱区。

从整个地球来看，干燥气候区域（干旱区）的形成，主要与纬度、大气环流等因素有关。

通常风沙大肆活动的地区，都是气候干燥、地面缺少植物掩盖的地区，地上的泥沙才容易被风吹起来。因而要抑制沙漠扩张，人工绿化、造防护林就是必不可少的了。

沙漠的沙源

我们知道，对于沙漠的形成除了干旱、少雨气候条件外，还需要有丰富的沙漠物质来源。

沙源有来自古代或现代的各种沉积物中的细粒物质，它们多分布在沉积物丰厚的内陆山间盆地和剥蚀高原面上的洼地及低平地上。如我国的塔克拉玛干沙漠和古尔班通古特沙漠的沙源于古河流冲积物；鄂尔多斯中西部高地上的沙丘来源于基岩风化的残积物。另外，沙漠的形成也和人为因素有关，比如不合理的农垦、过度放牧和不合理的樵采。

第二节　沙漠的风成地貌

在沙漠或者戈壁中，由风力对地表的作用而形成的地貌被称为风成地貌。风力是塑造风成地貌的主要动力，但由于地面各种条件的差异，风力所起的作用各有不同，从而形成了不同的风蚀地貌和风积地貌。地面的物质组成，植被和水分状态的差异，对风蚀地貌的形成和分布都会产生很大影响。下面我们就风成地貌的几种表现形式作一下了解。

风蚀地貌

风力对地面物质的吹蚀和风沙的磨蚀作用，统称风蚀。

风蚀作用形成风蚀地貌，除被广大沙丘所埋没的以外，在大风区域还有广泛的出露，特别是正对风口的迎风地段，发育更为典型。在我国，它主要分布在柴达木盆地的西北部，塔里木盆地东端的罗布泊洼地，东疆以及准噶尔盆地的西北部等地。由于岩层的性质和产状等因素的影响，沙漠地区的风蚀地貌具有种种不同的形态。风蚀地貌的主要类型有：(1) 风蚀石窝；(2) 风蚀蘑菇；(3) 雅丹地形；(4) 风蚀城堡；(5) 风蚀垅岗；(6) 风蚀谷；(7) 风蚀洼地。

风蚀城堡

水平岩层经风蚀形成的城堡式山丘，又称为风城。部分见于岩性强弱相间的沉积岩（主要是砂岩、泥岩等）地区。它们是在流水侵蚀的基础上，由于岩性软硬不同，导致差别性的风力吹蚀，从而形成许多层状墩台，相对高度多数为 10～30 米。有的由于岩层平铺，墩台顶部多平坦，故又称之为“蚀余方山”。也有最终生成宝塔状的，乌尔禾的“风城”就是其中最典型的代表之一。

风蚀长丘和风蚀劣地

风蚀长丘，形状看起来像一条细长的垄岗，它的长度一般在 10～200 米不等，也有延伸数公里的。其高度多在 10～20 米，此外也有 40～50 米的。

风蚀劣地，是一种支离破碎的残丘地面，丘体矮小，一般只有几米长，高度也不超过 10 米。它们多分布在背斜构造等非常发育，地层软硬相间，风向与构造方向相一致的地区。

在我国，风蚀劣地以柴达木盆地西北部分布最广，大约有 2 万多平方公里。

石窝和石蘑菇

风蚀石窝：在花岗岩、砾岩和粗砂岩等粗粒岩组成的向阳迎风的岩壁上，常常可以见到形状各异、大小不等而密集的孔穴，有的高可及人，从远处望就好像窗格和蜂窝，这种地貌被称为石窝；大的石窝又被称为风蚀壁龛。

沙漠地区白昼阳光强烈照射，使岩壁增热，岩体里的矿物体积膨胀；夜晚温度骤降，矿物体收缩。由于矿物的热力性质各不相同，其体积的膨胀和收缩也有差异。这样一胀一缩，在不同矿物的界面间就产生了应力（膨胀时产生压应力，收缩时产生张应力），使矿物彼此松解，岩面风化剥落。风化的岩面，经风力的吹蚀，最初形成许多浅小的凹坑。日积月累，风挟带沙子就沿凹坑磨蚀，使凹坑不断加深扩大，最后形成我们看到的如蜂窝的石窝地形。

风蚀蘑菇：孤立突起的，尤其是裂隙发育的不大坚实的岩石，经过长期风蚀作用以后，形成上部大、基部小的地形，看起来很像蘑菇，故称风蚀蘑菇，或石蘑菇。

它主要是由于近地面的气流含沙量大，使得孤突的岩石基部受到风沙的磨蚀比上部程度深，下部变得愈来愈小，发展到最后变成上大下小的蕈状。风蚀蘑菇一般多是在基岩地区发育的风蚀城堡等地貌的一种附生形态。

风蚀雅丹和白龙堆

雅丹与上述的风蚀地貌有所不同，它是发育在第四纪河湖相的土状堆积物中。雅丹是中国维吾尔语，意为“陡峭的土丘”。后来用它来泛指风蚀土墩和风蚀凹地相间的地貌组合，因中国新疆孔雀河下游雅丹地区发育最为典型而命名。风蚀雅丹地貌广泛分布，面积大约有 2600 平方公里，仅次于柴达木盆地的西北部，是中国第二个面积最大的风蚀地貌。

其发育过程是：挟沙气流磨蚀地面，地面出现风蚀沟槽。磨蚀作用进一步发展，沟槽扩展为风蚀洼地；洼地之间的地面相对高起，成为风蚀土墩。

在罗布泊盐碱地北部的东西两侧，粘土土墩的顶面是灰白色盐碱块，因它形状弯曲而长，看起来像龙一样，故名“白龙堆”。关于白龙堆，我国古书上早有记述。《汉书・地理志》中就有“白龙堆，乏水草，沙形如卧龙”的记载。

风积地貌

风积地貌主要是指沙漠地区的沙丘而言。被风搬运的物质，在某种条件下堆积形成的地貌。一定的风力具有一定的输沙能力，而沙丘在中国沙漠里分布面积最广大，连绵的沙丘构成了波涛起伏、浩瀚无垠的茫茫沙海。

沙丘又有流动和固定、半固定之分。沙丘的形态初看起来好像到处都是一个样，很单调，但是只要我们仔细加以考察，特别是当乘飞机飞越沙漠的上空，从飞机上俯瞰沙漠的时候，我们就会发现，中国沙漠由于各地风、水分、植被等条件的不同，沙丘形态是十分复杂多样的，而且有惊人的规则性。

它主要包括新月形沙丘、纵向沙垄和金字塔沙丘等。

最小和最大的新月形沙丘

新月形沙丘是流动沙丘中最基本的形态。沙丘的平面宛如新月，在丘体两侧有顺风向延伸的两个翼，两翼开展的程度取决于当地主导风的强弱。当主导风风速愈强，交角角度就越小。

一般丘体两坡是不对称的，迎风坡凸出而平缓，坡度在5～20度，背风坡凹入而较陡，倾角在28～34度。沙丘都不高，一般为1～5米，宽度可达100～300米。新月形沙丘是在单一方向的风或两种相反方向的风的作用下形成的，大部分出现在沙漠的边缘地带。

新月形沙丘最初只是一种较小的盾形沙丘，它是在定向风的作用下，风沙遇到了草丛或灌木的阻挡堆起了小沙堆，接下来风从迎风坡面上发生吹蚀，在背风坡形成旋涡进行堆积。与此同时，沙堆的左右两侧形成向内回转的气流，使两翼不断扩展，逐渐形成了大的新月形沙丘的弓形形态。

纵向沙垄

对沙丘的分类，最简单的是把所有沙丘划分为简单沙丘、复合型沙丘和复杂型沙丘三大类。此外，根据沙丘的形成与风向的关系又可分为纵向沙丘、横向沙丘和多风向下形成的沙丘。

横向沙丘由于走向与主风向垂直，在同等风力条件下有效作用面积最大，因此在各种类型的沙丘中移动速度是最快的。而我们说的纵向沙丘除横向移动外，还有纵向移动的特点，以新月形沙垄为例，它不仅沿着垂直于沙脊的方向移动，还沿着脊线方向移动。在两个锐角相交风的作用下，运动的总方向既不与沙垄垂直，也不单纯地沿着沙垄纵向伸展，而是与沙垄构成一个斜交的角度，交角介于25～40度之间，移动速度比横向沙丘要慢得多。

金字塔沙丘

金字塔沙丘是一种具有明显棱面的高大沙丘。一般有几个三角形的斜面，狭窄的棱脊和尖锐的顶，丘体高度一般在50～100米，规模大的可高达200米（可称沙山）。

它是在风力均匀的多种方向风作用下形成的。在我国，分布于塔克拉玛干沙漠南部的且末、于田一带，巴丹吉林沙漠东南边缘和库姆塔格沙漠的南部等地有这种形状的金字塔沙丘。

金字塔沙丘是风成地貌中一种特殊的地貌类型，形态特殊、稳定少动、丘体以高大均衡发育为主，且分布于特定动力沉积环境，受多风向影响，沙丘沉积构造相当复杂，很久以来一直为国内外学者所关注，并从动力、环境条件及形成模式等方面作了大量工作。许多专家从地表气流场的野外观测、风洞模拟实验等方面对金字塔沙丘形成演化过程进行了研究。但是限于金字塔沙丘形态的复杂性及缺乏必要的野外观测与风洞实验相结合的系统研究，使沙丘形成演化模式目前仍多建立在推测的基础上。

第三节　沙漠里的奇怪现象

沙漠由于其独特的地理环境和气候特征，因此会产生很多奇异的自然现象。比如沙漠中的海市蜃楼、会唱歌的沙子以及沙漠中能报时的石头等奇异现象，吸引着人们去探索和进一步解开谜团。

海市蜃楼

海市蜃楼经常发生在沿海，在沙漠偶尔也可见到。发生在沙漠里的“海市蜃楼”，就是太阳光遇到了不同密度的空气而出现的折射现象。

由于空气传热性能差，在白天无风时沙石受太阳炙烤，沙层表面的气温迅速升高。以至沙漠上空的垂直气温差异非常显著，下热上冷，上层空气密度高，下层空气密度低。沙漠里的海市蜃楼经常发生在雨后，这时的空气湿度较大，也易形成透镜系统。当近地面的气温剧烈变化，会引起大气密度很大的差异，当太阳光从密度高的空气层进入密度低的空气层时，光的速度发生了改变，经过光的折射和全反射，便将远处的绿洲呈现在人们眼前了、从而造成蜃景。

能“报时”的澳大利亚怪石

在澳大利亚中部阿利斯西南的茫茫沙漠中有一块能“报时”的奇石。这听起来近乎天方夜谭，但这确实是真的。屹立在沙漠中的这块怪石高达 348 米，周长约 8000 米，仅其露在地面上的部分就可能有几亿吨重。

这块怪石每天很有规律地改变颜色：旭日东升的时候，它为棕色；中午，烈日当空的时候，它为灰蓝色；傍晚，夕阳西沉的时候，它为红色。怪石除了随太阳光强度不同而改变颜色外，还会随着太阳光照射角度的变化而变幻形象。它是当地居民的“标准时钟”，当地居民根据它一日三次的颜色变化来安排农事以及日常生活。

为了解释这奇怪的现象，世界上许多考古学家和地质学家对怪石所处的气候条件、地理环境进行了详细考察，并对怪石的结构成分等进行深入的研究。多年来，有一种解释较为流行：怪石之所以会变色是由于怪石处在平坦的沙漠，天空终日无云，空气稀薄，怪石的表面又比较光滑，有镜子的作用，能较强反射太阳光，因而从清晨到傍晚天空中颜色的变化能相应地在怪石上得到呈现，归纳来说就是由于太阳光在不同的气候条件下活动而产生反射、折射的数量及角度的不同，这种变化反映到人眼，即成为怪石幻形。

这种说法虽不能完全解释怪石现象产生的原因，但也为世人稍微解开了一丝谜团。

沙子会唱歌

沙子会唱歌？你也许不会相信，但它确实是真的。这不能不说又是沙漠里一大奇事了。这样的沙丘大多数集中在美洲，像美国的马萨诸塞湾、长岛，智利的科帕坡谷等，人们在这些地方的沙漠或沙滩上行走都能听到奇妙的“歌声”。

神秘的沙歌现象吸引着中外游客纷至沓来，沙响妙音春如松涛轰鸣、夏拟虫鸣蛙叫、秋比马嘶猿啼、在冬日则似雷鸣划破长空。关于响沙形成的原因众说纷纭，各国科学工作者进行过多次科学考察得出的结论不尽相同，一般有这么几种说法：摩擦静电说、地理环境说、“共鸣箱”理论等等。所以，响沙之谜还在科学家们不断探索的过程中。

日本名为“琴引滨”和“击鼓滨”的两个沙滩也同样会发出悦耳的声音。

沙漠之水哪里来

沙漠里缺水，这是有目共睹的，但这并不代表沙漠里没有水。沙漠的水主要有地下水、降雨和外来河流组成。中国内蒙古拥有全球最高沙丘的巴丹吉林沙漠就蕴藏着大量地下水资源。沙漠里也会有降雨存在，而且常常是暴风雨。据记载，撒哈拉沙漠曾经有过在 3 个小时内降水 44 毫米的记录。

另外，沙漠常从附近高山流出的河流进水。这些河流携带很多泥沙，流进沙漠不久就很快干涸。世界上只有几条大河流通沙漠：埃及的尼罗河、中国的黄河和美国的科罗拉多河。

有的时候，沙漠里也会形成季节湖。但由于湖底平，沙漠上的风就会把湖水吹到好几十平方公里。湖在干涸后会留下一个盐滩。在美国有上百个这样的盐滩，大多是 12000 年前冰河时期的大湖的遗物，其中最著名的是犹他州的大盐湖。平平的盐滩是赛车、飞机跑道和宇航器降落的好地方。

第十六章

沙漠里的动植物资源

第一节　沙漠里的野生植物资源

茫茫大漠中也有植物的存在，比如黄柳、红树林、沙拐枣、仙人掌等，还有天然的草场以及药用纤维植物。由于人类的过度开采和放牧对沙漠植被造成严重的破坏，进而带来沙漠扩大化的环境问题，因此保护沙漠的野生植被对人类自身生存而言具有重大意义。

荒漠森林

你见过沙漠吗？它一望无际，没有水，也见不到绿色。只有无尽的黄沙，代表荒凉、贫困和死亡。人类历史既是不断地砍伐森林的历史，也是不断被沙漠逼迫得沙进人退的历史。森林对维系地球生态平衡、净化空气、防风固沙、调节气候、美化环境等起着重要的不可替代的作用。

我国沙漠地区的森林资源，在历史上就曾受到自然和人为的影响，破坏很大，造成严重衰退。解放以来，又由于大面积毁林开荒，使之继续遭到破坏。近年来，世界各国都对沙漠里森林资源的问题重视起来了。

为了保证沙漠地区现有林木不再遭到破坏和衰退，逐步恢复森林的原有分布，有必要对它们进行保护和经营管理，促进抚育与更新。

天然草场

沙漠地区的植物资源主要还是牧草，天然草场面积很大。在我国，沙漠有着广大的草场，为沙区畜牧业的发展创造了良好条件。无论是东部干草原地带的沙地，或是西部荒漠、半荒漠地区，都有广泛的分布。

天然草场的植物覆盖度一般分别为30%～50%和15%～25%，生长有野麦子、赖草、羽茅、细叶胡枝子等多种牧草，均可作为牧场。其中的河谷阶地和湖盆滩地的植物覆盖度高达80%，生产力较高，每公倾草场可养羊2～3只。因此，合理有效地开发沙漠草场就显得至关重要了。

药用、纤维植物

沙漠虽然干燥、少雨，但是许多植物就是需要在这样的环境生长。常见的仙人掌就喜欢沙漠环境。

沙漠里的药用植物一般是一些耐旱的植物，如：我们常见的金银花、薄荷等。素有“纤维之王”的罗布麻的韧皮纤维是野生纤维植物中的佼佼者，在纤维细度和强力方面比棉花大5～6倍。罗布麻别名红麻、茶叶花、红柳子、羊肚拉角等。

它耐腐烂，可做高级衣料、鱼网线、皮革线、雨衣及高级纸张（绘图纸）等，如与棉、毛、丝混纺，能节约原料30%～50%。

当然，沙漠中其他药用植物有些已面临濒危的境地，如肉苁蓉。

第二节　栖息在沙漠里的珍禽异兽

沙漠里气候干旱少雨、寒冬酷暑、风沙强烈，加上植物稀少，缺少饲料等因素，使大多数动物难于正常地生活。能够在这里生存的动物，都具有惊人的适应能力。它们有特殊形态和生活习性。

穴居动物

特殊的环境，使得沙漠里一些小动物都具有耐旱的生理特点。穴居生活的动物，一般被称为穴居动物。它们不需要喝水，能直接从植物体中取得水分和依靠特殊的代谢方式，获得所需水分。在洞穴里，它们可以躲避敌人、避暑和在无饲期间蛰伏不食。

过穴居生活的主要是一些啮齿类动物，典型的代表为跳鼠，其中最常见的是三趾跳鼠和五趾跳鼠。它们喜欢在沙丘上挖洞居住，所以又有“沙跳”之称。作为沙漠中穴居动物代表的啮齿类动物，还有多种沙鼠：子午沙鼠、长爪沙鼠、柽柳沙鼠、大沙鼠等。它们大部分群居生活，全年活动，但冬季活动减弱，以贮存饲料为生。主要生活在新疆、甘肃、内蒙古的荒漠和半荒漠的灌木丛生的沙丘和沙土地，它们一般都有惊人的筑洞能力，洞群往往连成一片，贯穿整个沙丘或地面。

善奔跑的珍兽

沙漠中有一些较大的食草动物，尽管它们能耐渴、耐饿，但终究需要到处寻找饮水和饲料。由于它们既无抗敌的本领，也不能像小动物那样钻入沙子中或草灌丛内，避免敌人的伤害；因此它们随时随地都得准备摆脱敌人的追击，唯一的办法就是快跑。

在沙漠有蹄类中，我们知道的，骆驼是最能适应沙漠生活的动物。除了家骆驼，近些年来被科学界发现的野骆驼数量稀少，但它与家骆驼不太一样。肉峰矮小，腿细长，身上的毛长得又厚又短，型态矫健，善奔跑是它的特点。野骆驼常于夜间结群，作长距离奔驰。因为骆驼具有特殊的耐渴本领，使得它们可以在许多天里不饮水。

沙漠地区的大型有蹄类，除了野骆驼外，还有野马和野驴。由于特殊的生存环境，使得它们都具有长距离迅速奔跑和长时间耐渴的本领。还有羚羊——鹅喉羚，也是沙漠常见的有蹄类动物，它们有时与野驴混杂在一起。在我国新疆北部还有一种珍贵的羚羊，叫高鼻羚羊，由于它体型较大、鼻部高而鼓胀，因此而得名。这两种野羊也都善于奔跑。

稀罕的鸟

特殊生存环境使得沙漠地区的鸟类也很贫乏，主要以地面栖息和有快速奔跑的能力为特点。典型的代表如沙鸡，沙鸡外形差不多只有鸽子那样大小，喜成群栖居。它的脚只有三趾，脚掌却有粗厚的垫，并伴有棘状突起。每天它们都作长达几公里的飞行去饮水。另一种沙漠动物地鶓，它属大型地面栖息类，这种动物体重可达17～20斤。腿长而健，趾也为3个，短而厚。其他沙漠中典型的鸟类还有地鸦。沙漠地区典型的鸟类，体色与沙的颜色相似，也能在沙中疾走，在灌丛中窜来窜去地觅食昆虫和蜥蜴。此外，沙漠中还有沙百灵等。在我国沙漠地区动物虽然稀少，但却有许多是珍贵稀有的特产动物。

今后，在改造利用沙漠的过程中，一定要采取有效的保护措施，以防止这些珍贵的动物资源遭到严重破坏。

第十七章

沙漠特征

第一节　中国主要沙漠的特征

中国沙漠自西而东分布在不同的自然地带，由于所处的自然条件不同，各个沙漠的特征出现明显的地域分异。以沙丘的植被固定程度为例，西部（贺兰山以西）干旱荒漠地带，除准噶尔盆地降雨稍多，植被较好，沙漠中大部分为固定和半固定沙丘外，其余沙漠都以流动沙丘占绝对优势。而内蒙古东部和东北平原西部干草原地带的沙地，则以固定和半固定沙丘为主，流动沙丘只零星分布在沙漠边缘植被被破坏的地方。

塔里木盆地的沙漠

它是世界第一大内陆盆地，位于新疆维吾尔自治区南部，西起帕米尔高原东麓，东到罗布泊洼地，北至天山山脉南麓，南至昆仑山脉北麓。塔里木盆地居亚洲大陆中心，那里气候干燥雨量稀少。

盆地呈不规则菱形，四周为高山围绕。在它的中心处是辽阔的沙漠，边缘和沙漠间是冲积扇和冲积平原，并有绿洲分布。盆地中部是沙漠带，就是塔克拉玛干沙漠，面积32.4万平方公里，占我国沙漠面积的47%，为世界上第二大沙漠。主要是流动沙丘，且沙丘高大，多在50米以上。成沙较老的可达250米，呈新月形沙丘、新月形沙丘链，复合型沙山、长条状沙丘、金字塔形沙丘等形态。

准噶尔盆地的沙漠

准噶尔盆地位于新疆境内，天山山脉和阿尔泰山脉之间，平面形态南宽北窄，略呈三角形，面积约 13 万平方公里。盆地中部为广阔草原和沙漠，沙漠即库尔班通古特沙漠，它是我国的第二大沙漠。准葛尔盆地气候干旱，不过由于盆地周围的山地封闭不十分严密，使得较为湿润的西风得以吹入这里。这里是中国面积最大的固定、半固定沙漠，也是优良的冬季牧场。

准葛尔盆地的沙漠形态主要是树枝状沙垄，一般高度为 10～50 米。沙漠西部呈西北—东南走向，沙漠的中部和北部，呈南北走向；沙漠东部转为西北—东南走向。在沙漠的西南部还分布有固定和半固定的沙垄蜂窝状沙丘和蜂窝状沙丘。流动沙丘主要在沙漠东北部的阿克库姆和沙漠东南部霍景涅里辛沙带的最东端，基本上属新月形沙丘和沙丘链。

柴达木盆地的沙漠

柴达木盆地是青藏高原东北部的一个巨大内陆盆地，地属青海省的西北部。它也是我国沙漠分布最高的地区。柴达木盆地的沙漠也是世界上海拔最高的沙漠。气候干旱，干旱程度由东向西增大，东部每年的降水量在 50～170 毫米，而西部年降水量仅为 10～25 毫米。

据有关资料显示，柴达木盆地沙化土地面积达 900 多万公顷，占整个青海沙化土地总面积的一多半。

在柴达木盆地沙漠中的风蚀地貌发育广泛，主要分布在盆地西北部。在那里适宜生长胡杨树。

阿拉善地区的沙漠

阿拉善地区的沙漠，是中国沙漠分布较多的一个地区。这里气候十分干旱，年降水量大约在 50～150 毫米，有时甚至在 50 毫米以下，属于干旱荒漠地带。它区内地势主要自南向北倾斜，呈高原形式，其间有众多起伏的山岭，把高原分隔成若干个宽广的盆地，盆地内有一些大沙漠位于其中。这里我们简单介绍几个。

如巴丹吉林沙漠，它是我国的第三大沙漠，那里的气候也十分干旱。再一个，腾格里沙漠，它位于阿拉善地区的东南部，介于贺兰山和雅布赖山之间，是我国第四大沙漠。过去人们认为这里只有一片茫茫的流沙，望不到头。“腾格里”在蒙古语里就是“天”的意思，因此它被称为腾格里沙漠。其实，这里并不全是流沙，沙丘、湖盆草滩、山地浅丘及平原在这里交错呈现。腾格里沙漠流动沙丘所占的面积虽然较多，但多数被一些固定、半固定沙丘，湖盆和山地浅丘所分割；其中不少湖盆还作为治理沙漠的基地，因此它也是中国西北开发利用条件较好的沙漠之一。最后我们来看乌兰布和沙漠，它在沙漠西部是古湖积平原，而沙漠的北部是古黄河冲积平原，再加上零散分布着一些低矮的沙丘链与灌丛沙堆，加上这里临近黄河，可以引黄灌溉，使得它的开发利用条件较为优越。

鄂尔多斯地区的沙漠和沙地

位于黄河河套以南，长城以北的鄂尔多斯地区，在自然地带上处于温带荒漠和干草原的过渡地段。

这个地区的库布齐沙漠，它绝大部分都为半荒漠地带。由于高原上的几条季节性河流自南向北穿过，使库布齐沙漠显得比较零散。沙漠的西部没有河流切穿，比较完整。库布齐沙漠中以流动沙丘居多，占整个沙漠面积的80%。

毛乌素沙地，情况就很不相同。由于它的年降水量较多，西北部250毫米左右，东南部更可达400～440毫米，因而地表水和地下水都比较丰富。再加上有几条较大的河流纵贯本沙地的东南部流入黄河，以及沙漠内部分布的众多的湖泊，像苏打湖和含氯化物湖，甚至淡水湖的分布，都说明了毛乌素沙地水分条件较为优越。

由于鄂尔多斯地区的水分条件较优越，使其也具备植物生长的条件。

内蒙古高原东部和东北平原西部的沙地

内蒙古高原东部和东北平原西部的沙地，主要是指内蒙古东部和黑龙江、辽宁、吉林的西部。这块区域在自然地带上属于干草原，年降水量为250～500毫米。

由于气候不十分干燥，使得植物生长良好，除草本和灌木外，还有乔木生长，一些乔灌木都生长在阴坡上，如榆树、欧李、山樱桃和绣线菊，甚至还有云杉和油松等。沙地中流沙均为小面积的斑点状分布，而绝大部分为固定、半固定的沙丘。

科尔沁沙地就位于内蒙古东部和吉林、辽宁的西部，主要分布在西辽河下游的冲积平原上。这里除降水较多外，而且有诸多河流经沙区，是我国沙漠中水分条件最好的地区。当地称沙丘为“坨子地”，丘间低地为“甸子地”。

此外，需要提到黑龙江西部大兴安岭以西的呼伦贝尔沙地，沙丘大部分布在一些河流沿岸及其下游冲积、湖积平原上，都是固定、半固定的梁窝状沙丘。这里以榆、樟子松、黄柳、蒿属植物和丛生禾草等为主。而且植被的覆盖率一般都在30%以上。

但是，在我国东部一些半荒漠和干草原地带的沙漠和沙地，就没有这样良好植被生长情况。主要是由于这里气候易变，降水量也不稳定，干旱天气较多，其他诸如人为的一些因素，极其容易造成沙漠化的蔓延。

保护天然植被，合理利用土地及植物资源，是我们治理沙漠的一项重要工作。

第二节　世界主要沙漠的特征

目前全世界沙漠面积约有3140万平方公里，约占全球陆地总面积的21%。沙漠的类型主要有热带、亚热带沙漠和温带沙漠两种。其中，非洲北部的撒哈拉沙漠、亚洲西南部的阿拉伯沙漠、澳大利亚沙漠、南美洲南部的巴塔哥尼亚沙漠、非洲南部的卡拉哈里沙漠、亚洲西南部的叙利亚沙漠、中国新疆的塔克拉玛干沙漠、亚洲中部俄罗斯境内的卡拉沙漠、南亚西北部的塔尔沙漠、亚洲中部俄罗斯境内的吉齐尔沙漠被称为“世界十大沙漠”。

1. 亚洲

阿拉伯沙漠

阿拉伯沙漠又称东部沙漠，它也是北非撒哈拉沙漠的东部边缘部分。位于埃及东部，尼罗河谷地、苏伊士运河、红海之间。大部分位于沙特阿拉伯，但有一大部分延伸至约旦、伊拉克、科威特、卡塔尔、阿拉伯联合酋长国、阿曼和也门。中部有马阿扎高原，东侧有沙伊卜巴纳特山、锡巴伊山、乌姆纳卡特山等，南部与苏丹的努比亚沙漠相连。

阿拉伯沙漠面积达 233 万平方公里，为世界第二大沙漠。沙漠里平均气温都在 20℃以上。沙漠地形为几座山脉所切断，海拔最高点达 3700 米，三面以高崖为界。全区有 1/3 被沙覆盖，包括鲁卜哈利沙漠。在这里，被世人公认为地球上气候最不适人居的地方之一。这里没有常流的河水，但是有两大水系却是终年不竭，它们是东北部的底格里斯—幼发拉底河和南部也门的哈季尔河两大水系。

沙漠中蕴有石油、铁、磷灰石等矿产资源。

鲁卜哈利沙漠

鲁卜哈利沙漠，又称阿拉伯大沙漠。位于阿拉伯半岛南部，大部位于沙特阿拉伯境内。沙漠程东北—南走向，长 1200 公里、宽约 640 公里、面积达 65 万平方公里。

按形态划分，将鲁卜哈里沙漠分为东西两部分，其中东部沙漠海拔 100～200 米，多为平行排列的大沙丘，个别沙丘高 300 米。在局部有绿洲，能形成良好的牧场；西部沙漠海拔 100～500 米，多为砾漠，沙丘间沼泽、盐湖广布。

鲁卜哈利沙漠为典型的热带沙漠气候。夏季的中部最热月均温度可在白昼时达 70～80℃，夜晚又降至 30℃。冬季最冷月气温也达 40℃以上的高温，使其年均降水量不足 50 毫米。

叙利亚沙漠

叙利亚面积为185180平方公里，位于亚洲大陆西部。它的北半部属干草原，而南半部则为叙利亚沙漠，叙利亚沙漠又为阿拉伯高原的一部分。它主要分为四个地带：西部山地和山间纵谷；地中海沿岸平原；内陆平原；东南叙利亚沙漠。

叙利亚是中东一些国家出入地中海的走廊，运输比较发达。台德木尔城遗址，台德木尔又被译为帕尔米拉，它曾经是丝绸之路上一个很重要的驿站。相传，曾有一位著名的女王齐诺比亚，勇敢地摆脱罗马的控制自立为王，继而导致罗马帝国的愤怒而大举重征台德木尔，最终灭了这个曾经的富蔗之地。如今人们给了它“沙漠中的新娘”这个美誉。

叙利亚沙漠属典型的热带沙漠气候。那里一年四季分明，冬季雨量较少，夏季干燥炎热。

内夫得沙漠

它是西亚的沙漠，位于阿拉伯半岛东部和北部。一般人们把它分为大内夫得沙漠和小内夫得沙漠。

虽都为沙漠，它们之间还是有一些区别的。大内夫得沙漠位于阿拉伯半岛北部，长约450公里，南北宽250公里，面积约5.7万平方公里，平均海拔760米，主要以流动沙丘较多。较大沙丘多高达10米，多为红色砂粒组成。雨季时有水草生成，可放牧和通行。有部分为白色沙丘，气候却极其干旱，达到寸草不生的状态，通行难度可想而知了。

与它不同的小内夫得沙漠，一般又称代赫纳沙漠，位于阿拉伯半岛的东部，地处大内夫得沙漠和鲁卜哈利沙漠之间，沙漠呈新月形分布，由东向西走向。长度约1200公里，海拔在360～460米，沙漠中虽多为白色沙丘，不过水草较多，牧场也比大内夫得沙漠广袤得多，沙漠狭窄处都很容易通行。

塔克拉玛干沙漠

塔克拉玛干沙漠位于新疆南部的塔里木盆地。塔里木盆地的气候极端干燥，年降水量大部分在50毫米以下。

塔克拉玛干沙漠，面积有33万多平方公里，占我国沙漠（不包括戈壁）面积的47%，是我国最大的沙漠，世界排名第十位。塔克拉玛干沙漠与戈壁之间，分布有片片绿洲，这里也是新疆重要的农业地区之一。

塔克拉玛干沙漠的自然特色很显著，基本有以下几个特点：

（1）流动沙丘。在塔克拉玛干沙漠本部，基本呈沙丘状分布。其中流动沙丘大约占85%。

（2）沙丘较高大，形态上有些复杂。沙丘以裸露的巨大沙丘为主，一般高度都在100～150米，有的甚至达到200～300米；高度在50米以上的，占整个沙漠流动沙丘总面积的80%。再有，沙丘形态也极为复杂，有常见形态的流动沙丘，更有着其他沙漠中所少有的特殊形态沙丘。

（3）虽然以流动沙丘为主，但是在深入沙漠内部的河流沿岸，还分布有大面积的荒地，生长着茂密的天然胡杨林和红柳灌丛。这成为塔克拉玛干沙漠中的“天然绿洲”，有极大的开发利用的潜力。

卡拉库姆沙漠

卡拉库姆沙漠突厥语意为“黑沙漠”。属中亚地区大沙漠。它位于里海东岸的土库曼斯坦境内，在阿姆河以西。东西长880公里，南北宽450公里，面积有35万平方公里之大。沙漠内沙垄广布，新月形沙丘、龟裂地和盐沼地等都有分布。

卡拉库姆沙漠属温带大陆性干旱气候。年降水量不足200毫米，而且蒸发量是降水量的3～6倍。沙漠内河流、湖泊稀少。不过沿阿姆河、捷詹河、穆尔加布河一带有绿洲。大部分地区可供放牧。矿藏比较丰富，有硫黄、石油、天然气等，在它的南部建有卡拉库姆运河。

克齐尔库姆沙漠

克齐尔库姆沙漠地处中亚。那里地形闭塞，且深居大陆内部，再加上距离海面遥远且被山地阻隔，湿润的海洋气流难以到达，使得那儿的气候十分干燥，最终形成了沙漠。属典型温带沙漠的特点。

克齐尔库姆沙漠，那里气候极端干旱降雨稀少，年平均降水量200～300 mm，有的地方甚至多年无雨。夏季十分炎热，白昼最高气温可达50℃或以上；但是在冬季，却又十分寒冷，最冷月平均气温在0℃以下，一年中气温差距较大，日平均温度差也较大。

由于云量少，相对日照时间长，太阳辐射强。自然景观多为荒漠，自然植物有的也只是少量的沙生植物。我国的塔里木盆地沙漠的气候与其类似。

塔尔沙漠

我们知道世界上最大的沙漠是撒哈拉沙漠，那么塔尔沙漠却是世界上最小的沙漠。它地处南亚西北部，位于印度西北部和巴基斯坦东南部。它为印度大沙漠的延伸部分，海拔在100～200米左右，面积近30万平方公里。

现在部分科学家们认为尘埃是塔尔沙漠的形成原因，塔尔沙漠上空的空气浑浊不堪，尘埃密度很大。有的学者指出：认为塔尔沙漠的尘埃是人类制造的，但后来沙漠又加剧了它的密度。也有人提出：人类才是破坏生态环境，制造沙漠的真正凶手。正如200年前法国哲学家夏托·布赖恩的预言一样："野蛮时期是森林、草原，到了文明时期却成了沙漠。"不管何种观点，保护生态环境是我们人类义不容辞的责任。

沙漠中大部分地区没有植物生长，少数耐干、热的植物可以生存。塔尔沙漠可以利用地下水的地区，种有小麦和棉花。沙漠属亚热带荒漠气候，降雨稀少，年均降水量不超过100毫米，气候干热，夏季最热月气温达48～51℃。5～6月的强烈尘暴是沙漠中的重要灾害，居民多过着游牧生活，从事牧业。有季节性盐湖及干涸的河床，但是只有深层水可供利用。

2. 非洲

撒哈拉沙漠

撒哈拉沙漠是世界最大的沙漠。撒哈拉就是阿拉伯语里大荒漠的意思。它位于非洲北部，阿特拉斯山脉和地中海以南（约北纬35°线），东西长达5600公里，南北宽约1600公里，总面积约860万平方公里，约占非洲总面积32%。撒哈拉沙漠还是世界上除南极洲之外最大的荒漠，气候条件十分恶劣，也是地球上最不适合生物生长的地方之一。

撒哈拉沙漠将非洲大陆分割成两部分，北非和南部非洲。它们的气候和文化截然不同，撒哈拉沙漠南部边界是半干旱的热带稀树草原，阿拉伯语称为“萨赫勒”，再往南就是雨水充沛，植物繁茂的南部非洲，阿拉伯语称为“苏丹”，意思是黑非洲。

追溯它的历史发展，撒哈拉从公元前2500年开始，就已经变成和目前状态一样的大沙漠，是当时人类无法逾越的障碍。而尼罗河谷是一个例外，由于那里有充分的水源，这里成为植物生长繁茂的区域，我们知道，它也成为人类文明的发源地之一。

撒哈拉沙漠属热带沙漠气候。气候炎热干燥，年降水量仅50毫米以下，内陆甚至多年无雨。然而，令许多专家都迷惑不懈的是，在这块极端干旱缺水、土地龟裂、植物稀少的矿地上，竟然曾经有过繁荣昌盛的远古文明。

除东部有尼罗河纵贯外，全为内流区或无流区。地下水资源丰富，出露点形成绿洲，如锡瓦绿洲、费赞绿洲群、库夫拉绿洲群和图古尔特、古拉拉等绿洲，成为经济发达地区。但植物贫乏，仅有旱生和短生植物。动物种类多以耐饥渴且奔跑速度快的为主，如鸵鸟、羚羊、骆驼、鼠类、狐、猬等和爬行动物。有丰富矿藏，如：石油、天然气、铀、铁、锰等。

沙漠地广人稀，以阿拉伯人为主，多以牧业为生。

利比亚沙漠

利比亚沙漠是一个自南向北倾斜的高原，南部海拔350～500米，中、北部海拔 100～250 米，西南部地势最高，海拔达 1800 米。利比亚沙漠在撒哈拉沙漠的东北部，包括埃及中、西部和利比亚东部。

结晶岩是利比亚沙漠的主要组成物，局部地区有第三纪岩层。大部分被沙砾所覆盖，西部以石漠为主，流沙以东部较多，每年平均以 15 米的速度向西南移动。

利比亚沙漠的气候干燥，降水量少、地表水贫乏。但是地下水分布很广，埋藏较深，出露处形成许多绿洲：贾卢绿洲、达赫莱绿洲、库夫拉绿洲等。由于气候干燥，降水少，动、植物资源贫乏。

努比亚沙漠

它是北非撒哈拉沙漠的一部分，在非洲苏丹的东北角。西界尼罗河，东接红海丘陵。海拔在 350～1000 米，自东向西呈阶梯状下降。

由于努比亚沙漠的大部分为裸露岩丘和砾漠，所以干谷较多，植物种类少。那里的居民主要从事游牧业。尼罗河乘车可通往努比亚沙漠。

卡拉哈里沙漠

卡拉哈里沙漠地处非洲南部内陆干燥区。一般也称为“卡拉哈里盆地”，是非洲中南部的主要地形区，总面积大约 63 万平方公里。它主要在博茨瓦纳、纳米比亚境内，部分属于安哥拉及南非共和国。

从气候上看，卡拉哈里沙漠和撒哈拉沙漠气候相似，同样也受副热带高气压系统的影响，地面终年干燥。不过，它的气候植被与撒哈拉沙漠又不完全相同，北与东北部降雨较多，为热带干草原与热带稀树草原。西部为沙漠，沙丘上生长着肉质植物与灌木。

从地貌上看，像非洲地台上的凹陷盆地，四周被山地和高地环绕。盆地内地势起伏不大，地面多干沟和细沙。卡拉哈里盆地内有卡拉哈里沙丘，这也是全世界面积最大的沙丘区。

这里有着丰富的矿藏，像金刚石、铜、铅、锌、镍、钒等，但是人们主要还是从事畜牧业和狩猎为生。目前很少开发利用矿藏资源。

卡拉哈里向西延展为多雾的海岸带沙漠，名为纳米布沙漠，和著名的阿塔卡马沙漠非常相似。

3. 南美洲

巴塔哥尼亚沙漠

它位于南美洲的阿根廷，整个沙漠面积约67万平方公里，排名世界第六位。

巴塔哥尼亚受福克兰寒流的影响，气候寒冷干燥，年降雨量在90～450毫米之间，年平均温度在6～20°。而且南部更加寒冷且雨量少，常年以此，使大多地区形成了荒漠，被人们称作巴塔哥尼亚沙漠。

由于气候原因，使得该地区农业不发达，南部由于寒冷再加上雨量少，那里的植物也十分稀少。北部由于有河水灌溉，生产水果、苜蓿、橄榄等。在它的西北部高原有石油、铁、锰等矿产。

在巴塔哥尼亚沙漠，科学家们发现了可能是迄今为止地球上最大的食肉恐龙化石，以及六种未知物种的化石。

阿塔卡马沙漠

在南美洲智利北部的沙漠，我们称为阿塔卡沙漠。它又被称为世界最干燥地区之一。你也许要问了，阿塔卡马沙漠为什么如此干燥呢？现在给出的解释有两个方面，一部分原因在于来自南极的寒流产生了很多的雾和云，但是没有降雨，使得它极其干燥；另外一部分原因是由于东面的安第斯山脉宛如一道屏障，挡住了来自亚马孙河流域可能形成雨云的湿润空气。

位于阿塔卡马沙漠北端的阿里卡从来不下雨。如今的它却已成为一个闻名的度假地，靠引安第斯山脉的管道水来供水。

有趣的是，在阿塔卡马沙漠，如今生活着100多万人。他们就用一张张稠密网幕，捕捉翻滚过山峰上的浓雾，让浓雾在网表面凝聚成水滴，再用管道引来应用。凭借这种方法以及从蓄水层中采集的少量地下水，橄榄、西红柿和黄瓜在这里都得以生存。高原上的人们还依靠高山的雪水种植作物，放牧骆驼、羊驼。

我们感叹沙漠无情的同时，是不是也可以看到人类的伟大呢？

4. 大洋洲

澳大利亚沙漠

澳大利亚沙漠位于澳大利亚的西南部，面积约155万平方公里。澳大利亚沙漠是世界第四大沙漠。

这里干旱缺水，夏季的最高温度可达50摄氏度。因为没有高大树木的阻挡，狂风终日从这片沙漠上空咆哮而过，风是这里唯一的声音。许多人认为这里是一片死亡地带，不会有任何生命。

不过在1973年，澳大利亚的植物学家旅行时发现，这片沙漠中竟有大约3600多种植物生命。发现者随之称之为“沙漠花园”。令人不解的是，生长在这里的植物对水和养料的需求少得可怜，几乎是别处植物的1/10。更奇特的是，这些花朵都能分泌超乎想象的大量花蜜。

科学家经过研究发现，这里的土壤成分主要是没有养分的石英，只有对水分和营养需求极少的植物，才能生存，由于几乎没有潜在的授粉者，植物的生存繁衍主要靠传播花粉，在这样的条件下，植物必须开出最大最艳丽的花朵，分泌最多的花蜜，才能吸引极少潜在的授粉者的注意。像昆虫和鸟类在这里就非常稀少。

大沙沙漠

大沙沙漠地处澳大利亚，在澳大利亚西部沙漠北边一带，它的大部分在西澳大利亚州。

位于金伯利高原以南、皮尔巴拉地区以东，伸延至北部地方边界以东。大部为沙丘，仅中部有石漠。

维多利亚大沙漠

维多利亚大沙漠是澳大利亚最大的沙漠，在澳大利亚内陆西部的亚沙漠地区。自西澳大利亚州巴利湖以东，至南澳大利亚州西部；北接吉布森沙漠，南邻纳勒博平原。因为地球自转使得这个地带长期笼罩在大气环流的下沉气流之中，气流下沉破坏了成雨的过程，形成了干旱的气候，造就了茫茫的浩瀚大漠。

沙漠形成源主要是：在夏季地区高空为反气旋形势，低层为显著的热低压，下低上高不易导致降雨，降水量稀少，最终形成荒漠。

维多利亚大沙漠东西长1200公里，最大宽度550公里，面积约30万平方公里。平均海拔150～300米。

这里多沙丘和盐沼，植物稀少。

吉布森沙漠

吉布森沙漠在澳大利亚西部沙漠中央带，大部分在西澳大利亚州。

地理位置位于默奇森金矿区以东，东至北部地方阿马迪厄斯湖，南部为维多利亚大沙漠，多沙丘、灌木丛和盐滩。

第六篇

世界的脊梁——山和山脉

第十八章

山和山脉

第一节　山

由于地壳上升地区受河流切割而成，高度较大、坡度较陡的高地，我们称为山。提及山，您想到的可能更多是山的巍峨、壮丽。是的，山有着宽广的胸襟，雄伟的气魄。古人对山的描述不可谓少，杜甫的“会当凌绝顶，一览众山小”，李白的“两岸青山相对出，孤帆一片日边来”等都是我们耳熟能详的对山河的描写。下面，我们就去了解一下有关山的地理知识吧。

山顶

通常我们把山或山岳的最高部分叫山顶。山顶或山脊的形态很复杂，一般可分为尖山顶（尖山脊）、圆山顶（圆山脊）和平山顶（平山脊）。造成山顶各种形态的主要因素是岩性、构造、外力地质作用的性质和强度，以及山岳地区发展的历史。

山脊

山顶中呈长条状延伸的叫山脊。山脊最高点的连线称山脊线，常构成河流的分水岭。

山坡

山坡，即山峰和山脚之间的部分山地。

峭壁

陡直的山崖。“峭”的意思就是陡峭，非常险要。

悬崖

指又高又直的山崖。悬崖峭壁多在一起连用，形容险峻的山势。

山麓

山坡和周围平地相接的部分为山麓。这个地形转折线常常是一个过渡的地带，山麓常为厚层的松散沉积物所覆盖，被称为山麓带。在不同的气候条件下，山麓带的特点也不同。例如，在高寒地带，山麓往往为滚石或冰雪所覆盖，景象荒寒。在温带、山麓带，或泉水露头、溪流汇集，或田畴梯布、植被繁茂。山麓带以上到下，松散堆积物逐渐加厚，根据堆积物各层的成分、结构、时代、成因，往往能推断山岳的演变历史。

山谷

通常意义上我们对两山之间狭窄低凹的地方称之为山谷，其间多有涧溪流过。

山口

山与山交会的隘口，指高大山脊的相对低凹部分，又称“垭口”或“山鞍”。通常人们认为，山口是山脊两边的河流溯源侵蚀切穿分水岭的结果；也可能是断层线穿越的地区，或由于岩性软弱，差别侵蚀的结果。而且，山口经常成为通过高大山岭的交通孔道。

山脉

山脉的形成是由若干条山岭和山谷组成的。山脉还是地形的骨架，常常影响着江河的流向，甚至气候的差异。我们知道，许多较大的山脉大多数都连绵数十公里，甚至几千公里。像著名的安第斯山就长达 9000 公里，世界上最长的山脉就是它了。著名的山脉还有亚洲的喜马拉雅山脉、欧洲的阿尔卑斯山脉、北美洲的科迪勒拉山脉、南美洲的安第斯山脉等。形态各异的山脉、山系，也一直是众多科学家们毕生研究的方向。

山系

山系，有成因联系并且按一定的延伸方向，规模巨大的一组山脉的综合体。通常山系多分布于构造带、火山、地震带上，像亚太地区环太平洋的纵向山系，横贯亚洲、欧洲、非洲的横向山系。主要是受地球内部应力场控制，是大地构造作用的产物。

山结

多条山脉汇集的中心。如帕米尔山结为天山、昆仑山、喀喇昆仑山、兴都库什山的交汇地。

山原

山陵与原野。山陵即为山岳，而原野通常是指平原旷野。

山区

山地、丘陵和崎岖的高原组成山区，山区面积广大。以我国为例，山区面积约占全国面积的 2/3。山区大部分地面是比较崎岖的，交通不便利，建设基础设施难度较大，这也是造成山区比较贫穷的原因之一。但是，山区在发展旅游、采矿和农业多种经营等方面优势还是很大的。在山区，一些自然灾害的破坏很严重，像山体崩塌、滑坡、泥石流等。对山区的分类，目前还没有统一的分类标准。但是基本上按这么几块划分，山区基础物质、山区的景观、山区的高度以及山区的地面组成物质。

褶皱山

主要由褶皱岩层构成的山岳地形。褶皱山的地貌因褶皱形式而异。当线状褶曲呈平行排列时，在地貌上表现为岭。而在短轴褶曲中褶皱山多呈雁行式排列，短轴的背斜和向斜交替组成倾伏褶曲，在地貌上则表现为“之”字形山脊。

褶皱构造山可以按构造成因分为两种，一种是静态褶皱构造山地，另一种是动态褶皱构造山地。静态褶皱构造山地又可分为：原生构造地貌未完全破坏，地貌形态与构造一致的，称为顺地貌；原生构造地貌基本被破坏，地貌形态与构造不一致的，称为逆地貌。动态褶皱构造山地是指新生代以后的新构造活动形成的隆起或凹陷构造形成的山地地貌。多在水平挤压力的作用下，地表褶皱隆起而形成山地。我国西部的一系列横向山地就属于这种地形。

褶皱山地形分布广泛，山地常呈弧形分布。山地的形成和排列与受力作用方式关系密切。有些弧形山地地层弯曲，且常有层间滑动或剪切断层错动，使外弧层背着弧顶方向移动，内弧层向弧顶方向移动，像我国宁夏南部褶皱山地的弧形顶突向东北，这种成因与青藏高原隆起有着密切的关系。

向斜山

向斜，顾名思义，是一种向下凹曲的褶曲，其核部由新岩层组成，自核部向两翼岩层由新变老。与向斜构造相一致的山就是向斜山。向斜山的形成最初是由于地形上的低地，在它的侧翼经差异风化剥蚀成为高地。

科学家们依据岩层的新老顺序可以正确识别向斜构造。发育在向斜部位的山体，向斜两翼为松软的老岩层，易被侵蚀。而核心部位为新岩层，由于侵蚀较慢，其坚硬岩层突露，高出背斜谷成为山，如浙江杭州的飞来峰。

背斜山

背斜山的形成，简单点说，是由于地壳两侧受到挤压，使得地壳隆起形成的山。在褶皱构造地区，地貌发育的初期背斜部位没有经受过明显的侵蚀破坏，形成的称为背斜山。

它的山脊位置和背斜轴相当，两坡岩层向外倾斜。

单面山

由单斜岩层构成的山岳。

单面山的特点：单面山组成山体的岩层倾角一般在 25°以下，沿岩层走向延伸，两坡不对称，其中一个坡与岩层面一致长而缓，称为单面山的后坡（或构造坡）；另一坡与岩层面近乎垂直短而陡，一般是外力作用沿岩层裂隙破坏而成，称为单面山的前坡（或剥蚀坡）。

它多出现在大的构造盆地边缘或舒缓的穹窿、背斜和向斜构造的翼上。出现这种单斜地貌，常发生在软硬交互的岩层经侵蚀、剥蚀后。

断块山

断块山是一个地貌（地形）概念，由于断层作用形成的山地成为断块山。它是由构造作用形成的山地，所以属于构造地貌的一种。

断块山分为两类：一是地垒式山地，即整块山体因两侧的断层作用而整体抬升。受断层控制的块体，呈整体抬升或翘起抬升形成的山地。断块山地有时表现为地垒式的山地，其两侧山坡较对称；二是掀斜式山地，即山体因断层作用一侧（沿断层）翘起（坡短而陡）而另一侧缓缓倾斜。有时山地的一侧沿断层翘起，翘起的一坡短而陡峭，倾斜的一坡长而缓，山体的主脊偏居翘起的一侧。

山麓阶梯是山地抬升过程中在山麓地带抬起的阶梯地形。山地高夷平面上记录了山地早期抬升的历史，证明了山地是在较长稳定时期之后再抬升的。断块山地的这些山麓阶梯面与剥夷面常受断裂活动影响而发生断裂变形或倾斜变形。断块山地的断层活动常使阶地错断变形。断层活动的方向性、幅度、时间、次数和性质的不同，影响阶地变形的性质与程度也不同。

方山

方山地处温岭西北部，也是雁荡山八大景区之一。方山的特点是山的四周均在百米以上，而山顶平直如砥，大约有四百多亩，有空中平原之称。从高处往下看，像一个方形的盒子，因而得名。这里层峦叠嶂，气势磅礴。方山在温岭与乐清交界处，山势十分险峻，四壁像是被刀削了一样，只有东面可以上山，不过仍需要借用竹梯。

山上东南方山峰像羊角，得名羊角峰。峰前有洞，被人们取名羊角洞。羊角洞中有清泉一眼，泉水甘甜，坊间流传有“饮了羊角水，眼睛亮一世”一说。另外，方山上有座云霄寺。

第十九章

山和山脉的形成及分类

第一节 山和山脉的形成

我们在感叹山脉的宽广时，一定对它的形成产生了强烈的好奇心。形态各异的山峦屹立在世界各地，几千几万年。它们各自都有着怎样不同的历史？矗立在那儿险峻的山峰，一直以无声的姿态吸引着无数为之痴迷的人们前去探寻，探寻它曾经的足迹与美丽……

形成原因

我们知道，山脉是沿一定方向的若干相邻山岭并有规律分布的山体总称。由于外观很像血脉，因而得名为“山脉”。

那么它是怎么形成的呢？科学的解释是山脉主要由内力作用而形成的。当地表岩层受到来自地球内部的力的作用时，会发生褶皱—断层，使有的地方隆起而形成山，最终连成一片，形成山脉。像我国不同走向的山脉，主要是地壳运动时受不同方向的力的作用而形成的。

地球上对山脉的划分，主要有五种不同类型——褶皱山脉、穹形山脉、断块山脉、火山山脉和高原山脉。

走向和形成

山脉走向一般分为东西走向、南北走向、东北—西南走向以及西北—东南走向。下面，我们以我国为例：

东西走向的山脉较为明显的有三列，由北向南依次为：天山—阴山—燕山，昆仑山—秦岭—大别山，南岭。青藏高原上的喜马拉雅山、冈底斯山和咯喇昆仑山也可大致看作东西走向的山脉。

南北走向的山脉主要为横断山、六盘山和贺兰山。其中尤以横断山脉中段南北走向的特点最为明显。横断山脉由于走向、地理位置特殊，使得它在地理、地质、生物、水文等诸多科学领域有重要意义。

在我国东北西南走向的山脉中，最东面的台湾山脉；它向东北方向延伸，连结琉球群岛—日本列岛—千岛群岛—勘察加半岛，形成太平洋西岸的一个边缘弧，因此得名“岛弧山脉”。从北向南依次为小兴安岭—长白山—山东丘陵—以武夷山为代表的浙闽丘陵。最西面的是大兴安岭—太行山—巫山—雪峰山。

从板块运动的观点看，我国东西走向的山脉，是因亚欧板块南移，产生南北向的力的挤压而形成的；东北—西南走向的山脉，是受太平洋板块向西北方向挤压所形成的；喜马拉雅山脉，则是由亚欧板块和印度洋板块碰撞而产生的。

第二节　山的类型

山的类型可根据山的高度和山的形成原因分为两大类型，如高山、低山、中山等；还有就是构造山、侵蚀山、堆积山等。千奇百怪的山构成美丽的自然世界。

高山

即高峻的山。学术界一般把海拔高度大于3500米，在2公里范围内相对高差在500米以上，山势高峻的山称之为高山。

中山

中山的海拔高度大约在1000～3500米之间，在2公里范围内相对高差在

500 米左右，山顶浑圆，具有山脉状。

低山

通常把海拔高度低于 1000 米，2 公里范围内高差为 200～500 米，山形较缓的定为低山。

山地

山地是按地质学范畴划分的。

山地的表面形态奇特多样，彼此平行、相互重叠、山里套山、山外有山、连绵不断，这些特征是山地外貌的写照。山地的规模大小也不同，一般按山的高度和山的成因划分。按山的高度可分为高山、中山和低山。按山的成因又可分为褶皱山、断层山、褶皱断层山、火山、侵蚀山等。我们熟悉的喜马拉雅山就是典型的褶皱山，而我国江西的庐山属于断层山，像天山山脉就属于褶皱—断层山。

山地是大陆的基本地形，分布十分广泛。亚欧大陆和南北美洲大陆山地分布较多。我国的山地大多分布在西部。

构造山

构造山是指由地壳构造运动形成的山体。一般分为褶皱山、断块山、褶皱断层山等。因地壳断裂形成的断块山都属于构造山。

侵蚀山

地壳上升地区，地面经外力侵蚀分割而形成的山地。原为构造山，经外力侵蚀分割，像受到流水、风力等外力侵蚀而形成的，可称为侵蚀山。如我国的泰山等。

堆积山

由某些物质在地表堆积而成的山叫堆积山。堆积山形状很对称，而且一般都孤立地矗立在低平地区之上。火山就是最常见的堆积山。

第三节 山脉的类型

大自然的鬼斧神工是最美丽的也是最神奇的。它没有一丝人工的雕琢，经过几千年的风雨之后，它仍以它最朴实的姿态展现在世人面前。只要我们走进它，你就会发现它蕴藏着无穷魅力。下面就让我们了解一下山脉的五种类型。

褶皱山脉

当岩层受到地壳运动产生的强大挤压作用时，便会发生弯曲变形，这叫做褶皱。地壳发生褶皱隆起，隆起后常常形成山脉。有许多由地壳板块相互碰撞、挤压，在板块交界处发生大规模褶皱隆起而形成的，如喜马拉雅山、阿尔卑斯山、安第斯山等，都是褶皱山脉。

褶皱有背斜和向斜两种基本形态。背斜岩层一般向上拱起，向斜岩层一般向下弯曲。在地貌上，背斜常成为山岭，向斜常成为谷地或盆地。这里需要我们注意的是，不少褶皱构造的背斜顶部因受张力，容易被侵蚀成谷地；而向斜槽部受到挤压，岩性坚硬不易被侵蚀，最终却成为山岭。

穹形山脉

穹形山脉是由于地下大量熔岩涌向地表不断侵蚀周围地形而形成的，像美国的阿迪朗达克山脉。

断块山脉

当地壳出现裂缝，来自地下的压力迫使部分岩层上升，部分岩层下降，岩层相互堆叠形成断块山脉。德国的哈尔茨山脉就属于断块山脉。

火山山脉

火山山脉是岩浆喷出地壳表面形成的。地球火山多呈链状分布，火山链勾勒出一个岩石圈板块的边缘。例如安底斯山脉，夏威夷岛上的山脉链，显示着板块活动的热区。

高原山脉

高原山脉实际上是海拔较高的平地，其中的峡谷由侵蚀作用形成，澳大利亚的蓝山山脉是这个类型的代表。

第二十章

中国及世界主要山和山脉

第一节　世界主要山脉和山的特征

山和山脉，它几乎总是纵横交错地分布在世界各国的领土上，给世人以气势恢宏、雄伟壮观的感叹，不论是喜马拉雅的高度，阿尔卑斯的圣洁，还是安第斯山的悠长。同时，它也是很多陆地的分水岭，它们以不同的风姿展现在世人面前，让无数为它痴迷的人不停地走进它，探索它。

喜马拉雅山脉

喜马拉雅山脉位于西藏自治区与巴基斯坦、印度、尼泊尔、锡金、不丹等国边境上，东西绵延 2400 多公里，南北宽约 200～300 公里，由几列大致平行的山脉组成，呈向南凸出的弧形，在我国境内是它的主干部分。平均海拔高达 6000 米，是世界上最雄伟的山脉。

喜马拉雅山脉的最大特点是：高度大，山峰陡峭，终年积雪，冰川长大，构造复杂，切割强烈，造山运动至今仍在继续。

喜马拉雅山脉自南向北可分为三带：南带为山麓低山丘陵带，海拔 700～1000 米；中带为小喜马拉雅山带，海拔 3500～4000 米；北带是大喜马拉雅山带，是喜马拉雅山系的主脉，由许多高山带组成，平均海拔都在 6000 米以上，数十个山峰的海拔在 7000 米以上，其中包括世界第一高峰珠穆朗玛峰。

下面，我们再看看它的地势结构及带来的资源影响。喜马拉雅山脉地势结构上并不对称，北坡平缓，南坡陡峻。总的来说南坡雨量充沛、植被茂盛，而北坡的雨量较少，植被稀疏，但是果物（如苹果、桃、梨、樱桃等）、动物（如长臂猿、藏熊、雪豹、藏羚羊等）和矿藏资源（如宝石、金、铜、煤、铁、硼、硫、云母等）比较丰富。其中，矿藏资源由于交通的不便利，使得开发难度增大。

据地质考察证实，早在20亿年前，现在的喜马拉雅山脉的广大地区是一片汪洋大海，旧时称之为古地中海。由于地壳发生了一次强烈的造山运动，地质学上称为“喜马拉雅运动”，逐步使这一地区隆起，形成了今天世界上最雄伟的山脉。经地质考察证明，喜马拉雅山脉仍在缓缓地上升之中。

阿尔卑斯山脉

阿尔卑斯山脉是欧洲最高大的山脉。位于欧洲南部，呈弧形向东、西延伸。长约1200多公里。平均海拔3000米左右，最高峰勃朗峰海拔4807米。山势雄伟，风景幽美，许多高峰终年积雪。欧洲许多大河都发源于此，水力资源丰富。为旅游、度假、疗养的胜地。

阿尔卑斯山脉可分为三段：东段东阿尔卑斯山在博登湖以东，海拔低于西、中两段阿尔卑斯山；中段中阿尔卑斯山，介于大圣伯纳德山口和博登湖之间，宽度最大；西段西阿尔卑斯山从地中海岸，经法国东南部和意大利的西北部，到瑞士边境的大圣伯纳德山口附近，为山系最窄部分，也是高峰最集中的山段。勃朗峰是整个山脉的最高点，海拔达4810米。

阿尔卑斯山脉是古地中海的一部分。据考证，早在1.8亿年前，由于板块运动，北大西洋扩张，南面的非洲板块向北面推进，古地中海下面的岩层受到挤压弯曲向上拱起，由此造成非洲和欧洲间相对运动形成阿尔卑斯山系。

地处温带和亚热带纬度之间的阿尔卑斯山脉，成为中欧温带大陆性湿润气候和南欧亚热带夏干气候的分界线。同时它本身具有山地垂直气候特征，冬凉夏暖。

阿尔卑斯山以其挺拔壮丽装点着欧洲大陆，它是欧洲最大的山地冰川中心，山区覆盖着厚达1公里的冰盖。各种类型冰川地貌都很发育，冰蚀地貌尤为典型。许多山峰角峰锐利、山石嶙峋、峻峭挺拔，并有许多冰川侵蚀作用形成的冰蚀崖、角峰、冰斗、悬谷、冰蚀湖，以及冰川堆积作用的冰碛地貌。山地冰川呈现一派极地风光，是登山、滑雪、旅游的胜地。

科迪勒拉山系

科迪勒拉山系纵贯南北美洲大陆西部。北起阿拉斯加，南到火地岛，绵延约1.5万公里，属中新生代褶皱带。其构造复杂，由一系列褶皱、断层组成。这条山系由北美的海岸山脉、落基山脉、内华达山脉、马德雷山脉和南美的安第斯山脉组成。

它的形成主要是大洋板块和大陆板块相互作用的结果。这一活动与大西洋的张开及南部冈瓦纳大陆的分离，特别是南美与非洲的分开，都有着密切的关联。

科迪勒拉山系的地貌结构自成一体，由纵向山脉、山间高原、盆地和谷地等一系列组成，不过在其南北两段有些差异：北段大致可分为东、中、西三个纵列带。东部以落基山脉为主体，落基山构造复杂，大多以褶皱和冲断层为基础，呈现为条状山脉和间隔断层谷地为主。著名的黄石公园就位于它的中段，以温泉和喷泉著称。而中部为山间高原盆地带，分布范围广，以至其构造地形差别也大。西部为太平洋边缘山地，由东西两侧山地与中间的陷落谷地组成。东侧山地自北向南有阿拉斯加山、加拿大海岸山脉等。西侧有阿留申山脉、楚加池山脉、厄来阿斯等山脉。

宽阔的科迪勒拉山系，一直以来它对地理环境，以及其他组成要素的分布格局都产生着巨大的效应。

科迪勒拉山系的矿产资源是十分丰富的。在其形成过程中几经构造变动，从而形成了美洲的其他地区所缺乏的多种金属矿和沉积矿。其中铜、铅、锌、铝土、钼、锑、石油、磷酸盐等的储量和产量具有世界意义，因为它为美洲大陆的开发和经济发展，提供了重要的物质基础。

落基山脉

它是科迪勒拉山系在北美的主干，由许多小山脉组成，被称为北美洲的“脊骨”，又译作洛矶山脉。南北纵贯4500多公里，广袤而缺乏植被。

落基山脉绵延起伏，自北向南，有数千公里之长。整个落基山脉由众多小山脉组成，这条巨大的山脉南北狭长，北至加拿大西部，南达美国西南部的得克萨斯州一带，几乎纵贯美国全境。

美国全部淡水水源的1/4，是从落基山脉积雪融化中得来的。落基山脉还是北美大陆的分水岭，在蒙大拿州的“冰河国家公园”内，有一座2444米的山峰，被称作“三分水岭”，因为从这里起流出的河流，分别奔向三个大洋——太平洋、大西洋和北冰洋。

庞大的落基山脉分布范围很大，南北各部分差异较为明显，大体可分为三个部分；南部落基山地、北部落基山地及中部落基山地。

南部落基山地矿藏丰富，最早发现的是金矿，后来这里也曾发现了铜矿和银矿，但经数年的开采，大部分矿体已经枯竭。

北部落基山地包括黄石公园北部到加拿大境内的山地。北部山地复杂的地层结构和强烈的火山作用，这里有丰富的有色金属矿藏，美国第二大铜矿就建在这里，年产铜矿石200万吨以上，而银、铅、锌等矿产量也十分丰富，占据美国的一半产量。

中部落基山地，以高原为主，中间有些山块。这里地质构造复杂、火山影响很大，产生了许多温泉和间歇泉。驰名世界的间歇泉，即黄石公园的“老实泉”就出自这里。

安第斯山脉

陆地上最长的山脉，也是世界上最长的山脉，它几乎是喜玛拉雅山脉3.5倍，这就是安第斯山脉。同样，它属美洲科迪勒拉山系，是科迪勒拉山系的主干。

安第斯山脉有几个非常著名的“最”。下面，我们简单为您介绍一下。安第斯山的最高峰是位在阿根廷内的阿空加瓜山，海拔6962米，是世界上最高的火山，同时也是最高的死火山。此外，安第斯山脉中的哥多伯西峰还是世界最高的活火山海拔5897米。

安第斯山是南美洲诸重要河流的发源地。这里气候和植被类型复杂多样，垂直分带明显，随纬度、高度和坡向而异。森林资源以及铜、锡、银、金、铂、理、锌、铋等重要矿藏十分丰富。

由于受到全球变暖的影响，导致安第斯山脉的降水变得极不规律。一份安第斯山脉冰川正在融解的报告令许多科学家震惊。秘鲁水资源管理机构主席卡尔门·菲力普说，“安第斯山脉冰雪的这种融化速度意味着灾难的来临。从短期看，我们在不久的将来会遭遇严重的洪灾和泥石流，而从长远看，我们将失去赖以生存的水资源。”目前，科学家们积极研究对这一现象的补救办法。如：不要轻易在本国修建大坝；不要过度开采煤炭与石油；因为这些行为都有可能导致气候变化、冰川融解。

兴都库什山

兴都库什山地处亚洲中南部高大山地，它大部分位于阿富汗境内。是印度河与阿姆河的分水岭，也是一条重要的气候和景观界线。顶部有积雪覆盖，中、低坡有牧场，山地外围与河谷为农业与城镇主要分布区，是中亚、西亚、南亚沙漠地区的主要水源区之一。

兴都库什山的一些山口坐落在阿富汗兴都库，什山深处的巴米扬是古丝绸之路上繁忙的驿站。

阿富汗是一个历史非常悠久的国家，曾经是欧亚大陆的重要通道，控制欧亚大陆的枢纽，古老的丝绸之路也是从这里往西，到波斯、地中海、欧洲……那些美丽的中国丝绸、瓷器、香料、工艺品曾经到过那里。

富士山

位于日本东京西南西方，主峰海拔 3776 米，是日本国内的最高峰，山顶终年积雪，距离它约 80 公里的是静冈县和山梨县境内的活火山。富士山山体呈圆锥状，前后共喷发 18 次，最近一次喷发在 1707 年。虽处于休眠状态，但仍有喷气现象，是典型的层状火山。

富士山作为日本的象征之一，在全球享有盛誉。它还有“芙蓉峰”或“富岳”的美誉。

富士五湖，即 5 个淡水湖，分布在富士山周围，这都是日本著名的观光度假名胜地。

山顶终年积雪。北麓的富士五湖，映照着皑皑白雪，湖光山色，风景幽美，是日本的游览胜地。内有各种公园、科学馆、博物馆和各种游乐场所。山顶处有巨大的火山口，直径约 800 米，深约 200 米。而富士山的南麓却是一片辽阔的高原地带，绿草如茵，牛羊成群。山的西南麓有著名的白系瀑布和音止瀑布。白系瀑布落差 26 米，从岩壁上分成十余条细流，似无数白练自空而降，形成一个宽 130 多米的雨帘，颇为壮观。音止瀑布则似一根巨柱从高处冲击而下，声如雷鸣，震天动地。富士山也称得上是一座天然植物园，山上的各种植物多达 2000 余种。

富士山从形状上来说，属于标准的锥状火山，具有独特的优美轮廓。至今为止，富士山在山体形成过程中，大致可以分为三个阶段：小御岳、古富士及新富士。其中，小御岳年代最为久远，是在数十万年前的更新代形成的火山。

多年来，由于大量的观光游客和登山家以及商贩所丢弃的垃圾，构成了富士山壮丽外观下阴暗的一面。因此，至今富士山进入世界遗产的努力尚未成功。

乞力马扎罗山

乞力马扎罗山是非洲最高的山脉，素有“非洲屋脊”之称，而许多地理学家则喜欢称它为“非洲之王”。它同时是一个火山丘，高 5963 米，面积 756 平方公里，在坦桑尼亚乞力马扎罗东北部，邻近肯尼亚。它也是坦桑尼亚人心中的骄傲，他们把自己看作草原之帆下的子民，很多部族每年都要在山脚下举行传统的祭祀活动，拜山神，求平安。

乞力马扎罗山有两个主峰，一个叫乌呼鲁，另一个叫马文济。远远望去，两峰之间像被马鞍形的山脊连着，乞力马扎罗山像是一座孤单耸立的高山，在辽阔的东非大草原上拔地而起，高耸入云。在乞力马扎罗山乌呼鲁赤道峰顶有一个直径 2400 米、深 200 米的火山口，口内四壁是晶莹无瑕的巨大冰层，底部耸立着巨大的冰柱，冰雪覆盖宛如巨大的玉盆。

乞力马扎罗山气候分布属于非地带性，由山脚向上至山顶，分别是热带雨林气候至冰原气候。风景包括赤道至两极的基本植被，因为位于赤道附近，所以植被从热带雨林开始。

该山的四周都是山林，生活着众多的哺乳动物，有许多还是濒于灭绝的种类。

第二节 中国主要山脉和山特征

中国是多山之国，据统计，山地、丘陵和高原的面积占全国土地总面积的69%。中国的地势是西高东低，山脉的大致走向也是从西到东，如天山—阿尔泰山山系区、昆仑山山系区、阿尔金山—祁连山山系区、秦岭—大巴山山系区等山脉。当然，南岭及华中地区也有诸山系的分布。中国著名的山诸如五岳等，风景秀美、历史人文风光同样博大精深，让世界人民为之向往。

唐古拉山脉

唐古拉，藏语意为“高原上的山”，又称“当拉山”，是长江和怒江的分水岭。蒙语中意为“雄鹰飞不过去的高山”。它位于西藏自治区东北部与青海省边境。唐古拉山是在5000米的高原上耸立起来的山脉，海拔6839米。

唐古拉山脉越岭地段气候十分恶劣，地质条件最差，这一段曾是青藏铁路施工难度最大的区段。那里冬春季节气温很低，寒风凛冽，而在七八月份天气稍微转暖时，雨水丰富，不过不是雨雪就是冰雹，自然气候十分恶劣。

在拉萨以北100公里处，屹立着举世闻名的念青唐古拉大雪峰，终年白雪皑皑、云雾缭绕、神秘莫测。念青唐古拉山和纳木错不仅是西藏最引人注目的神山圣湖，而且念青唐古拉山因纳木错湖的衬托显得更加英俊挺拔，而纳木错湖因为念青唐古拉山的倒映而愈加美丽动人，吸引着成千上万的信徒、香客、旅游者前来观瞻朝拜，成为世界屋脊上最大的宗教圣地和旅游景观。

秦岭

秦岭分广义和狭义之说。广义的秦岭是横亘于中国中部东西走向的巨大山脉，西起甘肃省临潭县北部的白石山，以迭山与昆仑山脉分界。秦岭山脉全长1600公里，南北宽数十公里至二三百公里，面积广大、气势磅礴、蔚为壮观。而狭义的秦岭是秦岭山脉中段，位于陕西省中部的一部分。在汉代即有“秦岭”之名，又因位于关中以南，故名“南山”。因此它有“九州之险”的称号。

陕西境内的秦岭呈蜂巢状分布，东、西两翼各分出数支山脉。西边的三支为大散岭、凤岭和紫柏山。东边的分支自北向南依次为华山、蟒岭山、流岭和新开岭。山体横亘，对东亚季风有明显的屏障作用，是气候上的分界线，又是黄河支流渭河与长江支流嘉陵江、汉江的分水岭。

秦岭山地是古老的褶皱断层山地，秦岭北部早在4亿年前就已上升为陆地，遭受剥蚀；秦岭南部却淹于海水之中，接受了古生代时期的沉积。进入中生代以后，秦岭林区以剥蚀为主，是周围低洼地区的供给地。若干年后，秦岭又在喜马拉雅山运动的强烈改造下，经大幅度的块断式垂直升降运动而最终形成了现今秦岭的地貌格局。

秦岭自然景观存在南北坡差异。北坡为暖温带针阔混交林与落叶阔叶林地带。南坡为北亚热带北部含常绿阔叶树种的落叶阔叶混交林、黄棕壤与黄褐土地带，属黄河流域。由于长期的农业开发，现多为次生林。

秦岭山区野生动物有大熊猫、金丝猴、羚羊等珍贵品种，鸟类有国家一类保护对象朱鹮和黑鹳。可以看出，植物区系成分和动物种属成分存在明显的过渡性、混杂性和复杂多样性。在那里，现设有国家级太白山自然保护区和佛坪自然保护区。

丰富的动物、植物物种和气候表征，使秦岭成为中国非常重要的一个生态系统。而秦岭独特的地理位置和所蕴藏的丰富的珍稀的动植物资源，更使秦岭在我们国家乃至世界生态环境保护当中都占有重要的地位。

大兴安岭

位于祖国的最北边，东有小兴安岭，西依呼伦贝尔大草原，南有肥沃、富庶的松嫩平原，北边与俄罗斯联邦隔江相望，境内山峦叠嶂、气势雄浑、一片粗犷。

大兴安岭总面积达8万多平方公里，相当于1个奥地利或137个新加坡。

岭内海拔300～700米，冬寒夏暖，昼夜温差较大，年平均气温－2.8℃，最低温度－50℃左右。无霜期90～110天，年平均降水量750毫米左右，属寒温带大陆性季风气候。

它还是我国最北、面积最大的现代化国有林区，林木蓄积量5.01亿立方米，占全国总蓄积量的7.8%，边境线长791.5公里。它的森林覆盖率达74.1%，在浩瀚的绿色海洋中繁衍生息着珍贵的动植物。像寒温带马鹿、驯鹿、驼鹿、梅花鹿、棕熊、天鹅、獐、雪兔等各种珍禽异兽400余种；野生植物也有1000余种，成为我国高纬度地区不可多得的野生动、植物乐园。

多布库尔、那都里、呼玛、额木尔等二十多条大小河流，最终流入了边陲人民的母亲河——黑龙江。鲟鳇鱼、哲罗、细鳞、江雪鱼等珍贵的冷水鱼类在这里盛产。人们常用“棒打獐子瓢舀鱼，野鸡飞到饭锅里”来形容这里的野生动物资源。

太行山

太行山横跨北京、河北、山西、河南四地。北起北京西山，南达豫北黄河北崖，西接山西高原，东临华北平原，为山西东部、东南部与河北、河南两省的天然界山。太行山，又名五行山、王母山、女娲山，是我国东部地区的重要山脉和地理分界线。

它的地势北高南低，大部分海拔在1200米以上。2000米以上的高峰有河北的小五台山，山西的太白山等。北端最高峰为小五台山，高2882米；南端高峰为陵川的佛子山等。

太行山的自然植被因垂直温差而异，如小五台山南坡，1000米以下为灌丛；1000米以上偶有云极或落叶松。北坡1600米以下是夏绿林，1600～2500米是高亚草原。太行山大峡谷园内还有木本花卉、药材等珍稀植物300多种，特别是自然生长的亚热带树种南方红豆杉在大峡谷的出现，使大峡谷显得很神秘。

另外，从北到南都有丰富的矿藏资源。煤炭资源尤其丰富，还有铁、铜、钼、金、钨等。

在太行山深山区河北赞皇县，有世界最大的天然回音壁。

祁连山脉

祁连山脉位于中国青海省东北部与甘肃省西部边境。它由多条西北—东南走向的平行山脉和宽谷组成。西端在当金山口与阿尔金山脉相接。东端至黄河谷地，与秦岭、六盘山相连。长近1000公里。属褶皱断块山。最宽处在酒泉市与柴达木盆地之间，达 300 公里，自北而南。

狭义的祁连山，指最北的南山和冷龙岭。平均海拔 4000 米以上。主峰有冷龙岭、祁连山和疏勒南山。

山地宽达 400 公里，由 7 条以上的山脉组成祁连山山系。其间也夹杂有湖盆、谷地，如疏勒河、哈拉湖及青海湖等。山峰海拔多在 4000 米以上。

祁连山属典型大陆性气候特征。山地东部气候较湿润，西部较干燥。山前低山属荒漠气候，而中山下部属半干旱草原气候，中山上部为半湿润森林草原气候。亚高山和高山属寒冷湿润气候。

祁连山区的水系呈辐射状：以哈拉湖到东经 99°一带为中心，向四周辐射。在山前形成大绿洲。近年来，森林资源破坏严重，野生动物减少。我们国家在 1988 年成立了祁连山国家自然保护区。位于甘、青两省交界处面积 23 万余公顷。

由于山脉东部气候湿润，祁连山脉的农业主要在东部和大通河中下游谷地及北坡的山麓地带，那里春麦、青稞、马铃薯、油菜、豌豆和瓜菜等，一年一熟。而且草场辽阔，适宜发展畜牧业，并有大片水源涵养林。像药用和其他经济植物也都在那里可以找到。祁连山脉还有许多珍贵动物，如甘肃马鹿、蓝马鸡、血雉、林麝等。

祁连山脉矿藏丰富，菱铁—镜铁矿、赤铁—磁铁矿、黄铁矿型铜矿，而肃北和酒泉南山一带有黑钨矿石英脉和钨钼矿，是中国西部钨矿蕴藏丰富的地区之一。

横断山脉

横断山脉位于青藏高原东南部，是川、滇两省西部和西藏自治区东部南北向山脉的总称。它还是中国最长、最宽和最典型的南北向山系，唯一兼有太平洋和印度洋水系的地区。横断山脉是世界年轻山系之一，因“横断”东西间交通，故而得名。

科学界对其范围界定目前有“广义”和“狭义”之说。通常我们指的横断山脉是按“广义”划分，即东起邛崃山，西抵伯舒拉岭，北界位于昌都、甘孜至马尔康一线，南界抵达中缅边境的山区，面积 60 余万平方公里。境内山川南北纵贯，东西并列，自东而西有邛崃山、大渡河、沙鲁里山、金沙江、怒江和高黎贡山等。

由于横断山脉的走向特殊、地理位置特殊，使其在地理、地质、生物、水文等诸多科学领域有重要意义。

区域内条件良好对动植物的生存发展极为有利。植被具有古北植物区系、中亚区系、喜马拉雅区系和印度马来亚区系多种成份。森林种类也十分复杂，经济林木和果木都比较丰富。盛产贝母、冬虫夏草、天麻等各种中药材。花卉种类繁多，以多种杜鹃花、报春花和山茶花为著。珍贵稀有动物属国家保护的有大熊猫、金丝猴、白唇鹿、牛羚、野牛、野象、长臂猿、小熊猫、班绿尾红雉、血雉等等。

横断山脉还是我国重要的有色金属矿产地。其中金沙江、澜沧江和怒江成矿带以有色金属为主的各种矿藏多达百种以上；而雅砻江和金沙江交汇处一带的成矿带富含钒钛磁铁矿，有中国铁矿储量很大的地区之一，同时又是中国生产钒钛金属和其他有色金属及稀有金属的重要基地的攀枝花地区。横断山脉又是我国主要水能资源分布区。金沙江以枯水位计算，干流落差达 3000 余米，包括支流在内，水能蕴藏量近 1 亿千瓦。

大量少数民族在此聚居，有藏族、纳西族、怒族、傈僳族、独龙族、普米族、白族、布依族等 20 多个民族。

台湾山脉

地处我国台湾省本岛，中央山脉、玉山、阿里山及台东山的总称。北起三貂角附近，南到鹅銮鼻，长 360 公里。属年轻褶皱山。

台湾山脉的形成原因与日本四岛的形成原因相似，都是由亚欧板块与太平洋板块碰撞所引起的地质运动形成的，因此台湾也常发生地震。

整个台湾山脉高峰连绵，最高峰玉山，次高峰雪山，依次还有秀姑峦山、南湖大山等山体。素有“台湾屋脊”之称。

台湾山脉为全岛河流的分水岭，水系也呈放射状分布。3500 米以上高峰，冬季积雪不化，并有古冰川地貌。山区风景优美、森林茂密、环境优雅。东侧以断崖悬壁临太平洋。

泰山

泰山，俗称岱山、岱宗、泰岳等。泰山一词最早见于《诗经》，“泰”的意思是极大、通畅、安宁。它与华山、衡山、恒山、嵩山一起合称五岳，因地处东部，故称东岳，有“五岳之长”的称号。地处山东中部，北依省会济南，南临“圣城”曲阜，东连“齐都”淄博，西滨黄河。它东临波澜壮阔的大海，西靠源远流长的黄河，数千年来一直是东方政治、经济、文化的中心。

其具有极其美丽壮观的自然风景，“雄”、“奇”、“险”为其主要特点。泰山的自然景观常令世人慨叹，主要的景点有岱庙、普照寺、五松亭、碧霞祠、仙人桥、日观峰、南天门、玉皇顶等。其中旭日东升、晚霞夕照、黄河金带、云海玉盘被誉为岱顶四大奇观，古时文人墨客纷至沓来。“登泰山而小天下”和“会当凌绝顶，一览众山小”等都是描写泰山的诗词。

它的四季气候分明。夏季十分凉爽，最热的七月平均气温仅 17℃，即使酷暑盛夏登山，亦感阴凉舒适。夏天是泰山的多雨季节。春、秋两季比较温和，平均气温 10℃，但春季风沙较大。秋天晴天较多，秋高气爽，为登山的黄金季节。冬季虽天气偏冷，但可看到日出的机会较多。

衡山

五岳之中南岳衡山。包括长沙岳麓山、衡阳回雁峰在内，由巍然耸立着的 72 座山峰组成。南岳的首峰就在衡阳市中心的南门口——回雁峰。由于气候条件较其他四岳为好，处处是奇花异草，终年翠绿四时放香，自然景色十分秀丽，因而它又有“南岳独秀”的美称。

南岳现有的风景林及各种植物有 1700 多种，其中许多是奇珍异宝。福严寺的银杏，树龄至少也有 1400 多年，藏经殿后的白玉兰，也有四五百年的历史。

衡山还有许多名胜古迹和神话传说，吸引了历代各种人物，形成丰富多彩的文化沉淀，就像一个辽阔的人文与山水文化和谐统一的巨型公园。像藏经殿、方广寺、会仙桥以及水帘洞等都是游玩的好去处。此外，南岳还是著名的佛教圣地、道教名山，有寺庙庵、观 200 余处。

华山

华山是我国著名的五岳之“西岳”，位于陕西省华阴市境内，距西安 120 公里，海拔 2154.9 米，居五岳之首。它南接秦岭，北瞰黄渭，也是长安关中地区进出中原的门户，素有“奇险天下第一山”之称。“奇”、“险”是它的主要特点。

华山是我们中华民族文化的发祥地之一。它是由一块完整硕大的花岗岩体构成的，它的历史衍化可追溯到 1.2 亿年前，《山海经》记载：“太华之山，削成而四方，其高五千仞，其广十里。”著名学者章太炎先生考证，“中华”、“华夏”皆因华山而得名。在《尚书》、《史记》里都有关于华山的记载；历代帝王，如秦始皇、唐玄宗等都曾在华山进行过大规模的祭天封禅活动。

它有东、西、南、北、中五峰，主峰有南峰、东峰和西峰。“落雁”、“朝阳”、“莲花”，三峰呈鼎峙状态，人称“天外三峰”。在它的两侧，为云台、玉女二峰，前面则有 36 座小峰，虎踞龙盘，气象森森。

其气候多变，人们给之以“云华山”、“雨华山”、“雾华山”、“雪华山”的美誉。处身其中，犹如仙境。

华山还是我国的道教胜地，产生有陈抟、郝大通、贺元希等著名的道教高人。山上现存 72 个半悬空洞，道观 20 余座，其中玉泉院、东道院、镇岳宫被列为全国重点道教宫观。

恒山

恒山，人称北岳，与东岳泰山、西岳华山、南岳衡山、中岳嵩山并称为五岳。相传在四千年前，舜帝巡狩四方，来到恒山，看到这里山势险峻、峰奇壁立，便封恒山为北岳。

恒山是桑干河与滹沱河的分水岭。东西绵延 150 公里，号称一百零八峰，横跨山西、河北两省。它西衔雁门关，东跨太行山，南障三晋，北瞰云、代二州，远看巍峨耸峙，气势雄伟。主峰地处浑源县城南，海拔 2000 米左右，在五岳中居第二位。古往今来，它以奇险吸引着游人。

说到恒山的建造年代，史料记载，西汉初年，恒山就建有寺庙。现在飞石窟内的主庙，是始建于北魏，又经过唐、金、元代重修的古建筑。到明、清时恒山已经寺庙群居，规模很大了，人们称之为“三寺四祠九亭阁，七宫八洞十二庙”。令人惋惜的是，后来遭到破坏所剩不多。恒山以自然景色美而著称，素有恒山十八景之说。历代名人、学士，诸如李白、贾岛、元好问、徐霞客等人也都游览过恒山胜地，并留下吟咏恒山的诗章。明代的徐霞客游恒山后，把在恒山的见闻录入《徐霞客游记》中。

恒山还以道教闻名，做为道教的活动场所由来已久。相传神化中八仙的之一的张果老也曾修道于此。古有十八胜景，今尚存朝殿、会仙桥、九天宫十余处。

嵩山

嵩山是中国五岳之一，通称为中岳。位于河南省西部，嵩山属伏牛山系，呈东西走向，海拔最低为350米，最高为1512米，环山地跨新密、登封、巩义、偃师、伊川等市县。

2004年2月13日被联合国教科文组织地学部评选为“世界地质公园”。

嵩山的形成已有35亿年历史，是中华民族的发祥地之一。远在距今25亿年、18亿年、8亿年之间，嵩山地区先后发生过剧烈的“嵩阳运动”、“中岳运动”、“少林运动”等几次大的地壳运动。2.3亿年前后，在我国的版土上，又发生了一次延续很长时间的地壳运动，南北广大地区的“燕山运动”，嵩山地区受到南北方向的推挤，形成了今天绚丽多姿、奇特秀美的自然景观。自然景观有著名的“八景”、“十二胜”之说。

嵩山是佛教胜地，少林寺便是它最引人的地域了，除佛教外，道教也兴起较早。

嵩山古生物化石十分丰富，在嵩山既有海象生物化石，也有陆象生物化石，还有古脊椎动物化石。这些古生物化石是地质和古生物演化的宝贵资料，嵩山奇特的地质构造，使它蕴藏了煤、铝、铁、麦饭石等丰富的矿产资源。

黄山

黄山古称黟山，相传中华民族的祖先轩辕黄帝率手下大臣容成子、浮丘公来此炼丹，并最终得到升天，唐玄宗李隆基依此传说改名为黄山。

黄山山脉东起绩溪县的大嶂山，西接黟县的羊栈岭，北起太平湖，南临徽州山区。南北长约 40 公里，东西宽约 30 公里，面积约 1200 平方公里。

黄山处于亚热带季风气候区内，由于山高谷深，气候呈垂直变化。同时由于北坡和南坡受阳光的辐射差大，形成云雾多、湿度大、降水多的气候特点。这些使得黄山集名山之长。泰山的雄伟、华山的险峻、衡山的烟云、庐山的瀑布、峨嵋山的秀丽、在黄山均可找到。那里，四季都有奇丽的景色，素有“天下第一奇山”之称，尤以奇松、怪石、云海、温泉四绝著称于世。黄山三大名瀑，“人字瀑”、“百丈泉”和“九龙瀑”，驰名中外。徐霞客几次游黄山，留有“五岳归来不看山，黄山归来不看岳”的美誉。

黄山属亚热带季风气候，年均降雨量为 2394.5 毫米，年均气温是 7.8℃，夏季最高气温为 27℃，冬季最低气温是－22℃。黄山自然环境条件复杂，生态系统稳定平衡，植物垂直分带明显群落完整，森林覆盖率为 56%，植被覆盖率达 83%。野生植物有 1452 种。首次在黄山发现或以黄山命名的植物有 28 种，尤以名茶“黄山毛峰”、名药“黄山灵芝”驰名中外。黄山动物种类 300 多种，这其中有梅花鹿、黑麂、毛冠鹿、苏门羚、长尾雉等 14 种国家级保护的野生动物。

五台山

五台山位于山西省的东北部，太行山系的北端。因其五峰如五根擎天大柱，拔地崛起，而峰顶平坦如台，得名五台。它最低处海拔 624 米，最高处海拔达 3061 米，是我国华北地区的最高峰。层峦叠嶂，峰岭交错，大自然为其造就了许多独特的景观。是一个融自然风光、历史文物、古建艺术、佛教文化、民俗风情、避暑休养为一体的旅游景区。主要景点有南山寺，显通寺和塔院寺等。

五台山境内的绝大部分地层组段，都是以本地区的山、水、村、镇命名，充分显示了它在地学位置中的作用。

五台山气候寒冷，又被称做“清凉山”。全年平均气温为零下 4 度，7 至 8 月是全年中最热的月份，温度也只在 9 度左右。

在五台山上，奇峰灵崖，随处皆是。其中写字崖，用水洒湿以后，拿手帕仔细拭擦，崖面会显示出类似篆隶体字迹，水干字隐。有人曾揭去表皮石层，结果下层仍能擦出字来。层层有字，字字不同。据载曾发现过“天之三宝日月星，地之三宝水火风，人之三宝精气神”的联句。

五台山还是佛教胜地，是文殊菩萨的道场。五台山以其历史的悠久和规模的宏大，而居佛教四大名山之首——也有金五台之称。根据有关史料记载，佛教传入五台山，始于东汉。清代，随着喇嘛教传入五台山，才出现了各具特色的青、黄二庙。

峨眉山

峨眉山位于四川峨眉山市境内，地处四川盆地西南部，著名的旅游胜地和佛教名山，有“峨眉天下秀”之称。是我国的四大佛教名山之一，同时也是中国海拔最高的旅游名山。峨眉山包括大峨、二峨、三峨、四峨四座大山。

全山山势巍峨秀美而又树木葱茏，有“雄秀”之称。峨眉山以多雾著称，常年云雾缭绕，雨丝霏霏。弥漫山间的云雾，变化万千。

山上动植物资源很是丰富，素有“古老的植物王国”的美称。由于特殊的地形、充沛的雨量、多样的气候和复杂的土壤结构，为各类生物物种的生长繁衍创造了绝好的生态环境。据统计，植物多达3700余种，更有人说峨眉山植物种类的数量相当于整个欧洲植物种类的总和。其中有被称之为植物活化石的珙桐、桫椤，有著名的峨眉冷杉、桢楠、洪椿，有品种繁多的兰花、杜鹃花等，还有许多名贵的药用植物。

山中野生动物种类繁多，其中有珍稀的大熊猫、黑鹳、小熊猫、短尾猴、白鹇鸡、枯叶蝶、弹琴蛙、环毛大蚯蚓等2300余种。峨眉山野生自然生态猴区，成为我国目前最大的野生自然生态猴区。

峨眉山是普贤菩萨的道场。它与山西五台山、浙江普陀山、安徽九华山并称四大佛教名山。普贤菩萨的名气很大，广有信众，佛因山而兴盛，山因佛而扬名。于是，峨眉山被尊为普贤菩萨道场后，全山由道改佛。如今，峨眉山有大小寺院近百座，各寺僧侣众多。

峨眉派还是武术流派之一，与少林、武当共为中土武术三大宗。

普陀山

普陀山也是中国佛教四大名山之一，位于浙江舟山群岛，是众多岛屿中的一个小岛，素有“海天佛国”、“南海圣境”之称。全岛面积12.5平方公里。

由于普陀山四面环海，岛上树木丰茂，古樟遍野，有“海岛植物园”和“第一人间清净地”的美称。全山共有百年以上树木66种。还有我国特有的珍稀濒危物种、被列为国家一级保护植物的普陀鹅耳枥。而山石林木、寺塔崖刻、梵音涛声又构造了佛国的神秘色彩。

它的主要景点有三大寺，分别是普济禅寺、法雨禅寺、慧济禅寺。普陀山的标志南海观音大铜像、紫竹林，还有以自然景观和寺庙相结合的西天景区。每年夏季，来普陀山避暑的游客纷纷聚集到浙江省第一个海滨浴场——百步沙，使普陀山又增加了一道亮丽的景观。

普陀山是著名的观音道场。宗教活动可以追溯到秦代，山上原始道教、仙人炼丹遗迹随处可觅。普陀山在其佛教发展最鼎盛时期，全山总共有3大寺、88庵、128茅蓬、4000余僧侣，史称“震旦第一佛国”。绵延千余年的佛事活动，使普陀山积淀了深厚的佛教文化底蕴。时至今日，观音信仰已被学者称为“半个亚洲的信仰”。

九华山

九华山是中国四大佛教名山之一，古称九子山。它地处安徽省池州市东南境，西北隔长江与天柱山相望，东南越太平湖与黄山同辉，是安徽“两山一湖”（黄山、九华山、太平湖）黄金旅游区的北部主入口与主景区。

唐代大诗人李白曾多次游九华山，在与友人唱和的《改九子山为九华山联句并序》中曰：“妙有分二气，灵山开九华”，因此改“九子山”为“九华山”。其中“天河挂绿水，秀出九芙蓉”诗句成为描绘九华山美景的千古绝唱。

九华山风景区面积约120平方公里，它还是国际性的佛教道场。主峰是天台峰，海拔1300多米，有“不登天台，等于没来”的说法。在天台上看日出，其壮观景象不亚于在泰山看日出。因此“天台晓日”被列为“九华十景”之一。

九华山有着典型的高山小气候特点，春季较迟，秋季偏早，夏天短冬天长，海拔越高，这种四季变化的规律就越明显。九华山的溪水清澈，泉、池、潭、瀑众多。九华山各峰之间，有龙溪、缥溪、濂溪、九子溪等，逶迤秀丽。龙溪上有五龙瀑，飞泻龙池，激流直下，极为壮观。

武当山

武当山，又名太和山、仙室山，位于中国湖北省西北部丹江口市境内。处于中国腹地。背倚神农架原始森林，面临丹江水库，是著名的风景名胜区、道教名山和武当拳术发源地。武当山主峰天柱峰海拔1612米，登上后犹如置身云端，烦忧尽消于足下。四周望去，七十二峰凌耸九霄，且都朝向主峰，宛如众星捧月。游玩全山，游程约60公里左右。

它不仅拥有奇特绚丽的自然景观，而且拥有丰富多彩的人文景观，被誉为“亘古无双胜境，天下第一仙山”。

其气候温暖湿润，年降水量900～1200毫米，多集中夏季，为湖北省暴雨中心之一。原生植被属北亚热带常绿阔叶、落叶阔叶混合林，次生林为针阔混交林和针叶林，主要有松、杉、桦、栎等。药用植物也有400余种，如曼陀罗花、金钗、猴结、九仙子、田七等名贵药材。

武当山镇为武当山风景区的大门，所产龙头拐杖、玉雕、木雕、陶瓷等工艺品具有浓厚的地方特色。而针井茶为传统名茶。

它是真武大帝的道场，武当山还被世人尊称为“仙山”、“道山”。千百年来，武当山作为道教福地、神仙居所而名扬天下。武当山的宫观、道院、亭台、楼阁等宏伟的古建筑群，峰峦幽壑，历经千年，似是岁月无痕，堪称人间奇绝。

武当山武术以“内家功夫”著称，是中国武术中与少林齐名的重要流派，有“北少林、南武当”之称。

青城山

青城山位于成都平原西北部，分前、后山。前山面积约15平方公里，是风景名胜区的主体部分，景色优美，有著名的“三十六峰”、“八大洞”、“七十二小洞”、

“一百八景”。如建福宫、天然图画、天师洞、上清宫等。后山总面积 100 平方公里，有金壁天仓、山泉雾潭、天桥奇景等。

主峰老霄顶海拔 1260 米，林木青翠，四季常青，故名青城山，素有“青城天下幽”的美誉。

青城山是我国著名的道教名山，它也是中国道教的发源地之一，自东汉以来历经二千多年。传说道教天师张道陵晚年显道于青城山，并在此羽化。此后，青城山成为天师道的祖山，全国各地历代天师均来青城山朝拜祖庭。

自古以来人们都以“幽”字来概括青城山的特色。此外堪称青城山特色的还有日出、云海、圣灯三大自然奇观。其中圣灯（又称神灯）尤为奇特。每逢雨后天晴的夏日，夜幕降临后，在上清宫附近的圣灯亭内可见山中光亮点点，少时三五盏，忽生忽灭，传说是青城山的神仙们在“神仙都会”朝贺张天师时点亮的灯笼，故称为圣灯。其实，科学的解释，这只是山中磷氧化燃烧的自然景象。

2007 年 5 月 8 日，成都市青城山—都江堰旅游景区经国家旅游局正式批准为国家 5A 级旅游景区。历史上一直有“拜水都江堰，问道青城山”之说。

武夷山

武夷山位于福建省，方圆 70 平方公里，四面溪谷环绕，不与外山相连，有“奇秀甲于东南”之誉。主要景点有天游峰景观、九曲溪景观、大红袍景观等。

其气候属中亚热带季风气候区，区内峰峦叠障，高差悬殊，良好的生态环境和特殊的地理位置，使其成为许多动植物的“天然避难所”，这里物种资源十分丰富。武夷山还是全球生物多样性保护的关键地区，是许多尚存的珍稀、濒危物种栖息地。

它拥有丰富的植物资源，达 3000 多种。其中，种子植物类数量在中亚热带地区位居前列，许多如银杏等为单种属孑遗植物。还有一些珍稀濒危种列入《中国植物红皮书》，如鹅掌楸、银钟树、观光木等。武夷山兰科植物，种类丰富，目前已知的有 32 属 78 种，像多花宽距兰为我国新记录种，蕨类品种也有许多，如武夷山铁角蕨、武夷蹄盖蕨、武夷耳蕨等用“武夷”作为种加词的就达 6 种之多。

武夷山的古树名木具有古、大、珍、多的特点，如武夷宫 880 年树龄的古桂、坑上 980 年树龄的南方红豆杉等，具有极高的科研和保存价值。

已知的动物种类有5000余种，在动物种类中尤以两栖、爬行类和昆类分布众多，许多生物学家把武夷山称为“研究两栖、爬行动物的钥匙”。像崇安髭蟾（角怪）、崇安地蜥、崇安斜鳞蛇、挂墩鸦雀等均为武夷山所特有。

在中国文化史上的地位，武夷山与泰山各有千秋。泰山孕育孔子，孔子集前古学术思想之大成，开创儒学，成为中国文化传统的主要骨干。而武夷山造就了朱熹，朱熹集孔子以下学术思想之大成，构建了完整的儒学思想体系——朱子理学，成为中国封建社会后期700余年间的正统思想。

鸡公山

位于河南省南部的鸡公山，是著名的游览避暑胜地。面积200余平方公里，海拔800多米，与庐山、北戴河、莫干山合称中国四大避暑胜地。它名称的由来，得以一个神话故事。相传鸡公山有一年蝗虫灾害，天庭派金鸡大仙，前来拯救百姓。在大仙的帮助下，蝗虫消灭了，但是为了怕蝗虫再次回来，金鸡大仙就变做一座像鸡的山，摆在最高的地方，后人就叫这个山为鸡公山了。

鸡公山气候凉爽，夏季平均气温24℃，佛光、云海、雾凇、雨凇、霞光、异国花草、无日不风、青分楚豫被称为鸡公山的八大自然景观。因为海拔不高，位置独特，鸡公山有高山气候，但不会有高山反应，以至这里特别适宜疗养避暑。在夏季，这里平均气温24℃，人们形容它午前如春，午后如秋，夜如初冬。

鸡公山由于地质构造运动，形成了千姿百态的奇峰怪石，大的嶙峋耸峙，小的精灵别致，皆具怪、巧、奇、美的特点。

麦积山

麦积山位于甘肃天水。是西秦岭山脉小陇山中的一座孤峰，总面积215平方公里，包括麦积山、仙人崖、石门、曲溪四大景区和街亭古镇，也是我国四大名石窟之一。

麦积山石窟保留有大量的宗教、艺术、建筑等方面的实物资料，丰富了中国古代文化史。在宗教和建筑艺术上反映了前人的高深智慧。麦积山的峭壁之间，镌石成佛，石龛千室，荟萃着后秦、北魏、唐、清等十多个朝代的塑像共7200余尊，分别分布在194个洞窟里，它与敦煌莫高窟、大同云岗石窟、洛阳龙门石窟一样，均有着珍贵的艺术宝藏。

麦积山高达142米，石窟大多凌空开凿在20—70米高的悬崖峭壁上，有崖阁、摩窟、摩崖龛、山楼、走廊。窟形有人字坡顶、拱楣、穹顶、方楣平顶、方形平顶、盂顶等。这些不同类型的窟龛、崖阁，是研究中西文化交流和建筑结构演变、发展的实物资料。直到现在，当地还流传有“砍完南山柴，修起麦积崖”的民谣。

麦积山是典型的丹霞地貌，因山体的形状如农家麦垛而得名，山崖拔地而起，山势险峻、环境清幽。麦积山周围还有几个引人入胜的风景点，如麦积山后崖三扇崖下的雕巢峪等。麦积山上，飞瀑、古柏苍松、嶙嶙怪石、奇花芳草、珍禽异兽共存，组成了麦积山迷人的自然景观。

井冈山

井冈山位于江西省的西南部，在湘赣边界、罗霄山脉中段，山势高大、地形复杂。主要的山峰海拔多在千米以上，其中最南端的南风屏海拔2120米，那里是井冈山地区的最高峰。

因山高林密、沟壑纵横、层峦迭峰、地势险峻，使井冈山成为一个绿色的宝库。井冈山风景名胜区总面积200多平方公里，分为茨坪、黄洋界、龙潭、主峰、桐木岭、湘洲、笔架山、仙口八大景区。

井冈山集革命人文景观与秀美的自然风光为一体，革命胜迹与秀美的山河风景交相辉映，风景名胜区有60多个景点，320多处景观。这里除了峰峦、山石、瀑布、气象、溶洞、温泉、珍稀动植物及高山田园风光八类景观外，还较好地保存了井冈山斗争时期革命旧址多处，其中有许多被列为全国重点文物保护单位。这里巍峨群峰矗立，万壑争流，苍茫林海，飞瀑流泉，有气势磅礴的云海，瑰丽灿烂的日出，十里绵延的杜鹃长廊和蜚声中外的井冈山主峰。

它还具有奇、险、峻、秀、幽的自然风光特点，属中亚热带湿润季风型气候，雨量充沛，气候宜人，夏无酷暑，冬无严寒，年平均温度为14.2℃。是从事爱国主义教育、学习革命传统、旅游风光、避暑疗养的理想之地。

天台山

浙江省东中部的天台山，东连宁海、三门，西接盘安，南邻仙居，北界新昌。天台山呈西南—东北走向，平均海拔在500米以上，主峰华顶山海拔1098米。以佛教天台宗祖庭、道教南宗祖庭所在地和济公“活佛”的故乡而闻名于世。

天台山的景点也各有特色，古、清、奇、幽是它的主要特点。有天台八景，如赤城栖霞、双涧回澜、华顶秀色、琼台月夜等。

它的自然景观得天独厚，人文景观悠久灿烂。有桃溪、琼台、万年寺、高明寺，石、幽洞、飞瀑、清泉一应俱有，说不完的古木、名花、珍禽、异兽，因而获得“佛宗道源，山水神秀”的美称。

天台山还是天然的植物园和动物园，奇草异木、珍禽异兽极多。铁皮石斛，被古人称为“救命仙草”，“长生不老药”的乌药。尤其是广布千米高山的云锦杜鹃，年龄都在百年以上，古干如铁，虬枝如钩，枝繁叶茂，成为天台山一大植物奇观。动物种类有大灵猫、苏门羚、云豹等珍稀野生动物。这些都极大地丰富了天台山的风景旅游资源。

琅琊山

琅琊山位于安徽省滁州，古称摩陀岭，后因东晋琅琊王在此避难，改名为“琅琊山”。

它的风景区，包括琅琊山、城西湖、姑山湖、胡古等四大景区，以茂林、幽洞、碧湖、流泉为景区主要景观。北宋大文豪欧阳修当年被贬滁州后，他的散文名篇《醉翁亭记》就出自于此，扬名海内外，至此醉翁亭被誉为“天下第一亭”。狼琊山古迹遍布，古刹、名亭、古关隘、古驿道、碑、碣、摩崖碑刻等文化遗产都在印证着琅琊山渊源久远的文化历史。

有建于唐代的琅琊寺，有著名碑刻唐代吴道子画的观音像、唐代李幼卿等摩崖碑刻近百处。唐宋著名文人雅士如韦应物、欧阳修、曾巩、苏轼、宋濂等趋之若骛，在此均留有诗文。琅琊山也是我国24座文化名山之一，为皖东的游览胜地。

三清山

三清山位于江西省玉山县北50公里处，因山有三峰，名为玉京、玉华、玉虚，而三清峰列为巅顶，由此得名。三清山南北狭长，面积大约56平方公里。

它是历代道家修炼的场所，在宋朝时，道教建筑就已遍布全山，其规模与气势，可与青城山、武当山、龙虎山媲美。因此，人们还给了三清山“露天道教博物馆”的称谓。

三清山有九大景区：南清园、万寿园、西海岸、阳光海岸、玉京峰、三清宫、西华台、三洞口、石鼓岭、玉灵观。每一处，都风格各异，令游人流连忘返。

此外，还有十大绝景：司春女神、巨蟒出山、猴王献宝、玉女开怀、老道拜月、观音赏曲、葛洪献丹、神龙戏松、三龙出海、蒲牢鸣天。由于长期地貌的变化，形成了三清山别具一格的奇峰怪石、急流飞瀑、峡谷幽云等雄伟景观。

由于，三清山风景名胜资源丰富，种类齐全，在1988年它被列为国家重点风景名胜区。

这里不仅风景美丽，它还是我国野生动植物的宝库，拥有植物有1000多种，动物800多种。

金佛山

金佛山位于四川南川境内，由金佛、柏枝、菁坝三山组成；面积441平方公里，最高峰风吹岭海拔2251米，原始森林占据1/3。景区内山峰层峦叠嶂，群峰耸峙。珍稀植物、自然山林原始奇特，山、水、林、泉、洞兼而有之，构成金佛山的主要风景特点。

金佛山素有植物王国之称，共有植物5000多种，属于国家保护植物的有52种。银杉、银杏、大叶茶、方竹、杜鹃王树属国家一类保护植物，被誉为“金山五绝”。“金山三精”是指人参、竹米、天竹黄。动物500多种，其中属于国家一级保护动物的有金钱豹、云豹、华南虎、白冠鹤、红腹角鸡、金丝猴、黑叶猴、梅花鹿等。1979年，国家成立了金佛山自然保护区。

金佛山融山、水、林、石、洞的景观于一身，气势雄伟，地形复杂，洞穴深幽，奇花遍野。具有奇、绝、雄、秀、险的景区特点，一幕幕美景令游客流连忘返。

昆仑山

昆仑山地处青海，西起帕米尔高原，东至昆仑山口以及与之毗邻的青藏诸山脉，山脉全长 2500 公里，平均海拔在 5500～6000 米，最高峰格达板峰的海拔 6860 米，这里也是青海省的最高点。昆仑山景色秀丽，每逢春夏之交，满山草木丰茂，鲜花争奇斗艳，使昆仑山风韵十足，成为著名的风景游览区之一。

昆仑山北坡气候属暖温带，降水量小，但是随着海拔的增高，暖温带荒漠过渡为高山荒漠，降水量随之增加。由于气候原因，昆仑山的 100 多种高等植物一般都属于低矮的灌木类。山上的野生动物也都是高原特有的，如藏羚羊、野牦牛、野驴等。此外，闻名于世的和田玉就产自这里，从古代起这里就是中原地区玉石的主要来源，南朝梁武帝时期的《千字文》一书中就提到过“玉出昆岗”。

下面，我们来说说昆仑山的旅游资源。昆仑泉、昆仑山口和昆仑桥都是吸引游人前去的地方。昆仑泉位于昆仑河北岸著名的纳赤台小镇，海拔 3700 米左右，是昆仑山中最大的不冻泉，被视为昆仑奇观。昆仑泉是优良的天然矿泉，是昆仑山冰雪融化后渗入地下，再从泉眼中喷涌出来的，澄澈清冽，晶莹透明，甘甜醇美，加上这里海拔高，没有污染，被誉为“冰山甘露”。该泉水属低矿化度、重碳酸氯化物、钙镁型矿泉水。昆仑山口地处昆仑山中段，昆仑桥又称一步天险桥。位于格尔木南部的昆仑山下，距格尔木市约 50 公里，是青藏公路上的一大险关。其实，昆仑桥的壮观不在大桥本身，而在于桥下的岩石绝壁和万丈深涧。

天山

天山是亚洲中部的一条大山脉，横穿中国新疆的中部。天山山脉的三大高峰托木尔峰（海拔 7435.3 米），汗腾格里峰（海拔 6995 米）以及博格达峰（海拔 5445 米）都在中国境内，峰顶终年白雪。我国新疆的锡尔河、楚河和伊犁河都是发源于此山。天山山脉把新疆分成了两部分：南边是塔里木盆地，北边是准噶尔盆地。

天山的雪峰——博格达峰上的积雪终年不化，人们给了它一个美丽的名称：

“雪海”。博格达峰的山腰有个叫“天池”的湖泊，海拔 1900 米，池水清澈透明，湖面犹如一面镜子；雪峰、云杉倒映在湖中，交相辉映，构美丽的风景画。“天池”是新疆著名的旅游胜地。

在天山山系中，有许多高大的山峰，海拔在 5000 米以上的就有数十座之多，远远望去，高耸入云的山峰雄伟壮观、庄严而神秘。

现在我们说说天山的气候特征。它地处内陆，属于典型的大陆性气候，干燥、少雨其是主要特征。这样的气候条件适合发展畜牧业，像伊犁地区的养马业名声远播，古时的“天马”最初就来自此地，如今称之为伊犁马。除了马以外，这里牛、羊、骆驼分布也十分广泛。

天山并不都被积雪覆盖，在海拔 3000 米以下的区域，动植物资源很丰富。云杉和塔松，在托木尔峰上茁壮成长，四季常青；各种药用植物达 80 多种，有紫草、天仙子、贝母、黄精、荆芥、益母草等；金莲花花枝招展，美不胜收；雪莲在乱石堆中怒放，远远的就可闻见清香，这些给冰天雪地的世界带来了盎然生机。

说过植物，我们现在说说那里的动物。旱獭和水獭遍布天山，它们的皮毛十分珍贵。盘羊、雪豹、猞猁、天山鹿、天山羚羊也是受保护动物。天山的密林和草原为各种飞禽走兽提供了栖息、繁衍的天然场所。翱翔于云际的苍鹰，体长而凶猛。

第七篇

地球的大动脉——江河湖泊

第二十一章

江河湖泊的形成与特点

第一节 江河的形成

山有山的巍峨雄伟，江河则有属于它的蜿蜒绵长。一条条江河穿梭在群山峻岭之中，彼此相得益彰，交相呼应。河流是地球上水分循环的重要路径，它为地球的物质、能量的传递与输送起着重要作用。下面，我们就来了解一下河流的形成原因。

河流的成因

河流是陆地表面上经常或间歇有水流动的线形天然水道，是地球上水分循环的重要路径，对地球的物质与能量的传递、输送起着重要作用。那么，它是怎样形成的呢？

河流的形成主要有两方面的因素：一是要有适宜的地形特征；二是要有充足的补给来源，如冰雪融水、大气降水、地下水、降水等。这两个条件缺一不可。地形、地质条件对河流的流向、流程、水系特征及河床的比降等起制约作用；河流范围内的气候，对气温和降水的变化，如河流的流量、水位变化等影响很大。一条河流的水文特征是多方面因素综合作用的结果，就拿河流的含沙量来说，它一方面与它流经的土地的土质状况、植被覆盖情况有关系，另一方面还与气候因素有关：降水强度不同，冲刷侵蚀土地的能力就不同，在土质植被状况相同的情况下，处于暴雨中心区域河段的含沙量就相应较大。

不管怎样，河流与我们人类的关系是十分密切的。河流暴露在地表，人们可以对河水取用自如，因此，河流是人类赖以生存的最主要的淡水资源。

流水可以不断地改变地表形态，形成不同的流水地貌，例如冲沟、峡谷、冲积扇、冲积平原及河口三角洲等。我国长江中下游的平原、东北平原以及四川盆地内部的成都平原等，都是因河流的冲积作用形成的冲积平原。

河床的演变

“河床演变”这个术语，目前学术界普遍有两种解释：一是指河道从河源至河口、河谷各个部分的形成和发展；另一种是指近代冲积河道的变化和发展。河床演变发展进程，大致可分为两种：一种是在相当长时期内河床单一地朝某一方向发展的单向变形，例如我国一些河流的河床一直不断因为淤泥积累抬高；另一种是河床周期性重复发展的复归性变形。

不过，河道输沙的不平衡应该是河床演变的根本原因。上游来沙量大于这个河段的水流挟沙力时，水流没有能力把从上游来的泥沙全部带走，这样就会产生淤积，而使河床逐渐升高。河床发生淤积时，淤积速度逐渐减少，直至淤积停止。相反，当上游来沙量小于这个河段的水流的挟沙力时，便会产生冲刷，使得河床下降。河床发生冲刷时，冲刷速度逐渐减低，直至冲刷停止。这种现象被称为河床和水流的自动调整作用。

影响中国河流发育的主要因素

下面我们说说影响我国河流的发育的因素。一般我们把它分为气候因素、地形因素、土质、植被因素以及人类活动对河流影响这几个主要因素。

气候因素：在我国，多数河流主要靠雨水补给水源。由于降水有季节分配不均衡、年际变化大的特点，那么受此影响，河流年内及年际的径流量变化也就很大。再比如，西部干旱地区河流的补给水源主要靠冰雪融水，受气温高低影响大。

地势因素：我国地势西高东低，一般可分为三个阶梯。当河流流经阶梯分界线时，形成落差，水力资源十分丰富。长江、黄河、澜沧江、怒江等河流的源头都在青藏高原，属于第一阶梯；黑龙江、海河、西江等河流的源头都在第二阶梯东缘；

鸭绿江、闽江等河的源头处于第三阶梯。

土质、植被因素：影响河流发育的另一个重要因素就是土质、植被对河流的影响。像我国的“母亲河”黄河，近年多灾多难，甚至有人因此质疑母亲河到底给我们带来了什么。造成黄河泛滥的原因很多，例如土质疏松、耐冲性能差等。其中重要一点就是黄土高原上的植被覆盖少，造成土壤易于流失。植被覆盖度的增加，可以使土壤的稳定入渗率有所降低，土壤流失量也会随之减少。所以，要想解决黄河泛滥的问题，就必须保护植被。

人类活动对河流的影响：人工开掘河道，改变原有河道的走向；修建跨流域的调水工程改变径流的分布；以及修筑堤坝等都可以对河流产生影响。

第二节 湖泊的形成

湖泊不仅是地理水圈环境的重要组成部分，同时也蕴藏着丰富的自然资源。湖泊内通常生存着大量的淡水生物，在起到维持生态平衡之外，也能提供生物作为渔业资源。这一节，我们就来大致了解湖泊的基本内容。

湖泊的成因类型

要了解湖泊的形成，首先要明确一下什么是湖泊。湖泊是由湖盆、湖水和水中所含的物质——矿物质、溶解质、有机质和水生生物等组成的统一体。在地理学中，通常以湖盆的成因作为湖泊分类的主要依据。近年来学术界又把致使湖盆积水的主导因素考虑进去，因为只有积水的洼地才称为湖泊。

湖泊是在一定的地理环境下形成和发展的，并且与环境等因素相互作用和影响。但是，不论湖泊是怎样形成的，它都必须具备两个最基本条件：一是洼地，即湖盆；二是湖盆中所蓄积的水体。湖泊形成的原因有很多种：地壳的运动、大自然的侵蚀、堆积作用与人为的力量，都会让地表形成凹陷并蓄水形成湖泊。

湖泊的形成有诸多形式，一般可以归纳为这样几种类型：构造湖泊，如日月潭这样由玉山、阿里山的山间断陷盆地积水而变成的高山湖泊就是构造湖；火口湖泊，如黑龙江的镜泊湖；河成湖泊，如杭州的西湖；牛轭湖泊，如无锡的太湖；还有堰塞湖泊、冰川湖以及人工湖泊等。

湖泊的演变

湖泊的演变是一个漫长的过程，需要几十万年的时间。

若干年前，地球是一片海洋，随着海平面下降，土地渐渐露出表面。那么，在海洋慢慢消失后的地方会显现出怎样的地貌呢？一轮完整的地貌演变历程是这样的：湖泊、沼泽滩地、沃土、沙漠。

在地势原本相对较高的地方，会变成湖岸，而较低洼的地区，依旧被没于水下。这时的湖泊，面积很大，当湖水由于蒸发而不断减少，陆地随之露出来，就把大湖分成小的湖泊或者河流。随着水进一步减少，陆地露出得越来越多，就形成了沼泽、河岸，甚至沙漠。如今地球上仍有许多大的湖泊，不过由于气候等因素，加上水的自然蒸发，这些“大湖”正在被分割成小的湖泊，比如我国的洞庭湖。

如今，我国北方内陆湖泊咸化、干涸；南方湖泊萎缩。据有关资料统计，目前已有1000多个湖泊消亡，长江中下游原有100多个通江湖泊，现在仅存鄱阳湖、洞庭湖等少数几个。

湖泊形态参数

湖泊的形态主要取决于它的成因和发展过程。湖泊形态特征直接影响湖水的物理化学性质和水生生物的分布规律。

湖泊形态参数是对湖泊的一种定量化描述，我们可以将其简单地概括为面积、容积、长度、宽度、岸线长度、岸线发展系数、湖泊补给系数、湖泊岛屿率、最大深度和平均深度。

湖泊形态参数定量表征湖泊形态各个方面。这也是湖泊规划、设计和管理的基本数据，也可用来对比不同湖泊的水文特性。

影响湖泊演变的主要因素

湖泊演变是一个漫长的过程，影响湖泊演变的因素也有许多。经过科学家们的多年研究、整理，得出如下几个影响湖泊演变的主要因素：

（1）水系格局不断变迁导致湖泊水源补给发生迅速改变，是促使湖泊相应发生显著扩张与萎缩，并最终导致湖泊消亡的直接主要动因；

（2）河流的泥沙淤积；

（3）气候的干湿变化；

（4）人类拦水筑坝、占垦涸泊等活动加速了湖泊的演变与消涸。

综上可知，除去自然因素之外；人类活动也会对湖泊演变产生很大影响。因此，维持生态环境平衡，减缓湖泊消亡是我们人类义不容辞的任务。

第三节　河流的地质作用

河流，自古以来就是人类生息繁衍不可或缺的依靠，一直被人们看作是生命的源泉，人类文明的摇篮。河流曾经孕育了灿烂的古代文明，埃及、中国、巴比伦和印度等文明古国均是发源于大河之畔。了解河流有哪些地质作用，是我们了解河流的第一步。

侵蚀作用

河流又被称为地表径流，一般具有一定的流速。河流具有侵蚀作用，其形成原因有很多，通常有流水的机械冲击力，水的溶解作用以及水中携带砂石的磨蚀作用三个主要原因。

一般来说，河流的上游或中游都会从山区通过，水流湍急，当河流从上游狂奔而下时，上游巨大的石柱往往抵挡不住汹涌的水势，崩落而随河流往下滚动。而河道断面比较狭窄，河道经受长时间的撞击、侵蚀，导致河床下蚀。因此，河流的中上游常会出现瀑布和峡谷。

不过，河流的下游通常位于平原，地势平缓，流速较慢。由于地球自转产生的科里奥利力，河道外侧的水流流速较快，长期这样，水流对河道外侧形成强烈的侧蚀。侧蚀使河道呈现弯曲状，又被称为河曲。

搬运作用

河流从高往低，顺流而下，因此会形成“搬运作用”。被流水搬运的东西一般被称为“搬运物”。河流搬运的能力，与河流速度和流水量成正比。流水搬运的形式有四种：

（1）被溶解的矿物一般以溶液形式搬运；

（2）细小的泥沙颗粒以悬移的形式搬运；

（3）较大的碎块以跳跃移动的形式搬运；

（4）像巨石及其他笨重的东西则以推移的形式搬运，只有在水流较快、水量较多的情况下，水力推动重物，贴着河床挪动或滚动。

沉积作用

河流的沉积作用使得搬运物停止前进而积聚在一起，最终变成沉积物。河水的搬运作用会产生一种“分选”的效果，使得搬运物按大小和重量依次沉积：粗重的在先，细小的在后。当然，若沉积急速时，便不会有这种分选作用。

沉积作用的出现，主要原因是流水速度的减慢，或流水量的减少。

流水减慢的原因有：湖水或海水的顶托、河道上有障碍物、流水量减少及河流坡度突然下降等。流水量减少的原因有：河流经过透水岩层或表层疏松地区、河水分流、洪水下退、河流进入蒸发量高的干旱地区等。

去均夷化作用

长期的河流侵蚀和河流沉积会使河流向着均夷化方向发展。这一过程中河流的下切能力逐渐衰减。由于影响河流下蚀的因素是可以发生变化的。这些因素一旦变化，河流便可以获得新的能量，下蚀作用得以复苏。这在地理学中我们称之为去均夷化作用。

引起河流发生去均夷化作用的因素主要有两个：一是气候变化，如由干燥转为潮湿，导致流量增加，河流得以重新进行下蚀。另外一个是陆地的上升或海平面的下降，使河谷抬高、侵蚀基准面降低。

在去均夷化作用下，河流将逐渐发展成深切河曲和河流阶地。

自由河曲是在宽阔平坦的谷底上自由发展的，一旦发生去均夷化作用，河流即可重新下蚀。如下蚀速度适当，原有河弯不受破坏而继承下来，致使河曲深深刻入基岩中，这种河曲称为深切河曲。如深切河曲的弯道因旁蚀作用而发展，前后两弯之间河弯颈的宽度逐渐变细，可以截弯取直。废弃河道称为废弃河曲，被围绕的山嘴成为孤立残留的小丘，称为离堆山。

这里我们要注意的是，水平岩层地区由于流水的差异侵蚀以及差异风化作用，在谷坡上形成阶梯地形，坚硬岩层组成平台，它并不是河流去均夷化作用的产物，而是一种假阶地。

第四节　湖泊的地质作用

湖泊的地质作用是湖水的运动，湖水中溶解物质的化学反应，湖泊以及沼泽中的生物活动对湖盆的破坏和建造作用的总称。湖泊的地质作用包括剥蚀作用、搬运作用和沉积作用。下面我们就湖泊的地质作用做进一步的详细介绍。

湖水运动的特征

由于湖泊比海洋面积小，水的深度也相对浅，所以湖水的运动比海水要弱。但是，湖水和海水一样处于经常性运动之中。湖水运动有如下几个特点：

（1）湖浪运动与海浪相似，但因湖面小，加之陆地上的风力比海洋风力弱，所以湖浪没有海浪大。

（2）湖流是湖水的定向运动。湖流常出现在河口处，由被风吹动进湖或者出湖的流水所引起。

（3）湖水上下层的密度、水温不同，也可以产生湖水上升和下沉的对流运动。

（4）湖泊中也有潮汐现象，不过它们的规模较之海洋中要微弱得多。

（5）湖泊中存在的浊流对于某些湖泊中的沉积作用有重要的影响，也可以形成蚀积岩。

湖泊的剥蚀和搬运作用

由于湖泊中的水体除表面和靠近湖岸的部分外，运动很微弱。因此，湖泊的剥蚀和搬运作用比较微弱。湖泊的剥蚀作用包括机械冲蚀、磨蚀和化学溶蚀等方式，其中以机械剥蚀为主。

湖泊剥蚀的产物以及由入湖河流等各种外力带来的物质被岸流、退流、浊流及湖流等动力向湖心方向搬运，在适当部位沉积下来。

湖泊的沉积作用

湖泊的地质作用主要以沉积作用为主，包括化学沉积、机械沉积和生物沉积。湖泊的沉积作用主要是机械沉积和生物沉积，少量是化学沉积。湖泊沉积主要受气候条件的控制，在不同的气候区内沉积作用及其沉积物有明显的差别。

潮湿气候区：由于降雨丰沛，生物种类繁茂，再加上风化作用比较彻底，使得湖泊汇聚了由冰川融雪水、地表流水和地下水，以及风带来的碎屑和溶解物质。而且它的蒸发量小，一般为淡水湖。

干旱气候区：干旱气候区的湖泊多是没有出口的水湖。干旱气候区湖水可得到河流或融化雪水补给，很少外流，由于强烈蒸发，湖水的含盐度增大，容易变成咸水。其沉积作用分为碳酸盐沉积、硫酸盐沉积、氯化物沉积和盐湖干涸、盐层埋藏四个阶段。

沼泽的生物沉积：沼泽的土壤经常为水饱和，地表长期或暂时积水，湿生和沼生植物并存、堆积。沼泽中比较常见的植物是苔藓、草本植物和藻类。沼泽中的物质处于长期掩埋、氧气不足的环境中，氧化和菌解缓慢。其中炭质含量相对集中，变成黑色或棕褐色质地疏松的泥炭。泥炭长期埋在地下，经过压实、脱水、排除杂质，渐渐生成褐煤。褐煤再经变质形成烟煤，以至无烟煤等。

第五节 河流的水文特征

河流的水文特征主要包括河流的流量、含沙量、水位、结冰期等项目。下面我们就河流的水文特征做一下详细的了解。

水系

水系，一般我们又称为“河网”、“河系”。指某一流域内大大小小的水体构成脉络相通的系统。由干流、若干级支流及流域内的沼泽、湖泊等组成。有羽毛状、平行状、辐射状及扇形等。

水系特征包括：水系形状、河系发育系数、河系不均匀系数、河网密度、河系级数、湖泊率、沼泽率等。

流域

我们平日所说的流域，一般指地面集水区。

对流域的全面理解应是指由分水线所包围的河流集水区。分地面集水区和地下集水区两类。当地面集水区和地下集水区相重合，称为闭合流域；如果不重合，则称为非闭合流域。

每条河流都有自己的流域，也可以截取河道的一段，单独划为一个流域。流域之间的分水地带称为分水岭。处于分水岭最高处的大气降水，以分水线为界分别流向相邻的河系或水系。例如我国秦岭以南的地面水流向了长江水系，而秦岭以北的地面水却流向了黄河水系。分水岭有的是高原，有的是山岭，也可能是平原或湖泊。平原地区的分水岭并不显著，山区或丘陵地区的分水岭明显，在地形图上容易勾绘出分水线。

在水文地理研究中，流域的面积是一个极为重要的数据。如果自然条件相近的两个或多个地区，一般是流域面积越大的地区，该地区河流的水量也越丰富。流域面积指流域地面分水线和出口断面所包围的面积，这是河流的重要特征之一，其大小直接影响河流和水量大小及径流的形成过程。

除了流域面积之外，流域特征一般还有：流域高度、流域方向、河网密度、流域形状、干流方向等。

水量（流量）

单位时间内流体通过一定截面积的量被称为流量（水量），若这个量用流体的体积来表示称为瞬时体积流量，简称体积流量。它反映河流水资源的多少，通常以每立方米/秒为单位。

水位变化

水位指河流在某地某时段的水面高度，它是反映水体水量大小的最直观的重要标志。水位变化主要由降水量决定。夏季降水丰沛，河流流量增大，水位上升；冬季降水少，河流水量减少，水位下降。降水的季节变化大，河流流量季节变化也大。

含沙量

含沙量指单位体积水中所含泥沙的重量。它主要由植被覆盖情况和土质状况决定的。植被覆盖差，土质疏松，河流含沙量大；反之，含沙量小。

结冰期

结冰期指河流封冻的时间长短，由流域内最低气温决定。月均温在 0℃以下河流结冰，月均温在 0℃以上的河流无结冰期。

第六节　湖水的特性

湖水是构成湖泊的重要元素。湖水特性的诸多方面间接地决定着湖泊的外在表现，而湖泊形态特征也同时影响湖水的物理化学性质和水生生物的分布规律，它们是相辅相成的。

湖水运动

湖水运动有两种形式：周期性的升降波动；非周期性的水平流动。它们有不同的特点，前者如波浪运动；后者如湖流、增减水、混合等。通常波动与流动往往是相互影响、相互结合、同时发生的。

我们知道，湖泊属于流动缓慢的滞流水体。由于风力、水力、坡度力和密度梯度力及气压突变等的作用，使得湖泊中的水总是处在不断运动的状态中。湖水运动是湖泊最重要的水文现象之一，它影响着湖盆形态的演变、湖水中的化学成分、湖水的物理性质和水生生物的分布与变化，因此，研究湖水的运动具有重大意义。

湖泊水位

湖泊水位按变化规律的不同一般分为周期性和非周期性两种。

周期性的年变化主要取决于湖水的补给。受雨水补给的湖泊，其最高水位在一般夏季，最低在冬季；受地下水补给的湖泊，水位变动一般不大。有些湖泊因受湖陆风、海潮、冻结和冰雪消融等影响产生周期性的日变化，例如非洲维多利亚湖因湖陆风作用，多年平均水位日间高于夜间 9.9 厘米。

非周期性的变化往往是因风力、气压、暴雨等造成的。引起湖泊水位非周期性变化的主要原因是水量平衡各要素间的变化。其他原因还包括风、气压、地壳运动和宇宙力等。湖泊水位的高低，可视为湖泊贮水量变化的量度。湖泊的水位值，处在不断变化之中，有日变化、年变化和多年变化。

湖水的热学特性

湖水的热学特性是指湖面吸收太阳能，获得热量，继而通过水面蒸发、水面有效辐射及水面与大气的对流热交换等途径失去热量的过程。

通常用水温来表达湖中的热动态，这主要是由于湖泊热量平衡的某些要素——如湖泊蒸发率——不易精确测定。太阳辐射主要是提高湖水表层的温度，而下层湖水的温度变化主要是湖水的对流和紊动混合造成的。湖水因温度不同也可造成密度差异，在水层不稳定的状态下产生对流循环，在对流循环达到的深度以上，水温趋于一致。风的扰动可使浅水湖泊在任何季节产生同温现象；而对于深水湖泊只能涉及湖水上层，在垂向上会产生上层与下层不同的温度分布。上、下水层之间温度变化急剧的中间层称为温跃层。湖水温度具有一定的年变化和日变化，这种变化在湖水表层最为明显，随著深度的增加而减弱。湖水的冰点则取决于湖水盐度和静水压力。

湖水的辐射和光学特性

湖水温度是受湖水的辐射特性决定的，它可以影响湖水物理化学性质的分布。湖水中各种生物的繁殖、生长和发展也都与湖水辐射特性有关。

湖水吸收太阳光的能力和使太阳光散射的能力与水中的各种悬浮质的数量和颗粒大小有关：悬浮质越多、颗粒越大，对光的散射和吸收能力越强，散射到水面的分量也越小。随湖水的混浊度增加而减少，光线透入水中的深度也同时在起变化。在浑浊的湖水中光线只能深入数米，相反，在清澈的湖水中，200 米的深水中尚能存在微弱的光线。

湖水的化学特性

湖水通常分为碳酸盐水、硫酸盐水和氯化物水等几类，这是依据湖水所含主要离子的种类不同来划分的。

湖水的化学特性反映了随湖水含盐量变化而引起的水质变化过程。湖水的含盐量因所处地区不同而差异悬殊，也随季节变化而变化。在我国，湖水的化学类型齐全。淡水湖泊主要集中在长江中、下游平原，湖水的矿化度一般为 150～500 毫克/升。咸水湖和盐湖主要分布在青藏高原、内蒙古和新疆地区。咸水湖的矿化度大多为 1～20 克/升，浓度有日益增高的趋势。盐湖的矿化度一般为 300 克/升左右。

溶解气体中的氧、游离二氧化碳，水中的氮、钾、锌、磷、硅、铁等生物营养元素和有机质的含量，对于湖中水生生物的繁殖具有重要意义。

第七节 中国河流的主要特点

我国领土广阔，地形多样，气候复杂。在这样的条件下所发育的河流，与世界同纬度其他国家或面积相当的地区和国家相比，具有明显特点，主要是：数量众多、水量丰沛、水系多样、水资源丰富，但是地区水资源分布差异化严重。

河流众多，源远流长

数量多、流程长，是中国河流的突出特点之一。像我国的长江和黄河，在世界最长的河流中，分别列为第三和第五位。而像流经或发源于中国的澜沧江、黑龙江等，也都在世界最长的十大河流之列。

中国河流虽多，但在地区上分布很不均匀。一个地区河流的多少，常用河网密度表示，即每平方公里面积内河流的总长度。中国的河网密度总的趋势是南方大，北方小；东部大，西部小。

水量丰沛，随季节而变

水量丰沛是中国河流的又一突出特点。然而，中国河流水量虽然丰沛，但分配很不均匀，随着季节的更替有明显的变化。冬季是中国河川径流最为枯竭的季节，大部分地区冬季水量占全年总水量的10%以下，总的趋势是从南向北递减。

到了春季，中国河川径流普遍增多，但增长的程度相差悬殊，可以说是“二多二少”，即江南和东北多，华北和西南少。

夏季是中国河川径流最丰盈的季节。由于东南和西南季风的影响，大部分地区降水量大增，但增加幅度是北方大于南方，西部大于东部。

秋季，中国河川径流普遍减少的季节，大部分地区的河流水量，只有全年总水量的20～30%，总的趋势仍是北方多于南方。

从上述中国河流各季径流的地区分布概况可以看出，夏季丰水，冬季枯水，春秋两季过渡，这是中国河流季节变化的基本特点。

地区差异显著

中国有两条重要的水文分界线，一是外流区和内流区的分界线；二是外流区中南方和北方的分界线。

在中国东部，南方和北方的分界线是秦岭—淮河。这一界线相当于年降水量为700～800毫米等雨量线的位置，北方属于半湿润半干旱地区，而南方属于湿润地区。所以秦岭—淮河一线也是中国暖湿带和亚热带的分界线。由此可以看出，它是我国一条重要的分界线，此线以南和以北的河流有着截然不同的特点。

秦岭—淮河一线以北的河流，包括东北和华北河流两种，二者以松花江—辽河分水岭为界。分水岭以北为东北河流，包括黑龙江、松花江、图们江、鸭绿江等；以南为华北河流，包括辽河、滦河、海河和黄河等。南方河流和华北河流的主要差异有以下几点：

(1) 南方河流的水量大于华北河流的水量。

(2) 华北河流水流量变幅大，洪水暴涨猛落；南方河流水流量变化幅度小，洪水涨落缓慢。

(3) 华北河流的含沙量大于南方河流。黄河的含沙量居世界大河之冠，以多沙著名，华北地区其他一些河流的含沙量也很高。

(4) 华北河流有结冰封冻现象，南方河流经冬不冻。淮河以北的河流普遍有结冰现象，越往北冰期越长，冰层越厚。

水利资源丰富，经济地位显著

水利资源是否丰富的一个重要标志就是河流水流量的多少。只有有了丰富的水量，才有灌溉、发电、航运、工业及城市居民供水的条件。我国是世界上河流水量最多的国家之一，水利资源是极其丰富的。我国工农业及居民生活用水都主要取自于河流。

第二十二章

中国的主要江河湖泊

第一节　主要河流

在我国辽阔的土地上，分布着众多的江河湖泊。如作为中华民族母亲河的黄河长江，她们是中华文明的发祥地，几千年来哺育了一代代的华夏子孙。还有其他众多的河流也为我们人类生存和社会的发展，默默地做出无私的贡献。了解并保护它们，是我们每一个人都应尽的义务。

长江

长江是中国的第一长河，也是世界第三长河。长江的河流长度仅次于尼罗河与亚马逊河；入海水量则仅次于亚马逊河与刚果河，均居世界第三位。

长江分上、中、下游。上游一般指湖北省宜昌市以上段；宜昌至江西湖口间为中游；湖口以下为下游。它们的特点也不尽相同，上游水急滩多，中游多湖泊，而下游江面较宽。长江水量和水利资源丰富，盛水期，万吨轮可通武汉，小轮可上溯宜昌。

长江流域是中国人口最为密集、经济最为繁荣的地区，沿江重要城市有重庆、武汉、南京、上海。长江三峡以东的中下游沿岸为带状平原，气候大部分属北亚热带，小部分属中亚热带北缘。长江周边地区农业发达，土地垦殖指数高，它是我国重要的粮、棉、油生产基地；盛产稻米、小麦、棉花、油菜、桑蚕、苎麻、黄麻等。

长江可供开发的水能总量达 2 亿千瓦，是中国水能最富有的河流。长江干流通航里程达 2800 多公里，有“黄金水道”之美誉。

我国大部分的淡水湖都分布在长江中下游地区，面积较大的有鄱阳湖、洞庭湖、太湖和巢湖。

长江在重庆奉节以下至湖北宜昌为雄伟险峻的三峡江段（瞿塘峡、巫峡、西陵峡），西陵峡中段的三斗坪有世界最大的水利枢纽工程——三峡工程。

黄河

黄河是我国第二长河，发源于青海巴颜喀拉山。对于黄河的源头，现在仍存有争议。历史上人们对黄河源头的认识有一个过程，在隋唐以后，人们逐渐对黄河河源建立了正确的认识。唐宋以来，人们长期将星宿海称为黄河源头，清乾隆帝时期，认定星宿海西南的卡日曲为黄河上源。1949 年新中国成立后，设立黄河水利委员会，最终根据历史传统和各家意见，确认玛曲为黄河正源，并在约古宗列盆地西南角的玛曲曲果树立了黄河源标志。

黄河干流贯穿九省区，流域面积 75 万平方公里，上游有湟水、洮河；在中游有清水河、汾河、渭河、沁河；下游有伊河、洛河。黄河下游流域面积很小，流入黄河的河流很少。

黄河是世界上含沙量最多的河流，主要是因为黄河中游河段流经黄土高原地区，支流带入大量泥沙。黄河干流鱼类种类比较丰富，干流中纯淡水鱼类有 98 种。主要经济鱼类有花斑裸鲤、厚唇裸重唇鱼、极边扁咽齿鱼、北方铜鱼、鲤鱼、鲫鱼等。

黄河，一直被视为是中华民族的母亲河。她作为中华文明的发祥地，是中华民族精神与民族情感的象征。

淮河

介于长江和黄河两流域之间，还有一条著名河流——淮河。它地处我国东部，流域地跨河南、安徽、江苏、山东及湖北 5 省，人口密度居各大江大河流域人口密度之首。淮河干流发源于河南省桐柏山，全长 1000 公里。淮河流域由淮河水系和沂沭泗水系组成。

洪泽湖是淮河流域中最大的湖泊，也是我国四大淡水湖之一。如今是一个集调节淮河洪水；供给农田灌溉、生活用水；航运、工业于一体，并结合发电、水产养殖等综合利用的湖泊。

淮河流域地处我国南北气候过渡带，属暖温带半湿润季风气候区。冬、春季干旱少雨，夏、秋季闷热多雨。淮河流域的暴雨洪水一般集中在6～9月间的汛期。洪水按影响范围可分全流域性洪水和区域性洪水两类。全流域性洪水是由于梅雨期长、大范围连续暴雨造成。区域性洪水由局部河段或支流暴雨所造成。

流域耕地面积18326万亩，主要作物有小麦、水稻、玉米、薯类、大豆、棉花和油菜，淮河流域在我国农业生产中占有举足轻重的地位。

淮河流域的工业主要以煤炭、电力工业及以农副产品为原料的食品业、轻纺工业为主。目前已建成淮南、淮北、平顶山、徐州、兖州、枣庄等国家大型煤炭生产基地。淮河流域矿产资源丰富，以煤炭资源最多，初步探明的煤炭储量有700多亿吨，主要集中在安徽、河南、山东、江苏等矿区，煤种全、煤质好、埋藏浅、分布集中，易于大规模开采。

淮河流域在我国国民经济发展中战略价值重大。对这一区域进行合理开发，将其资源优势与经济潜力充分发挥出来，对我国社会、经济的发展必将产业极大推动力。

海河

海河是华北地区流入渤海诸河的总称，亦称海滦河水系。海河水系分为滦河水系和海河水系，它由北运河、永定河、大清河、子牙河和南运河五条河流组成。它东临渤海，南界黄河，西靠云中和大岳山，北依蒙古高原。海河流域的北部和西部为山地和高原，东部和东南部属于华北平原。

海河流域属大陆季风性气候区，特点是降水量分配不均匀，每年6—9月间的降水量占全年的2/3。由于河川水流量的年际变化大，丰水年降水量大，在7月下旬至8月上旬，多出现暴雨现象，持续时间短、强度大。

海河水系的上游分散，下游却相对集中。特殊的地理形势，易造成洪峰，给流域内人民的生产生活带来极大的危害。我国从20世纪50年代开始治理海河河道，兴建水库，增辟灌溉和入海工程，兴建了水电站等。此外还建造堤防4000余公里，开挖河道，对平原易涝的土地进行了治理，一系列的措施初步解除了流域内洪涝灾害。

黑龙江

在我国古代文献中，黑龙江有黑水、弱水、乌桓河等别称，公元13世纪成书的《辽史》第一次以“黑龙江”来称呼这条河流。俄文音“阿穆尔”或“阿母”，成为世界上大多数国家认同的名称。

黑龙江发源于蒙古肯特山东麓，经过中国黑龙江省北界与俄罗斯哈巴罗夫斯克区东南界，流到鄂霍次克海的鞑靼海峡。2004年，中华人民共和国和俄罗斯联邦签署最后边界协定，将两国国界以黑龙江为基本界限划清。定为中、俄界江划分是从黑龙江南北源汇合点起，到俄罗斯哈巴罗夫斯克的黑龙江与乌苏里江汇合。黑龙江的上游有两源：北源头石勒喀河和南源头额尔古纳河。

黑龙江流域水量还是很丰富的。不过，它的降水季节分配不均匀，每年4～10月暖季降水量占全年的90%～93%。江宽水深，干流从漠河以下和兴凯湖以下的乌苏里江均可以通行轮船。冰期则长达6个月。在流域内，森林以及金、煤等矿产资源丰富，盛产鱼类，尤以大马哈鱼和鳇鱼最为著名。

黑龙江北部的大兴安岭地区——漠河镇，这里是中国的最北端，素有“中国的北极村”之称。在这里我们可以看到一种神奇的天文景观——北极光，漠河镇因此又被称为“不夜城”。

松花江

松花江是黑龙江的最大支流，它也是我国东北地区的大动脉。松花江有南、北两源，南源为第二松花江，北源为嫩江。松花江流经黑龙江、内蒙古、吉林三省，是东北地区最重要的水上运输线。

松花江气候严寒，在冬季，气温会降至摄氏零下30度，结冰期长达5个月。

那里原始森林众多，大兴安岭、小兴安岭、长白山等一带是我国面积最大的森林区。矿产资源也十分丰富，除主要的煤外，还有金、铜、铁等。

松花江流域土地肥沃，盛产大豆、高粱、玉米、小麦；还有品质优良的亚麻、棉花、烟草、苹果和甜菜等。松花江还是东北地区的一个大型淡水鱼场，鱼种类众多，如鲤、卿、鳇、哲罗鱼等。真可谓是我国北方的“粮仓”。

冰灯是松花江流域一种特有的民间艺术。所谓冰灯，是用冰制成像玻璃一样的灯罩，灯罩里面可以点上烛火。

人们常说“黄河之水天上来”，其实松花江水才是从天上来的。满语“松阿里乌拉”就是松花江的转译，也是“天河”的意思。松花江被比作从九天落到地上的天河，概括了它的宽广绵长、富饶美丽。

雅鲁藏布江

你知道世界水能资源最为富集的地方在哪里吗？世界上海拔最高的大河又是哪一个呢？现在，我们就来了解一下它——雅鲁藏布江。

雅鲁藏布江的南面耸立着世界上最高、最年轻的喜马拉雅山，北面为冈底斯山和念青唐古拉山脉。雅鲁藏布江发源于喜玛拉雅山中段北坡冰雪山岭，自西向东奔流至青藏高原南部，最后于巴昔卡附近流出国境，改称布拉马普特拉河，经印度、孟加拉国国注入孟加拉国湾。它在我国境内全长 2000 多公里，天然水能蕴藏量丰富，仅次于长江居全国第二。由于河床一般高程都在海拔 3000 米以上，所以又被称为是世界上最高的大河。

雅鲁藏布江干流依自然条件、河谷形态及径流沿程变化，可划分为河源区、上游、中游和下游。1975 年中国科学院科学考察队进入河源区，经过深入研究，得出杰马央宗曲为正源。

雅鲁藏布江的马泉河流域基本是牧区，这里是最优良的冬春牧场。马泉河谷地的上段，人烟稀少，有藏羚羊、岩羊、野驴、野耗牛、熊、狼、狐狸、鼠、兔等多种动物生活，在茫茫草地上构成一个动物乐园。

雅鲁藏布江中游流域有几条主要支流，如拉喀藏布、拉萨河、牟楚河、尼洋河等。这些巨大的支流不但提供了丰富的水量，而且提供了宽广的平原，如拉喀藏布下游河谷平原、日喀则平原、拉萨河谷平原、尼洋河林芝河谷平原等。在这里，水利灌溉和机械化条件都比较优越，人烟稠密，也是西藏最主要的和最富庶的农业区，还是主要的粮食作物基地和高产稳产农田的发展场所。

怒江

怒江，也称潞江。发源于青藏高原唐古拉山南麓的吉热拍格，往东流入他念他翁山和伯舒拉岭之间的峡谷中，于贡山县齐那桶涌入怒江。怒江在当地被称为“阿怒日美”，“阿怒”是怒族人的自称，“日美”汉译为江，含义为怒族人居住区域的江，故名怒江。怒江由贡山县进入云南，流入缅甸后则被称为萨尔温江，最终由莫塔马湾归入印度洋。怒江—萨尔温江全长 3200 公里。在中国境内长 1500 多公里。

怒江州以其山雄川秀、民风朴实的显著特色向世人展现一个独具魅力的世界。怒江知名的旅游景点有：怒江大峡谷、独龙江峡谷、高黎贡山、石月亮、听命湖等。

怒江穿梭于高黎贡山和碧罗雪山之间，山岭海拔均在 3000 米以上，这里落差大，水急滩高，有“一滩接一滩，一滩高十丈”的说法。怒江就这样昼夜不停地撞击出一条山高、谷深的巨大峡谷。据资料显示，这是仅次于美国西南部长约 4600 多公里、深达 1830 米的号称世界第一的科罗拉多大峡谷的世界第二大峡谷。

怒江流域内高峰众多，海拔 4000 米以上的就有 20 余座，群山南北绵延，雄伟壮观。这里湖泊也很多，著名的有泸水县的听命湖，福贡县的干地依比湖、恩热依比湖、瓦着低湖等。

在长年冰蚀的条件下形成了许多大小不等的高山湖，它们清澈幽静，风光秀美。湖岸原始森林密布，珍禽异兽繁多，构成独特景观。

珠江

珠江，是我国南方的大河，也是我国七大江河之一，流经滇、黔、桂、粤、湘、赣等省（区）及越南东北部。

珠江流域西部为云贵高原，中部为丘陵、盆地，而东南部为三角洲冲积平原，西北地势高，东南地势低。耕地率低于全国平均水平，该流域人均拥有土地仅在 0.9 亩左右，约为全国人均拥有土地的 3/5。

珠江流域地处亚热带，那里气候温和多雨，降雨分布呈由东向西逐步减少的态势，降雨年内分配不均，地区分布差异和年际变化大。珠江水资源丰富，人均水资源相当于全国人均的1.7倍。不过，由于年际变化大，分布不均匀，致使区域内自然灾害频繁。峰高、量大、历时长是珠江流域的洪水特征。每年的暴雨洪水多出现在6、7、8月间。

珠江流域是一个复合的流域，由西江、北江、东江及珠江三角洲诸河等四个水系所组成。流域内民族众多，共有50多个。主要民族有汉族、壮族、苗族、布依族等，其中以汉人为最多，其次是壮族。

珠江水力资源丰富，年发电量可达1000多亿度。其中西江的红水河落差集中，流量大，开发条件优越，被称为水力资源的富庶地。流域内矿产资源丰富，目前已探明矿种累计有58种，这其中储量亿吨以上的有20多种。现正在进行勘探开发的珠江口南海，初步探明那里蕴藏有丰富的石油和天然气。

珠江流域具有良好的航运条件，年货运量仅次于长江，居于全国第二位。

京杭大运河

京杭大运河是世界上最长、也是最古老的运河之一，它和万里长城并称为我国古代的两项伟大工程。自开通伊始，京杭大运河就成为历朝历代的航运要道，对南北经济和文化交流起到重大作用。京杭大运河是由人工河道和部分河流、湖泊共同组成的，由通惠河、北运河、南运河、鲁运河、中运河、里运河、江南运河七段组建而成。它也是世界上最长的一条人工开凿的运河。

京杭大运河作为南北的交通大动脉，在历史上曾起过巨大作用。运河的通航，促进了沿岸城市的迅速发展。被称为“中国北方威尼斯”的聊城湖，就位于镇江、扬州长江和京杭大运河的交汇处。

我们今天所说的大运河开掘于春秋时期，直到隋朝完成，繁荣于唐宋。历史上，主要经历了三次较大的兴修过程。到了隋朝，隋炀帝动用几百万人，开凿并贯通了大运河，这为以后国家的经济文化的空前繁荣做出了巨大贡献。隋代全线贯通后，经唐宋发展，最终在元代成为沟通海河、黄河、淮河、长江、钱塘江五大水系，贯通南北的交通大动脉。

京杭大运河是仅次于长江的第二条“黄金水道”，其价值堪比长城，它也是世界上开凿最早、最长的一条人工河道。

京杭大运河的建成充分体现我国古代劳动人民的智慧，显示了我国古代水利航运工程技术领先于世界的卓越成就，是祖先留给我们的珍贵物质和精神财富，是活着的、流动的重要遗产。

通天河

通天河是长江上游的一段，它横贯青海省玉树藏族自治州全境。通天河流域面积比江苏和浙江两省加起来还要大。

通天河的河床海拔高3000～4000米。其上段河谷开阔，河槽宽而浅，河中沙洲栉比，水流散漫。通天河下段的河道顺直，河槽逐渐稳定，水流增大，水势汹涌，两岸山势增高，谷底海拔由上游的4000多米下降到3000多米，成为典型的峡谷河流。

通天河属高寒气候区，大部地区风大，气温低，空气稀薄，多年平均气温在0℃以下。而下段河谷地区，气候比较温和湿润。过去，除放牧外，只能在一些小块土地上种植青稞。近年来，农业区面积扩大，农作物品种也有增加，产量不断提高。

通天河两岸，因为自然地理环境相当复杂，形成了多种类型的草原牧场，是长江上游的重要畜牧区之一。

沱沱河

沱沱河发源于唐古拉山主峰各拉丹冬的姜根迪如冰川，又称托托河、乌兰木伦河，蒙语里意为“红河”。

它的源头有东西两支，东支发源于格拉丹冬雪山群西南侧的姜根迪如雪山下的冰川；西支源于尕恰迪如岗雪山的西侧，两河均受冰川融水补给，成为长江的最初水源。东西两支汇合后称纳欣曲，下行24公里与右岸的切美曲汇合后才称沱沱河。

著名的万里长江第一桥就飞架在沱沱河河滩上。沱沱河从这里向东，到囊极巴陇时与当曲、布曲、朵尔曲汇合，在这里形成宽30多米的大河，从这里起它的名字叫通天河。

金沙江

金沙江是西藏和四川的界河。河谷地貌特征可以分为上、中、下三段。其中上段为峡宽相间河谷段；中段为深切峡谷段；下段为峡谷间窄谷段。

但是，金沙江是如何得名的呢？在战国和三国时期它分别称为黑水和泸水，还有诸如丽水、马湖江、神川等名称。它沿河盛产沙金，“黄金生于丽水，白银出自朱提。”宋代因为河中出现大量淘金人而改称金沙江。明代地理学家徐霞客经过实地考察后提出“推江源者，必当以金沙为首”，从而确认了金沙江作为长江上源，而并非《禹贡》中“岷山导江”，纠正了延续两千年的错误。

岷江

岷江又称为汶江、导江，以“岷山导江”而得名，它发源于岷山弓杠岭和郎架岭。岷江是长江上游水量最大的一条支流，岷江有大小支流 90 余条，上游有黑水河、杂谷脑河；中游有都江堰灌区的黑石河、金马河、江安河、走马河、柏条河、蒲阳河等；下游有青衣江、大渡河、马边河、越溪河等。

岷江口是长江中上游的分界点，岷江水流大、湍急，由于岷江水量大，古代常被误认为是长江正源。

其中最大的一条支流大渡河全长 1150 公里，比岷江正流还长。大渡河流域自然资源丰富，除矿产和动植物资源外，其充沛的水力资源，可与金沙江、雅砻江一较高下大渡河沿岸，目前建成的有龚嘴电站等，发电可达 3000 多万千瓦。

沱江

沱江发源于九顶山，又名茶坪山。这座山里的东、中、西三处分别流出许多溪流，逐渐汇成三条较大的支流，东边的是绵远河，中间的是石亭江，西边的是湔江。它们在金堂县赵镇附近相汇，成为沱江主干流。另外，沱江还源于清白江和毗河，这样一来它就有了 5 个源头。此外，沱江里还流淌着岷江的水。所以，沱江不像其他河那样“泾渭分明”，是一条“混血”的江。由于绵远河最长，世人就把它定为正源。

沱江流域内有成都、德阳、内江、自贡、泸州 5 座大中型城市，各类工厂多达千余座，是四川省工业集中之地，人口密度很高，这是其他河流所无法相比的。另外，沱江流域还是四川最大的棉花、甘蔗产地。

赤水河

赤水河属于中国长江上游的支流，位于云南、贵州、四川三省交接处，发源于云南省镇雄县。

赤水河两岸山高水青，险滩急流，森林茂密，景色秀丽。有十丈洞瀑布、葫市摩崖造像、古代官渡摩崖石刻等名胜古迹。十丈洞瀑布在赤水河支流风溪河上游，为典型的帘状瀑布，景色壮观。赤水风景区是全国重点风景名胜区。

赤水河的景色兼具“刚毅”与“轻柔”。两岸有青山如黛“秀色可餐”，有石林“面目狰狞”，还有十里长滩景区的危崖峭壁的惊险，更有三棵桩景区的榕树夹岸的恬静。十丈洞瀑布生长在发育成熟的丹霞地貌上，成为吸引海内外游客的著名风景区。

历史上，中国工农红军长征途中曾四渡赤水河，建有茅台渡口纪念碑。

嘉陵江

嘉陵江古时又称阆水、渝水，因流经陕西省凤县东北嘉陵谷而得名。它是长江众多水系中流域面积最大的支流。

嘉陵江的上源为白龙江和西汉水。白龙江发源于四川省若尔盖县的郎木寺；西汉水发源于秦岭西南。直至陕西省略阳县两河口以下始称嘉陵江。

嘉陵江属树枝状水系，支流众多。最大支流有涪江和渠江。涪江和渠江在合川汇入嘉陵江。

嘉陵江曲流发育成熟。从广元张王庙到合川龙洞沱，直线距离仅 200 多公里，而河道蜿蜒长达 600 公里，且多环形，有“九曲回肠”之称。嘉陵江中鱼类多达 160 多种，居四川省各河之首。广布于嘉陵江流域的紫红色砂泥岩，质地松脆，那里，植被覆被率较低，水土流失严重。

乌江

乌江是长江上游的一条支流。它在涪陵流入长江，全长 1037 公里，其中贵州境内 874 公里，所以，又被称为黔江、延江。

乌江支流众多，呈羽状水系分布，主要支流有六冲河、猫跳河、洪渡河、芙蓉江、清水江、濯河等。流域面积 8 万多平方公里。从河源到乌江渡为上游，长 448 公里，河谷切割深，坡陡流急；从乌江渡到贵州沿河县城为中游，长 346 公里；从沿河县城到重庆的涪陵河口为下游，长 243 公里。乌江从中游余庆县构皮滩出峡谷后，江面一下就展宽到 200 多米，水势平缓，但沿途礁石、险滩多。流域内山峦起伏，石灰岩地层分布广泛，有许多溶洞。

湘江

湘江，长江中游南岸重要支流，又称湘水，全长 856 公里。它的沿途有大小支流 1300 多条，包括潇水、舂陵水、耒水、洣水、蒸水、涟水等。由于湘江支流众多，部分支流水土流失很严重。湘江分上、中、下游：零陵以上为上游，期间流经山区，雨期多暴雨；零陵至衡阳段为中游，沿岸丘陵较多；衡阳以下进入下游，下游段沿河泥沙淤积。

湘江流域资源丰富，矿产以煤、铅、锌、铜、铁、锰、锑等为主，湘潭还是中国著名的锰矿区。水利和水能资源也十分丰富，水能资源总蕴藏量 470 多万千瓦。流域内建有欧阳海、千金庙、双牌等大型水库和 20 世纪 80 年代初期兴建的东江水电站（装机容量 50 万千瓦）。此外，湘江还有大中型水利工程 140 余处，其中韶山灌区 7 万公顷，农副产品以稻、薯、烟、茶、大豆为主。

汨罗江

汨罗江是湘江在湘北的最大支流。位于中国湖南东北部。汨罗江的主要支流有昌江河、钟洞河、木瓜河、纸马河、车对河和黄金洞。

提到汨罗江，一般我们就会想到屈原。汨罗江为人熟知，主要也是因屈原的关系。屈原是春秋战国时期楚国著名的政治家、诗人，曾被流放在汨罗江畔的玉笥山上。公元前278年，楚国都城郢被秦军攻破，屈原感到救国无望，怀沙自沉汨罗江而死。汨罗江边的百姓纷纷划着各自的船只往屈原投江处，一心想抢救这位爱国诗人。人们担心江中的鱼虾啃噬屈原的遗体，在划船前往营救的同时，纷纷把自己船上的粽子投向江中喂鱼虾，由此形成了端午节赛龙舟、吃粽子的习俗。

那么，现实生活中的汨罗江又是什么模样？如今的汨罗江不再充满诗意。沿江而行，看到的是坍塌的江岸，连绵的沙堆，屡禁不止的淘金、挖沙船，被肆意倾倒在江中的垃圾。

汨罗江的治理活动已展开。现在大家的认识已经统一，只要坚定信心，常抓不懈，相信用不了多久，一定会还汨罗江一个“清白之身”。

汉水

汉水，就是我们常说的汉江。它与长江、黄河、淮河一道并称“江河淮汉”。汉江主要支流有褒河、丹江、白河、唐河、堵河等。汉江河道曲折，自古就有“曲莫如汉”之说。

汉江流域面积15万余平方公里，流域涉及鄂、陕、豫、川、渝、甘6省市及地区。

汉江流域的气候属亚热带季风区，气候温和湿润，水量较丰沛，但分配不均，5～10月降水占全年75%左右，年际变化较大，它是长江各大支流中变化最大的河流。如今的汉江还是一条未被污染的河流，尽管它地处陕西、四川、河南、湖北这些人口密集省份的夹缝之中，维系着中国内陆仅存的“田园”，作为中国重要的粮油基地、茶叶产地和水源地而存在。作为南水北调的主水源，汉江将让北方广大群众喝上自己清甜的“乳汁”。

汉江干流中下游区，是长江中游重点保护区之一，由于河槽泄洪能力与洪水来量严重不平衡，历来洪涝灾害严重，是长江支流中洪水灾害最严重的一条。

汉江矿产资源丰富，主要有铅、锌、铜、锑、镍、铁、汞、金、银、铀、煤、石油、天然气等，湖北境内磷矿、石膏在全国也占有重要地位。

江汉平原是我国主要商品粮基地之一，汉中盆地、南阳盆地都是重要的农业区。粮食生产以稻米、小麦为主；主要经济作物为棉花、油料作物、麻类、烤烟及桐油等。

流域内交通运输发达，如今，铁路、公路、水运及航空构成了立体的交通体系。

赣江

赣江南北流贯江西省，是长江的第七大支流，同时也是江西省最大的河流。它是鄱阳湖水系第一大河，从源头桃江流到南昌最后进入鄱阳湖。众多河流分别纳入贡水和章水。章、贡两水于赣州汇合后，始称赣江。

赣江流域属中亚热带湿润季风气候，气候温和，雨量充足，森林资源丰富，除松、杉等主要树种外，棱木、银杏等珍贵树种在这里均可找到。流域内耕地主要以耕种水稻为主，这种有甘蔗、烟叶、茶叶、油茶、油菜、柑橘等。赣江下游地区还是江西的主要水产基地之一，鱼类多达 60 余种，以鲥鱼最为名贵。矿产资源主要有钨、锡、铜、铅、锌、钴、煤、铀及稀土等。非金属矿主要有石灰石、石膏等。赣江自古还是沟通五岭南北及长江中游的主要通道。

乌苏里江

乌苏里江发源于我国的吉林东海滨的锡赫特山脉主峰南段西麓，靠近东海的石人沟。全长 905 公里。他原是我国的一条内河，自从清政府与沙俄签订了不平等的《北京条约》以后，便成为一条界江。

乌苏里江是黑龙江的一条主要支流，也是中国东北部中俄边境上的一个重要边界线。该江也有东、西两源，其东源出于俄罗斯东部锡赫特山脉西麓，自南向北流动；西源松阿察河，还是该湖的唯一出口，也是中俄界河。

这里冬季气候严寒，平均气温在零下 20 度左右。夏季的平均气温在 22 度左右。年中寒暑气温相差极大。冰期长达 5 个月之久。

乌苏里江流域水产极为丰富，鳇鱼、胖头鱼、鲟鱼、珍珠等闻名全国，还有特产大马哈鱼，重达七、八百公斤。大马哈鱼在鱼汛中数量惊人，据黑龙江志记载：每年秋天逆海水而上，入江后赶都赶不走。

乌苏里江流域降水量较高，沿途汇集了大小支流 174 条。乌苏里江中属于我国的岛屿有数十个，其中较著名的有珍宝岛、七里沁岛等。

乌苏里江江面宽阔，水流平稳，十分便于航运。除了经济意义外，这里的风景十分优美，是我国尚未被污染的几条大江之一。江中的岛屿和两岸的植物繁茂，水波、树影相互交错，岗峦彼此辉映，妩媚动人。

鸭绿江

鸭绿江古称坝水，汉代称为訾水。唐朝始称鸭绿江，因其水色青绿、状如鸭头而得名。鸭绿江流经吉林辽宁两省，流向西南，于丹东注入黄海，也是中、朝两国的界河。

鸭绿江流域多属山区，上游几乎全在峡谷中，中游一带的降水与径流数量在我国北方地区中居于首位，水量丰富，建有一系列的水库。

鸭绿江水系鱼类种类丰富，大约有90种，其中淡水鱼类60余种，包括土著鱼类，引进的鱼类有鲢、鳙、青鱼、草鱼、池沼公鱼、长春鳊、三角鲂等。另外，在丰水水库以下有洄游性鱼类和近海鱼类22种，以及青将、沙鳢等。

由于河流上游为峡谷，鸭绿江有着水温低、水流急的生态特点，鸭绿江水系中的土著鱼类中没有通过产漂流性卵繁殖的，产弱粘性卵的鱼类也不能繁殖存活。

鸭绿江的造桥历史很早，可上溯到辽代，20世纪初，鸭绿江上建了第一座铁桥。

1988年，辽宁鸭绿江风景名胜区被国务院批准列入第二批国家级风景名胜区名单。

第二节 主要湖泊

在我国辽阔的大地上，湖泊众多，可谓星罗棋布。众多的湖泊不仅给人们提供了丰富的水产和良田灌溉，在生态的良性系统循环中也扮演了重要角色。保护湖泊，爱护大自然，才能营建人类与自然和谐相处的宜居环境。

鄱阳湖

鄱阳湖是我国当今最大的淡水湖，南北长 173 公里，东西最宽处达 74 公里，平均宽 16.9 公里，湖岸线长 1200 公里，湖体面积 3583 平方公里。它地处江西省的北部，长江中下游南岸。它承纳赣江、抚河、信江、饶河、修河五大河，最终由湖口注入我国第一大河——长江。每年流入长江的水量超过黄、淮、海三河水量的总和。它还是一个季节性、吞吐型的湖泊，随水量变化，鄱阳湖水位升降幅度较大，具有天然调蓄洪的功能。汛期水位上升，水面辽阔，湖面陡增；枯期水位下降，洲滩裸露，水流归槽，湖面仅剩几条蜿蜒曲折的水道。具有“枯水一线，洪水一片”的自然景观。

鄱阳湖在古代又被称为彭蠡泽、官亭湖等。经过漫长的历史年代，在地质、气象、水文等复合作用、长期发展下，湖面向南扩展，湖水越过松门山直抵波阳县附近，因而易名为鄱阳湖。

鄱阳湖受暖湿东南季风的影响，形成这里湿润季风型气候，并成为著名的鱼米之乡。这里的环境和气候条件适合候鸟越冬，因此，在每年秋末冬初 10 月间，从俄罗斯西伯利亚、蒙古、日本、朝鲜以及中国东北、西北等地，会飞来成千上万只候鸟，直到第二年春天才逐渐离去。如今，鄱阳湖保护区已是世界上最大的鸟类保护区，鸟类已达 300 多种，近百万只，其中珍禽达 50 多种。尤其可喜的是，这里发现了当代世界上最大的白鹤群，2002 年越冬种群总数达 4000 只以上，占全世界白鹤总数的 95%以上。因此，鄱阳湖又被称为“白鹤世界”、“珍禽王国”。

鄱阳湖还是国际重要湿地，是长江主要干流重要的调蓄性湖泊，在中国长江流域中发挥着巨大的调蓄洪水和保护生物多样性等特殊生态功能，是我国十大生态功能保护区之一，对维系区域和国家生态安全具有重要作用。

洞庭湖

它是我国五大淡水湖之一，长江中游重要的吞吐型湖泊。地形上属于构造湖。湖区位于荆江南岸，跨湘、鄂两省。

由于洞庭湖水质比较清洁，使得洞庭湖成为我国主要淡水商品鱼基地，现有鱼类 110 多种，主要经济鱼有青鱼、草鱼、鲢鱼、鳙鱼、鲤、鲫、赤眼鳟等，珍稀鱼类有中华鲟、鳗鱼、鲥鱼、银鱼等。

洞庭湖区通航河道有 140 多条，通航里程 3000 余公里，常年通航河道 75 条，其中主要航道 16 条计 996 公里。

洞庭湖的风光极为秀丽，旅游资源丰富，许多景点都已成为国家级的风景区，如岳阳楼、君山、杜甫墓、跃龙塔、文庙、龙州书院、杨么寨、铁经幢、屈子祠等多处名胜古迹。

太湖

太湖古称“震泽”，又名“五湖”、“笠泽”，是古代滨海湖的遗迹，位于江苏和浙江两省的交界处，长江三角洲的南部。太湖为流域内第一大湖，是我国第三大淡水湖，又是长江中下游五大淡水湖之一。太湖位于富饶的上海、宁波、杭州三角地中心，它的形成是由长江和钱塘江下游泥沙淤塞而成。太湖周围分布着淀泖湖群、阳澄湖群、洮滆湖群等，宛如群星捧月，把太湖与周围的大小湖泊串连起来，形成了极富特色的江南水乡。

太湖流域气候温和，物产丰饶，现有鱼类 100 余种，其中以鲤科鱼类为主，自古以来就是闻名遐迩的鱼米之乡，素有“太湖八百里，鱼虾捉不尽”的说法。

太湖是平原地区大型浅水湖泊，湖区号称有 48 岛、72 峰，风光秀美，有“太湖天下秀”之称。其中无锡的山水、苏州的园林、吴县洞庭东山和西山、宜兴的洞天世界都是太湖地区的著名旅游胜地，吸引着无数游人前去。

洪泽湖

洪泽湖位于江苏省洪泽县西部，发育在淮河中游的冲积平原上，由泄水不畅的洼地，后蓄水成许多小湖。洪泽湖为我国五大淡水湖中的第四大淡水湖，整个形状很像一只昂首展翅的天鹅。

洪泽湖年均水温 16.3℃，最高水温在 9 月，可达 28℃，最低水温在 1 月，只有 3℃，洪泽湖每年都有不同程度的结冰现象，当北方强冷空气过境时，湖面就出现封冻。

由于洪泽湖发育在冲积平原的洼地上，故湖底浅平，岸坡低缓，湖底高出东部苏北平原4—8米，成为一个“悬湖”。它的主要水源来源于淮河，而淮河是我国自古以来水患最多的河流之一，所以洪泽湖的历史与洪水也是分不开了。

洪泽湖水生资源丰富，湖内有鱼类近百种，以鲤、青、草、鲫、鳙、鲢等为主，洪泽湖的螃蟹也是远近驰名。芦苇几乎遍布全湖，莲藕、菱角、芡实在历史上即素享盛名，曾有“鸡头、菱角半年粮”的说法。

洪泽湖湿地于2006年4月，经国务院批准列为国家级自然保护区。

巢湖

巢湖是我国第五大淡水湖，位于安徽省中部。湖水经裕溪河入长江。有蓄水、灌溉之利，并以产银鱼著名。也是我国唯一以湖命名的地级市。沿岸被合肥市、巢湖市、庐江县所包围。巢湖是安徽省内最大的湖泊，湖面积达700余平方公里，辽阔浩大，物产丰饶。

巢湖资源丰富，已发现的矿藏有300余种，尤其以磁铁矿、石灰石、硫铁矿、明矾石和石膏矿等储量巨大。巢湖还是著名的“鱼米之乡”，“巢湖三珍”（银鱼、白米虾、螃蟹）享有盛誉，盛产大米、油料、棉花、蔬菜、家禽、水产品等。

巢湖是国家级风景名胜区，全市自然和人文景观130多处，江、湖、山、泉并存，以水见长，湖光、温泉、山色是“巢湖风景三绝”。姥山是巢湖中最大、最美的湖心岛，东西长1200米，南北宽700米，岛上一塔三亭六山九峰，安谧宁静，景色四季宜人。姥山不仅秀美，名胜古迹亦多，特有的“空谷回音”为其一大特色。

兴凯湖

兴凯湖位于黑龙江省鸡西，是古代火山爆发后，因地势陷落积水而形成的湖。为中俄界湖，北1/3的面积为中国，南边属俄罗斯，面积为4300多平方公里。

兴凯湖是大兴凯湖和小兴凯湖的统称。它属于中等营养化湖泊，生态系统属良性状态，它共有九条河流注入，湖水从东北方溢出，最后流入乌苏里江。兴凯湖原为我国内湖，1860年中俄《北京条约》签定后，变成了中俄界湖。

兴凯湖鱼类种类众多，其中最为著名的是大白鱼和白虾。大白鱼是兴凯湖特产，也是我国四大淡水名鱼之一，另有鲢花、鲍鱼、鲫鱼、鳌花、湖虾等；甲壳类中以虾类为主，是黑龙江省主要水产养殖基地之一；

大小兴凯湖之间被一条长 90 公里的天然沙坝隔开，沙坝上绿树成荫，生存着鹿、貂、鼠、山鸡等动物。兴凯湖地处东北亚候鸟大通道，每年 4 月松阿察河口明水区里，有大批候鸟停留，其中有国家一级鸟类丹顶鹤、东方白鹳、白尾海雕、金雕、虎头海雕等。

呼伦湖

呼伦湖位于呼伦贝尔草原上，也称呼伦池、达赉湖，是我国四大淡水湖之一，也是内蒙古第一大湖。是克鲁伦河、乌尔逊河的发源地，湖水面积为 2300 多平方公里，平均水深为 5.7 米。

呼伦湖属富营养型湖泊，鱼类种类较多，达 30 多种，主要有鲫鱼、狗鱼、鲤鱼、鲇鱼等经济鱼类。此外，湖中还盛产白虾。呼伦湖地区鸟类总数占全国的1/5，主要有天鹅、雁、鸭、鹭等，其中许多属珍稀禽类。可以说呼伦湖地区是内蒙古少有的鸟类资源宝库之一，是一个硕大的鸟类博物馆。

“大、活、肥、洁”是呼伦湖的几大特点，因此而闻名全国。“大”是湖的面积，总共 2300 多平方公里，为中国北方第一大湖；“活”指呼伦湖不是死水湖；“肥”是湖畔和河岸牧草繁茂，而牲畜的粪便流入湖中后，是鱼类的天然饵料；“洁”指的是湖区大小河流基本没有污染。

贝尔湖

贝尔湖位于伦贝尔高原的最西部，还是哈拉哈河和乌尔逊河的吞吐湖，是中蒙两国共有的湖泊。

贝尔湖发源于大兴安岭南部达尔滨湖，它大部分在蒙古国境内，仅西北部的 40.26 平方公里为我国所有。湖水为淡水，一般深度在 9 米左右，湖心最深处可达 50 米以上。贝尔湖湖水清澈，是天然的渔场。湖内盛产多种鱼类，湖周围为优良牧场。有雁岛，是百鸟天下。

博斯腾湖

博斯腾湖古称“西海”，唐代称为“鱼海”，清代中期定名为博斯腾湖，面积为1228平方公里，是新疆最大的淡水湖泊，也是我国最大的内陆淡水湖。大湖西侧的小湖星罗棋布，湖水相通，牧草浓密，睡莲成片，各种水禽栖集其间。再加上博斯腾湖域辽阔，烟波浩淼，集大漠与水乡景色于一体，素有“西塞明珠”之美称。

博斯腾湖除了迷人的景色之外，还有美丽的传说。相传在很久以前，这里是一片风景优美、水草丰盛的大草原，草原上的牧民们安居乐业。有一对年轻的恋人，小伙子名叫博斯腾，姑娘叫尕亚，他们深深地相爱着。但是不知何时，天上的雨神发现了美丽的尕亚，要抢她为妻，尕亚誓死不从，雨神大怒，连年滴水不降，于是草原大旱。勇敢的博斯腾与雨神大战九九八十一天，终于使雨神屈服，但博斯腾却因过度疲惫累死了。尕亚痛不欲生，眼泪化作大片湖水，悲愤而死。为了纪念他们，当地的牧民将该湖命名为“博斯腾湖”。

博斯腾湖生物资源丰富，芦苇的总面积达40万亩。生长在莲花湖、阿洪口一带的睡莲更是我国面积最大的天然生长的睡莲。候鸟是那儿的一大景观，它与苇荡睡莲构筑了一道博斯腾湖最具特色的风景线。候鸟有白鹭、海鸥、白鹳、鸬鹚等十余种种类，数量可达上万只。

南四湖

南四湖是微山湖、昭阳湖、独山湖、南阳湖等四个相连湖的总称，位于山东省，属微山县管辖。全湖面积1266平方公里，是山东第一大湖，也是我国大型淡水湖泊之一。

南四湖属富营养湖类型，南四湖的富营养化主要是因为氮、磷、悬浮物和其他有机物大量入湖引发的严重污染。

这里自然资源丰富，盛产苇、莲、鱼、虾等多种水生动植物，是山东省最重要的淡水渔业基地。但是鱼类基本属于自然种群，而且大型优质鱼类少，低龄的劣质鱼类多，现存的主要是经济鱼类，像鲫鱼、黄颡鱼、乌鳢，鱼龄结构以当年鱼或低龄鱼居多，一般都是杂食性鱼类和肉食性鱼类。

南四湖地区沿湖工农业发达，工业以煤炭、电力为主；农业则以种植小麦、玉米、水稻、大豆、棉花等粮油经济作物为主，可以说是是山东西南的鱼米之乡。

微山湖

微山湖位于山东济宁，面积达 600 多平方公里，以秀丽的湖光山色、富饶的自然资源而被誉为“鲁南明珠”、“齐鲁灵秀”。

微山湖风光秀丽，山、岛、森林、芦苇荡、荷花池等一应俱有，构成了微山湖特有的美丽画面，是个天然的大公园。这些风物中，尤以有“花中仙子”之称的荷花最为耀眼。其洋洋洒洒地铺到湖面上，蔚为壮观，所以又有人把这里叫做中国荷都。

微山湖物产丰富，向来有“日出斗金”的说法，湖内有各种鱼、虾类数十种，水生植物、水禽、鸟类等种类繁多，是个名附其实的天然博物馆，有中国“麻鸭之乡”和“乌鳢之乡”的美称。湖区水资源门类比较齐全。以鲤鱼为主，经济鱼类有鲫鱼、黄鱼（鱼桑）、乌鳢、红鳍鲌、长春鳊和鲤鱼等，浮游植物种类较多，渔业生物饵料富足。

微山矿产资源也十分丰厚。煤炭已探明储量 127 亿吨，是中国重点煤炭基地之一，且埋藏浅、煤层厚，大多为优质气煤、肥煤。稀土已探明储量 1275 万吨，具有含磷、铁等杂质少、品位高、冶炼工艺简单等优点，是目前国内发现的唯一典型氟碳铈澜矿资源。此外，还有大量的石灰岩、煤矸石、黄沙等资源。

昭阳湖

昭阳湖是山东省最主要的湖泊之一。南与微山湖、北与独山湖相通，加上独山湖以北的南阳湖合称“南四湖”，或统称微山湖，最大总面积 1200 多平方公里。它是我国北方最大的淡水湖泊之一。

洪湖

洪湖是湖北省最大的淡水湖，位于风景优美的江汉平原上。近年却因为生态的不平衡不得不建立湿地自然保护区，发展生态农业。洪湖是湖北省最大的淡水湖。

洪湖是湖北所有湖泊有机物含量最丰富的湖水，也是我国淡水鱼类的重要产地。鱼种类丰富多样，共有 80 余种，例如太湖短吻银鱼、暗色东方鲀、鳜、鳍、草鱼、青鱼、鲢等等。洪湖水面辽阔，水草茂盛，鱼虾丰富，是野鸭飞雁等候鸟栖息觅食过冬的理想场所。

洪湖不但水产丰富，而且景色秀丽。一年中四季皆有特色，是理想的水上旅游风景区。“洪湖水，浪打浪……”美丽的洪湖，多少年来，以其特有的自然风光，引着大批国内外游客。

但是近年来，由于围湖造田、过度捕捞，导致水面缩小、水质下降、水草濒临枯竭、鸟类和鱼类资源急剧减少。

经过治理，洪湖水域水质明显好转，部分水域水质已由治理前的Ⅲ—Ⅳ类上升到Ⅱ—Ⅲ类，水草覆盖率恢复到 80%左右，到洪湖越冬的鸟类种群数量由治理前的 2 万多只增加到 30 多万只，成为中国湿地保护的一个亮点。

滇池

滇池位于昆明市南，滇池古名滇南泽，又名昆明湖。湖岸线长约 200 公里，湖面面积 300 平方公里，居云南省首位，湖水最大深度 8 米，平均深度 5 米，蓄水量 15.7 亿立方米，素称“五百里滇池”。是中国第六大内陆淡水湖。

滇池属富营型湖泊，部分呈异常营养征兆，水色暗黄绿，内湖有机有害污染严重，并呈恶化趋势，外湖部分水体也受有机物污染。随着滇池生态环境的变化，导致鱼类产卵、孵化场地的生态环境破坏，加之过度捕捞和鱼类种群间相互作用等因素影响，使滇池鱼类种群发生巨大变化，土著鱼种濒于灭绝，现仅存 4 种，如肉嫩味美的金线鱼现已灭绝。

滇池的自然景观十分壮丽，它的水面宽阔，有“高原明珠”之称。不但是旅游的好去处，且极有渔业、灌溉、航运、供水等经济价值。滇池周围风景名胜众多，与西山森林公园、大观公园等隔水相望，云南民族村、国家体育训练基地、云南民族博物馆等既相联成片又相对独立，互为依托，是游览、娱乐、度假的理想场所。

洱海

洱海位于中国云南省西部的苍山东麓。因湖形形似人耳，浪大如海而得名。古称叶榆泽，为断陷湖。

洱海地区气候温和，湖水常年不结冰，年平均降水量1000～1200毫米。湖面除接受大气降水外，主要靠河流补给。

洱海是一个高原淡水湖泊。鱼类资源丰富，有鲫鱼、弓鱼、鲤鱼和细鳞鱼，其中以弓鱼最为有名，当地有鱼魁之称。还盛产龙爪菜，这是白族人民喜爱的传统菜肴。

洱海气候温和湿润，环境极为优美。西面，苍山横列如屏；东面，玉案山环绕衬托，素有“银苍玉洱”、“高原明珠”之称。自古及今，多少高人韵士写下了对其赞美不绝的诗文。像南诏清平官杨奇鲲在其被收入《全唐诗》的一首诗作中描写它“风里浪花吹又白，雨中岚影洗还清”；元代郭松年《大理行记》又称它“浩荡汪洋，烟波无际”。

古人将洱海的景色简单概括为“三岛、四洲、五湖、九曲”。

千岛湖

位于中国浙江的千岛湖，是我国长江三角洲地区的后花园。千岛湖即新安江水库，总面积580平方公里。湖形呈树枝型，湖中大小岛屿千余个，景区内碧水呈奇，千岛百姿，自然风光旖旎，生态环境绝佳，因湖内拥有1078座岛而得名。以“千岛”、“秀水”、“金腰带”为岛内主要特色景观。

湖中鱼类品种繁多，鳙、鲢、草鱼齐全，还有鲌鱼、鳜鱼、鳗鱼等名贵鱼种，年产在3000吨以上。人工养殖业也十分发达，商品鱼养殖场以鲤鳊、罗非鱼为主，年产量近90万吨。

千岛湖是我国首批国家级风景名胜区之一，也是我国面积最大的森林公园，也是全国文明森林公园，并被台湾游客和媒体评为台湾居民赴大陆旅游的三大热点之一，与北京市和长江三峡景区齐名。

千岛湖风景区群山绵延，森林繁茂，绿视率100％，湖区573平方公里的湖水晶莹透澈，能见度达 12 米，属国家一级水体，被誉为“天下第一秀水”。

东湖

东湖位于湖北武汉，湖面面积 33 平方公里，包括东湖、沙湖和青山港所构成的东湖水系的主体。东湖由多个子湖组成，是中国最大的城中湖。毛泽东同志解放后在东湖居住的时间仅次于中南海。

湖中浮游动植物、底栖动物及水生植物种类繁多，而且数量大，给渔业养殖提供了丰富的饵料，湖区年渔获量在千吨以上，此外，湖滨浅水带还有莲藕、菱角及其他经济作物生长，是武汉市的副食品基地之一。东湖的渔获物中以人工放养的鱼类居多，湖里自然繁殖或从长江经青山港进入湖区的非放养鱼类很少。

东湖 1982 年被国务院列为首批国家重点风景区，东湖主要游览点为寓言园、音乐喷泉、行吟阁、长天楼、九女墩、湖光阁、磨山新景区等。

西湖

在我国，各地共有西湖 30 余处，但是最著名的还要数位于浙江杭州的西湖。如清代《冷庐杂识》中说：“天下西湖三十又六，惟杭州最著。”

杭州西湖面积 5.64 平方公里，原为古海湾，钱塘江泥沙淤阻后形成。西湖古时称钱塘湖，又名西子湖。

西湖是一处以秀丽清雅的湖光山色、璀璨丰富的文物古迹和文化艺术交融一体的国家级风景名胜区。西湖的美不光美在湖，也在于山。环绕西湖，西南有龙井山、理安山、南高峰、凤凰山、吴山等，总称南山；北面有灵隐山、北高峰、仙姑山等，总称北山。它们像众星捧月一样，环绕着西湖这颗明珠。这些山的高度都不超过 400 米，但峰奇石秀，林泉幽美。著名的西湖十景形成于南宋时期，基本围绕西湖分布，有的就位于湖上，它们是：苏堤春晓、曲苑风荷、平湖秋月、断桥残雪、柳浪闻莺、花港观鱼、雷峰夕照、双峰插云、南屏晚钟、三潭印月。

西湖不但山水秀丽，而且还有丰富的文物古迹和优美动人的神话传说，将自然、人文、历史、艺术，巧妙地融合在一起。

瘦西湖

瘦西湖位于扬州的西北部，总面积 103.7 公顷，其中水面面积 49.9 公顷。瘦西湖原名炮山河，又称保障河。清代乾隆年间，因其环绕长春岭（即小金山）而称长春湖。瘦西湖的园林群景色怡人，有“园林之盛甲天下”之美誉。

“天下西湖，三十有六”，但是众多湖泊之中，说得上清秀婉丽的，却只有扬州的瘦西湖。清代钱塘诗人汪沆有诗云：“垂杨不断接残芜，雁齿虹桥俨画图。也是销金一锅子，故应唤作瘦西湖。”瘦西湖由此得名。

瘦西湖清瘦狭长，水面长约 4 公里。原是纵横交错的河流，经历次经营沟通，运用我国造园艺术的特点，因地制宜地建造了很多风景建筑。湖长十余里，犹如一幅山水画卷，既有天然景色，又有风格独特的扬州园林，是国内著名的风景区之一，素有“湖上蓬莱”之称。

瘦西湖园林以自然风光的旖旎多姿著称于世。一年四季，常看常新，品味其中，回味无穷。

此外，自古以来扬州是文人骚客的荟萃之地，历代政治家、文学家、画家、艺术家云集，在扬州留下了无数宝贵的文化遗产。所以游览瘦西湖，在欣赏美景秀色时，也可以说是在读一本内容丰富的史书，令人感到愉悦和充实。

五大连池

五大连池位于黑龙江五大连池市，由五个火山堰塞湖相连而成，属富营养化湖。

这里鱼类丰富，常见的有鲫鱼、鲤鱼、“餐”鱼、鲢鱼、鳙、草鱼等。各池的鱼类分布没有什么差异，但数量明显不同。三池因投放鳙鱼、鲢等鱼苗的缘故，目前以鲢鱼数量最多，其次是青梢红鲌、鲫鱼、鲤鱼等；五池以鲤鱼数量最多；一池、二池、四池均以鲫鱼数量最多。

我国目前已建立 12 个火山地貌景观类型的国家公园，但只有五大连池被选进世界地质公园之列。

五大连池市自然资源极为丰富。境内 14 座火山鳞次栉比，30 多条河流纵横交错，300 多泉眼星罗棋布。五大连池的水资源总量达 28 亿立方米，具有发展水产养殖得天独厚的条件，盛产鲫鱼、鲁鱼、鳌花、哲罗等 20 余种天然鱼类。区域内草原面积达 260 万亩，林地面积 500 多万亩，主要有落叶松、柞桦，杨树等 10 余树种。

这一地区的野生动植物资源也十分丰富，熊、犴、鹿、花尾榛鸡等珍贵野生动物时有出没，盛产蕨菜、都柿、黑木耳、猴头、金叶菜、蘑菇等天然绿色产品和人参、刺五加、贝母、五味子、黄芪等上百种名贵中药材。矿藏资源丰富，脉石英矿，品位在 99.7%，据探明储量在 20 万吨左右，其他如花岗岩、珍珠岩、玄武岩、火山砾、河流石、黄沙等储量也在 4 亿立方米以上。

如今，湖泊沼泽化是五大连池最大的问题。

白头山天池

白头山天池又名长白山天池，坐落于吉林省的东南部，是中国和朝鲜的界湖。是位于白头山巅喷火口的自然湖泊，自古享有“大泽”、“大池”、“龙潭”、“龙王泽”的美誉。

白头山天池位于高山之巅，水深达 384 米，属火口湖，这在世界上也是非常罕见的。长白山天池是中国最深的湖泊，为 1702 年火山喷发后的火口积水而成，曾盛传湖中有怪兽，轰动一时，至今仍是一个未解之谜。

天池的蓄水丰富，抽水能力为 1 立方米/秒的抽水机用 60 多年才能抽完全部的水量。天池的水源主要是大气降水，补充的有矿泉水等地下水源。

在天池周围环绕着 16 个山峰，天池犹如是镶在群峰之中的一块碧玉。这里经常是大雾弥漫、暴雨冰雹，因此，并不是所有的游人都能看到天池的全貌。

天池的水从一个小缺口上溢出来，从悬崖上往下泻，就成了著名的长白山大瀑布。长白山除了天池和长白山瀑布外，还有不少湖泊的瀑布，规模都很大。

青海湖

青海湖又名“库库诺尔”，在蒙古语里是“青色的海”的意思。古称“西海”，又称“鲜水”或“鲜海”。它位于青海省东北部的青海湖盆地内，是中国最大的内陆湖泊之一，同时也是最大的咸水湖。

青海湖湖水主要来源于地表径流和湖面降水补给，入湖的河流有40余条，主要有布哈河、巴戈乌兰河、侧淌河等，其中以布哈河最大。

青海湖的鱼类资源十分丰富，尤其是以盛产湟鱼和冰鱼而著名。在每年冰季，青海湖冰封后，人们在冰面钻孔捕鱼，在阳光或灯光的诱惑下，水下的鱼儿便自动跳出冰孔。

近年来，由于气候的不断变化，湖的水位也随之不断下降，湖面逐渐缩小。与初期的湖区相比，湖面已缩小近1/3，水位降低了80～100米。

青海湖地处高原的东北部，湖的四周被巍巍高山所环抱。湖东岸有两个子湖，一名尕海，面积10余平方公里，系咸水；一名耳海，面积4平方公里，为淡水。

青海湖周围是茫茫草原，湖滨地势开阔平坦，水源充足，气候比较温和，是水草丰美的天然牧场。

第二十三章

世界主要江河湖泊

第一节　主要河流

纵横交错地分布于世界各地的大小河流，自古以来就是人类生息繁衍的主要活动场所。尼罗河、黄河、幼发拉底河、恒河等大河，曾经孕育了灿烂的古文明，被视为人类文明的摇篮。了解河流，了解世界河流，是学习地理知识乃至历史文化知识不可回避的一个重要环节。

尼罗河

尼罗河位于非洲东北部，是一条国际河流。它发源于赤道南部东非高原上的布隆迪高地，干流流经布隆迪、卢旺达、坦桑尼亚、乌干达、苏丹和埃及等国，最后注入地中海，是世界流程最长的河流。尼罗河是由卡盖拉河、白尼罗河、青尼罗河三条河流汇流而成，它的主要支流有阿丘瓦河、加扎勒河、索巴特河、青尼罗河和阿特巴拉河等。尼罗河下游谷地河三角洲则是人类文明的最早发源地之一，古埃及诞生在此。至今，埃及仍有96%的人口和绝大部分工农业生产集中在这里。因此，尼罗河也被视为埃及的生命线。

“尼罗河”的得名很有意思，最早出现于2000多年前。关于它的来源有两种说法：一是来源于拉丁语“尼罗”（nil），意思是“不可能”。因为尼罗河中下游地区很早以前就有人居住，但是由于瀑布的阻隔，使得中下游地区的人们认为要了解河源是不可能的，故名尼罗河。二是认为“尼罗河”一词是由古埃及法老（国王）尼罗斯（nilus）的名字演化来的。

要了解尼罗河，就不能不提及古埃及。尼罗河畔耸立的金字塔；尼罗河盛产的纸草；行驶在尼罗河上的古船及神秘莫测的木乃伊，它们不仅标志着古埃及科学技术的成就，同时记载着人类数千年文明发展的历程。

亚马逊河

亚马逊河又名亚马孙河，被誉为“河流之王”，全长6440多公里，流域面积705万平方公里。亚马逊河是南美第一大河，也是世界上流域面积和流量最大的河流，在世界河流中位居第二，仅次于尼罗河。亚马逊河每秒钟把116000立方米的水注入大西洋，占全球入海河水总流量的1/5。

亚马逊河大部分在巴西境内，巴西人自豪地称之为“河海”。亚马逊河也是拉丁美洲人民的骄傲，滋润着南美洲的广袤土地，孕育了世界最大的热带雨林，使这一片地域成为世界上公认的最神秘的“生命王国”。

亚马逊流域适合植物生长，有浩瀚无际的原始森林，各种植物两万余种，数量居全球之冠，盛产优质木材，有“地球之肺”的美誉。葛藤、兰花、凤梨科植物争相攀附高枝生长，其间栖息着猴子、树懒、蜂鸟、金刚鹦鹉、蝴蝶和蝙蝠等。

亚马逊河以世界淡水观赏鱼主要产地而闻名，其丰富绮丽的淡水热带观赏鱼一直牵动全世界观赏鱼爱好者和生物学家的心。亚马逊河水中生活着凯门鳄、淡水龟，以及水栖哺乳类动物如海牛、淡水海豚等；陆地生活着美洲虎、细腰猫、西（貂）、貘、水豚、犰狳等；另有2500种鱼，以及1600多种鸟。

亚马逊流域内大部分地区覆盖着稠密的热带雨林，植物种类繁多，矿产资源丰富。

密西西比—密苏里河

密西西比河是美国第一、世界第四长河，也是北美洲流程最长、流域面积最广、水量最大的河流，位于北美洲中南部，是美国南北航运的大动脉。密西西比河最长支流是密苏里河。

在世界各大河流域面积中，密西西比河流域面积仅次于南美洲的亚马逊河和非洲的刚果河，居世界第三位，比我国长江的流域大一倍。由于它的流域广阔，各地气候条件不一，因而河流各段的水文特征具有一定差异。

密西西比河干流右岸以密苏里河为首，长度大、水量小、季节变化明显；左岸以俄亥俄河为首，长度小、水量大、季节变化缓和。流域内大部分为平原，为美国中南部提供了丰富的灌溉水源和工业及生活用水。但中下游河段因河漫滩广阔，过去每当春夏，河水暴涨，中游以下沿河低地极易泛滥成灾，有美洲尼罗河之称。

密西西比河的起点是明尼苏达州，终点是墨西哥湾。在其漫长的流动中，密西西比河滋润着美国大陆近一半的土地，水量也比任何其他的美国河流都要多。

密西西比河是国家文化和娱乐休闲的宝库。每年，仅旅游、捕鱼和休闲娱乐产业的产值就能达到数百亿美元，为流域各地提供大量的工作岗位。全国一半的谷物和大豆都经由密西西比河上游运出。

密西西比河及其洪泛平原有不同的野生动物资源，种类达 400 余种。

勒拿河

勒拿河是俄罗斯最长的河流。位于东西伯利亚，长 4400 公里，是世界第十长河流，流域面积世界排名第九。

河源段称大勒拿河，从河源到维季姆河入口处为上游，流经高原、山地，沿途多急流、险滩，具有典型山区河流特征。阿尔丹河河口以下为下游，阿尔丹河和维柳伊河注入后，成为巨大的平原型河流，形成了俄罗斯最大的三角洲地带。这里有勒拿河三角洲野生生物保护区，维京河与奥廖克马河的河沙带有金，在三角洲曾有猛犸象象牙出土。

勒拿河河水径流补给主要以冰雪融水为主，其次是雨水。春季讯期流量最大，其次是夏季，冬季流量最小，结冰期则长达 8 个月。春汛期的流冰常阻塞河床，使河流水位上升，造成灾害。

勒拿河是西伯利亚大河中开发程度最差的河流，尽管流域内森林、煤、天然气、铁、金、金刚石、岩盐等资源丰富，水力发电也可达到约 4000 万千瓦，然而仅在支流上建有马马卡斯克和维柳伊斯克水电站等。干、支流上的运输广泛使用浮运木筏，涨水时卡丘格镇以下可通航，乌斯季—库特以下可定期通航。

额尔齐斯河

额尔齐斯河是我国唯一流入北冰洋的河流，它源出我国阿尔泰山西南坡，全长4248公里，在我国境内546公里，流域面积5.7万平方公里，是新疆第二大河。该河接近边境处河面宽达千米，可通轮船，流域内众多的支流均从干流右岸汇入，形成典型的梳状水系，沿岸风光壮美。

额尔齐斯河分上、中、下游。塞米巴拉金斯克以上为上游，以下至鄂木斯克为中游，鄂木斯克至河口为下游，俄罗斯和哈萨克斯坦将斋桑泊以上河段称黑额尔齐斯河。我国把全河统称额尔齐斯河，而把富蕴与福海两县交界处的支流称黑额尔齐斯河。

额尔齐斯河河谷宽广，水势浩荡，年径流量多达119亿立方米，水量仅次于伊犁河，居新疆第二位。河床中巨砾重叠，银波翻腾，河曲异常发达。河谷次生林和河漫滩草甸宛若一条绿色飘带，镶嵌在荒漠戈壁上，别具一番情趣。其中北屯河段的河谷次生林最为茂密，绵延成一片绿色海洋，素有“杨树基因库”的美称。

额尔齐斯河上游主要靠融雪、融冰和降水补给，下游主要来源于融雪、降水和土壤中的水。由于上游水量充沛，落差集中，蕴含着极为丰富的水能资源。

叶尼塞河

叶尼塞河位于亚洲北部，中西伯利亚高原西侧，是俄罗斯水量最大的河流，也是西伯利亚河流中水量最丰盈的河流。

叶尼塞河有两个源流，即大叶尼塞河和小叶尼塞河。大叶尼塞河发源于萨彦岭—图瓦山原的峭壁间；小叶尼塞河发源于唐努乌拉山脉的北坡。

从大叶尼塞河和小叶尼塞河的汇合处算起，全河长3487公里；从色楞格河的源头起算，全河长5540公里。它流域面积为270.7万平方公里，共有大小支流约2万条，总长8.8万公里，主要支流分布在右岸。流域内主要为山地和高原，北部平原（西西伯利亚平原）和低地（北西伯利亚低地），中部是中西伯利亚高原，南部有萨彦岭等山地。

叶尼塞河流域居住着多种民族：俄罗斯人、埃文基人、图瓦人、乌克兰人、鞑鞑人、哈卡斯人、雅库特人、涅涅茨人等。经济活动方面，河流北部以渔猎、驯鹿和毛皮曾养殖为主，并有石墨、煤炭等采矿业；南部以加工业为主。

伏尔加河

伏尔加河是欧洲最大的河流，同时也世界上最大的内陆河之一。它发源于东欧平原西部的瓦尔代丘陵中的湖沼间，流经森林带、森林草原带和草原带，注入里海。它通过伏尔加河—波罗的海运河连接波罗的海；通过北德纳维河水系和白海—波罗的海接通白海；通过伏尔加河—顿河运河与亚速海和黑海沟通，所以又有“五海之河”的美称。

伏尔加河古代称“拉”，中世纪人们改称为“伊基尔”，至于什么时候叫它“伏尔加”，目前无从考证。伏尔加河流经俄罗斯 13 个联邦主体，孕育着那里的无数人民。

伏尔加河流域大部分为大陆性气候，流域上中游和下游右岸属森林气候；下游左岸属草原气候和半荒漠气候；里海低地则属荒漠气候。伏尔加河流域的冬季寒冷而漫长，积雪深厚。到了夏季，大量的积雪融水流入伏尔河。冬季河面封冻，上游冰期长达 140 天，中下游在 90 至 100 天左右。

过去伏尔加河完全处于自然状态，河水深度仅仅 1.6 至 2.5 米，不仅通航不畅，其丰富的水力资源也未能加以利用。在 20 世纪 30 年代时，人们对伏尔加河进行了大规模的整治开发，建立统一水深的航道网，修建了 14 座大型水利枢纽，对伏尔加河进行梯级开发，为城市生活、工农业生产提供了丰富而廉价的电力和水源。伏尔加河水力资源极为丰富，建有雷宾斯克、下诺夫哥罗德、萨马拉、萨拉托夫、切博克萨雷和伏尔加格勒大型水利枢纽工程，各电站总发电量达 400 多亿度。

澜沧江—湄公河

澜沧江是中国西南地区大河之一，也是一条亚洲国际大河。澜沧江流出中国国境以后的河段称湄公河，它占澜沧江—湄公河流域面积的 22.5%，是东南亚最大河流。澜沧江是亚洲流经国家最多的河，流经中国、缅甸、老挝、泰国、柬埔寨和越南，在越南胡志明市附近注入南海，是世界第六大河。

澜沧江—湄公河流域总面积 81 万平方公里，地处东南亚、南亚和中国西南的结合部，是连接东盟和中国的纽带。这一地区经济和社会发展相对落后，但与我国进行经贸合作的潜力巨大。

澜沧江—湄公河水系孕育了世界上最丰富的淡水鱼类生态系统；整个流域已知鱼类多达 1700 多种，鱼类多样性在世界大江大河排名中名列第二，仅次于亚玛逊河流域。2000 年，世界野生动物基金会把澜沧江—湄公河流域确定为世界上最重要的淡水鱼类生态区域之一。澜沧江—湄公河的鱼类资源对整个流域内生活的 6000 多万人的生计至关重要，是他们获取蛋白质和营养的主要来源。澜沧江—湄公河流域淡水鱼类年捕获量高达 180 万吨，价值 14 亿美元，为世界上最大的内河淡水渔业。

恒河

印度是四大文明古国之一，曾经创造了人类历史上著名的“恒河文明”。恒河这条世界名川，也被印度人民尊称为“圣河”和“印度的母亲”。

恒河，是印度文明的摇篮。作为印度第一大河，它发源于喜马拉雅山脉，全长 2700 多公里，中、上游有 2100 多公里在印度境内，下游 500 公里在孟加拉国。

恒河是印度的圣河，历史悠久，有着浓厚的民俗和文化色彩，即使经过千年的文明洗礼，恒河两岸的人们仍然保持着古老的习俗。许多自古流传的神话，使印度人民对恒河母亲生起无限的怀想，烙下不可磨灭的情结。恒河在信徒心目中是一条清净的圣河，虽然河水相当混浊，但信徒们依然相信在恒河中沐浴净身，可以洗去自己身上的污浊和罪孽，印度人民这一生中至少要在恒河中沐浴一次，让圣河洗净生生世世所有的罪业。

印度人视恒河为圣河，将恒河看做是女神的化身，虔诚地敬仰恒河，据说是起源于一个传说故事。古时候，恒河水流湍急、汹涌澎湃，经常泛滥成灾，毁灭良田，残害生灵，有个国王为了洗刷先辈的罪孽，请求天上的女神帮助驯服恒河，为人类造福。湿婆神来到喜马拉雅山下，散开头发，让汹涌的河水从自己头上缓缓流过，灌溉两岸的田野，两岸的居民得以安居乐业。从此，印度教便将恒河奉若神明，敬奉湿婆神和洗圣水澡成为印度教徒的两大宗教活动。

印度河

印度河是巴基斯坦的主要河流，同时也是巴基斯坦重要的农业灌溉水源，发源于喜马拉雅山西部我国境内的狮泉河，自东南向西北流经克什米尔后，转向西南贯穿巴基斯坦全境，在卡拉奇附近注入阿拉伯海。印度河文明是世界上最早进入农业文明和定居社会的主要文明之一。

它全长3180公里，是南亚最长的河流，流域面积96万平方公里。它的干流大部分在巴基斯坦境内，只有上游一部分干流和一些支流在印度境内。

既然印度河的大部分干流都在巴基斯坦，为什么河名却叫作“印度河”呢？这是有历史原因的。印度和巴基斯坦原本是南亚次大陆上的统一国家，后来沦为英国的殖民地。1947年独立时，“印、巴分治”，分为印度和巴基斯坦，河水归两国共同使用。为了避免纠纷，两国在1960年签订了“印度河用水条约”，规定印度使用河水系总水量的1/5，其余归巴基斯坦使用。

印度河流域属于亚热带气候，具有明显的季风气候特点，但由于东北部高山山脉的影响，使气候通常介于干燥与半干燥、热带与亚热带之间。炎热干燥的气候使印度河的年平均降雨量不足300毫米，东南部还有大片沙漠。印度河每年有两次涨水，它的中下游平原灌渠纵横，人烟稠密，盛产小麦、棉花和稻米，是巴基斯坦的“粮仓”。

多瑙河

多瑙河发源于德国西南部的黑林山的东坡，沿途流经多个国家，最后在罗马尼亚东部的苏利纳注入黑海。多瑙河在欧洲仅次于伏尔加河，是欧洲第二长河，全长2850公里。被人赞美为“蓝色的多瑙河”。

多瑙河干流从河源至布拉迪斯拉发附近的匈牙利门为上游。在这段河流上，还有多瑙河上游最大的城市——累根斯堡。累根斯堡是座美丽无比的城市，到处是古老的教堂、达官贵人的邸宅和备有佳肴美酒的古老酒肆。现在城市的机器制造业、电子工业也初具规模。多瑙河穿过奥地利的首都维也纳市区。维也纳的许多街道、公园、剧院、会议厅等，都是用音乐家的名字命名的。因此，维也纳一直享有“世界音乐名城”的盛誉。

从匈牙利门至铁门峡为中游。多瑙河中游平原，是匈牙利和塞尔维亚两国重要的农业区，素有“谷仓”之称。多瑙河中游流经地区，都是各国的经济中心，其重要城市有布拉迪斯拉发、布达佩斯和贝尔格莱德等。布达佩斯还被称为“多瑙河上的明珠”。

铁门峡以下为下游。这里流经多瑙河下游平原，河谷宽阔，水流平稳。流到土耳恰城附近分成基利亚河、苏利纳、格奥尔基也夫三条支流，冲积成面积为扇形的三角洲。在多瑙河三角洲经常聚集的有 300 多种鸟类。各路鸟群在此聚会，形成热闹非凡而又繁华壮丽的景象，被称为“鸟类的天堂”。

泰晤士河

泰晤士河是英国境内最长也是最重要的水路，它是英国的母亲河，也是英国最大的一条河流。它发源于英格兰西南部的科茨沃尔德山。河水从西部流入伦敦市区，最后经诺尔岛注入北海。

泰晤士河与地球上其他的一些大江大河相比不算长，但它流经之处却都是英国文化精华所在，可以说泰晤士河哺育了灿烂的英格兰文明。伦敦的主要建筑物大多分布在泰晤士河的两旁。这里有纳尔逊海军统帅雕像、威斯敏斯特大教堂、圣保罗大教堂等，每一幢建筑都称得上是艺术的杰作。这些建筑虽历经沧桑，乃至第二次世界大战那样的战争洗礼，但仍然保持了固有的模样，直至今天还在为人们所使用。在伦敦上游，泰晤士河沿岸有诸如伊顿、牛津、亨利和温莎等许多名胜古迹。泰晤士河的入海口充满了繁忙的商船，然而其上游的河道却以其静态之美而著称于世。

在英国历史上泰晤士河流域占有举足轻重的地位。正如英国的政治家约翰·伯恩斯所说：泰晤士河是世界上最优美的河流，“因为它是一部流动的历史。”

莱茵河

莱茵河发源于瑞士境内的阿尔卑斯山，流经德国注入北海。莱茵河在欧洲是一条著名的国际河流，它是德国的摇篮，其流域面积占德国总面积的 40%。从科隆到美因茨的近200公里的河段是莱茵河景色最美的一段，这里河道蜿蜒曲折，河水清澈见底。

莱茵河航运十分便捷，是世界上航运最繁忙的河流之一，莱茵河与一系列运河以及其他大河连接，构成一个四通八达的水运网，素有欧洲“黄金水道”的美誉。

我们来看看莱茵河的水文特征。这里常年水位较满，流速较缓慢（因为地形平坦）、平均；春夏为汛期（原因是阿尔卑斯山的积雪融化），季节变化明显，6—7月为高峰；水温随气温变化；大部分流域无冰期。它是欧洲通航里程最长的河流。

莱茵河两岸的许多重要城市，如美因茨、科布伦茨、波恩、诺伊斯和科隆，它们原本都是从军事基地变为贸易场所而后发展成为现代化城市的。在莱茵河两岸至今仍保留着50多座城堡、宫殿的遗址，且每座城堡都有它们自己的名称。早在200年前，德国浪漫主义时期的诗人和思想家们就被莱茵河的魅力所倾倒，为她奉献了无数美丽的诗篇，因此有“200年莱茵浪漫”一说。

莱茵河上游瑞士北部与德国交界的地方，有宽达110米的莱茵河瀑布。胆大的游人可以乘着小舟，随波起伏直抵瀑布下面。莱茵河中游，从宾根到德国波恩这一段，峡谷幽深曲折，景色十分壮丽，关于莱茵河的许多古老的传说都发生在这里。

刚果河（扎伊尔河）

刚果河又称扎伊尔河，是非洲第二大河，全长约4700公里，流域面积约370万平方公里。刚果河的60%在刚果民主共和国境内，其余面积分布在刚果共和国、喀麦隆、中非、卢旺达、布隆迪、坦桑尼亚、赞比亚和安哥拉等国。

如果按流量来划分，刚果河的流量仅次于亚马逊河，是世界第二大河。刚果河及其支流构成了非洲最稠密的水道网，水量充沛，是非洲水能资源最丰富的大河，居世界大河的首位。

刚果河流域包括了刚果民主共和国几乎全部领土，刚果和中非共和国大部、赞比亚东部、安哥拉北部以及喀麦隆和坦桑尼亚的一部分领土。在这片广阔的流域，密集的支流、副支流和小河分成许多河汊，构成一个扇形河道网。

刚果河流域地处著名的刚果盆地，周围是高原和山地。高原山地与盆底之间形成许多陡坡和悬崖，河流在这些地段形成一系列瀑布，例如上游的金杜—孔戈洛瀑布群、博约马瀑布以及下游的利文斯敦瀑布群。

刚果河流域的水力蕴藏量占世界已知水力资源的1/6，但目前尚未进行充足的开发。金沙萨以下建有大型因加水利枢纽。

格兰德河

格兰德河是北美洲南部的河流，是北美洲第五长河，也是美国与墨西哥的界河。格兰德河全称“格兰德—德马塔加尔帕河”。

该河源出落基山，最终注入墨西哥湾，长3030公里，流域面积57万平方公里。河的下游可通航，但根据国际协定，航运关闭。河的大部流经干燥地区，植被稀疏，夏季多暴雨，河水含沙量高，常形成水灾。在肥沃三角洲地区有蔬菜农场和柑橘园林。沿河主要城市有美国的阿尔布开克、帕索和墨西哥的马塔莫罗斯等。

墨西哥人把它称为北布拉沃河。从源头至埃尔帕索（美）和华雷斯（墨）为上游河段，接纳高山雪水，切割成一系列峡谷，水流清澈湍急。从埃尔帕索至普雷西迪奥为中游河段，在得克萨斯形成一个大湾，景色蔚为壮观，建有大湾国家公园。这一段气候干旱、支流稀少。普雷西迪奥以下为下游，主要流经大平原和墨西哥湾沿岸平原，曲折流缓，河口形成典型的三角洲。夏季多暴雨，洪水期出现于6～11月。全河大部地区气候比较干燥，植被稀疏，含沙量大，水量较小，干流河口年平均流量仅77立方米/秒，是中下游重要的灌溉水源。

拉普拉塔河

西班牙语中“拉普拉塔”是“银子”的意思。拉普拉塔河位于南美洲乌拉圭和阿根廷之间，东西长320公里，其宽度从西端两河汇集处的50公里逐渐扩大至东部与大西洋相交处的220公里。阿根廷首都布宜诺斯艾利斯位于拉普拉塔河西南岸，乌拉圭首都蒙得维的亚则位于东北岸处。

拉塔河有东、西两个源头，两源都发源于巴西高原东南边。东源叫东源格兰德河，西源叫西源伊巴河，两河在南纬20度相聚后就称为巴拉那河。拉普拉塔河—巴拉那河是南美洲仅次于亚马逊河的第二大河。

虽然拉普拉塔河的实际长度只有320公里，但她的宽度却有50公里，河口最宽处可达220公里，是世界上最宽的河流。水深有18米，所以巨型轮船可以航行。

乌拉圭的首都蒙得维的亚就建在河口附近的北岸。

拉普拉塔河流域是拉丁美洲最发达的地区之一，其大部分处在亚热带，雨水充沛，土地肥沃、物产丰富，是南美洲的经济中心，布宜诺斯艾利斯、拉普拉塔、罗萨里奥、圣菲、蒙得维的亚、派桑杜等城市和港口都在沿河两岸。世界上著名的维多利亚大瀑布就是在巴西和阿根廷交界处的伊瓜苏河的下游，在巴拉那河的上游处。

墨累河

墨累河发源于澳大利亚东南部，注入印度洋的因康特湾，长2575公里。若是以达令河为源，全长3719公里，流域面积100万平方公里。墨累河是澳大利亚最长、最大的河流。

墨累河的流量不大，但是季节涨落变化很大，每逢冬季涨水的时候，从河口上溯300公里河段可航行小船，旱季水浅，河口沙洲阻碍航行。

墨累河流域河网密布，支流众多，其主要支流有达令河和马兰比吉河。达令河是墨累河最长的支流，发源于新南威尔士州新英格兰山脉的西麓，自河源先向西流再转向西南，穿越新南威尔士州，在文特沃思西南注入墨累河。马兰比吉河是墨累河右岸的主要支流之一，位于新南威尔士州东南部，发源于东部高地山坡的坦坦加拉水库。

墨累河地处亚热带内陆地区，流域内降水比较小，且极不稳定，长期受干旱的威胁。墨累河全流域年平均降水量仅为425mm。

墨累河的主要特点是河流源于降水丰富的东部高地，流经降水稀少、蒸发旺盛的广大平原地带，以致多数支流的中、下游常有断流现象，尤其是干旱年，断流月份更长。墨累河上游依靠山地降水、雪水供给，虽未断流，但水位也十分低。

墨累河上游及左岸山地支流有许多水利设施，以休姆水库最大。河流给沿岸带来了繁荣，河谷谷地盛产小麦和葡萄，并为重要的肉牛和绵羊的牧场。

墨累河年排水量只等于密西西比河9天、恒河7天、亚马逊河1天的排水量，但它却是澳大利亚最大的一条河流，是澳大利亚人最重要的生命线。

第二节 主要湖泊

湖泊拥有多样化的生态形式，与我们人类的互动关系也十分密切。湖泊的功能巨大，具有蓄水防洪、生物涵养、水产养殖、交通运输及观光旅游等功能。我们每个人都应该清醒地认识到保护湖泊及湖泊水环境的重要性，让其为我们人类可持续地服务。

苏比利尔湖

苏必利尔湖在北美洲五大湖中位于最西北，同时也是最大的一个。它是世界最大的淡水湖之一，是世界上仅次于里海的第二大湖。

湖的东北面为加拿大，西南面为美国。湖面东西长 616 公里，南北最宽处 257 公里，湖面平均海拔 180 米，有近 200 条河流注入湖中，这其中以尼皮贡和圣路易斯河为最大。

湖中主要岛屿有罗亚尔岛、阿波斯特尔群岛、米奇皮科滕岛和圣伊尼亚斯岛。沿湖多林地，风景秀丽，人口稀少。苏必利尔湖水质清澈，湖面多风浪，湖区冬寒夏凉。季节性渔猎和旅游业为当地主要经济项目。湖畔蕴藏有多种矿物。有很多天然港湾和人工港口，主要港口有加拿大的桑德贝和美国的塔科尼特等，全年通航期为 8 个月。该湖 1622 年为法国探险家发现，湖名取自法语，意为“上湖”。

密歇根湖

密歇根湖又叫密执安湖，在北美五大湖中面积居第三位，也是唯一一个全部属于美国的湖泊。南北长 517 公里，最宽处 190 公里，湖盆面积近 12 万平方公里，水域面积近 5.8 万平方公里，湖水蓄积量 4875 立方公里，湖岸线长 2100 公里。大约有 100 条小河注入其中，湖的北端多岛屿，以比弗岛为最大。

沿湖岸边有许多湖波冲蚀而成的悬崖，东南岸多有沙丘，尤以印第安纳国家湖滨区和州立公园的沙丘最为著名。

密歇根湖湖区气候温和，大部分湖岸为避暑地。东岸水果产区颇有名，北岸曲折多港湾，湖中多鳟鱼、鲑鱼，垂钓业兴旺。南端的芝加哥为重要的工业城市，并有很多港口。12 月中旬至来年 4 月中旬港湾结冰，航行受阻，但湖面很少全部封冻，几个港口之间全年都有轮渡往来。

湖的北岸弯曲，良港众多，主要湖港有芝加哥、密尔沃基等。南岸平直，且多沙丘，无天然港口。东岸受湖水调剂，晚春早秋亦不冰冻，沿岸盛产苹果、桃、梨等水果。

休伦湖

北美洲五大湖之一，其位置居中，流经美国和加拿大。休伦湖由早期法国探险者命名，是第一个为欧洲人所发现的湖泊，名字来源于居住于附近地区的印地安人休伦族。它由西北向东南延伸，长 330 公里，最宽 295 公里，面积 5.96 万平方公里，在五大湖中居第二位。湖面海拔 177 米，蓄水量 3540 立方公里。湖岸线长 2700 公里，较曲折，东北部有乔治亚湾。湖岸多为沙滩、砾石滩和悬崖绝壁。

休伦湖湖水水质良好，全年通航期 7～8 个月，冬季沿岸封冰。休伦湖经圣玛丽斯河接纳苏必利尔湖水，经麦基诺水道接纳密歇根湖水，南经圣克莱尔河—圣克莱尔湖—底特律河入伊利湖。湖中多岛屿，主要分布在乔治亚湾，其中马尼图林岛为世界最大湖岛，是旅游、休养的胜地。

湖区矿产资源丰富，有铀、金、银、铜、石灰石和盐等，为重要工业区。湖中有鱼，渔业发达。重要港口有麦基诺城、阿尔皮纳、罗杰期、萨尼亚、罗克波特城等。

伊利湖

伊利湖是美洲五大湖之一。流经美国和加拿大，东、西、南面朝向美国，北面朝向加拿大。湖呈西南—东北向。东西长 388 公里，最宽 92 公里，面积 2.57 万平方公里，在五大湖中居第四位，仅大于安大略湖。湖面海拔 174 米，比安大略湖高 99 米，深度则是五大湖中最浅的一个。蓄水量 455 立方公里。湖岸线总长 1200 公里，较平直，少湖湾。

湖中的岛屿多集中在湖的西端，其中以加拿大的皮利岛为最大。主要港口有托利多、布法罗、克利夫兰、底特律等。

沿途风景较多，像西北岸有皮利角国家公园。12 月初至次年 4 月初湖面封冰，全年航行期为 8 个月。伊利湖接纳休伦、雷辛、莫米等河流；西经底特律河—圣克莱尔湖—圣克莱尔河接纳苏必利尔湖、密歇根湖、休伦湖的湖水；东经尼亚加拉河注入安大略湖；通过韦兰运河和纽约州巴吉运河分别与安大略湖和哈得孙河相通。

湖岸工业发达，以至湖水污染十分严重，曾导致许多湖滨游览区关闭，上个世纪 70 年代末环境破坏得到控制。

安大略湖

安大略湖是北美洲五大湖面积最小的一个。“安大略”这个名字来自易洛魁语，意思是“美丽之湖”或“闪光之湖”，加拿大的安大略省因此湖而得名。

湖面积为 1.95 万平方公里，是世界第十四大湖，位于美国和加拿大之间。湖岸线长 1380 公里，最深处有 244 米，最大的流入河流是尼亚加拉河，最大的流出河流是圣劳伦斯河。它北邻加拿大安大略省，南接尼亚加拉半岛和美国纽约州，是北美洲五大淡水湖之一，属于世界最大的淡水湖群。尽管在北美五大湖中面积最小，不过其蓄水量却超过伊利湖。

安大略湖呈东西延伸，大致成椭圆形。著名的尼亚加拉大瀑布上接伊利湖，下灌安大略湖，湖岸线较平直，仅东北端较曲折。北岸为平原，南岸为尼亚加拉崖壁。

湖北面为农业平原，湖区农业发达，工业集中于湖港周围。主要港口有加拿大的多伦多、哈密尔顿、金斯顿和美国的罗切斯特等。安大略湖周围人口密集，安大略省 1/3 的人口聚居于此。

维多利亚湖

非洲最大，世界第二的淡水湖。1858 年英国探险家为寻找尼罗河发源地而发现此湖。

它位于非洲中东部，湖域呈不规则四边形，南北最长 337 公里，东西最宽 240

公里，湖岸线长逾 3220 公里，已知最大深度 82 米，是尼罗河的主要水库。它的湖体大部分在坦桑尼亚和乌干达境内，同时是两国与肯尼亚的界湖。赤道横贯北部，由凹陷盆地形成。面积 6.9 万平方公里，仅次于北美的苏必利尔湖。

维多利亚湖中多岛屿群和暗礁，常年有卡盖拉河、马拉河等众多河流注入其中，湖水唯一出口是北岸的维多利亚尼罗河。著名的尼罗河支流白尼罗河就发源于此。巨大的水体对沿湖地区的气候起显著调节作用。

维多利亚湖水产丰富，是非洲最大淡水鱼产区，尤以非洲鲫鱼著名。棉花、水稻、甘蔗、咖啡和香蕉广泛在湖村种植。湖区是非洲人口最稠密的地区之一，沿湖 80 公里以内地区居住着数百万人。

目前维多利亚湖的生态系统已逐渐恶化。自 19 世纪 50 年代起，尼罗河鲈鱼被引入湖中，原意是想增加湖区渔业的产出，但是这种鲈鱼给当地的生态系统造成了灾难性的影响——数百种当地特产物种自此灭绝。而原产于美洲热带的水葫芦被引进至维多利亚湖后，这些水生植物聚集而生，影响了交通、捕鱼、水力发电和生活饮水，90%的乌干达沿岸都被这种植物阻塞。由于机械和化学办法似乎都不起作用，人们只好培育一种以水葫芦为食的象鼻虫并放到湖内，最终取得了良好的效果。

咸海

旧译“阿拉海”，位于哈萨克斯坦和乌兹别克斯坦之间，是中亚地区的咸水湖，中亚两大内流河阿姆河和锡尔河注入湖中。20 世纪 60 年，面积达 6.45 万平方公里，当时是世界第四大湖。但是，70 年代以来气候持续干旱，导致湖面水位下降、湖面积急剧下降和湖水盐度增高，鱼产量减少，一些鱼类灭绝，湖盆附近地区大量干盐堆积，植物受到破坏。

由于咸海沿岸沙漠化严重，所以大风把大量盐份吹入大气之中，使咸海沿岸居民的健康受到威胁。可怕的是，在咸海周围地区，每 10 个婴儿便有 1 个出生后第一年内死去。目前，咸海继续在缩小。专家预测，以这个速度持续缩小下去，不久的将来，咸海将不复存在。

死海

死海位于约旦—死海地沟的最低部，是东非大裂谷的北部延续部分。严格地说，死海应为约旦、以色列和巴勒斯坦三国共有。

死海其实是一个咸水湖，它的形成是自然界变化的结果。河水流入死海，不断蒸发，矿物质沉淀下来，经年累月，越积越多，便形成了今天世界上最咸的咸水湖——死海。

死海中虽然没有任何水中动植物，但对人类的照顾却是无微不至的，因为它会让不会游泳的人在海中游泳。死海的海水不但含盐量高，而且富含矿物质，常在海水中浸泡，可以治疗关节炎等慢性疾病。因此，那里每年都吸引了数十万游客来此休假疗养。而且海底的黑泥，含有丰富的矿物质，成为市场上抢手的护肤美容品。

长期以来，在“死海的命运”这一问题上，科学界一直存在着两种截然不同的观点。一种认为，死海在日趋干涸。在漫长的岁月中，死海不断地蒸发浓缩，湖水越来越少，盐度也就越来越高。所以，不久的将来，死海将不复存在。另一种观点则认为死海并非是没有生命的死水，而且它的前途无量，是未来的世界大洋。从地质构造的角度考虑，认为死海位于著名的叙利亚—非洲大断带的最低处，而这个大断裂带还正处于幼年时期，终有一天，死海底部会产生裂缝，而从地壳深处冒出海水，随着裂缝的不断扩大，将生长出一个新的海洋。

事实上，死海的实际情况实在不容乐观，它的面积正日益缩小，而地质假说还没有更多的事实加以论证。因此，死海的未来仍然是一个难解的谜。

黑海

黑海因水色深暗、多风暴而得名，地处欧洲东南部。黑海的东南部和南部与亚洲大陆相连，沿海国家有土耳其、保加利亚、罗马尼亚、乌克兰、俄罗斯和格鲁吉亚。沿海重要城市有伊斯坦布尔、布尔加斯、瓦尔纳、塞瓦斯托波尔、巴统等。黑海东西最长 1150 公里，面积 42.2 万平方公里。

黑海是一个缺乏氧的海洋系统。黑海本身很深，从河流和地中海流入的水含盐度比较小，因此比较轻，它们浮在含盐度高的海水上。

黑海冬季盛行偏北大风，在黑海、尤其西北部海区形成巨浪。强冷空气还沿某些山口隘道急速下泻，风速可达20～40米/秒，形成布拉风。

黑海的生物资源不是很丰富，浮游植物有350多种，而浮游动物只有80种。近岸海区有无脊椎动物、鱼卵和幼虫。西北海区有很多牡蛎和其他软体动物，鱼类以鲟鱼最负盛名，其次是鲱鱼、西鲱、灰鲻和鲨鱼等。底栖生物贫乏，只有地中海的1/5至1/4。

在航运、贸易和战略上黑海具有重要地位，同时也是负有盛名的旅游目的地，沿岸有许多著名的疗养地和景区。

坦噶尼喀湖

坦噶尼喀湖是非洲中部的一个淡水湖，位于东非大裂谷区的西部裂谷部分，属于断层湖，最深度位于坦噶尼喀湖的北部。入湖的河流主要有马拉加拉西河、鲁济济河、卡兰博河等。马拉加拉西河是早期流入坦噶尼喀湖的河系，它还是东非国家坦桑尼亚的第二大河。

坦噶尼喀湖属于标准的裂谷型湖，即构造湖。它的南北狭长就是由于地壳断裂下陷而成的。断裂作用还形成了湖岸四周的高崖峭壁。

坦噶尼喀湖是世界第二古老的湖泊，深度仅次于贝加尔湖。它的面积有3.29万平方公里，是世界第六大湖。非洲的四个国家布隆迪、刚果民主共和国、坦桑尼亚和赞比亚公同拥有这个湖。

坦噶尼喀湖是世界上最狭长和最深的湖泊之一，也是著名的潜洼地之一。它的湖面海拔最深处与湖面高度之差，也就是它的最深处湖底位于海平面以下696米，居世界上湖底低于海平面的潜洼地的第四位。

坦噶尼喀湖沿岸景色秀丽，气候宜人，植物生长繁茂，野生动物成群出现。这里是考察野生动、植物的广阔天地。湖中多鳄鱼和河马，陆地上有大象、羚羊、狮子、长颈鹿等非洲的特有动物。湖中鱼类和各种水鸟丰富，是良好的天然渔场和鸟类群集之地。这里的山光水色，使它成为旅游和休憩的场所。

贝加尔湖

贝加尔湖，是世界上容量最大、最深的淡水湖泊，地处俄罗斯东南部。若论面积，贝加尔湖在世界湖泊中只占第八位，不如非洲的维多利亚湖和美洲大湖，但若论湖水之深、之洁净，贝加尔湖则无与伦比。

贝加尔湖周围地区阳光充沛，雨量稀少，冬暖夏凉。那里的冬季气温很冷，不过每年 1 月～5 月，湖面封冻，放出潜热。夏季湖水解冻，大量吸热，降低了炎热程度，因而有人说，贝加尔湖是一个天然双向的巨型“空调机”，对湖滨地区的气候起着调节作用。

贝加尔湖湖型狭长弯曲，宛如一弯新月，所以又有“月亮湖”之称。湖水澄澈清冽，且稳定透明，为世界第二。其总蓄水量 2.36 万立方公里，相当于北美洲五大湖蓄水量的总和。假如贝加尔湖是世界上唯一的水源，其水量也够 50 亿人用半个世纪。贝加尔湖容积巨大的秘密在于深度，该湖平均水深 730 米，最深 1620 米。如果在这个湖底最深点把世界上 4 幢最高的建筑物一幢一幢地叠起来，第 4 幢屋顶上的电视天线杆仍然在湖面以下 58 米，如果我们把高大的泰山放入湖中的最深处，山顶距水面还有 100 米。

贝加尔湖中生活着鲨鱼、奥木尔鱼、海螺、贝加尔海豹等海洋生物，只有在靠近湖岸的地方，才生活着一般湖泊中常见的生物。在远离海洋的贝加尔湖中，这些海洋生物从何而来，至今还没有确切的答案。

大熊湖

大熊湖是加拿大第一大湖，北美洲第四大湖，因湖区多北极熊而得名。位于加拿大西北部，北极圈经其北部。该湖系构造洼地经第四纪冰川挖蚀而成。湖形不规则，面积有 3.1 万平方公里。

大熊湖是北美第四大，同时也是世界第八大湖。

湖内产白鱼、湖鳟等。20 世纪初东岸地区发现沥青铀矿，1930 年开始开采，从矿砂中提炼镭、铀，并有银、铜、钴、铅等副产品。埃科贝为矿区中心，也是湖区最大居民点。

马拉维湖

马拉维湖是非洲第三大淡水湖，世界第四深湖。马拉维湖由断层陷落而形成，旧称尼亚萨湖，来源于班图语，意为大水或湖泊。湖面积 3.08 万平方公里，主要是由 14 条常年有水的河流注入，其中以鲁胡胡河水量最大。

整个湖区位于裂谷地段，青山绿水，云蒸雾绕，好似浮悬在半空之中的一处仙境。

马拉维湖不仅风光旖旎，它还是当今世界的一个奇异湖泊。在每天上午 9 时左右，马拉维湖的泱泱湖水开始消退，直至水位下降 6 米多才中止；“休息”大约两小时后，湖水继续消失，到出现浅滩才渐渐停息。4 小时后，湖水渐渐上涨，使马拉维湖又恢复了原有的丰盈姿容。在下午 7 点左右，湖水开始骚动，水位不断上升，直至洪流漫溢，倾泻八方；大约两小时后，马拉维湖才风平浪静。不过，马拉维湖的水位的消长并无一定的规律可循，有时一天一度，有时数日一回，有时数周一次，但是每次都是上午 9 时左右“重演故伎”，前后约持续 12 小时。各国地理学家对湖水位涨落有序的奇特现象，至今仍未有定论。

第八篇

地球之肺——沼泽与湿地

第二十四章

沼泽与湿地的形成及特点

第一节　沼泽与湿地的区别

沼泽与湿地都是重要的生态系统。它们像地球的肺一样，在维持生态平衡、保持生物多样性等方面起到重要积极的作用。它们之间区别在于生长的物种不同，沼泽主要是低等的动植物，而湿地是高等的动植物。对整个生态系统影响也不同，湿地的作用比沼泽更加积极一些。

什么是沼泽

沼泽，通常指地表过湿或有薄层积水，土壤水分几达饱和，有泥炭堆积，生长着喜湿性和喜水性沼生植物的地段。由于水多，致使沼泽地土壤缺乏氧分，在缺氧条件下，有机物分解缓慢，只呈半分解状态，最终形成泥炭。又由于泥炭吸水性强，致使土壤更加缺氧，物质分解过程更缓慢，养分也更少。因此，许多沼泽植物的地下部分都不发达，其根系常露出地表，以适应缺氧环境。沼生植物有发达的通气组织，有不定根和特殊的繁殖能力。沼泽大体可分为三类：木本沼泽，主要分布于温带，有乔木沼泽和灌木沼泽之分，优势植物有杜香属、桦木属和柳属；草本沼泽，类型多，分布广，优势植物有苔草，其次有芦苇、香蒲；苔藓沼泽，又名高位沼泽，优势植物是泥炭藓属。

什么是湿地

由于湿地和水域、陆地之间没有明显边界，加上不同学科对湿地的研究重点不同，造成学术界对于湿地的定义一直存在分歧。国际湿地公约采用广义的湿地定义，指不论其为天然或人工、常久或暂时性的沼泽地、湿原、泥炭地或水域地带；带有或静止或流动，或为淡水、半咸水或咸水水体，包括低潮时水深不超过6米的水域。

湿地的类型多种多样，通常分为自然和人工两大类。自然湿地包括沼泽地、泥炭地、湖泊、河流、海滩和盐沼等；人工湿地主要有水稻田、水库、池塘等。据资料统计，全世界共有自然湿地855.8万平方公里，占陆地面积的6.4%。

沼泽与湿地的关系和区别

沼泽是湿地生态系统中重要的成员，具有典型性代表性的成员。沼泽与湿地并不是同义词，它们是既有紧密联系，又有区别的不同自然综合体。

沼泽和湿地最大的区别，在于它们那里生长的物种不同。不同的沼泽分布着各类低等动植物，比如木本沼泽的优势植物有杜香属、桦木属和柳属；草本沼泽的优势植物有苔草，其次有芦苇、香蒲；苔藓沼泽（高位沼泽）的优势植物是泥炭藓属。

湿地分布的是高等动植物，很多珍稀水禽的繁殖和迁徙离不开湿地，因此湿地被称为“鸟类的乐园”。

第二节　沼泽的形成与分布

沼泽及其类型在地理空间上的分布，主要取决于形成沼泽的水热条件。而水热条件既受纬度地带性因素制约，也受海陆分布、地质地貌等非地带性因素影响。因此，作为自然综合体的沼泽，在地理分布和类型特征上，无不打上地带性的烙印。但是，非地带性因素的干扰和破坏，使沼泽类型及其分布又显示出区域性特点。

沼泽的成因

沼泽的形成原因基本有两种。

一种是由湖泊随时间和环境演变成沼泽。在气候比较湿润的地区，例如江河湖海的边缘或浅水地区，因为泥沙大幅度沉积，水的深度变得越来越浅。时间长久之后，各种水生植物慢慢繁殖起来。这些植物经过生长、死亡的过程，许多腐烂的植物残体沉积在水面下，慢慢形成泥炭。伴随着水面的变浅，新的植物在泥炭中再次生长出来。当水中的沉淀物增加到一定程度时，就成了水草丛生的沼泽地了。

另一种是指陆地沼泽化。在森林地区、草甸区、洼地或永久冻土带，出于地势较低平、坡度平缓、排水不通，地面过于湿润等原因，大量的喜湿性植物开始繁殖，使得土壤的通气情况慢慢变坏。大量的植物死后，由于空气不够，不能进行充分氧化，因而变成黑色的泥炭层，慢慢形成了沼泽。

沼泽形成的主要条件

沼泽形成的主要条件有许多。水分条件是沼泽形成和发育的主导因素；低平的地貌和粘重的土质（或因冻土层的存在），有利于土壤过湿环境的形成，为沼生植物的生长和有机残体的累积创造了良好的空间场所。分析沼泽形成的各种因素，可以看出，沼泽是许多自然地理条件相互影响和相互制约形成的。但主要条件是气候、水文、地质地貌和人类活动的影响。

（1）气候条件。土壤表层经常过湿是沼泽形成的直接原因，而土壤水分状况主要决定于气候。在降水丰富的过度湿润地带，地表水分过多，空气湿度大，蒸发弱，土壤中积累了大量水分。沼泽几乎占据整个地面，不仅在低洼地貌中，而且在山坡，甚至分水岭也有沼泽发育。沼泽成为这类地区自然景观的主要组成部分。

（2）地质地貌条件。新构造运动对地表形态的影响直接而明显。一个地区长期下沉，造成四周高、中间低洼的地貌结构，并堆积有深厚的疏松物质，地表坦荡低平，侵蚀能力弱，河流蜿蜒曲折，排水能力低，有利于水分的汇集和停滞。可见地质构造和地貌条件为沼泽的形成提供了良好的空间场所。如我国著名的若尔盖沼泽区。

（3）水文条件。一个地区的水文特征，受气候及地貌条件所制约。水文特征在沼泽的形成过程中，也有重要作用。地表水和地下水是沼泽补给的直接水源，而补给量的大小与径流条件有直接关系。

（4）人为因素的影响。人类经济活动对沼泽的形成也起到一定作用。像黑龙江省穆棱河流域，1943 年在密山县境的湖北屯附近，向小兴凯湖修建分洪水道，有 14 公里防洪堤没有修建，每年汛期，穆棱河洪水由此漫溢，积存地表，使水道东侧沼泽面积日趋扩大。可见人类活动能促进沼泽的形成。

当然，人类活动也能控制沼泽的发展，采取人工排水，可加速沼泽变干。总之，人为因素对沼泽的影响，比自然演化要快得多。

沼泽发育过程

沼泽发育过程，主要有两种途径，即水体沼泽化和陆地沼泽化。

水体沼泽化过程：它主要在湖泊中进行，湖泊经过长期的泥沙淤积、化学沉积和生物沉积，湖水变浅，在光照、温度等条件适宜的情况下，开始生长喜水植物和漂浮植物。由于死亡植物不断堆积湖底，在缺氧条件下，分解很慢，植物残体逐年累积而形成泥炭。随着泥炭的增厚，湖水进一步变浅，湖面缩小，最后泥炭堆满湖盆，水面消失，整个湖泊水草丛生，演化为沼泽。湖泊变成沼泽是自然演替的必然结果，它标志着湖泊的消亡。但是，由于湖盆特征不同和区域地理的差异，湖泊沼泽化过程也不完全一样。水体沼泽化过程又分缓岸湖泊沼泽化、陡崖湖泊沼泽化及河流沼泽化三种。

陆地沼泽化过程：如果说水体沼泽化对生态环境的变化是由湿趋干的过程，那么陆地沼泽化恰恰相反，是一个不断由干趋湿的过程。陆地沼泽化过程主要有两种：草甸沼泽化和森林沼泽化。

中国沼泽分布

我国从南到北，从沿海到内陆，从平原到高原、山地均可见沼泽分布，这体现了沼泽在空间上分布是具有广泛性的。

据2000年遥感调查数据统计，各省和自治区均有沼泽分布，只是数量多少存在差异。其中黑龙江、内蒙、青海、西藏等省区相对较多；而新疆、四川、甘肃、吉林、辽宁、湖南、湖北、江西、河北等省区沼泽相对次之；其他省区内沼泽则呈现零星分布。

我国沼泽在空间上的分布既具有广泛性特点，又具有空间分布不平衡的特征。沼泽湿地主要集中分布在部分地区，如东北三江平原、若尔盖高原、大兴安岭、小兴安岭和长白山地区、长江河源、青藏高原等地区，且沼泽集中，呈连片式分布，沼泽率可达0.5—10.6%。而内蒙古高原、塔里木盆地、准葛尔盆地、鄂尔多斯高原、黄土高原、科尔沁沙地等地区沼泽面积极小，零星分布在山麓下水溢出带、洼地、湖滨和河谷等地区。

青藏高原有着世界上特有的高原沼泽。其东部为泸沽湖、盐源等湖滨；西部为藏南谷地，高源沼泽以苔草沼泽为主要类型，典型代表是若尔盖高原沼泽区，青藏高原特有的木里苔草沼泽在这里广泛发育。在长江、澜沧江、怒江和黄河的江河源头，沼泽发育广泛，主要沼泽类型为嵩草—苔草沼泽。

世界沼泽分布

世界沼泽总面积约268.26万平方公里。沼泽在世界范围内分布广泛，热带、极地、沿海、内陆、平原和山地都有分布。世界上沼泽主要集中在亚洲，以亚洲西西伯利亚的面积最大。在欧洲和美洲也有沼泽分布。

在湿润地带，沼泽在负地貌、河间地，甚至分水岭上都有发育；在干旱地区，沼泽少、规模小，主要发育在山前地下水溢出带、湖滨和河谷中。沼泽的分布主要在北半球，尤其是气候冷湿和有冻土层存在的欧亚、北美大陆的寒带和温带地区。

北极地区以低位草本沼泽为主，沼泽中有泥炭积累；寒温带的泰加林地区为泥炭沼泽强烈发育区；苏联的欧洲部分和西伯利亚平原，泥炭沼泽化程度高达30～40%，以高位沼泽为主；北美洲北大西洋滨海平原及五大湖一带，也有沼泽分布，泥炭层可厚达5米左右；中温带和暖温带的森林草原区，沼泽多分布在河漫滩、湖滨和沟谷底部，低位沼泽发育；亚热带的森林和草原区，分布有面积不大的低位沼泽；热带雨林区的刚果盆地、马来半岛、亚马逊河沿岸泥炭沼泽比较发育，地区面积广大，有的延伸几十至几百公里。

第三节　湿地的形成与分布

湿地与人类的生存、繁衍、发展息息相关，是自然界最富生物多样性的生态景观和人类最重要的生存环境之一，它不仅为人类的生产、生活提供多种资源，而且具有巨大的环境功能和效益，被誉为“地球之肾”。也可以说，保护湿地就是保护我们人类自己。下面我们就湿地的形成与分布做个详细的了解。

湿地的成因与条件

湿地与森林、海洋一起并称为全球三大生态系统。湿地的成因，简单来说，是在湿润地区，由于降水较为丰沛，或者气温较低，蒸发微弱，再加上地势低平，排水不畅，地表有多条径流汇集。地下有隔水层或冻土，不利于地表水下渗。日积月累此下来，形成了一个常久或暂时性的沼泽地、湿原、泥炭地或水域地带。

中国湿地的分布

我国湿地面积占世界湿地的10%，位居亚洲第一位，世界第四位。我国位于欧亚大陆东南部，拥有960万平方公里的领土和广阔的管辖海域。从寒温带到热带、从沿海到内陆、从平原到高原山区都有湿地分布。一个地区内常常有多种湿地类型，一种湿地类型又常常分布于多个地区。我国主要有八大湿地：

东北湿地区：位于黑龙江、吉林、辽宁省及内蒙古东北部。以淡水沼泽和湖泊为主，同时包括河流和人工湿地，总面积约750万公顷。东北湿地作为水禽尤其是雁鸭类和鹤类的繁殖地，生态极为重要。

黄河中下游湿地区：该区天然湿地以河流为主，伴随分布着许多沼泽、洼淀、古河道、河间带、河口三角洲等湿地，黄河是本区沼泽地形成的主要水源。

长江中下游湿地区：长江及其众多支流泛滥而成的河湖湿地区，是我国淡水湖泊分布最集中和最具代表性地区。本区是人工湿地中稻田面积最集中的地区，为我国重要的粮、棉、油和水产基地，是一个巨大的自然—人工复合湿地生态系统。

云贵高原湿地区：包括云南、贵州以及川西高山区，是构成云贵高原湿地的基础。

西北干旱湿地区：本区湿地可分为两个分区，一是新疆高原干旱湿地区，主要分布在天山、阿尔泰山等北疆海拔1000米以上的山间盆地和谷地及山麓平原—冲击扇缘潜水溢出地带。二是内蒙古中西部、甘肃、宁夏的干旱湿地区，主要以黄河上游及沿岸湿地为主。

青藏高寒湿地区：本区湿地分布于青海省、西藏自治区和四川省西部等，高原散布着无数湖泊、沼泽，大部分分布在海拔3500至5500米之间。我国几条著名的江河发源于本区，长江、黄河、怒江和雅鲁藏布江等河源区都是湿地集中分布区。

其他还有诸如滨海湿地区、东南华南湿地区等。

世界湿地的分布

湿地的类型多种多样，通常分为自然和人工两大类。自然湿地包括沼泽地、泥炭地、湖泊、河流、海滩和盐沼等，人工湿地主要有水稻田、水库、池塘等。

目前，全世界有湿地面积5.14亿公顷。湿地在世界上的分布，北半球多于南半球，而且多分布在北半球的欧亚大陆和北美洲的亚北极带、寒带和温带地区。南半球湿地面积小，主要分布在热带和部分温带地区。加拿大的湿地面积居世界之首，约1.27亿公顷，占世界湿地面积的24%，美国有湿地1.11亿公顷，再其次是俄罗斯、中国印度等。中国湿地面积约3848万公顷，居亚洲第一位，世界第四位。

第四节 沼泽的主要类型

我们知道，沼泽在空间上分布是具有广泛性的。无论从南到北，从沿海到内陆，从平原到高原、山地等我们均可找见沼泽分布。地域跨度大，类型多种多样。主要分三类：木本沼泽、草本沼泽、苔藓沼泽（又名高位沼泽）。

草本泥炭沼泽

指由多种苔草、芦苇、蒿草、水木贼、睡菜、沼萎陵菜、甜茅等草本植物组成的泥炭沼泽，多分布在湖滨、沟谷、河漫滩以及阶地上的各种洼地中。该沼泽类型以地表水和地下水补给为主，地表常年积水或季节积水，沼泽水呈微酸性至中性反应，土壤为泥炭土或泥炭沼泽土。泥炭层一般较厚，最厚可达 10 米，具有多种草丘微地貌和植物群落。它是我国主要沼泽类型之一，主要分布在若尔盖高原、新疆博斯腾湖区、大小兴安岭和三江平原等地。

木本—草本泥炭沼泽

木本—草本泥炭沼泽是以灌丛和草本植物为主的沼泽，主要分布在大小兴安岭和长白山区的河漫滩、缓坡地上，西藏念青唐古拉山南麓也有分布。该类沼泽的草本植物，在长白山和大、小兴安岭山地以苔草属为主，其中乌拉苔草、臌囊苔草、灰脉苔草和白毛羊胡子草形成斑点状草丘。丘间洼地为季节性积水，以地表径流和坡麓溢出的地下水补给为主。灌丛以柴桦、油桦为主，伴生有柳叶绣线菊、沼柳、蓝靛果忍冬和笃斯越桔。

沼泽中还散生着落叶松，在长白山区为长白落叶松，在大、小兴安岭为兴安落叶松。泥炭厚度不大，分解差，发育了薄层泥炭土和泥炭沼泽土。草丘上还生长着草甸植物小白花地榆、梅花草，藓类为镰刀藓；丘间有狭叶泽芹、驴蹄草，是森林沼泽中发育较轻的沼泽类型。

西藏念青唐古拉山南麓冰碛洼地上发育的木本—草本泥炭沼泽，主要受冰雪融水和潜水补给，植被以川西锦鸡儿灌丛和大嵩草为优势种，构成高原上少见的灌木—草本泥炭沼泽。

木本—草本—藓类泥炭沼泽

木本—草本—藓类泥炭沼泽是寒温带和温带湿润区森林沼泽的主要类型，由乔木、灌木、草本和藓类组成，在群落结构方面有明显的成层性，在大，小兴安岭和长白山的缓坡、阶地等地方广泛分布。

木本—草本—藓类泥炭沼泽的类型多样。常见的以落叶松、笃斯越桔—苔草—藓类构成的沼泽，这在长白山和兴安岭山地也都有分布。

大、小兴安岭山地的灌丛，以细叶杜香、笃斯越桔、甸杜为主，伴生有柴桦、沼柳；苔草有乌拉苔草、球穗苔草、白毛羊胡子草，伴生有驴蹄草等。

泥炭藓、中位泥炭藓等是藓类主要物种，沼泽中散生着兴安落叶松。拿我国长白山地区为例，灌丛以柴桦为主，其他有笃斯越桔、蓝靛果忍冬等；苔草有臌囊苔草、朝鲜棉花莎草、毛果苔草，伴生有狭叶甜茅、水木贼等；藓类有泥炭藓、大金发藓，沼泽中散生着长白落叶松。

藓类泥炭沼泽

藓类泥炭沼泽是以泥炭藓为主的沼泽类型，它是木本—草本—藓类泥炭沼泽发育的后期阶段，当然也有直接发育在冻土层上的。藓类形成很厚的地物覆盖地面，有的地段形成高大的藓丘，丘高1米左右。藓类植物有泥炭藓、垂枝泥炭藓、中位泥炭藓等，伴生植物很少，乔木几乎消失，灌丛只有很小的狭叶杜香，苔草发育不良，稀疏的草丘被藓层掩盖其下，失去了原来的微地貌特征，致使地表平坦，好像铺上了黄褐色的地毯。由于地下有冻层，加之大气降水补给，泥炭灰分很低，出现了贫营养沼泽特有的食虫植物茅膏菜等。

泥炭藓沼泽在我国分布面积很小，只在东北地区大、小兴安岭的分水岭附近和高山阴坡处发育，如大兴安岭的阿尔山、伊尔施，小兴安岭汤旺河流域，在长白山南坡熔岩台地上也有少量分布。

草本潜育沼泽

草本潜育沼泽是由草本植物组成的无泥炭的沼泽，也是我国分布最广、最主要的沼泽类型。草本潜育沼泽以地表水和地下水补给为主，地表长期过湿或有薄层积水，土层严重潜育化。不过由于水分不够稳定，地表有时干涸，兼气环境遭到破坏，死亡植物被分解，地表无泥炭形成和累积，仅发育了不同厚度的草根层，沼泽水呈微酸至微碱性反应，土壤为腐殖质沼泽土和草甸沼泽土，也有轻盐化沼泽土。

该沼泽分布在三江平原、松嫩平原、长江中下游平原、黄淮平原、西部内陆盆地，以及藏北高原上地势低洼、地表组成物质粘重、排水不良的地方。

草本潜育沼泽类型很多，其中芦苇沼泽是分布最广、面积最大的一种。芦苇是广生种植物，适应环境能力强，世界各地都有分布。在我国，从寒温带到亚热带，从海滨到内陆，处处可以生长。

苔草—小叶樟沼泽也是草本潜育沼泽的主要类型。在三江平原，分布在广阔的阶地上各种浅洼地或地势低平的地段。

青藏高原的草本潜育沼泽，多分布在冰水洼地、旧河道、河漫滩和湖滨地区。沼泽植物有大嵩草、杉叶藻、小钩苔草、海韭菜等，地表大部分具有团块状草丘、沼泽微地貌类型单一，土壤多为草甸沼泽土。

木本—草本潜育沼泽

木本—草本潜育沼泽多分布在大、小兴安岭和长白山地区，三江平原也有零星分布。

组成该沼泽的木本为灌丛植物，如柴桦、油桦、赤杨。这类沼泽常与木本—草本泥炭沼泽形成复合体，在山地可以认为是森林沼泽化的初期阶段，随着水分增多，分解能力减弱，草根层和植物残体进一步积累，将逐渐演替为木本—草本泥炭沼泽。

另外，在我国福建、广东沿海和海南岛，零星分布着红树林。也有种人认为它应属于木本—草本潜育沼泽。

第五节　湿地的主要类型

湿地的类型多种多样，通常分为自然和人工两大类。自然湿地包括沼泽地、泥炭地、湖泊、河流、海滩和盐沼等；人工湿地主要有水稻田、水库、池塘等。

沼泽湿地

沼泽湿地是湿地类型的一种。沼泽湿地包括藓类沼泽、草本沼泽、沼泽化草甸、灌丛沼泽、森林沼泽、内陆盐沼、地热湿地、淡水泉或绿洲湿地8种。

藓类沼泽是主要以藓类植物为主，覆盖度100%的泥炭沼泽。草本沼泽指植被覆盖率大于30%，且以草本植物为主的沼泽。沼泽化草甸包括分布在平原地区的沼泽化草甸以及高山和高原地区具有高寒性质的沼泽化草甸、冻原池塘、融雪形成的临时水域。灌丛沼泽，顾名思义是以灌木为主的沼泽。森林沼泽是指有明显主干、高大于6米的木本植物群落构成的沼泽。内陆盐沼，一般指分布于干旱和半干旱地区的盐泽，由一年生和多年生盐生植物群落组成。低热湿地是指由温泉水补给的沼泽湿地、淡水泉或绿洲湿地。

湖泊湿地

湖泊湿地可分为永久性的湖泊和季节性的湖泊。永久性的湖泊，即永久性的淡水湖，包括遭季节性或间歇性淹没的湖滨和永久性的淡水池塘。季节性的湖泊，即季节性淡水湖，包括洪泛平原湖。

像我国的湖泊湿地主要有：分布于长江及淮河中下游、黄河及海河下游和大运河沿岸的东部平原地区湖泊；蒙新高原地区湖泊；云贵高原地区湖泊；青藏高原地区湖泊；东北平原地区与山区湖泊。

河流湿地（河口滨海湿地）

河流湿地是指位于河流入海口的湿地，最大特点是具有高度流动性，使之成为整个生态环境物质循环的大动脉，滋润着整个高原大地，成为一切生命的源泉。河流湿地蕴藏着多种宝贵资源，为人类提供水源、能源，宝贵的饲料，以及必要的农田。因为有了河流湿地，人类才能在极其严酷的雪域高原繁衍生息。

河流湿地与草丛湿地总是相依相伴。在我国，因受地形、气候等因素影响，河流在地域上的分布很不均匀，绝大多数河流分布在东部气候湿润多雨的季风区，西北内陆气候干旱少雨，河流较少，并有大面积的无流区。因此，河流湿地在我国分布也不均匀。

人工湿地

人工湿地是由人工建造和控制运行的与沼泽地类似的地面，将污水、污泥有控制地投配到经人工建造的湿地上。污水与污泥在沿一定方向流动的过程中，主要利用土壤、人工介质、植物、微生物的物理、化学、生物三重协同作用，对污水、污泥进行处理。其作用机理包括吸附、滞留、过滤、氧化还原、沉淀、微生物分解、转化、植物遮蔽、残留物积累、蒸腾水分和养分吸收及各类动物的作用。

人工湿地一般指的是水库、池塘、水稻田等，属于广义湿地，得到湿地公约的认可。

第六节　沼泽的基本特征

沼泽具有特殊的水文特征，是独特的生态系统，具有独特的生态功能，蕴藏有丰富的资源，是地球上重要的湿地，有人称之为地球的“肾”。因此，对沼泽不宜进行大规模开发，否则会使湿地面积缩小，导致生物多样性受到破坏。下面我们就了解沼泽的几个基本特征。

巨大的“蓄水库”

沼泽是地表水和地下水的过渡类型，一部分沼泽水停滞地表形成地表积水；另一部分水蓄贮于死亡的沼泽植物残体之中，形成壤中水。由于沼泽地表滞水和泥炭层（包括草根层）中充满大量水，故有人把沼泽称之为“蓄水库”或“生物蓄水池”。

沼泽巨大的蓄水能力，与沼泽中草根层和泥炭层的特殊水文物理特性有关。因为沼泽土壤，特别是泥炭沼泽有巨大的持水能力。草根层较厚的潜育沼泽，持水能力多为200～400%；泥炭沼泽较强，其中草本泥炭的持水能力在400～800%，藓类泥炭的持水能力一般大于1000%。随着灰分含量和分解程度的增强，持水能力减弱。如低灰分、弱分解的藓类泥炭，具有较高的持水能力，它能保持大于本身绝对干重15～20倍的水量；灰分中等，中分解或强分解的草本和草木—藓类泥炭，它能保持大于本身重量3～9倍的水量。另外，沼泽底部的泥炭层或潜育层透水性弱，常常形成隔水层，使沼泽水不易下渗，得以蓄存，是形成“蓄水库”的基础。

蒸发是沼泽水分和热量支出的主要形式

我们知道，沼泽中贮存着大量水分，每年又有一部分水从河流、湖泊等渠道补入，那么沼泽为什么没有变成湖泊和河流呢？原因在于沼泽每时每刻通过蒸发或植物蒸腾，源源不断地把自身的水无私地送给大气。这种水分交换是沼泽水分支出的主要形式。

在沼泽水平衡中，沼泽蒸发和植物蒸腾作用消耗水量所占的比例较大，而径流则较小。

根据三江平原沼泽小气候分析，蒸发耗热相当于辐射差额的80%左右。

罕见的夏季霜冻

为什么沼泽地夏季温度日较差大，一些沼泽在晴朗的夜晚会出现霜冻呢？

这与沼泽土壤的组成和热学性质有关，加之沼泽植被改变了活动面，使活动面变成了活动层，白天茂密的植株逐渐吸收一部分辐射热，使地面温度增高，夜间又和地面同时放射热量，因而造成沼泽地表强烈冷却，甚至出现霜冻现象。

白茫茫的辐射雾

在我国北方及一些高寒山区的藓类和草本沼泽地上，每当夏季晴朗的夜晚或清晨，就会看到白茫茫的雾，笼罩着沼泽地的上空，与周围的草地、森林间有着明显的界线。这种雾对藓类和草本沼泽的生长发育具有一定的作用。

经过观察发现，在白天炎热的时刻过后，沼泽中的藓类植物变成了白色，草本植物也近于枯萎了。但是，第二天经过一场雾后，这些植物又复活了，藓类植物重又饱含水分，草本植物也充满了生机。那么既没有降水，又没有地下水源补给，水分是从哪里来的呢？原来是沼泽地上的辐射雾造成的。极小的雾滴，落在藓类和草本沼泽植物表面，其水量之大，不亚于1～2毫米的降水。停留在这些植物表面及藓类植物体内的水分，当日出后，又被蒸发掉。因此，这类沼泽有时早晨蒸发量很大。

在夏季晴朗的夜晚，沼泽表面因地面辐射散热急剧降温，引起贴地空气层变冷，由于冷空气只能保持极少量的水汽，其余水汽便凝结成很小的水滴——雾。因此，夏季的清晨和夜晚，沼泽地常有雾出现了。

沼泽冻结与解冻缓慢

沼泽地的冻结和解冻迟缓，与沼泽土壤的水热特性及土壤温度的变化有关系。沼泽土壤一般是具有一定厚度的疏松草根层、泥炭层和藓被层，这些层次的容积重量小，孔隙度大。与其他土质相比，沼泽土壤的热容量大，导热率较低，沼泽表层所获得的热量不易向下传递土壤表层温度变化较大，下层温度变幅迅速变小。在60～80厘米处，一昼夜间的温度，变化相当小。

在同一气候区，沼泽地的冻结与解冻过程比矿质土缓慢，尤其是泥炭沼泽更为明显。常年积水沼泽与季节积水沼泽的冻解状况有很大差异。沼泽地的草根层、泥炭层和苔藓覆盖层愈厚，下层土壤的冻结过程也愈缓慢，冻结深度就愈小。常年积水沼泽比季节积水沼泽冻结要迟，冻结速度也慢。就东北地区来说，沼泽地冻结与解冻日期比其他土壤可延后1～2个月，甚至在盛夏，沼泽地一定深度仍有冻层存在，这也严重影响了地表水的下渗，促进沼泽的形成和发育。

沼泽的冻结与解冻，在我国只出现于寒温带和温带地区，以及青藏高原、蒙新高原的高寒山区。

奇特的食虫植物

在泥炭藓沼泽中常常可以见到一种能吃虫子的植物——食虫植物。这类沼泽主要靠大气降水补给，生长着贫营养的泥炭藓和棉花莎草等植物，生活在这类沼泽中的一些植物靠捕捉昆虫，通过肉食摄取氮、磷、钾等土壤中缺乏的植物能吸收的无机养分。

一般这些植物都有特殊的捕捉昆虫的“器官”，例如茅膏菜圆形叶片的边缘生有密密麻麻的长腺毛，狸藻在水中的茎上生有圆形的捕虫囊等。这些特殊的“器官”将昆虫捕获，再通过植物体内分泌的液汁，将昆虫消化、吸收以维持生活。

具有旱生植物形态结构

沼泽中的某些植物，是具有旱生性形态结构的。你也许会感到奇怪，沼泽本来是湿生或多水环境，怎么有这种现象呢?

泥炭藓沼泽中常常生长着狭叶杜香、越桔柳、笃斯越桔等灌丛，植株低矮、叶片小，角质层厚，多呈灰绿色；而草本沼泽中的乌拉苔草、毛果苔草等叶缘曲卷，叶片纤细，且具光泽，这些都是旱生形态结构，用以减少叶面的水分蒸腾。

沼泽植物旱生形态结构的形成与沼泽特殊环境是分不开的。我们知道，藓类泥炭疏松，且蓄水能力强，雨前或降水以后，泥炭及其藓层达到饱和状态，水分充足，可是长时期不下雨，藓层水分蒸发，加之重力所产生的侧流，水位降低。因此，不能经常保证植物需水要求。泥炭具有热容量大，导热率低的特点，所以冻结的泥炭层很难融化，这样，尽管沼泽水分丰富，但对一些植物来说也难以满足生育期的需要，出现了生理性干旱。这就是为什么沼泽中有些植物具有明显的旱生形态结构的缘故。

特有的微地貌

首先我们要知道，沼泽植物形成草丘是对沼泽环境的适应，草丘微地貌是沼泽植物长期适应特殊环境的产物。

沼泽中有许多密丛型根茎草本植物，如莎草科苔草属的许多种苔草，具有特殊的无性繁殖能力。它们有很强的分蘖能力，分蘖节逐年上升，并从分蘖节的地方再生出新的枝条，以适应空气不足和避免由于土层淤积埋没植物体而死亡，这样年积月累，死亡的根茎残体和活的根系盘根错节，交织在一起，最终形成草丘。在东北地区沼泽的边缘，经常可以看到苔草形成的彼此孤立的草丘，每平方米3～5个，有的地段密度更大。河边的草丘最高，可达50～70厘米；青藏高原沼泽区，嵩草形成的高大草丘，大多彼此连接成垅网状；新疆天山中部大小尤尔都斯盆地的沼泽，地表也有草丘分布。

第七节 湿地的基本特征

目前地理学家对湿地的概念目前尚无统一，但它们有一共同特点：从不同的角度认为湿地是一种特殊的生态系统，该系统不同于陆地生态系统，也有别于水生生态系统，它是介于两者之间的过渡生态系统。这一节我们就对湿地的基本特征做一下了解。

系统的生物多样性

由于湿地是陆地与水体的过渡地带，因此它同时兼具丰富的陆生和水生动植物资源，形成了其他任何单一生态系统都无法比拟的天然基因库和独特的环境，特殊的水文、土壤和气候提供了复杂且完备的动植物群落，它对于保护物种、维持生物多样性具有难以替代的生态价值。

生物具有多样性是湿地的重要特点。生物多样性的生态功能价值是巨大的，它在自然界中维系能量的流动，在净化环境、改良土壤、涵养水源及调节小气候等多方面发挥着重要的作用。

系统的生态脆弱性

湿地水文、土壤、气候相互作用，形成了湿地生态系统环境。每一因素的改变，都或多或少地导致生态系统的变化，特别是水文，当它受到自然或人为活动干扰时，生态系统稳定性受到一定程度破坏，进而影响生物群落结构，改变湿地生态系统。

湿地丰富的生物与它们的物理环境共同构成了生态支撑系统，一旦系统受到破坏，生态系统将失去平衡。湿地被誉为“自然之肾”，是水陆交互作用下形成的独特水体资源和生态系统，是典型的水陆交界区域。近数十年来，由于受人类活动的频繁干扰，湿地表现出生态脆弱性的特征。因此，对湿地资源的合理开发和保护，对人类的可持续发展有着重要的现实意义。

生产力高效性

湿地生态系统同其他任何生态系统相比，初级生产力较高。据资料显示，湿地生态系统每年平均生产蛋白质 9 g/M^2，是陆地生态系统的 3.5 倍。

效益的综合性

湿地具有综合效益，它既具有调蓄水源、调节气候、净化水质、保存物种、提供野生动物栖息地等基本生态效益；也具有为工业、农业、能源、医疗业等提供大量生产原料的经济效益；同时还有作为物种研究和教育基地、提供旅游等社会效益。

生态系统的易变性

湿地生态系统脆弱性表现的特殊形态之一就是易变性。当水量减少以至干涸时，湿地生态系统演化为陆地生态系统，当水量增加时，该系统又演化为湿地生态系统。因此可以说是水文决定了系统的状态。

第二十五章

沼泽与湿地的资源与利用

第一节　沼泽的资源与利用

沼泽的可利用资源丰富，它不仅是未来的耕地，还拥有广阔的草场和特有的药用植物，同时它还是鸟的乐园、造纸原料的基地……在对沼泽保护得当的基础上，沼泽开发利用的潜力巨大。

未来的耕地

我国是一个山地多平地少的国家。如果按人口计算，平均每人只有 1.2 亩多。像我国这样一个人口众多的大国，要满足人民生活必需的粮食和经济作物，除提高现有耕地的单位面积产量外，还必须适当扩大耕地面积，必须创造条件将其他类型的荒地开发成耕地。

我国沼泽约 1.7 亿亩，占现有耕地面积的 1/10 多，是中国主要荒地类型之一，也是可供开垦的主要对象。开垦沼泽地比开垦其他类型的荒地容易，而且还具备许多有利条件：第一，沼泽大部分发育在广阔的阶地和河漫滩，坡度小，切割微弱，开垦后很少水土流失；第二，水源充足，地表水和地下水都比较丰富，开垦后作物需水能得到保证；第三，土壤潜在肥力高，有机质含量丰富，开垦后营养成分逐渐释放，能不断满足作物生长发育的需要。

近年来许多地区对沼泽的改造取得了很好效果，如四川省红原县龙日农场在沼泽地开沟排水，试种油菜获得成功，并取得了较好收成。这些都进一步说明了，沼泽化荒地和一些沼泽，经过改造是可以变成良田的。

广阔的草场

沼泽不仅可以开垦为耕地，由于那里生长着牲畜可食的多种植物，也是发展牧业的良好场所。

我国大部分沼泽是莎草科为主的草本沼泽。根据我国主要沼泽区的几种沼泽牧草分析，它们的营养成分都不低。牲畜喜欢的紫苜蓿、羊草是东北草原的优良牧草。沼泽中虽然没有这些牧草，但是若尔盖高原沼泽的藏嵩草、木里苔草、金莲花；西藏高原沼泽的大嵩草；三江平原沼泽区的小叶樟等，所含营养成分都可以与羊草和紫苜蓿相媲美。由此可见，有些沼泽植物富有营养价值，可以作为牲畜的饲料。

沼泽区的植物覆盖度很高，植物出现的频度大，生长茂密，分布均匀，产草量高。若尔盖高原可利用的沼泽牧场，每亩平均产鲜草 1050 斤，而三江平原可利用的沼泽化草甸和沼泽草场的小叶樟群落，每亩平均产鲜草 1400 多斤。这些都对发展牧业生产，增加载畜量，提供了丰富的饲草资源。

鸟的乐园

沼泽多水和过湿的自然环境，使植物具有独特的生态特征和生理结构，生长发育了湿生—沼生植被。然而受自然条件的限制，动物种群比较贫乏，唯鸟类繁多，因为水草丛生的沼泽环境，为各种鸟类提供了丰富的食物来源和营巢、避敌的良好条件。

沼泽区的鸟类是宝贵的动物资源。其中许多种是可供食用的野味上品，肉质鲜美，营养丰富，如天鹅、鸭类、鹤类、雷鸟、白骨顶和鹬类等。一些鸟类的羽毛质轻柔软，富于弹性，保温好，是优良的御寒填充料。有的鸟类羽毛色泽艳丽，光彩夺目，是上等装饰品。

特有的药用植物

在种类众多的药用植物宝库中，有许多中草药材是从沼泽和沼泽化草甸上生长出来的。这些药用植物，就其数量来说，虽不及草原和森林那么多，但却只能在沼泽或沼泽化环境中才能找到它们。所以沼泽和沼泽化草甸也是我国药用植物的生产基地之一。

沼泽地的药用植物生长比较集中，有的种类呈大面积分布，形成单一的优势种。如在三江平原沼泽地的植物调查中，1 平方米内就有睡菜 13 株、东北沼萎陵菜 10 株、驴蹄草 8 株、球尾花 5 株。这对采集和收贮是非常有利的。

由于沼泽地处偏僻，交通条件差，药用植物资源没有得到充分利用。随着我国各项自然资源的开发，沼泽中药用植物的巨大价值也将逐渐显现出来。

造纸原料基地

沼泽中生长着丰富的野生纤维植物，特别是芦苇，很早以来它就被用于编织家具和作为建筑材料。随着科学技术的进步，它的用途愈来愈广，经济价值也愈来愈高，是我国今后应大力发展的资源植物。

我国约有芦苇沼泽 1000 多万亩，芦苇产量达 140 多万吨。芦苇茎秆中含有丰富的纤维，与木材的纤维含量近似。中国各地芦苇纤维平均长度为 1.5～2.0 毫米，接近阔叶树种的纤维长度。据研究，生长较好的芦苇，每亩可提取纤维 500 多公斤，大面积的沼泽芦苇是造纸工业的良好原料。

最年轻的煤——泥炭及其利用

泥炭又叫草炭、泥煤，是沼泽环境特有的产物。我们知道，煤是泥炭长期被深埋在地下，经历了漫长的地质时期，在温度、压力等条件作用下逐渐转变而成的。从成煤的角度来说泥炭是最年轻的煤。

泥炭是在多水的空气条件下，死亡后尚未完全分解的植物残体，日积月累堆积在地表上，形成较厚的松软的有机堆积层。在自然状态下，它含有大量水分，还含有泥沙。国外的学者认为泥炭的有机物质部分应超过50%，根据我国情况，有机质含量达30%以上的土壤就可称作泥炭了。现代泥炭沼泽中仍在不断地堆积的泥炭，叫做表露泥炭；沼泽已消亡，堆积的泥炭被泥沙埋于地下，叫做埋藏泥炭。不管是表露泥炭还是埋藏泥炭，都是一种宝贵的自然资源，具有广泛的利用前途。

泥炭具有多种用途，目前不仅在农业上被广泛利用，而且在工业、环境保护、医药卫生等方面都有着广阔的使用前景。

第二节　湿地的资源与利用

湿地的功能丰富，它不仅能具有物质生产功能，还有大气调节、水分调节和净化功能，对调节局部小气候也有明显的效果。湿地资源珍贵，我们每一个人都要具有保护好“地球之肾”的意识，从而使她更好地为人类服务。

物质生产功能

湿地具有强大的物质生产功能，它蕴藏着丰富的动植物资源。以我国天津的七里海沼泽湿地为例，它是天津沿海地区的重要饵料基地和初级生产力来源。

在20世纪70年代以前，七里海湿地内生存着水生、湿生植物群落100多种，哺乳动物约10种，鱼蟹类30余种。其最典型的植物芦苇，苇地面积曾达7000余公顷，是重要的造纸工业原料，又是农业、盐业、渔业、养殖业、编织业的重要生产资料，还能起到防风抗洪、改善环境、改良土壤、净化水质、防治污染、调节生态平衡的作用，具有很高的经济价值和生态价值。

大气组分调节功能

湿地内有丰富的植物群落。湿地中的一些植物具有吸收空气中有害气体的功能，能有效调节大气组分。当然，湿地特殊的形成过程，使得一些湿地环境也会排放出甲烷、氨气等温室气体。沼泽同样有很大的生物生产效能，沼泽植物在有机质形成过程中，不断吸收二氧化碳气体和其他气体，特别是一些有害的气体，从而优化空气质量。

水分调节功能

湿地在蓄水、调节河川径流、补给地下水和维持区域水平衡中发挥着重要作用，是蓄水防洪的天然“海绵”。在空间上可分配不均的降水，通过湿地的吞吐调节，避免水旱灾害。

我们知道，沼泽湿地具有湿润气候、净化环境的功能，是生态系统的重要组成部分。其大部分发育在负地貌类型中，长期积水，生长了茂密的植物，其下根茎交织，残体堆积。它的草根层疏松多孔，具有很强的持水能力，它能保持大于本身绝对干重数倍的水量。在储蓄大量水分的同时，沼泽还能通过植物蒸腾和水分蒸发，把水分源源不断地送回大气中，从而增加了空气湿度，调节降水，在水的自然循环中起着良好的作用。据实验研究，一公顷的沼泽在生长季节可蒸发掉 7400 吨水分，可见其在调节气候方面的巨大功能。

净化功能

沼泽湿地就像天然的过滤器，它有助于减缓水流的速度，当含有毒物和杂质的流水经过湿地时，流速减慢有利于毒物和杂质的沉淀和排除。令人感到神奇的是，一些湿地植物能有效地吸收水中的有毒物质，净化水质。沼泽湿地中有相当一部分的水生植物包括挺水性、浮水性和沉水性的植物，具有很强的清除毒物的能力，是毒物的克星。

沼泽湿地能够分解、净化环境物，起到“排毒”、“解毒”的功能，因此被人们喻为“地球之肾”。如氮、磷、钾及其他一些有机物质，通过复杂的物理、化学变化被生物体贮存起来，或者通过生物的转移等途径，永久地脱离湿地，参与更大范围的循环。

人类常常利用湿地植物的这一生态功能来净化污染物中的病毒，有效地清除污水中的“毒素”，达到净化水质的目的。

提供动物栖息地功能

湿地复杂多样的植物群落，为野生动物尤其是一些珍稀或濒危的野生动物提供了良好的栖息地。湿地是鸟类、两栖类动物的繁殖、栖息、迁徙、越冬的绝佳场所之一。

沼泽湿地特殊的自然环境虽有利于一些植物的生长，却不是哺乳动物的理想家园，只有鸟类能在这里获得特殊的享受。水草丛生的沼泽环境，为各种鸟类提供了丰富的食物来源和营巢、避敌的良好条件。

在湿地内常年栖息和出没的鸟类有天鹅、白鹳、鹈鹕、大雁、白鹭、苍鹰、浮鸥、银鸥、燕鸥、苇莺、掠鸟等约 200 种。而且湿地是西伯利亚和东北地区鸟类南迁越冬的中途站。

调节局部小气候

湿地水分通过蒸发成为水蒸汽，然后又以降水的形式降到周围地区，保持当地的湿度和降雨量。例如宁河县，在湿地的作用下，成为天津市气候较为湿润的地区之一。

第二十六章

中国及世界主要沼泽湿地概况

第一节　中国主要沼泽湿地

这一节，主要介绍被评为我国最美的六大沼泽湿地：甘南若尔盖（川北）、巴音布鲁克（新疆）、三江平原（黑龙江）、黄河三角洲（山东）、扎龙保护区（黑龙江）和辽河三角洲（辽宁）的详细情况。

若尔盖

若尔盖沼泽位于青藏高原东部边缘地带，地处阿坝藏族羌族自治州北部。分别与甘肃省玛曲、碌曲、卓尼、迭部四县和州内阿坝、红原、松潘、南坪四县接壤。若尔盖，藏语念作“若尕”，意思是“牦牛喜欢的地方”。若尔盖湿地保护区总面积16670.6公倾，其湿地沼泽面积曾达3000平方公里，是我国面积最大、分布集中的泥炭沼泽区。

黄河与长江分水岭将若尔盖沼泽划为东西两部，东部群山连绵；西部草原湿地辽阔无际，水草丰茂，牛羊成群，素有“川西北高原的绿洲”之称。它是我国最美的湿地大草原。黄河30%多的水量都是由这片湿地提供，当之无愧地成为母亲河的“蓄水池”。

从上向下俯瞰，若尔盖湿地宛如一块镶嵌在川西北部瑰丽夺目的绿宝石，国际地质专家称之为“世界上面积最大、最原始、没有受到人为破坏的最好的高原湿地”。湿地覆盖四川与甘肃两省交界处，行政上属四川的若尔盖、红原、阿坝和甘肃的玛曲碌曲诸县所辖。

巴音布鲁克

巴音布鲁克草原，蒙古语意为“泉源丰富”，位于天山山脉中部的山间盆地中，四周为雪山环抱，是新疆最重要的畜牧业基地之一。海拔约 2500 米，面积约 2.3 万平方公里，是典型的禾草草甸草原，也是天山南麓最肥美的夏牧场。巴音布鲁克草原居住着蒙、汉、藏、哈等 9 个民族，民族风情灿烂多彩，一年一度的草原那达慕盛会，赛马、射箭等比赛活动更让游人留恋忘返。

巴音布鲁克的水源补给以冰雪溶水和降雨混合为主，部分地区有地下水补给，形成了大量的沼泽草地和湖泊。

三江平原湿地

三江自然保护区位于黑龙江省，保护区于 1994 年经黑龙江省人民政府批准建立，是一个以沼泽湿地为主要保护对象地自然保护区。

保护区地处黑龙江与乌苏里江汇流的三角地带，属低冲积平原沼泽湿地，也是三江平原东端受人为干扰最小的湿地生态系统的典型代表，是全球少见的淡沼泽湿地之一。区内泡沼遍布，河流纵横，自然植被以沼泽化草甸为主，并间有岛状森林分布，均保持着原始自然状态。

保护区内动植物资源丰富，共有脊椎动物 200 多种，其中国家一级保护的野生动物有白鹳、丹顶鹤，白尾海雕等 9 种；国家二级保护的野生动物有大天鹅、白枕鹤、雷鸟、水獭、猞猁等 32 种。有高等植物近 500 余种，其中野大豆、黄菠萝、水曲柳被列为国家二级保护野生植物。

黄河三角洲湿地

黄河三角洲国家级自然保护区位于黄河入海口两侧新淤地带，总面积为 15.3 万公顷。该保护区地理位置优越，生态类型独特，是我国暖温带最完整、最广阔、最年轻的湿地生态系统，是东北亚内陆和环西太平洋鸟类迁徙的重要中转站，越冬栖息地和繁殖地。

自然保护区内分布各种野生动物多达1524种。其中，海洋性水生动物418种，属国家重点保护的有江豚、宽喙海豚、斑海豹、小须鲸、伪虎鲸5种；淡水鱼类108种，属国家重点保护的有达氏鲟、白鲟、松江鲈3种；鸟类265种，属国家一级保护的有丹顶鹤、白头鹤、白鹳、金雕、大鸨、中华秋沙鸭、白尾海雕等7种；属国家二级保护的有灰鹤、大天鹅、鸳鸯等33种。世界上存量极少的稀有鸟类黑嘴鸥，在自然保护区内有较多分布，它们做巢、产卵、繁衍生息于此。

自然保护区内有植物393种，属国家二级重点保护的濒危植物野大豆分布广泛。天然苇荡32772公顷；天然草场18143公顷；天然实生树林675公顷；天然柽柳灌木林8126公顷；人工刺槐林5603公顷。

扎龙湿地

扎龙湿地在扎龙自然保护区内，位于黑龙江省西部的松嫩平原，是我国最大的以鹤类等水禽为主体的珍惜鸟类为主的湿地生态类型的自然保护区。

扎龙湿地是我国北方同纬度地区保留最完善、最原始、最开阔的湿地生态系统。这里完整保留下许多古老物种，是天然的物种库和基因库。这里因有辽阔的地域，原始的湿地景观，丰富的鸟类资源，为世人所瞩目。以水禽为主体的鸟类269种，尤以鹤的种类多，因其数量大而响誉世界。其中丹顶鹤、白枕鹤、蓑羽鹤、灰鹤为繁殖鸟，白鹤、白头鹤为迁徙停息鸟。其他珍惜鸟类还有白鹳、黑鹳、天鹅、小柏鹬、沼泽猛禽和数量众多的鸥类、雁鸭类、鹭类等，是驰名中外的“鸟的乐园、鹤的故乡”。

辽河三角洲湿地

辽河三角洲是大辽河、双台子河、大凌河、小凌河等河流综合形成的河口系统。辽东湾顶部延绵着永久性的淡水沼泽、盐沼、沙滩和潮间泥滩。主要的芦苇沼泽东起双台子河东岸，西至大凌河下游，北起小台子村，南至海岸。沼泽区平均水深20～30厘米。冬季所有的淡水沼泽冰冻深达30厘米。河口区潮水涨落范围平均3.9米。沼泽地内及其周围有许多鱼塘，东面是大面积的稻田，东南面是盐场。合计有苇田67000公顷。

辽河三角洲湿地的气候属温带半湿润的季风气候，年平均降雨量650毫米。主要植被有大片芦苇群落；宽叶香蒲、长苞香蒲、毛果苔草、苔草、罗布麻等植物。还有盐沼群落，以灰绿碱蓬为优势种。毗邻地区的主要植物有白茅草、稻田、柳树、白杨树。这里有绵延数百平方公里、面积居世界第一的芦苇荡；被誉为“天下奇观”的红海滩；被誉为“湿地之神”的珍稀鸟类丹顶鹤、濒危物种黑嘴鸥等200余种候鸟——始终如一的自然原始风貌，同时也维系着生态平衡。

第二节　世界主要沼泽湿地

世界湿地和沼泽分布广泛，其中较为著名的沼泽湿地有卡奇沼泽地、瓦休甘沼泽、苏德沼泽、卢坎加沼泽、潘塔纳尔沼泽等。这一节我们就世界上几个主要沼泽湿地进行一下介绍。

卡奇沼泽地

卡奇沼泽地又称“库奇大荒地”，是印度西部古吉拉特邦的一个独特的地形区，它的另一部分延伸到了巴基斯坦境内。卡奇沼泽地是一片辽阔的泥淖大荒地，长约350公里，宽40—80公里，年降水量400毫米以下。地面被河流和干涸的河道所切割。河流呈树枝状，没于泥滩中。雨季的时候，大小河流的流水浸覆地表，形成泥淖。也有不少地势稍高的犹如岛屿的地面，散布于泥淖之中。

瓦休甘沼泽

瓦休甘沼泽又名“瓦休甘平原”，位于俄罗斯西西伯利亚的平原南部，额尔齐斯河同鄂毕河之间，南界为巴拉宾草原。地势低平，大部海拔40—60米，最高点166米。河流众多，排水不畅，湖沼广布，占总面积的48%。南部高地有森林。石油、天然气和铁矿资源丰富。鄂毕河沿岸为秋明油田区的一部分。

苏德沼泽

苏德沼泽位于苏丹中部低地尼罗河流域，宽约320公里，长400公里。当洪水泛滥时，面积可达一个爱尔兰那么大。这个地区居住着以饲养牲畜为生的努埃尔人。

这里有长达380公里的琼莱运河（或称詹加利运河），长度相当于苏伊士运河的2倍。运河的建成不但为作物提供了灌溉，还有助于增加埃及的水供应。运河绕过了苏德沼泽，这是因为从尼罗山流入苏德沼泽的一半水量蒸发或渗入了地下。另一方面野生动物季节性迁移时需要穿过苏德沼泽，尤其是当地一种羚羊，但运河挡住了它们的迁移路线。

苏德沼泽是人们活动的障碍。在洪水季节，汽车和卡车难以通过很滑的淤泥地。尽管如此，当地人仍然把这块土地看成是世界上最好的土地。

卢坎加沼泽

卢坎加沼泽是赞比亚的最大沼泽，位于赞比亚的中西部，卡富埃河中游左岸，周围还有卢坎加等小河注入，属于季节性淹水的草地。旱季水位低的时候，水草茂盛，是当地重要的放牧区，也是国内主要渔业基地之一。

奥卡万戈沼泽

奥卡万戈沼泽位于博茨瓦纳的西北部，面积16.835平方公里，属卡拉哈里沙漠北缘的凹陷低地。奥卡万戈河自西北分岔注入，大量水分损耗于蒸发、渗漏，仅雨季有部分水流经间歇性的博泰蒂河继续向东注入马卡迪卡迪盐沼，或向南注入恩加米湖。西北部为经常性沼泽，盛长纸莎草，其余每年雨季遭水淹没，有渔业。

红树林沼泽

红树林沼泽地多分布在热带，其中在具有漫长热带海岸线的世界上面积最大的群岛——南洋群岛分布最多，另外我国广西也有分布。红树林沼泽区，全是泥滩、鱼塘和矮红树林，适宜候鸟和留鸟栖息，对野鸭和涉禽类更为适合。在这样沼泽里，最为典型的植被就是红树林了。

红树林最高可以长到30米。它们有缠结的气生根，看上去就像蜘蛛的腿。通过潮流搬运的淤泥和岩屑，被红树林的根部拦住，沉积下来后形成为新的土地。红树林能阻挡风浪，根系具有固土作用，可以防止土壤被海水冲走。

红树林有许多种，包括红色、黑色、白色和锥果木红树林等。美国佛罗里达州的红色红树林就是沿着该州南部以及在岸外的数千个小岛生长。

红树林沼泽及所有的湿地沼泽所具有的繁复生命体系，是地球上相当重要的物质循环区域，也是我们人类活生生的自然观察教室。不过遗憾的是，这里同样也面临极大的破坏压力，在人类的都市开发及各类型工商业活动中，经常会有意或无意地忽视对原有环境的破坏。除了直接面临被开发命运外，河川及海岸的污染也直接冲击这些地区。

大沼泽地

大沼泽地位于美国佛罗里达州，是一片长约160公里、最处宽120公里的沼泽区。土著美洲人称大沼泽地为“帕里奥基”（即草河的意思），奥基乔比湖的水向南缓慢地流过大沼泽地后进入佛罗里达湾。

大沼泽地的大部分地方都覆盖着一种名叫锯齿草的芦苇，因这种草的叶片边缘有一排细小而尖锐的锯齿而得名。此外，这里还有许多小岛，岛上有树木和植物如桃花心木、棕榈、蕨类、兰花、秋葵等，生长得如热带丛林一样茂密。

大沼泽地还有着极为丰富的野生动物资源。300多种鸟类每年至少有一段时间生活在这里，尤其是涉水禽鸟，如白鹭和鹭。这里也有巨龟、蛇、鹦树蛙和海牛。最著名的动物是短吻鳄，过去人类为取它的皮曾滥加捕杀，现在短吻鳄已受到法律的保护。

在19世纪，初来的开拓者企图通过排水来将大沼泽地变为农田，但却没有成功。现在大沼泽地成为了国家公园。

潘塔纳尔沼泽地

潘塔纳尔沼泽地是世界上最大的沼泽地。它位于巴西南部，面积达 2500 万公顷。沼泽地内分布着大量的河流、湖泊和平原。其中的湿地、草原、亚马逊和大西洋森林都是南美具有代表性的生态系统。除了丰富的植物资源外，沼泽地内还栖息着 650 种鸟类，230 种鱼类，95 种哺乳动物和 167 种爬行动物，以及 35 种两栖动物，是一个生态王国。

马卡迪卡迪盐沼

马卡迪卡迪盐沼位于博茨瓦纳的东北部。东西长 160 公里，最宽处达 80 公里。此盐沼是卡拉哈里沙漠中的凹陷低地而形成的，有源出津巴布韦西部的纳塔河及一些小河的河水注入，在雨季的时候，马卡迪卡油盐沼会通过博泰蒂河与达乌湖承受奥卡万戈河流来的水。而在旱季的时候，由于气候干燥，蒸发强烈，马卡迪卡迪盐沼会全部干涸，成为一片盐滩。富含盐碱资源。马卡迪卡迪盐沼的周围水草肥沃，是当地重要的牧区。

图书在版编目（CIP）数据

地理知识大观/陈百明，张笑恒编著．—3版，—北京：时事出版社，2016.6
ISBN 978-7-80232-982-9

Ⅰ.①地… Ⅱ.①陈… ②张… Ⅲ.①地理学—青少年读物 Ⅳ.①K9-49

中国版本图书馆CIP数据核字（2016）第069972号

出版发行：时事出版社
地　　址：北京市海淀区万寿寺甲2号
邮　　编：100081
发行热线：（010）88547590　88547591
读者服务部：（010）88547595
传　　真：（010）88547592
电子邮箱：shishichubanshe@sina.com
网　　址：www.shishishe.com
印　　刷：北京市昌平百善印刷厂

开本：787×1092　1/16　印张：25.5　字数：432千字
2016年6月第3版　2016年6月第1次印刷
定价：42.00元
（如有印装质量问题，请与本社发行部联系调换）